Wolfgang Martynkewicz
Tanz auf dem Pulverfass

 aufbau

WOLFGANG MARTYNKEWICZ

Tanz auf dem Pulverfass

GOTTFRIED BENN, DIE FRAUEN UND DIE MACHT

Mit 29 Abbildungen

MIX
Papier aus verantwor-
tungsvollen Quellen
FSC® C083411

ISBN 978-3-351-03666-9

Aufbau ist eine Marke der Aufbau Verlag GmbH & Co. KG

1. Auflage 2017
© Aufbau Verlag GmbH & Co. KG, Berlin 2017
Einbandgestaltung zero-media.net, München
Satz und Reproduktion LVD GmbH, Berlin
Druck und Binden CPI books GmbH, Leck, Germany
Printed in Germany

www.aufbau-verlag.de

Inhalt

Anhang

Einleitung

Der Mann, der die Frauen liebte

Er liebt sie alle: blonde oder brünette, junge oder ältere, schlanke oder vollschlanke Frauen – und sie alle lieben ihn. Er ist fasziniert von den Frauen, ein Sammler und Jäger, der nach dem Geheimnis des Weiblichen sucht. Nie findet er Ruhe, rastlos hält er Ausschau nach der Neuen, der Einen und Einzigen, die das Glück verspricht, das er dann aber doch nicht findet.

In »Der Mann, der die Frauen liebte« hat François Truffaut diesem Typus ein Gesicht gegeben. Bertrand Morane, der Held der Geschichte, ist kein Draufgänger, kein Schürzenjäger im eigentlichen Sinn. Äußerlich wirkt er alles andere als attraktiv – kein schöner Mann, kein Mann, der mit seiner körperlichen Präsenz ins Auge fallen würde, eher ein spröder, in sich gekehrter Typus, der aber gleichwohl über eine besondere Ausstrahlung verfügt. Truffaut hat die Rolle mit dem aus Polen stammenden Schauspieler Charles Denner besetzt. Mit seinen düsteren Augen und seinem traurigen Gesicht, auf dem sich kaum einmal ein Lächeln zeigt, wirkt er einsam, verloren, melancholisch. Er ist jedoch alles andere als passiv. Sobald ihn eine Frau interessiert, weiß Morane, was er will und verfolgt beharrlich und mit großer Energie sein Ziel. Er riskiert alles, sogar sein Leben. Angezogen von den schönen Beinen einer Frau überquert er am Ende des Films die Straße und wird von einem Auto erfasst.

»Der Mann, der die Frauen liebte« – das war auch Gottfried Benn. Seine amourösen Abenteuer sind legendär und in vielen Briefbänden nachzulesen. Glaubt man den zahlreichen Verehrerinnen, dann war er von anziehender Melancholie – ein Mann, der nicht nur die

Frauen liebte, sondern von den Frauen geliebt wurde, obgleich auch er nicht gerade unwiderstehlich wirkte: »mittelgroß, untersetzt, mit einem interessanten Kopf. Er hatte einen Schmiß über die linke Backe, Erinnerungen an seine Studentenzeit. Er hatte überhaupt etwas vom Korpsstudenten, so komisch das klingt«[1]. So erinnert sich die Schauspielerin Tilly Wedekind an ihre erste Begegnung mit Benn im Frühjahr 1930. Mitte April stand er mit einem Strauß Veilchen vor ihrer Tür. Kurz darauf besuchte sie ihn in seiner Wohnung, in der Berliner Belle-Alliance-Straße, in der er auch seine Praxis hatte: »Er hatte einen seltsamen Blick. So weit weg, so tief, so traurig. […] Er führte mich durch sein Ordinationszimmer und fragte, ob er seinen weißen Kittel anziehen dürfe, er sei das zu Hause gewohnt und fühle sich am wohlsten darin. Ich dachte mir, so, nun wird er mich schlachten. Er war mir immer ein bißchen unheimlich mit seinem abseitigen Blick.«[2] Else Lasker-Schüler, die sich 1913 leidenschaftlich in den jungen Dichter verliebte, sie war 43, er 27 Jahre alt, spricht von »Augen, die von fern kommen«[3]. Dazu passten die dunklen, tragischen Verse: »Grauenvolle Kunstwunder, Todesträumerei«[4], schwärmte sie.

Schwere, Einsamkeit und Trauer sind die immer wiederkehrenden Umschreibungen, wenn es um Benns Ausstrahlung auf Frauen geht. Von einer »tiefe[n] Melancholie« spricht 1933 auch die Journalistin Käthe von Porada, »aber beherrscht, in sich abgeschlossen, ohne das geringste Leck, jede ›Ansteckung‹ eines anderen vermeidend: die Meisterschaft eines Siegenden, nicht die hilflose Ausstrahlung einer geopferten Selbstzersetzung«.[5]

Benn kannte seine Wirkung auf Frauen, er wusste um den Reiz der Melancholie, die ihm konstitutionell anhaftete, mit der er aber auch spielte und hinter der er sich verschanzte, wenn die Frauen ihm zu nahekamen. In einem Brief an Tilly Wedekind spricht er von seinen »Abnormitäten«, seinem »Einsamkeitsdrang«[6], der in ihm stecke und der sich, beim besten Willen, nicht negieren lasse. »Ich kann aus meinem Leben nicht heraus u. will es auch gar nicht. […] Ich schreibe das wirklich aus Freundschaft an Sie u. sage Ihnen, daß ich Sie reizend u. charmant u. süß u. begehrenswert finde, aber um mich steht eine Mauer aus Kühle u. Abgeschlossenheit, über die niemand hinüberkann.«[7]

Bertrand Morane, um noch einmal auf Truffauts Held zurückzukommen, verkörpert auch »Kühle u. Abgeschlossenheit«. Die Beziehungen, die er eingeht, sind körperlicher Natur. Gefühle sind ihm hinderlich, sie führen zum Rückzug, zum Abbruch der Beziehung. Morane will sich die Liebe der Frauen nur gefallen lassen, wenn sie sein Ich, seinen Lebensentwurf nicht antasten. Auch Benn nähert sich den Frauen, die er liebt, mit großer Reserve und zieht sich zurück, sobald er sich bedrängt oder vereinnahmt fühlt. Von Herta Wedemeyer, seiner zweiten Ehefrau, weiß Benn im Januar 1937 zu berichten, sie »wird nie im entferntesten in mein Leben einzugreifen versuchen, rührt an keine Bezirke, in die ich sie nicht haben will«.[8]

Zum Opfer seiner Leidenschaft wurde Benn nie, dazu führte er viel zu gut »Regie« – »Regie ist besser als Treue«[9]. Von der hielt Benn nämlich wenig. Die Ehe war für ihn »eine Institution zur Lähmung des Geschlechtstriebes also eine christliche Einrichtung«.[10] Für einen Mann sei »alles, was nach Bindung aussieht, [...] gegen seine Natur«. Um seine Bedürfnisse zu befriedigen, bliebe ihm nur die »Illegalität«, das Abenteuer, die »gestohlene Liebe«, die die einzig wahre Liebe sei, denn nur außerhalb der Ehe würde der Mann den »echten Koitus« erleben. In der Ehe ginge es um andere Themen: »Wirtschaftsfragen, Essensfragen, Geselliges, ›gemeinschaftliche Interessen‹« – alles Dinge, die, Benn zufolge, notwendig sind, aber dem »Sexus« entgegenstehen, ihn regelrecht ›torpedieren‹.[11]

So hat er sich in Briefen geäußert, so wollte er sein. Seine drei Ehen ist er, nach eigenem Bekunden, aus lebenspraktischen Gründen eingegangen. Für Liebe und Zärtlichkeit waren im Wesentlichen die wechselnden Freundinnen zuständig. Die Bereiche waren getrennt, die Rollen verteilt. Benn gab sich abgeklärt, von romantischer Liebe, Seeleninnigkeit und trauter Zweisamkeit wollte er nichts wissen. Um so mehr aber suchte er körperliche Liebe und Erotik, Rausch und Entgrenzung. Benn war stolz auf seine zahlreichen Eroberungen: »Ich habe mit sehr vielen Frauen ›was gehabt‹, über ganz Europa sind sie verstreut, auch USA! Wunderbare

Frauen.«[12] Frauen waren seine Leidenschaft; Triebe, so schreibt er im »Phänotyp«, sollten nicht bekämpft werden, das schafft nur Neurosen und brächte Spannungen hervor, »die sich nicht lohnen, Krisen, die voraussichtlich unproduktiv enden –, man soll erleben und etwas Artifizielles daraus machen«[13]. Mit anderen Worten, es geht nicht nur um das Ausleben der Triebe, das mag bei einem ›normalen‹ Mann der Fall sein, bei einem Mann wie Benn geht es darum, die amourösen Abenteuer auch in Kunst umzuwandeln. »So ist das Leben, *wenn man es ernst nimmt*«, gibt er 1952 seinem Freund Friedrich Wilhelm Oelze zu verstehen: »Das sind die Zahlungen für Kunst u Ruhm.«[14]

Das war halb scherzhaft, halb ernst gemeint. Richtig ist, Benns Liebschaften sind vom Werk nicht zu trennen. Seine Haltung zu Frauen ist von Anfang an in seiner Literatur präsent und Ausdruck seines antibürgerlichen Habitus, seines Images als zupackender, subversiver Dichter. 1912 veröffentlicht der sechsundzwanzigjährige Mediziner in der Zeitschrift »Pan« das Gedicht »D-Zug« mit den vielzitierten Zeilen: »Eine Frau ist etwas für eine Nacht./Und wenn es schön war, noch für die nächste!«[15] Spricht hier ein fiktionales Ich oder der Dichter? Autobiographie und Fiktion waren bei Benn kaum zu trennen. Schon in seinen frühen Gedichten gibt es eine permanente Bewegung, ein Oszillieren zwischen Text und Leben. Paul de Man hat von der Autobiographie als einem Maskenspiel gesprochen und die Frage gestellt: Ob nicht auch die entworfene Figur das Leben hervorbringen und bestimmen kann?[16] Bezogen auf Benn: War es nicht die figurative Rede, die den Ton vorgab und auf das Leben des protestantischen Pfarrerssohns zurückwirkte, ihm zuallererst Ausdruck verlieh?

EIN »WAHRHAFT AUFSTÄNDISCHER«

Es ist bekannt, dass der Dichter und Erzähler Benn aus einer Lebenskrise hervorgegangen ist. 1911 wandte er sich enttäuscht von der Psychiatrie ab, auf die er sich eigentlich hatte spezialisieren wollen. Die Literatur zum Medium psychiatrischer Diskurse zu machen, erschien ihm weitaus bedeutender und reizvoller als die Begrenzung auf das rein wissenschaftliche Wissen. Im Ästhetischen suchte er nach Gewissheit und Ausdruck. Doch seine Gedichte stießen zunächst auf wenig Resonanz. In Briefen hat Benn die stark affektive Situation betont, in der er sich befand. Im Mai 1912 schreibt er: »Die Naturwissenschaften u die Medizin« hätten ihn »innerlich total ruiniert«. Er lebe schon »jahrelang [...] hart an den verschiedensten Abgründen«[17]. Zwei Monate zuvor, im März 1912, war die Sammlung »Morgue und andere Gedichte« erschienen – ein Zyklus, der Epoche machen sollte und der bei den einen Verehrung, bei anderen Abscheu auslöste. Im Fokus standen nicht die künstlerisch gestalteten Themen, sondern die Stoffauswahl: Makabere Szenen aus dem Leichenschauhaus und dem Sektionssaal, Bilder von Siechtum, Verfall und Tod. »Der das geschrieben hatte«, so sein Verleger Alfred Richard Meyer, »kam nicht von der Theorie, sondern aus den Erlebnissen des ärztlichen Berufes.«[18] Hinter den Gedichten standen die Erfahrungen eines Pathologen – so wurden sie eine ganze Weile gelesen und verstanden.[19] Ein Pathologe, der den schönen Schein der bürgerlichen Welt durchstieß und den Menschen so zeigte, wie er ist – nicht als Krone der Schöpfung, sondern als ein »Klumpen Fett und faule Säfte«. Die Lektüre – da war sich die Kritik einig – war nur etwas für starke Nerven. Gelobt wurde unisono die genaue, sachliche Schilderung der Realität. So sah es also im Sektionssaal aus – grauenerregend, ekelhaft. Der Dichter fiktionalisierte, spitzte zu und profitierte vom Unwissen der Literaten, die die Pathologie nur vom Hörensagen kannten und vor der abstoßenden klinischen Praxis schaudernd zurückwichen.

Benn galt nun als jemand, der sich mutig und mit Härte der Wirklichkeit stellte. Ein Dichter, der sich frei machte von aller ästhetischen Verklärung und Mystifizierung, ein »wahrhaft Aufständischer«[20], der keine Rücksicht nahm und die Dinge beim Namen nannte. Das passte zu seiner militärärztlichen Ausbildung, ebenso wie zum männlichen Ethos, das man in den Eliten des wilhelminischen Bürgertums zur Schau zu tragen hatte.[21] Norbert Elias spricht vom »Kriegerethos« in einer »verbürgerlichten Fassung«[22]. Benn stammte aus dieser »Verhaltens- und Empfindungstradition«[23], seinen ›Mann stehen‹, Zähne zusammenbeißen, hart sein – war das Credo, mit dieser Haltung war er aufgewachsen, und so wurde er, vor allem von den Frauen, wahrgenommen: »Er steht unentwegt, wankt nie, trägt das Dach einer Welt auf den Rücken«, so Else Lasker-Schüler.[24]

Mit den Rönne-Novellen gelang Benn dann der große Wurf. Er schrieb den Zyklus mitten im Ersten Weltkrieg, in Brüssel, wohin man ihn als Militärarzt abkommandiert hatte. Rönne war aus der Welt gefallen und hatte sich, wie sein Autor, von den Gewissheiten des naturwissenschaftlichen Denkens, das sich um 1900 von der Gehirnforschung faszinieren ließ, weit entfernt. Die Sprachskepsis der Jahrhundertwende wie auch die These vom »unrettbaren Ich« (Ernst Mach) nahmen in der Figur Gestalt an. Rönne stand auf »den Trümmern einer kranken Zeit«[25], er fand in der Wirklichkeit keinen Halt mehr, alles schien sich aufzulösen, zu zerfallen – nicht zuletzt die Einheit der Person. »Keinem Ding mehr gegenüber« zu sein, »keine Macht mehr über den Raum«[26] zu haben, damit formulierte Benn das Grundgefühl der Epoche. Freilich nicht nur er, so dachten auch andere in seiner Generation: »Wir haben keine Wahrheit mehr«, verkündete Benns Freund und Kollege Carl Einstein.[27]

»DIE GESCHICHTE SPRICHT«

Anfang der dreißiger Jahre änderte sich Benns Auffassung. Das Leben ist nur so lange halt- und ergebnislos, so lange es kein »großes Gesetz«[28] gibt, das über dem Leben steht. Dieses ›große Gesetz‹ war nun da, und damit würde die Geschichte des Menschen erst beginnen. Benn begeisterte sich für das ›Dritte Reich‹, für den ›neuen Staat‹ – schrieb über Zucht und Züchtung, über Kunst und Macht. Viele, die ihn verehrten, waren überrascht, ja, abgestoßen von den Ansichten, die er jetzt vertrat, Ansichten, die zu Werk und

Person nicht zu passen schienen. Sie hatten ihn anders gelesen, anders verstanden, und waren enttäuscht.

Klaus Mann sprach von der »diabolische[n] Sympathie«[29] Benns für den Nationalsozialismus und artikulierte in einem Brief an den bewunderten Dichter sein Unverständnis, sein Entsetzen: »In welcher Gesellschaft befinden Sie sich dort? Was konnte Sie dahin bringen, Ihren Namen, der uns der Inbegriff des höchsten Niveaus und einer geradezu fanatischen Reinheit gewesen ist, denen zur Verfügung zu stellen, deren Niveaulosigkeit absolut beispiellos in der europäischen Geschichte ist und von deren moralischer Unreinheit sich die Welt mit Abscheu abwendet?«[30] Bildung und Barbarei, das waren für Klaus Mann getrennte Welten, da gab es keine Verbindungen, keine Übergänge, da waren Entscheidungen gefragt. Und Manns Brief enthält in dieser Hinsicht eine unverhohlene Drohung: »Wer sich [...] in dieser Stunde zweideutig verhält, wird für heute und immer nicht mehr zu uns gehören.«[31] Benns Antwort an Klaus Mann und »die literarischen Emigranten« am »lateinischen Meer«[32] ist voll Hohn und Spott: »Da sitzen sie also in ihren Badeorten und stellen uns zur Rede, weil wir mitarbeiten am Neubau eines Staates [...].«[33] Naivität und eine »novellistische Auffassung der Geschichte« wirft er seinen Kritikern vor. Alle großen Kulturleistungen seien nun mal »aus furchtbaren und gewaltsamen Anfängen emporgewachsen«. Die »liberale und individualistische Ära«[34] hätte das »vergessen«, ja, sie sei viel zu hedonistisch und genusssüchtig eingestellt und habe keinen Sinn für Werte, die dem Leben übergeordnet sind, für Tragik und Heroismus.

Benn glaubte an die nationalsozialistische Revolution, die die alte Welt umkrempeln, den Individualismus überwinden und ein neues Geschlecht hervorbringen würde. Die Aufbruchsstimmung, die 1933 herrschte, hatte Benn elektrisiert, er verspürte die Lust am Untergang und sah eine neue Zeit heraufziehen. In einem Brief an seine ehemalige Freundin Gertrud Zenzes schreibt er am 23. September 1933: »Das alles ist ja auch nur ein Anfang, die übrigen Länder werden folgen, es beginnt eine neue Welt, die Welt, in der Sie und ich jung waren und gross wurden, hat ausgespielt und ist zu Ende.« Man stehe, so Benn weiter, »vor einer Wendung der abendländischen Geschichte […], die vielleicht nur dem elften Jahrhundert verglichen werden kann oder dem Ausgang der Antike«[35]. Mit dem Nationalsozialismus kündigt sich für Benn eine Zeitenwende an, das Ende des bürgerlichen Zeitalters, von dem er und seine Generation lange geträumt hatten, schien besiegelt. In den Texten, die er Anfang der dreißiger Jahre schreibt, verweist er immer wieder auf die Erfahrungen ›seiner‹ Generation, der expressionistischen Generation, die sich in den Jahren vor dem Ersten Weltkrieg formierte und die für Benn so etwas wie der Fundus und Fixpunkt war, aus dem er lebte. Eine Generation, die nach neuen Ausdrucksmöglichkeiten suchte. Denn eine Wirklichkeit, auf die man sich beziehen könnte, gäbe es nicht mehr, so Benn, »es gab nur noch Fratzen. Wirklichkeit, das war ein kapitalistischer Begriff. Wirklichkeit, das waren Parzellen, Industrieprodukte, Hypothekeneintragung, alles, was mit Preisen ausgezeichnet werden konnte bei Zwischenverdienst«[36]. Die Expressionisten lehnten sich mit ihrer Existenz dagegen auf: »Ein Aufstand mit Eruptionen, Ekstasen, Haß, neuer Menschheitssehnsucht, mit Zerschleuderung der Sprache zur Zerschleuderung der Welt.«[37]

Zwischen Faszination und Mysterium

Zu dieser Generation gehörte auch Thea Sternheim, sie war viele Jahre mit Benn befreundet, sie schätzte und liebte ihn, verehrte ihn als genialen Dichter. Es war, wir werden das noch sehen, eine etwas andere Beziehung, als Benn sie normalerweise zu Frauen hatte. Kein amouröses Abenteuer – dazu hätte sich Thea Sternheim nicht hergegeben. Zweifellos, sie liebte Benn, aber auf eine etwas andere Art und Weise als die anderen Frauen, die ihn liebten – sie liebte ihn nicht körperlich, sondern, so merkwürdig es sich zunächst anhört, durch die Sprache. Keine andere seiner Frauen und Freundinnen kannte sein Werk so genau wie Thea Sternheim. Keine an-

14

dere hat sich aber auch von diesem Werk so gefangen nehmen lassen. Nicht die Inhalte zählten für sie, sondern der Rhythmus, der Tonfall, das geheimnisvolle Raunen und die Melodie – das alles versetzte sie in einen Rausch. Die Sprache war das Medium ihrer Verliebtheit, über die Sprache vollzog sich eine Idealisierung des geliebten Objekts, eine Wunschprojektion. Liebe, so meint Sigmund Freud, setzt das Erkennen der Realität außer Kraft, sie verkennt das geliebte Objekt, überschätzt es und will sich mit dem Verkannten identifizieren. Im Grunde handelt es sich um eine Schädigung der Wahrnehmung, eine Abweichung von der Norm, eine, im wörtlichen Sinn, Ver-rücktheit. Nur so ist es vielleicht zu erklären, dass Thea Sternheim Benns politische Radikalisierung in den zwanziger Jahren aus dem Blick verlor und ihr der Freund erst 1933 zum Rätsel wurde: »Unfassbar wie dieser umfassende Geist sich so zu verlieren vermochte!«[38] Das schreibt sie im Juli 1957 in ihr Tagebuch – da war Benn schon ein Jahr tot. Thea Sternheim las erneut die Essays »Der neue Staat und die Intellektuellen« und »Züchtung« von 1933, sie las sie zum wiederholten Mal und konnte immer noch nicht begreifen, wie ein gebildeter, aufgeklärter Geist sich so irren und auf diese Bahn geraten konnte. Wer die Physiognomien der führenden Nazi-Größen betrachtet und dann vom »Sieg der Griechen« redet, muss blind und völlig wirklichkeitsfremd sein: »Hat er in den illustrierten Zeitungen nicht feststellen können wie die Brüder aussahen die die Losung zu dieser von Benn mitbesungenen Züchtung abgaben, diese aus Hitler, Göring, Streicher, Göbbels, Himmler zusammengewürfelten Helden?«[39]

Nicht viel anders ging es ihrer Tochter Mopsa, die 1926 eine leidenschaftliche Affäre mit Benn hatte und nicht mehr von ihm loskam. Als sie ihn 1952 in Berlin wiedersah, schrieb sie in einem Brief an ihre Freundin: »Er ist für mich das, was er immer war, der einzige Mann, welcher einen Einfluß auf mich hatte. Es ist eine Art Gehirnvergiftung.«[40]

Mutter und Tochter führten Tagebuch: Thea Sternheims Aufzeichnungen beginnen 1905 und enden kurz vor ihrem Tod am 5. Juli 1971. In dieser Zeit schrieb sie über 30 000 kleinformatige

15

Seiten, die Chronik ihres Lebens, die zugleich ein Bild der Epoche, des 20. Jahrhunderts, mit ihren Ideologien, Ängsten, Zukunftshoffnungen und Katastrophen war. Im Unterschied zu ihrer Mutter führte Mopsa Sternheim ihr Tagebuch nur sporadisch, aber schon früh übte sie sich im Tagebuchschreiben. Im Februar 1918 nahm sie sich vor, nun >ernsthaft< ihre Erlebnisse und Empfindungen aufzuschreiben – da war sie gerade dreizehn Jahre alt. Sie schrieb vor allem in Lebensphasen, in denen es ihr »schlecht«[41] ging. Das Tagebuch war für sie ein Rettungsanker, eine Möglichkeit, Ordnung in ihr Leben zu bringen. Sie sei, so schreibt sie ironisch und durchaus selbstbewusst, »Mitglied einer haltlosen Generation, obendrein noch weiblichen Geschlechts, immerhin LEBEND in der sog. Kunstsphäre und ausschliesslich für und durch sie.«[42] Daran litt sie und daran zerbrach sie. In beiden Tagebüchern spielte Benn eine bedeutende Rolle, er bezauberte Mutter und Tochter, blieb aber für beide letztlich ein Mysterium, unnahbar und anziehend zugleich.

Als Thea Sternheim Benn persönlich kennenlernte, war sie noch mit dem Dramatiker Carl Sternheim verheiratet – dem *Enfant terrible* der damaligen Theaterszene. Mit seinen Komödien »Die Hose«, »Der Snob« und »1913« brachte er den lange Zeit niedergehaltenen und nun »entfesselten Kleinbürger«[43] auf die Bühne, der in der spätwilhelminischen Gesellschaft nach Macht und Anerkennung strebte. Carl Sternheim führte Benn in die Familie ein, die beiden Männer hatten nicht nur gemeinsame literarische Interessen, auch ihre Ansichten über Frauen waren nahezu identisch. Wie Benn war auch Sternheim ein Don Juan und Erotomane, der immer auf der Suche nach Abenteuern war und aus seiner Promiskuität keinen Hehl machte.

Am 3. Februar 1917 besuchte Benn die Sternheims zum ersten Mal, diese wohnten zusammen mit ihren beiden Kindern, der 1905 geborenen Dorothea (Moiby, später Mopsa) und dem 1908 geborenen Klaus, in ihrem komfortablen Herrenhaus im Brüsseler Vorort La Hulpe. Die damals dreiunddreißigjährige Thea Sternheim kam aus einem großbürgerlichen Milieu und hatte 1906 von ihrem

Vater ein Millionenvermögen geerbt. Durch den Krieg hatten sie einiges von ihrem Vermögen verloren. Nichtsdestotrotz konnten die Sternheims immer noch auf großem Fuß leben, und Benn war von ihrem Lebensstil, von dem eleganten Haus, fasziniert.

EINE »NEUE AERA«

1949, als Benn wieder Kontakt zu seiner alten Freundin aufnahm, schrieb er Thea Sternheim von der Bedeutung, die die Generation in seinem Leben spielt und gespielt hatte: die »Gemeinschaft der Generation, die die gleichen Erlebnisse und Menschen und Bücher kennt«[44] – das wäre doch das eigentlich entscheidende Band im Leben. Und er erinnerte sie an seinen Besuch: »Wissen Sie noch wie ich eines Winterabends mit St.[ernheim] in La Hulpe ankam, ein kleiner Pony hatte uns von der Bahn gezogen, Mops brachte ihrem Vater die Hausschuhe, sie war rot und struppig, noch nichts von der späteren Schönheit und Sensitivität war zu sehn. Einige Unterhaltungen aus den beiden Tagen haben mich durch das ganze Leben begleitet [...].«[45]

Auf die Unterhaltungen kommen wir unten noch zurück. Obwohl sich Benn über die Inhalte der Gespräche ausschweigt, wissen wir einiges durch Thea Sternheims Tagebucheinträge. Thea Sternheim hat das Lebensgefühl dieser Epoche geteilt, sie hoffte auf eine Erneuerung und Umgestaltung der verkrusteten wilhelminischen Gesellschaft. Man lebte in Möglichkeiten und verachtete die Wirklichkeit. Anders als heute war man damals vom Eros des Aufbruchs erfüllt, man glaubte und hoffte auf eine neue Zeit, auf einen neuen Menschen, man ließ sich von Leidenschaften und Visionen bewegen.

Im Vorfeld des Benn-Besuchs diskutierte Thea Sternheim mit ihrem Mann über die »junge literarische Richtung in Deutschland«[46], den Expressionismus. Beide waren davon überzeugt, dass diese Bewegung »die neue Aera schaffen« wird, und die »neue Aera«, das hieß, »die Überwindung des bourgeois, die Überwindung aller bourgeoisen Ambitionen«.[47] Die bürgerliche Welt war das Feindbild der expressionistischen Generation. Man hasste das Bürgerliche in jeder Form und pflegte den seit Baudelaire gängig gewordenen >*épater le bourgeois*<. Konstitutiv für diese Generation war der Gestus der antibürgerlichen Revolte, die symbolische Aggression, der Schock. Unter >Bürger< oder >Bürgerlichkeit< verstand man jedoch nicht unbedingt die soziale Klasse, sondern eine bestimmte Haltung und Mentalität. Die damit gemeinte Geistesverfassung des Bürgers hat 1919 Walther Rilla auf den Punkt gebracht: »Bürgerlich« ist die »obstinate Verbohrtheit ins Gegebene«, sind »Dummheit, Aufgeblasenheit, Strebertum, Kriechertum, Ungeist, Stagnation«.[48] Gegen diese bürgerliche Welt galt es, sich zu profilieren. Der Künstler war der Antipode des Bürgers[49], er repräsentierte das Versprechen auf Erneuerung, auf ein anderes Leben, fernab aller bürgerlichen Ordnungsvorstellungen, befreit von der gehassten Spießermoral. Wie diese Welt und Wirklichkeit aussehen sollte, wurde nicht weiter konkretisiert.

>Neu<, >jung<, >rein<, >unverfälscht<, >ursprünglich< – das sind auch die von Thea Sternheim immer wieder benutzten Begriffe, wenn es um die Beschreibung des ästhetischen Aufbruchs geht.

Der Expressionismus war eine Jugendbewegung, die gegen die Zwänge der Tradition und der Form revoltierte, eine Bewegung, die sich nach einem vitaleren, intensiveren Leben sehnte, nach einem Leben, das einen übergreifenden Sinn hatte, authentisch war und den elementaren Gefühlen wieder Raum gab.

Die expressionistischen Ideen standen bemerkenswerterweise mit religiösem Denken in engem Zusammenhang. Erneuerung, Umkehr, Wandlung waren leitende Begriffe des Expressionismus, die in religiösen Vorstellungen wurzelten. Ebenso wie das vom Expressionismus propagierte Heilsversprechen vom neuen Menschen. Ludwig Rubiner schreibt 1919 in seinem Essay über »Die Erneuerung« im pathetisch-messianischen Ton: »Vor der Erneuerung wird eine große Bekehrung kommen müssen. Aber Bekehrung, das kann man nicht mit Jammern machen, nicht passiv, nicht mit Abwarten, Zusehen und Abwälzen der drohenden Dinge auf

die anderen. Bekehrung ist bewußtes und willentliches Hindurch-
gehen durch ein Leben, das wir für niedriger halten als jenes, das
vermeintlich unserer würdig wäre. [...] Bekehrung ist der Weg des
Handelns mit allen, mit allen unseren endlichen Mitteln zum ewigen Ziel.«[50]

Thea Sternheim hatte ein besonderes Verhältnis zur Religion, in
der sie so etwas wie ihr geheimes Leben sah. Aus vielen unterschiedlichen Elementen hatte sie sich eine Privatreligion zusammengebastelt: Katholizismus, Mystik, Urchristentum, Tolstoianismus,
christlicher Anarchismus und Pazifismus. Bevor sie ihr Tagebuch
dem Deutschen Literaturarchiv in Marbach übergab, hat sie viele
Passagen mit religiösem und mystischem Inhalt geschwärzt, sie
wollte diese Dinge nicht preisgeben, sie waren ihr zu intim.[51]

Als sie im August 1954 ihre alten Tagebücher wieder liest, spricht
sie von ihrer »Liebe zu Jesus«, vom »Glauben an seine Göttlich-
keit«, an »sein Menschentum«. Das »religiöse Ereignis«, so schreibt
sie, sei der »Brennpunkt« ihres Lebens. »Heute wie eh kann ich
von ihm nicht wegdenken, heute wie eh ist der Menschensohn,
der dem unvorstellbaren Wesen, was Gott ist, den erschütternden
Namen ›Vater‹ gegeben hat, der König meines Herzens.«[52] In der
Tagebuch-Eintragung vom 3. Februar 1917, in der es ganz wesentlich um den Benn-Besuch geht, spielt auch Thea Sternheims »Auflehnung gegen die Dinge dieser Welt« und ihr Glaube an Christus
eine Rolle. »Ein neuer Christus muss kommen auf dem Berge zu
predigen.«[53] In Tolstoi – wir werden noch auf ihn zurückkommen –
glaubte sie einen »Vorläufer« des neuen Christus zu erkennen, sie
sah Ähnlichkeiten mit Johannes dem Täufer.

Ein paar Zeilen später ist dann von der Ankunft Benns im Hause
der Sternheims die Rede: Kein neuer Christus – sicher. Aber gleichwohl einer, auf den Thea Sternheim ihre Hoffnungen setzte. Und
Benn bot sich als Hoffnungsträger der neuen Ideen durchaus an.
In seinen Aufsätzen zum Expressionismus[54] hat er deutlich gemacht, dass der Expressionismus für ihn nicht lediglich eine neue
Kunst war, sondern eine veränderte Haltung zur Welt und Wirklichkeit, die in einer radikalen Infragestellung der tradierten Ord-

nung zum Ausdruck kommt. Expressionismus beschreibt Benn »als Wirklichkeitszertrümmerung, als rücksichtsloses An-die-Wurzel-der-Dinge-Gehen«[55].

Radikal und destruktiv wollte man sein, und man liebäugelte mit der Vorstellung einer Tabula rasa, einer reinigenden Apokalypse. Das ›Ende‹ der Welt sah man als die notwendige Bedingung für einen neuen Anfang, für ein ›neues Jerusalem‹ an. Der Erste Weltkrieg wurde daher von vielen Expressionisten begrüßt. Dabei dachte man nicht so sehr nationalistisch, sondern zivilisationskritisch. Man hoffte auf den Untergang der erstarrten Wilhelminischen Gesellschaft und auf eine spektakuläre Wiedergeburt. Bevor aber das Neue entstehen könnte, müsste die alte Welt, so schrieb Franz Marc, durch das »Fegefeuer des Krieges« gereinigt werden.[56]

Nicht von ungefähr ist auch Benns Rede, wenn er vom Expressionismus spricht, religiös konnotiert. So nennt er die Expressionisten die »Gläubigen einer neuen Wirklichkeit und eines alten Absoluten« […], die »mit der Askese von Heiligen«[57] ihre Existenz riskierten. Die Expressionisten fragten »nach dem Menschen«, die Wissenschaft dagegen hatte nur »unanschauliche Begriffe, künstlich abstrahierte Formeln«[58]. Die Expressionisten waren es auch, die nach der Wirklichkeit fragten, die in einer ökonomisierten Welt zunehmend ungreifbar geworden war, die sich vom Einzelnen, vom Ich, entfremdet hatte. Für Benn bezeichnete der Expressionismus das »Autochthone« und »Elementare«. Er ist nicht »Auflehnung gegen vorhergehende Stilarten: Naturalismus oder Impressionismus, es ist einfach ein neues geschichtliches Sein«.[59]

Die Forschung hat mit dem »expressionistischen Jahrzehnt«, das von 1910 bis 1920 währte, die Bewegung zeitlich eingegrenzt. An sich aber, so Benn, sei der Expressionismus eine Geisteshaltung, die sich nicht auf diesen Zeitraum beschränken lasse, die in verschiedenen Ausdrucksformen immer existiert habe, nur sei sie in manchen Zeiten nahezu völlig erloschen, dann wiederum können »innere Lagen«[60] eintreten, in denen sie, mächtiger als je zuvor, hervortritt und zum geschichtlichen Ereignis wird.

Diesen Zeitpunkt sah Benn 1933 gekommen, der Expressionismus, der in den zwanziger Jahren gescheitert war, sollte nun zum Geist der Epoche werden. Benns Vorbild war Marinettis Futurismus. Mit dem 1909 publizierten Manifest sei eine geistige Bewegung entstanden, die den Aufstieg Mussolinis erst möglich gemacht hätte. Benn versteigt sich zu der Behauptung, der Futurismus habe »den Faschismus mitgeschaffen«[61]. Eine ähnliche Rolle soll der Expressionismus nun für den Nationalsozialismus spielen. Die Leitbegriffe der expressionistischen Bewegung sind in Benns Reden und Aufsätzen aus dem Jahr 1933 alle wieder da, geradezu inflationär findet sich die Vokabel »neu« – »eine neue Welt«, ein »neues Weltgefühl«, eine »neue Art von Intelligenz«, eine »echte neue geschichtliche Bewegung«. Es fehlt auch nicht die Berufung auf das Leben, die Jugend und die Wandlung. Thea Sternheim »kann es nicht glauben«, aber sie erinnert sich 1933 auch an den »jungen Benn«, an sein »zweideutiges Verhalten während der deutschen Besetzung in Belgien«[62], eben zu der Zeit, als sie ihn 1917, mitten im Krieg, kennenlernte. Dass Benns Faszination für das Totalitäre nicht erst 1933 entstand, sondern gewissermaßen bis zum Anfang ihrer Beziehung zurückreichte, wurde ihr jetzt bewusst.

»Verlorene Generation«

Mopsa Sternheim, Klaus und Erika Mann und Pamela Wedekind waren alle ungefähr im selben Alter, alle stammten aus wohlhabenden Verhältnissen, ihre Eltern gehörten zum Bildungsbürgertum, zur geistigen Elite. Und das Elternhaus hatte sie geprägt, sie empfänglich gemacht für Literatur und Kunst – in den zwanziger Jahren wollten sie auf eigenen Füßen stehen. Klaus Mann schrieb Theaterstücke, die man gemeinsam aufführte, auch der später berühmte Gustaf Gründgens war mit von der Partie. Mopsa Sternheim entwarf die Kostüme und war für das Bühnenbild verantwortlich. Bei der Kritik kamen die Aufführungen nicht gut an, man sprach den »Dichterkindern«, wie man die Truppe kurzerhand nannte, alle

Originalität ab, von Epigonentum war die Rede. Sie standen von Anfang an im Schatten der überaus erfolgreichen Eltern bzw. Väter. Keine leichte Ausgangsposition, besonders wenn man auf dem Gebiet reüssieren will, das die Altvorderen schon besetzt haben.

Wie Klaus Mann ein schwieriges Verhältnis zum Vater hatte, so hatte Mopsa Sternheim ein schwieriges Verhältnis zu ihrer Mutter. Anfangs schrieb sie noch wie die Mutter Tagebuch, verfasste Gedichte, begeisterte sich für jene Literatur, die auch ihre Mutter las, die beiden tauschten sich aus, teilten Vorlieben und Abneigungen. Was die schwierige Ehe von Thea und Carl Sternheim betraf, so stand die Tochter zunächst auf der Seite der Mutter. Das sollte sich in den zwanziger Jahren ändern. Mopsa Sternheim – davon zeugt ihr Tagebuch – sieht die Mutter nun kritischer, sie fühlt sich vereinnahmt, baut sich einen eigenen Freundeskreis auf und will vor allem eins, ein selbstständiges Leben führen, unabhängig sein, einen eigenen Weg finden. Aber genau das ist ihr nicht wirklich gelungen, sie fiel immer wieder zurück in die Abhängigkeit.

Klaus Mann schreibt in seiner Autobiographie von der »Unrast«, der »Angst vor Wiederholung, Monotonie und Überdruß«, die sein ganzes Leben beherrsche. »Es trieb mich fort. Immer trieb es mich zum Aufbruch, zum neuen Abenteuer. Ich gefährdete (oder rettete) menschliche Beziehungen, riskierte berufliche Chancen, unterbrach Studien und Amüsements – nur aus dem nervös-irrationalen Bedürfnis nach Wechsel und Bewegung.«[63]

Mopsa Sternheim war von ähnlicher Unruhe, Rastlosigkeit und Fremdheitsgefühlen erfüllt. 1932 hat sie in einem Aufsatz die gesellschaftliche Situation in den zwanziger Jahren beschrieben: Mit dem Ersten Weltkrieg und dem Ende des Kaiserreichs, kam in Deutschland »die Zeit des Umsturzes, dem nichts standhielt. Vorher feststehende Begriffe hatten zur Katastrophe geführt, alle Autorität eingebüsst. […] Nichts Absolutes gab es mehr, alles war Relation, keine feststehende Skala der Werte. Man war ›enthemmt‹, war im Rollen, sich selbst und alle Ware setzte man in gesteigerten Maass um.«[64] Nach dem Untergang der alten Welt hatten die alten Werte, der alte Glaube, an Gültigkeit verloren. Man suchte, nicht nur in Deutschland, nach Halt und Orientierung, nach einem neuen Selbstverständnis. Aus Amerika kam um diese Zeit ein Begriff, in dem sich viele der Jüngeren wiedererkannten: *lost generation*. Ein Begriff, der eine umgreifende Weltentfremdung ausdrückte, ein Verlust an Wirklichkeit und Erfahrung. Gertrude Stein, F. Scott Fitzgerald, John Dos Passos und Ernest Hemingway machten daraus ein literarisches Programm, einen Stil.

Mopsa Sternheim und Klaus Mann hatten wenig mit dieser Literatur zu tun, aber sie fühlten instinktiv, dass auch sie zu *einer* »verlorenen Generation« gehörten. Das Gefühl, verloren und haltlos, dem eigenen Leben entfremdet zu sein, ließ sie in ›künstliche Paradiese‹, in Drogenexzesse und sexuelle Libertinage flüchten.

Zeitlebens glaubte Mopsa Sternheim, ihr Leben zu vergeuden, ihre Zeit zu verbummeln, nichts, was wirklich Bestand hat, fertigzubringen. Immer wieder fasste sie Entschlüsse, steckte sie sich Ziele, die sie dann aber aus den Augen verlor, die sie nicht weiter verfolgte und schließlich aufgab. Es belastete sie, nichts aus ihren Talenten und Möglichkeiten gemacht zu haben, sie sah sich gescheitert. Dennoch: Mopsa Sternheim hat vieles gewagt und ausprobiert, sie hat sich als Zeichnerin versucht, als Bühnen- und Kostümbildnerin, als Autorin – zum ›Ausprobieren‹ gehörten freilich auch die Drogen, mit denen sie schon früh experimentierte und von denen sie nicht mehr loskam – zum ›Ausprobieren‹ gehörten auch die Männer. Sie ging zahlreiche Beziehungen ein, war oft leidenschaftlich verliebt, doch zumeist war sie schon nach kurzer Zeit der Sache überdrüssig, langweilte sich in der Beziehung und fühlte sich ausgenutzt. Nur bei einem Mann, der am Anfang stand, war offenbar alles anders: Gottfried Benn.

BENNS GELIEBTE

Für Klaus Theweleit ist Benns Kunstproduktion ganz wesentlich mit dem Frauenopfer verbunden. Im »Buch der Könige« hat er gezeigt, dass der Tod von Benns Ehefrau Herta im Juli 1945 und seine

23

eigene Wiedergeburt als Künstler und Dichter eng zusammenhängen, ja sich bedingen.[65] Es ist die alte Geschichte von Orpheus und Eurydike, von Künstler und Künstlerfrau – Eurydike muss sterben, um die Kunstproduktion des Mannes, sein Schöpfertum, zu stimulieren und neu zu begründen. Benn, so die These Theweleits, ästhetisiert das Schicksal der Frau, macht daraus Kunst – und die Frau weiß um ihre Aufgabe, ihre Bestimmung, sie akzeptiert, mehr oder weniger bewusst, das Opfer, um große Kunst entstehen zu lassen. Der Künstler macht die Frau zum Mittel seiner Produktion, er unterwirft seine Liebesbeziehungen den übergeordneten Zwecken seines Schöpfertums, er braucht die Schicksale und Dramen, die in privaten Lebens- und Liebesgeschichten stecken, er eignet sie sich an, verleibt sie sich ein, um Werke entstehen zu lassen. Die Frauen sind eingebunden, instrumentalisiert. An Herta Benns Tod zeigt Theweleit durchaus plausibel die Mechanismen ästhetischer Produktion auf. Aber ein ganz wichtiger Punkt gerät dabei doch etwas aus dem Blick: Liebe war nicht das tragende Motiv für Benn, diese Verbindung einzugehen. Bei allem, was wir wissen, war Herta Benn eine treusorgende Ehefrau und Sekretärin, aber nicht eine Geliebte. Und sie spielte offenbar widerspruchslos die Rolle, die ihr von Benn zugedacht war, sie ließ sich instrumentalisieren. Betrachtet man die Beziehungen, die Benn zu Frauen hatte, so war sie, wir werden es sehen, eher ein Sonderfall.

Die ernsthafte Benn-Forschung befasst sich nur ungern mit dem Dichter und seinen zahlreichen Liebschaften. Eigentlich überlässt man dieses Thema lieber »Benns Biographen«, die sich von »solchen Fragen« nur zu gern faszinieren lassen. Für die Forschung – die ernsthafte Forschung – ist die Geschichte schon deshalb nicht relevant, weil Benn in seinen Texten, wie zum Beispiel im »Doppelleben«, »kaum ein Wort über Frauen« verlieren würde. Zeitlebens sei der Dichter der Überzeugung gewesen, das zum echten Künstlertum »Einsamkeit« und »persönliche Isolation«[66] gehört. Kunst sei »ein vulkanischer Akt unter Ausschluss der Öffentlichkeit«[67] – Frauen haben da natürlich keinen Zutritt.

In jüngster Zeit hat man sich in die Niederungen begeben und

Benns Liebesleben in ein aufklärerisches Licht gerückt und sich an Erklärungen versucht[68]: Gottfried Benn kam als »junger Arzt« nach Berlin. »Es war eine gute Zeit für wechselnde Verbindungen.« Und Benn ergriff die Gelegenheit, wo immer er sie ergreifen konnte, er hatte »zahlreiche Liebesbeziehungen«.[69] Daran sei nichts Verwerfliches. Zumal es sich um Frauen handelte, die nicht naiv gewesen wären und eine gewisse Bildung vorzuweisen hätten, es gäbe unter seinen Geliebten Dichterinnen, Journalistinnen, Schauspielerinnen, Sängerinnen und sogar Intellektuelle. Allesamt Damen, die wussten oder hätten wissen müssen, auf was sie sich einließen, wenn sie sich mit einem Mann wie Benn verbanden. Die »Biographen«, die den Dichter als »Frauen verschleißenden Egomanen«[70] abstempeln, wären auf dem Holzweg, denn Benns Geliebte wären im klassischen Sinn keine Geliebten gewesen, sie waren »Partnerinnen«[71] – ein Begriff, der heute einen guten Klang hat und schon damals, so die Behauptung, von Bedeutung gewesen sei, denn die gesellschaftliche Situation hätte sich in den Jahren, als Benn ein »junger Arzt« war, entscheidend gewandelt: »Nach dem Ersten Weltkrieg betrachtete man erotische Affären in den großen Städten außerordentlich liberal, erstmals konnte in dieser Hinsicht von einer Gleichberechtigung der Frau überhaupt die Rede sein.«[72] Die zwanziger Jahre werden bemüht, angespielt wird auf das »sündige Berlin«, auf Sex und Rausch, auf Frauen, die burschikos und emanzipiert auftraten. Erotische Affären, so die Behauptung, wären damals quasi an der Tagesordnung gewesen. Mit anderen Worten, Benn war keine Ausnahme – so waren die Zeiten! Aber waren die Zeiten so, ging es in Berlin wirklich so zu? Oder sind das nicht eher Klischees und Phantasien? Benn war, um das klarzustellen, in den Dreißigern, als er nach Berlin zurückkam, vierzig Jahre, als er die Liebesbeziehung mit der gerade einundzwanzigjährigen Mopsa Sternheim einging, also nicht mehr der Allerjüngste. Die zwanziger Jahre werden heute von der Forschung in puncto Sexualität und »Gleichberechtigung der Frau« (siehe Berufstätigkeit der Frauen, die nach dem Krieg eher zurückging, restriktive Ehe- und Scheidungsgesetze etc.) eher ambivalent gesehen – eine erotische Befreiung gab es, wenn überhaupt, dann für den Mann. Und dafür ist Benn das beste Beispiel.

In den Liebschaften des Dichters sieht die Forschung so etwas wie die ›dunkle Seite‹ Benns, die aber bekanntlich zum Genie dazugehört, also kann man sie nicht ganz negieren, nicht wegdisputieren, sie gehört offenbar ›irgendwie‹ zum kreativen Prozess. Zumal Benn selbst alles dafür getan hat, um seine Frauen-Geschichten publik zu machen, es gibt wohl kaum einen anderen Schriftsteller, der sich so mit seinen Affären gebrüstet hat und schon die bloße Anzahl seiner Liebschaften zum Renommee erhob. In sein Notizbuch schreibt er: »Ich habe mit sehr vielen Frauen ›was gehabt‹, über ganz Europa sind sie verstreut, auch USA!«

Das klingt ein wenig nach ›Don Juan‹ – und soll wohl auch so klingen. Don Juan rühmte sich bekanntlich damit, 1003 Geliebte allein in Spanien gehabt zu haben, sein Buchhalter (bei Benn hieß er F. W. Oelze) kam mit der Statistik kaum nach. Und wie wir wissen, ging es dem Frauenheld keineswegs um die umworbene Frau, sondern um deren Besitz, um die Brechung des Willens. Die Frau war eine Herausforderung seiner Machtgelüste, er wollte sie haben, um sie zu erniedrigen. Lieben unterstellt eine Wechselseitigkeit, und die war mit seiner Natur nicht zu vereinbaren. Don Juan setzte seine Bedürfnisse ohne jede Rücksicht auf gesellschaftliche und religiöse Normen durch. Sein Begehren nach der Frau, seine Herrschsucht, hatte etwas Antisoziales. Gerade die strengen Tugenden und Moralvorschriften forderten ihn heraus, steigerten den Reiz des Verlangens. So konnte er seine Eroberungen als einen Kampf gegen eine Gesellschaft umdeklarieren, in der die Lust als Sünde galt.

War es bei Benn nicht ähnlich? Er sah in seiner Promiskuität etwas Antibürgerliches. In vielen Gedichten feiert er den Tabubruch, das unkonventionelle Ausleben der Triebe. »Die Ehe«, es wurde oben zitiert, galt ihm als »Institution zur Lähmung des Geschlechtstriebes«. Monogamie, das war ihm ein Synonym für ›bürgerlich‹. Dahinter steckte freilich noch etwas anderes. Benn litt zeitlebens an depressiven Stimmungen. Man weiß heute, dass Depressionen und sexuelle Funktionsstörungen eng zusammenhängen. Bei einem großen Teil der Menschen, die an Depressionen leiden, kommt es zum Erschlaffen der Sexualität, ein kleiner Teil dagegen, man spricht von einer Untergruppe von etwa 10 Prozent, wird in der Depression sexuell aktiver.[73] Diesen Menschen gelingt es, die Sexualität als therapeutisches Mittel einzusetzen, um aus der Stimmung herauszukommen, sich abzulenken und zu beleben. Menschen mit vielen und häufig wechselnden sexuellen Kontakten sind dabei, wie Untersuchungen zeigen, am erfolgreichsten. Ihre Promiskuität wirkt wie ein Antidepressivum. Benn gehörte vermutlich zu dieser Gruppe. Sex war für ihn, im wahrsten Sinne des Wortes, ein Lebenselixier. Nur durch Sex konnte er aus einem Stimmungstief herauskommen, zu neuer Energie und Schöpferkraft zurückfinden. In gewisser Weise war Benn also zur Promiskuität >verurteilt<, machte daraus aber auch eine Haltung. Mit der propagierten und gelebten Promiskuität fühlte er sich außerhalb bzw. am Rand der Gesellschaft, sie stand für das von ihm so geliebte Anderssein, für das Abenteuer, die Herausforderung.

Und diese Herausforderung – kommen wir noch einmal auf Don Juan zurück – war dann am größten, wenn es sich um eine >hochstehende< und >gebildete< Frau handelte. Je tugendhafter und ehrsamer sie war, desto größer war für Don Juan die Verlockung. Mit anderen Worten, eine Prostituierte oder eine >naive< Frau aus dem Volke war für ihn kein Objekt der Begierde. Was sollte er in diesem Fall überwinden? Wogegen sollte er kämpfen und seinen Machtwillen durchsetzen? Lust zog er allein aus der Unterwerfung einer hochgestellten, sittsamen Person, einer Person, die eigentlich >so etwas< nicht macht. Der Reiz des Tabus spielte eine wesentliche Rolle, dazu aber bedurfte es der moralischen Fallhöhe. Es waren die religiösen und keuschen Damen von hoher Geburt, die Don Juan vor allem interessierten.

Dass Benn sich von den >gebildeten< und >hochstehenden< Damen, wie zum Beispiel Thea Sternheim, angezogen fühlte, war also so zufällig nicht, er folgte nur seiner Konstitution und seinen Gelüsten. Sobald die Damen oder »Partnerinnen« eigenständig wurden, beendete der Dichter das Verhältnis. Auf Geist hatte immer nur einer Anspruch: Gottfried Benn.

Die Frauen und die Macht spielten im Leben und Werk Gottfried Benns eine ganz entscheidende Rolle. Von den Frauen und der Macht fühlte er sich gleichermaßen herausgefordert, sie übten auf den Dichter eine höchst verführerische Wirkung aus, eine Wirkung, die so groß war, dass er sich immer wieder entziehen und zurückziehen musste. Benn sprach dann von seinem »Einsamkeitsdrang«, von seinem Hang zur Melancholie, seinen, wie er augenzwinkernd sagt, »Abnormitäten« – und davon, dass mit ihm, dem Solitär, eben ›kein Staat‹ zu machen sei.

Die Frauen und die Macht, ein großes, ein, in der Benn-Forschung, immer wieder angesprochenes Thema. Wenn es hier noch einmal aufgegriffen wird, dann hat das auch mit den beiden Frauen zu tun, die in diesem Buch im Mittelpunkt stehen sollen: Thea Sternheim und ihre Tochter Mopsa. Sie standen mit dem Dichter über viele Jahrzehnte in Kontakt, sie bewunderten und liebten ihn nicht nur, sondern setzten sich mit ihm auseinander, sie waren intime Kenner von Werk *und* Person, das unterscheidet sie von den vielen anderen Frauen Benns. Ihre Beziehung zu dem Dichter und ihr Leben sind der Fokus, aus dem die Geschichte erzählt werden soll. Eine Geschichte, die nicht losgelöst werden kann von dem Drama der Zeit – dem 20. Jahrhundert, einem »Zeitalter der Extreme«, so der britische Historiker Eric Hobsbawn. Eine bewegte und bewegende Zeit, eine Zeit des Aufbruchs, aber auch der großen Katastrophen und Menschheitstragödien.

Zwischen Aufbruch und Katastrophe spielt sich auch das Leben der drei hier im Vordergrund stehenden Protagonisten ab, es sind die beiden Pole, die in diesem Buch die Folie und den Resonanzraum bilden, um die Personen und ihre Lebensgeschichten sichtbar und begreifbar zu machen.

SPIELEN IST ALLES

Ach, man würfelt immer mal wieder und hofft auf drei Sechsen.
Benn im Gespräch mit Ursula Ziebarth, 1954

»Sie war klein, damals knabenhaft schlank, hatte pechschwarze Haare, kurzgeschnitten, was zu der Zeit noch selten war, große rabenschwarze bewegliche Augen mit einem ausweichenden unerklärlichen Blick.«[1] So erinnert sich Gottfried Benn 1952 an Else Lasker-Schüler, die verehrte Dichterin, die er 1912, vielleicht auch erst 1913 (man weiß es nicht ganz genau), kennen- und – auch davon weiß man eigentlich wenig – lieben gelernt hatte. So ziemlich alles, was wir von dieser Liebe wissen, ist in Form von Gedichten und fiktionalen Texten überliefert. Da ist Vorsicht geboten – und Vorsicht ist selbst da geboten, wo es um ›Erinnerungen‹ geht. Benn kann sich an einiges erinnern, nicht nur an Figur, Haare, Augen und Blick, sondern auch an die bemerkenswerte Kostümierung der Dichterin, sie trug »extravagante weite Röcke oder Hosen, unmögliche Obergewänder, Hals und Arme behängt mit auffallendem, unechtem Schmuck, Ketten, Ohrringen, Talmiringen an den Fingern, und da sie sich unaufhörlich die Haarsträhnen aus der Stirn strich, waren diese, man muß schon sagen: Dienstmädchenringe, immer in aller Blickpunkt«[2]. Hat sie sich so gekleidet, so verkleidet? Mit Sicherheit kann man es nicht sagen. Sigrid Bauschinger, die Biographin Else Lasker-Schülers, schreibt, dass es von einer solchen Kostümierung »kein Bild« gäbe, es könne jedoch sein, dass sich Lasker-Schüler zuweilen so angezogen habe.[3]

Was das Aussehen und Auftreten der Dichterin angeht, so stand Benn mit seiner abschätzigen Beschreibung nicht allein. So sehr man in literarischen Kreisen ihre Gedichte lobte, ihr schrilles Erscheinungsbild war nicht jedermanns Sache, so mancher aus dem bürgerlichen Publikum entrüstete sich – eine Frau, die sich derart

29

in Szene setzte, das war degoutant – freilich, so wollte sie auch wahrgenommen werden.

Im März 1916 besuchte Thea Sternheim eine Veranstaltung mit Else Lasker-Schüler in München: »Man stelle sich vor: Eine in den Dreissigern stehende Frau mit kurzen Haaren und auffallend stumpfen Fingern, zerzaust, wie durch Betten gerollt, liest in verdunkeltem Raum beim Schein zweier Kerzen vor einer Kalas einigen zwanzig Leuten, die erschüttert scheinen ihre jüdischen Balladen vor. Ich hörte da ich erst zum Schlusse der Vorlesung kam nur noch zwei. Sie beeindruckten mich ebenfalls, aber die Aufmachung der Frau ist nicht geeignet mich anzuziehen.«[4]

Die Dichterin, es ist bekannt, liebte das Maskenspiel, sie erfand Kunstfiguren, Doubles: Tino von Bagdad oder Prinz von Theben – ein Spiel mit Namen, aber nicht nur mit Namen, sie stattete die von ihr erfundenen Figuren mit Legenden aus, in denen sie zu leben versuchte, und kostümierte sich im Stil ihrer orientalisierten Phantasiegestalten. Um 1910 zeigte sie sich als Performance-Künstlerin in knabenhaft-männlichen Gewändern – Frauenkleider, die sie nach eigenem Bekunden nicht mochte, hätten zu ihrer Rolle als Prinz von Theben freilich auch nicht gepasst.

In Benns Rede »Erinnerungen an Else Lasker-Schüler«, die er im Februar 1952 im Berliner »British Centre« auf einer Gedenkveranstaltung zu Ehren der Dichterin hält, beansprucht er, einen anderen, unverstellten Blick auf die Künstlerin zu haben und sie besser zu kennen als alle anderen. Im »heutigen Berlin«, so sagt er gleich am Anfang seines Textes, gehöre er zu den »wenigen«, die sie »persönlich kannten« und sicher sei er »der einzige, dem sie eine Zeitlang sehr nahestand«.[5] Nicht nur das, er sei »vermutlich auch der einzige, der am Grab ihres Sohnes Paul neben ihr stand«[6]. Ein intimer Freund und Vertrauter der Künstlerin also, darüber hinaus aber auch ein Zeitgenosse und literarischer Weggefährte, einer, der, wie Else Lasker-Schüler selbst, aus der Generation des expressionistischen Aufbruchs stammt.

Benn blickt zunächst zurück auf die Jahre vor dem Ersten Weltkrieg, die *Belle Époque*: »Es war 1912, als ich sie kennenlernte. Es

»Gottfried Benn ist der dichtende
Kokoschka. Jeder seiner Verse ein
Leopardenbiß, ein Wildtiersprung.«
– Else Lasker-Schüler, 1912

waren die Jahre des ›Sturms‹ und der ›Aktion‹, deren Erscheinen
wir jeden Monat oder jede Woche mit Ungeduld erwarteten. Es
waren die Jahre der letzten literarischen Bewegung in Europa und
ihres letzten geschlossenen Ausdruckswillens.«[7] Benns große Zeit,
eine, wie er sie auch in anderen Zusammenhängen schildert, heroische Zeit, der Anfang seiner Laufbahn als Dichter und zugleich
die Geburtsstunde jener ›großen Generation‹, von der er immer
wieder schwärmt. Benn erwähnt den ersten Gedichtband Else Lasker-Schülers, »Styx«, der 1902 erschien, und die von ihm besonders geschätzten »Hebräischen Balladen« – »vollendet im großen
Stil«.

Nach diesem Präludium geht er zur Nahaufnahme über. Er zeichnet das Bild einer Frau, die nicht in die bürgerliche Welt passte bzw.
nicht zu ihr gehören wollte, einer Vagabundin.[8] Sie lebte in Halen-
see in einem möblierten Zimmer, und habe, bis zu ihrem Tod im
Januar 1945 in Jerusalem, nie eine eigene Wohnung besessen. Sie
führte ein unstetes Leben am Rande der Gesellschaft, in der sogenannten Boheme. Nie konnte sie irgendwo wirklich Fuß fassen, nie
sesshaft werden, eine umherschweifende, wurzellose, nomadische
Existenz. Ihr Leben fristete sie in engen Kammern, »vollgestopft
mit Spielzeug, Puppen, Tieren, lauter Krimskrams«.[9] Eine Frau, die

zwanghaft hortet und Dinge zusammenträgt, die für Außenstehende keine Bedeutung haben – »lauter Krimskrams« eben. Dazu passt dann auch der merkwürdige Kleidungsstil, den Benn unter dem Vorzeichen des Unechten, Übersteigerten, Überkandidelten und Skurrilen beschreibt. Was Benn aber besonders herausstellt, was ihn scheinbar frappiert, aber auch brüskiert, das war die uncharmante und geradezu herausfordernde Haltung, mit der sich die Künstlerin *coram publico* in Szene setzte. Spätestens, wenn er ihre »Dienstmädchenringe« erwähnt, spürt man Verachtung und Aggressivität. So, wie Benn die Dichterin beschreibt, legte sie es darauf an, nicht als Dame, sondern als Vagabundin erkannt zu werden. Er zeigt sie als eine Frau, die ihr Äußeres provokant darbot, die auffällt und auffallen wollte. Gleichwohl konnte man ihr nicht in die Augen sehen, sie hatte einen »ausweichenden und unerklärlichen Blick«.[10] Mit anderen Worten, bei aller Zurschaustellung, die ihr eigen war, sie gab sich nie ganz den Blicken der Anderen preis.

War nicht ihr bizarres Äußeres nur Maskerade, ein Versuch, sich zu verhüllen, ihr Ich zu schützen? Auf Benn jedenfalls wirkt der ganze Aufzug ordinär – eine Dame, die etwas auf sich hält, zeigt sich nicht so in der Öffentlichkeit, das ist schlicht geschmacklos und bringt einen Mann in Schwierigkeiten: »Man konnte weder damals noch später mit ihr über die Straße gehen, ohne daß alle Welt stillstand und ihr nachsah.«[11] Für Benn, der 1912 noch damit liebäugelte, eine Karriere als Arzt zu machen und eine bürgerliche Existenz zu begründen, konnte diese Frau nicht präsentabel gewesen sein. Noch 1952 schreckt er förmlich vor ihr zurück und nimmt Lasker-Schüler aus einer Mischung von Bewunderung und Abscheu wahr. Einerseits feiert er sie als »die größte Lyrikerin, die Deutschland je hatte«[12]; in dieser Hinsicht kann er sich gar nicht genugtun, ihre Sprache zu loben, »ein üppiges, prunkvolles, zartes Deutsch, eine Sprache reif und süß, in jeder Wendung dem Kern des Schöpferischen entsprossen«[13]. Andererseits lösen ihre Themen, die, wie Benn bemerkt, »vielfach jüdisch« waren, eine gewisse Irritation bei ihm aus. Das Jüdische erscheint ihm wie ein Appendix. Und er wundert sich darüber, dass die Dichterin zeitlebens an diesem Thema festhielt, obwohl die Juden ihr nie den Rang zusprachen, der ihr eigentlich gebührte. Benn führt das darauf zurück, dass Person und Werk durch einen »exhibitionistischen Zug« gekennzeichnet seien. Lasker-Schüler »exponierte ihre schrankenlose Leidenschaftlichkeit, bürgerlich gesehen, ohne Moral und ohne Scham«.[14] Mit diesem Exhibitionismus, behauptet Benn, hätte sich niemand identifizieren wollen.

Und Benn? Wie reagierte er 1912 auf die »schrankenlose Leidenschaftlichkeit« einer Frau, die immerhin siebzehn Jahre älter war als er? Die 43-jährige Else Lasker-Schüler, Tochter eines Wuppertaler Bankiers, gerade das zweite Mal geschieden, alleinerziehende Mutter, und der 26-jährige Benn, Sohn eines protestantischen Pfarrers aus Brandenburg, ein angehender Arzt, der sich zum Dichter berufen fühlte und soeben mit dem Zyklus »Morgue« in spektakulärer Art und Weise die literarische Bühne betreten hatte – »ein blonder schlanker, typisch preussisch aussehender Mensch«[15]. Sie waren – bei Licht besehen – ein ziemlich ungleiches Paar. Nicht nur, was den Altersunterschied und ihre Herkunft betraf, auch in ihrer Einstellung zur Kunst lagen sie weit auseinander. Für Else Lasker-Schüler waren Gedichte immer auch Botschaften, sie sollten sich an jemanden richten und waren dazu da, neue Räume zu schaffen, mit den Mitteln der Fiktion sollte die Wirklichkeit erweitert und vertieft werden. Im Gegensatz dazu hat Benn darauf beharrt, dass Gedichte sich an niemand richten sollen, sie entstehen nicht, sondern werden »gemacht«[16], gemacht aus Worten, nicht aus Gefühlen und Phantasien: »Gedichte müssen nackt u. geschichtslos dastehn.«[17]

Mussten sie nicht aneinander vorbeireden? Sie taten es und verstanden sich trotzdem, jedenfalls eine Weile. Es war ein Spiel mit verteilten Rollen. Lasker-Schüler war für Benn eine Frau, die anders war als die Frauen, die er bisher kennengelernt hatte, denn sie nahm sich ihre Freiheit und beanspruchte, wie er feststellen musste, »über sich allein zu verfügen«[18]. Sie war Teil, ja Mittelpunkt einer antibürgerlichen Boheme, eines künstlerischen Vagabundentums, das sich damals im Berliner Café des Westens, dem sogenannten

›Café Größenwahn‹ am Kurfürstendamm, Ecke Joachimsthaler Straße, versammelte. Hier trafen sich vor dem Krieg die Akteure und Propagandisten der expressionistischen Bewegung. Neben Else Lasker-Schüler und ihrem Mann Herwarth Walden, mit dem sie bis 1912 in zweiter Ehe verheiratet war, gehörten zum Kreis der Caféhaus-Boheme: René Schickele, Roda Roda, Jakob van Hoddis, Erich Mühsam, Carl Sternheim, John Höxter und der Dichter der »Katerpoesie« Paul Scheerbart, der sich hier zu seinen bezaubernden, immer wieder rezitierten Versen inspirieren ließ: »Charakter ist nur Eigensinn. Es lebe die Zigeunerin!« Im ›Café Größenwahn‹ debattierte man über Ideen und Projekte, und manche wurden sogar in die Tat umgesetzt und im Café aus der Taufe gehoben: 1910 gründete Herwarth Walden die Zeitschrift »Der Sturm«, 1911 rief Franz Pfemfert »Die Aktion« ins Leben.

Das war das Umfeld, in dem sich Benn um 1912 bewegte. Er selbst, so erinnert sich ein Mitstreiter, sah nicht gerade aus wie ein deutscher Baudelaire, sondern eher wie ein deutscher Offizier in Zivil: »Benn trug einen hellen, sehr kurzen Sommermantel, einen ›Covercoat‹, der oberhalb der Knie in modischer Weise mit mehreren Nähten abgesteppt war und dazu einen schwarzen, steifen Hut, eine ›Melone‹, wie sie heute nur noch bei Beerdigungen üblich ist. […] Es war ein Anblick für Götter, wenn dieser korrekt gekleidete junge Mann das ›Café des Westens‹ betrat und sich an den Tisch der Else-Lasker-Schüler setzte. An den Armen dieser zigeunernden Bohemienne klingelten Metallreifen aus sämtlichen Ländern, von Island bis Indien, und Benn saß dieser Frau gegenüber wie ein Manager, der den Versuch macht, sie für einen Wanderzirkus zu gewinnen.«[19]

Unter den städtischen Nomaden war er ein Exot, jemand, der, vom Äußeren her gesehen, eigentlich nicht dazugehörte, der wie ein Fremdkörper wirkte. Das machte ihn aber offenbar nicht verdächtig, es machte ihn interessant – ein Mann aus einer anderen Welt, aus einer anderen Zeit, der sich in die Boheme verirrt hatte – dazu noch jung, als Liebhaber noch relativ unerfahren, eine stattliche, athletische Erscheinung.

So musste ihn Else Lasker-Schüler gesehen haben. »Sie nannte mich Giselher oder den Nibelungen oder den Barbar«[20], wie Benn nicht ohne Stolz anmerkt. Else Lasker-Schülers Phantasie kannte keine Grenze, hatte sie erst einmal Namen gefunden, ging es hemmungslos weiter. Unter der Chiffre ›Giselheer‹ entfaltete sie in ihrer Dichtung eine intrikate Beziehung auf Leben und Tod:

Giselheer dem Tiger

Über dein Gesicht schleichen die Dschungeln.
O, wie du bist!

Deine Tigeraugen sind süß geworden
In der Sonne

Ich trage dich immer herum
Zwischen meinen Zähnen.

Du mein Indianerbuch,
Wild West,
Siouxhäuptling!

Im Zwielicht schmachte ich
Gebunden am Buxbaumstamm –

Ich kann nicht mehr sein
Ohne das Skalpspiel

Rote Küsse malen deine Messer
Auf meine Brust –

Bis mein Haar an deinem Gürtel flattert.[21]

›Giselheer‹, so hieß der jüngste der drei burgundischen Könige aus dem »Nibelungenlied« – ein Germane also.

In insgesamt siebzehn Gedichten inszeniert Else Lasker-Schüler eine Art Liebesdrama, darunter die vier Gedichte »Giselheer dem Heiden«, »Giselheer dem Knaben«, »Giselheer dem König« und das oben zitierte »Giselheer dem Tiger«. Das Motto des Zyklus gibt die Richtung des Dramas an:

> Der hehre König Giselheer
> Stieß mit seinem Lanzenspeer
> Mitten in mein Herz.[22]

Else Lasker-Schüler, so viel scheint sicher, hat Benn Giselheer genannt, aber ob und wie weit er mit jenem besungenen Giselheer identisch ist, darüber ist viel spekuliert worden. Verbirgt sich dahinter eine Realität, ein wirkliches Liebesdrama? Hat Benn der Dichterin das Herz gebrochen? Oder ist das Ganze nur ein Spiel? – ein Spiel, das auf einer gewissen Realität basiert und dann abhebt. An ihren Freund und Förderer Karl Kraus schreibt Else Lasker-Schüler 1911: »Jedenfalls liebe ich nach meiner Sehnsucht die Leute alle zu kleiden, damit ein Spiel zu Stande kommt […]. Spielen ist alles. […] Ich bin von Natur Räuberhauptmann, jedes Geschöpf muß mir freiwillig oder gewalttätig Tribut zahlen.«[23]

Sigmund Freud hat in seinem Vortrag »Der Dichter und das Phantasieren« darauf aufmerksam gemacht, dass Spiel nicht der Gegensatz zum Ernst ist. Spiel und Ernst gehören zusammen, sind aufeinander bezogen. Derjenige, der spielt, nimmt die Dinge ernst, er verwendet »große Affektbeträge« darauf, die »Welt in eine neue, ihm gefällige Ordnung«[24] zu bringen. Er erzeugt eine »Phantasiewelt«[25], die zwar von der Wirklichkeit gesondert ist, nichtsdestotrotz aber Wirkungen entfaltet. Man leidet unter Phantasien, sie verschaffen aber auch Genuss, denn sie halluzinieren eine Realität, die man in Wirklichkeit nicht haben, nicht leben kann. »Unbewußte Wünsche«, so Freud, »sind die Triebkräfte der Phantasien, und jede einzelne Phantasie ist eine Wunscherfüllung, eine Korrektur der unbefriedigenden Wirklichkeit.«[26]

Else Lasker-Schüler betrieb mit ihren Phantasien solche Korrekturen, mit ihren Schöpfungen setzte sie sich ab von einer Wirklichkeit, in der sie mit ihren Wünschen und ihrer Sinneslust keinen Platz fand. Denn eins ist offensichtlich, es geht hier, die Indizien im Text sind unübersehbar, um erotische Wünsche, um ein Spiel mit einer sadomasochistischen Wunschphantasie.

Im »letzten Lied an Giselheer«, in dem berühmten Gedicht mit dem Titel »Höre«, findet sich die häufig zitierte Zeile »Ich bin dein Wegrand (...)«. War das wirklich, wie man vermutet, eine Antwort auf Benns Gedicht »Hier ist kein Trost«?, das mit dem Vers beginnt:

> Keiner wird mein Wegrand sein.
> Laß deine Blüten nur verblühen.
> Mein Weg flutet und geht allein[27]

Benn selbst zitiert 1952 Else Lasker-Schülers Gedicht »Höre« und feiert es als ästhetisches Ereignis, die Verse würden »zu den schönsten und leidenschaftlichsten« gehören, »die sie je geschrieben hat«[28]. Es waren nicht irgendwelche Verse, sie richteten sich, auch das verschweigt er nicht, an »Dr. Benn«. Zuvor aber habe er selbst der verehrten Dichterin seine Sammlung »Söhne« mit einer Widmung übereignet. Benn erweckt den Eindruck, jeder habe auf seine Art an den Anderen gedacht, ihn in sein kreatives Schaffen einbezogen. Nun sind die »Söhne« im engeren Sinn keine Liebesgedichte, sie thematisieren das Thema der expressionistischen Generation, den damals vielfach aufgegriffenen Vater-Sohn-Konflikt. Der Zusammenhang war ein anderer, den Benn nicht erwähnt. Er suchte damals einen arrivierten Verleger, und Else Lasker-Schüler setzte sich bei Kurt Wolff intensiv, aber schließlich erfolglos für ihn ein.

Die ablehnende Haltung des Verlegers gegenüber Benn ist bemerkenswert, denn Wolff, der bis 1912 gemeinsam mit Ernst Rowohlt einen Verlag führte und sich dann selbstständig machte, war besonders interessiert an Autoren, die sich der jungen expressionistischen Bewegung zugehörig fühlten. Im Kurt Wolff Verlag erschienen die wichtigsten Autoren des Expressionismus: Walter Hasenclever, Franz Werfel, Carl Ehrenstein, Kasimir Edschmid, Johannes

R. Becher und auch, 1916, Gottfried Benn, aber mit seinem Prosa-zyklus »Gehirne«. Für Benns Lyrik konnte sich der Verleger nicht erwärmen, er mochte den Provokateur und den ›rotzigen‹ Ton sei-ner Gedichte nicht. Was die expressionistische Lyrik anging, so war Franz Werfel für ihn das Maß aller Dinge. Mit seiner pathetischen Bejahung des Lebens, der menschlichen Gemeinschaft und der Liebe stand Werfel der »Morgue«-Lyrik diametral entgegen. 1912 stellte Wolff den jungen und überaus erfolgreichen Prager Dichter als Lektor ein, und dieser formulierte dann die Ankündigung der legendären Reihe »Der jüngste Tag«. Das darin entworfene Bild vom Dichter als Missionar und »Prediger« einer neuen Mensch-lichkeit, der sich nicht am Tonfall und an der Sprache berauscht, sondern an den Gefühlen und Stimmungen, die er auslöst, dieses Bild hob sich deutlich von den Stilisierungen Benns ab.

Else Lasker-Schüler waren diese Unterschiede bewusst, sie sah in Benn jedoch ein Original und machte für ihn regelrecht Propa-ganda. Werk und Person vermochte sie dabei kaum zu trennen. Sie sah den Dichter als Verkörperung und Bürge seiner Kunst, als Mann, der sich mit seiner ganzen Physiognomie in seiner Lyrik aus-drückt. Bei Kurt Wolff, dem Adressaten ihrer Vermittlungsversu-che, entstand der Eindruck, Else Lasker-Schüler und Benn seien ein Paar, was sie nachdrücklich bestritt: »*Ehrenwort* […] Ich stehe Dr. Benn *nicht* was Liebe betrifft nah.«[29] Es gehe ihr allein um die Gedichte, die nämlich habe »ein *wirklicher* Tiger gedichtet.« Und dieser Tiger sei obendrein noch »Arzt-Operateur und direkt mäch-tig.«[30]

Benns Arbeit als Arzt bzw. als Pathologe waren für Lasker-Schü-ler offenbar eine exotische und erregende Realität. Von dem Arzt, der »im Keller seines Krankenhauses« Leichen öffnet, schreibt sie auch Kurt Wolff. »Er ist ebenso herb wie derb ebenso zart wie weich.«[31] Sie schreibt wenig über die Dichtung, aber viel über den Mann, der ihr wie ein Naturereignis erscheint: »Rasender Mensch ist er und sehr stark.«[32] Nur, was sollte ein Verleger für schöngeis-tige Literatur mit diesen Informationen anfangen?

Else Lasker-Schüler kündigt in den Briefen an Kurt Wolff einen

Essay über »Doktor Benn« an, einen Essay, so verspricht sie, der »Aufsehn«[33] erregen wird. Und in der Tat, es handelt sich um ein ungewöhnliches Dichterporträt. Es beginnt im Stil einer *Gothic Novel*: »Er steigt hinunter ins Gewölbe seines Krankenhauses und schneidet die Toten auf. Ein Nimmersatt, sich zu bereichern an Geheimnis. Er sagt: ›tot ist tot‹.«[34] Die Schauerliteratur hat bekanntlich ein Faible für Untote, die in geheimnisvollen Kellern, unterirdischen, phantastischen Räumen ihr Unwesen treiben. In diesen Verließen spielen sich dann grauenvolle Szenen ab: Schlächtereien, Folter und Perversionen. Es sind Sphären, in denen sich das Bekannte zum Unheimlichen verwandelt, die Gesetze der bürgerlichen Welt, der Zivilisation, gelten hier nicht. Das Grauen wird in dieser Literatur zur Sensation – und als Sensation erregt das Schreckliche »Schauer«[35], ein erregendes Gefühl von Angst-Lust. Bei Lasker-Schüler ist das deutlich zu spüren, sie imaginiert eine vorzivilisatorische Welt und macht Benn zur Projektionsfigur eines romantisierten Barbaren, eines ›edlen Wilden‹: »Sein Herz ist fellgefleckt und gestreckt. Er liebt Fell und er liebt Met und die großen Böcke, die am Waldfeuer gebraten wurden.« So wie er selbst, so ist auch seine Dichtung: »Jeder seiner Verse ein Leopardenbiß, ein Wildtiersprung.«[36] Das Exotische, das Animalische und die Aggression werden der Normalität und der bürgerlichen Ordnung entgegengesetzt. In dieser Gegenwelt herrscht nicht die Zivilisation, die, wie man damals meinte, den Mann verweiblicht, hier ist der Mann noch ein Mann, der sich nimmt, was er begehrt. Benns Gedicht »Drohungen« scheint damit zu korrespondieren:

> Meine Liebe weiß nur wenig Worte:
> Es ist so schön an deinem Blut. –
> […]
> Ich treibe Tierliebe.
> In der ersten Nacht ist alles entschieden.
> Man faßt mit den Zähnen, wonach man sich sehnt.
> Hyänen, Tiger, Geier sind mein Wappen. –[37]

Zweifellos, so wollte Benn sein, ein zupackender Liebhaber, der die bürgerlichen romantischen Gefühle verachtet. Doch, wie oben gesagt, das ist sein lyrisches Ich, eine Wunschprojektion. Hinter diesen Versen steht ein regressiver Traum von einer vormodernen unzivilisierten Welt, den beide damals träumten, vom Eintauchen in die noch ungeteilten Ursprünge, von der Wiederbelebung der elementaren Gefühle. In Benns Gedicht »Gesänge« heißt es: »Oh, dass wir unsre Ur-ur-ahnen wären./Ein Klümpchen Schleim in einem warmen Moor./Leben und Tod, Befruchten und Gebären/ Glitte aus unseren stummen Säften vor.«[38] Benn imaginiert in diesen Gedichten die Befreiung vom Ich, die rauschhafte Vereinigung und das Eintauchen in den Triebgrund. Zurück soll es gehen in eine Welt, in der die Macht des Logos gebrochen ist, in der der Mensch, insbesondere aber der Mann, wieder aus seiner Natur heraus lebt, das heißt seinen Trieben folgt:

> Der Meermensch: der Urwaldmensch:
> Der alles aus seinem Bauch gebiert,
> Der Robben frisst, der Bären totschlägt,
> Der den Weibern manchmal was reinstösst:
> Der Mann.[39]

Im Ursprungsdenken und im Exotismus haben sich Benn und Else Lasker-Schüler erkannt und zu einem Paar vereint. Lasker-Schülers Dichtung, ja ihre gesamte Existenz, war vom Exotismus geprägt. Aus dem Exotischen entstanden ihre poetischen Gegenwelten, die von Anfang an eine starke erotische Komponente hatten. Im Fremden bzw. im Verfremdeten konnte sie ihre erotischen Wünsche zur Sprache bringen. In ihren Anfängen, wie in dem 1900 veröffentlichten *Zigeunerlied*, tritt das Erotische unverstellt zutage:

> Die schwarze Bhowanéh
>
> Meine Lippen glühn
> Und meine Arme breiten sich aus wie Flammen!

Du mußt mit mir nach Granada ziehn
In die Sonne, aus der meine Gluten stammen …
Meine Ader schmerzt
Von der Wildheit meiner Säfte,
Von dem Toben meiner Kräfte.[40]

»Das poetische Ich«, so Peter Sprengel, »kommt zu sich selbst im Medium exotischer Erotik oder erotischer Exotik.«[41] In der Exotik kann das weibliche Ich von erotischen Wünschen träumen, die in der wilhelminischen Gesellschaft nicht ausgelebt werden durften. In »Die Nächte der Tino von Bagdad« tanzt die Ich-Erzählerin Tino in der Moschee, dabei gerät sie immer mehr in Ekstase und Verzückung, es vergehen ihr förmlich die Sinne, die Sprache löst sich auf in eine imaginierte »Ursprache«[42], ein fiktives Arabisch: »Machmêde macheïi, machmêde machmêde … « Jenseits von Sprache, Logik und Verstandesdenken liegt der ungebrochene Ursprung, den es wieder zu erreichen gilt. Es ist ein Akt der Regression, eine Regression, die sich am Wunschbild einer, um es mit Freud zu sagen, polymorph-perversen Sexualität orientiert.[43] Aus dieser Perspektive wird alles, was Erziehung und Gesellschaft an Hemmnissen, Verboten und kulturellen Normen aufrichtet, zum Zwang und zur Unfreiheit.

Die Liebesbeziehung zwischen Benn und Lasker-Schüler, wenn sie denn eine war, musste schon an den übersteigerten Ansprüchen scheitern und in Enttäuschung enden. So ziemlich alle Sachverständigen, die sich über das vermeintliche Liebesdrama zwischen Benn und Lasker-Schüler geäußert haben, gehen davon aus, dass Benn ›Schluss‹ gemacht und die Dichterin schnöde verlassen hat – ein Barbar halt. Festgemacht wird das unter anderem an einem im November 1913 in der »Aktion« veröffentlichten Brief an Franz Marc, in dem Giselheer und »Doktor Benn« eine Rolle spielen: »Seit ich Giselheer verlor, kann ich nicht mehr weinen und nicht mehr lachen. Er hat ein Loch in mein Herz gebohrt. […] Den Doktor Benn rief ich, der meinte, das Loch in meinem Herzen könnte man mit einem einzigen Faden zunähen.«[44] Die Briefschreiberin berichtet von der vergeblichen Liebe einer Frau, die vom Liebhaber verletzt und zurückgewiesen nach Erklärungen sucht. Sie habe die Geschichte ihrer Liebe dem »Doktor Benn« erzählt – die ganze Giselheer-Fiktion. Und offenbar sah Benn, wie weit sich diese Wunschphantasie verselbstständigt und von der realen Person entfernt hatte. Die Phantasien nahmen einen bedrohlichen Charakter an, führten ein Eigenleben. »Ich habe dem Doktor Benn ehrenwörtlich versprochen, nicht mehr an den armen König zu denken.«[45]

Bereits im August 1913 veröffentlichte Lasker-Schüler drei ›Abgesänge‹ an Giselheer. In »Giselheer dem König« heißt es:

Ich bin so allein
Fänd ich den Schatten
Eines süßen Herzens.

Und am Schluss scheint die Dichterin Benn direkt anzusprechen:

Liebe dich so!
Du mich auch?
Sag es doch – – – [46]

Die vielsagenden Gedankenstriche sollen das Ende der Beziehung markieren. Aber warum soll Benn sie verlassen haben, wo er doch so viel an Bestätigung erfahren hat: Tiger, Leopard, Barbar.

Könnte es nicht sein, dass Else Lasker-Schüler ›ihren‹ Giselheer verlassen hat? Vielleicht hatte sie keinen Spaß mehr am Spiel, vielleicht langweilte sie sich mit dem steifen Preußen? Vielleicht war ihr Gedankenspiel an ein Ende gekommen? Wie wir wissen, hat sich Else Lasker-Schüler gern verliebt und war dauernd in irgendwen verliebt. Verliebtsein war ihr Lebenselixier. In »Mein Herz« erzählt sie von allerhand Liebesgeschichten mit wirklichen und phantasierten Männern: »Herrlich ist es, verliebt zu sein, so rauschend, so überwältigend, so unzurechnungsfähig, immer taumelt das Herz. […] Wie bürgerlich ist gegen die Verliebtheit die Liebe.«[47]

Immer wieder hat sie in ihrer Lyrik den Verlauf und die Stadien der Verliebtheit durchgespielt, von den euphorischen Anfängen, dem Glücksgefühl der seligen Verzauberung, bis hin zu den Enttäuschungen und schließlich zu den Abschieden, den Trennungen. Es waren Zustände, die sie brauchte, um schreiben und dichten zu können. Sie spielte! – ganz sicher auch mit Benn. Und Benn, so viel lässt sich sagen, hat sich von diesem Spiel, in dem er Objekt und Subjekt war, nie ganz erholt. Davon zeugen seine Ressentiments und Aggressionen, die er in den »Erinnerungen« nur mühsam zurückhalten kann. Knapp zwei Jahrzehnte zuvor, 1934, als seine damalige Geliebte, Tilly Wedekind, in Zürich Else Lasker-Schüler besuchen will, hält er nicht mit seiner Meinung über die Dichterin hinter dem Berg. Benn gibt seiner Geliebten die Empfehlung: »Laß Dich von E. L. S. nicht erweichen u. sentimental machen. Sie ist sehr seltsam u. sehr genial, aber menschlich ganz fragwürdig u. romantisch. Dazu natürlich fanatisch antideutsch u. lügt wie alle so hysterischen Menschen.«[48] Was befürchtete Benn? Dass sie ihre Version der Liebesaffäre erzählte?

Möglicherweise spielte die Vergangenheit und die persönliche Liebesgeschichte 1934 keine so große Rolle. Viel eher fürchtete Benn wohl, dass ihn Lasker-Schüler an ihre alte Freundschaft erinnern und um Hilfe bitten würde, damit sie möglichst bald nach Palästina ausreisen konnte. Ein für Benn ganz und gar unpassender Zeitpunkt, vor Kurzem hatte er die nationalsozialistische Erhebung begrüßt, gleichwohl wurden gerade jetzt Stimmen laut, die ihm seine ehemals jüdischen Freunde vorhielten, ja die sogar an seiner arischen Abstammung zweifelten und ihn bezichtigten, mit dem Expressionismus eine Kunst- und Geistesrichtung gefördert zu haben, die das Kriminelle und Kranke in den Mittelpunkt stellte und fürderhin vom Deutschtum auszuschließen sei. Wenn er sich jetzt für die jüdische Dichterin eingesetzt hätte, sie, die als die herausragende Vertreterin des Expressionismus galt, er wäre diskreditiert gewesen und hätte sich womöglich selbst in Gefahr gebracht. So erklärt sich sein Biograph Joachim Dyck die damalige Reaktion bzw. Nicht-Reaktion Benns im Falle Lasker-Schülers.[49] Benn versuchte offenbar, die Gefahren, die der jüdischen Dichterin in Nazideutschland drohten, zu leugnen und herunterzuspielen, schließlich hatte sie erst 1932 den angesehenen Kleist-Preis erhalten. »Ein Glückwunsch der deutschen Dichtung«, telegrafierte Benn. Der »Völkische Beobachter« polemisierte gleich darauf gegen die »knabenhaft-dürre Jüdin« und sprach ihr das Deutschtum ab. 1933 wurde Else Lasker-Schüler auf offener Straße von SA-Männern verprügelt. Im April desselben Jahres verließ sie Berlin und ging ins Exil nach Zürich.

Sieben Jahre, nachdem die Dichterin vereinsamt und verarmt in Jerusalem gestorben war, hält der zu neuem Ruhm gekommene Benn 1952 eine verspätete Totenrede auf Else Lasker-Schüler. In den letzten Zeilen seiner Rede spricht er mit elegischen Worten von ihrem Grab in der Fremde, einem, wie er sich ausdrückt, »deutschen Grab«[50]. Er holte Else Lasker-Schüler heim. Diese Qualifizierung war als Ehrenrettung gedacht, und Benn glaubte wohl, damit einen Schlusspunkt gesetzt zu haben. Doch zwei Jahre später lernte er eine Frau kennen, die ihn auf bemerkenswerte Weise an die Dichterin erinnerte: Astrid Claes, eine junge Literaturwissenschaftlerin, die gerade über Benns lyrischen Sprachstil promoviert hatte und selbst Gedichte schrieb. Schon 1951 hatte sie mit Benn brieflich Kontakt aufgenommen und einen Besuch angekündigt. 1954 kam es dann zu einem intensiveren Briefwechsel. Astrid Claes schickte nicht nur ihre Dissertation, sondern auch ihre Gedichte – und Benn erkannte in einigen ihrer Verse eine gewisse Verwandtschaft mit Else Lasker-Schüler. Noch bevor sich die beiden im Juni 1954 sahen, begann der 68jährige Benn, sich die junge Frau vorzustellen. An vielen der imaginierten Details wird deutlich, er hatte das Bild Else Lasker-Schülers vor Augen, er suchte förmlich nach Ähnlichkeiten, nach einer Bestätigung. Benn glaubte in der Kunst, aber auch im Leben an das Prinzip der Wiederholung.

Ohne Umschweife gesteht er ihr, nicht ihre Arbeit sei für ihn interessant, sondern ihre »Person«.[51] Er fragt Astrid Claes nach ihrer Figur und was sie so trägt, wie sie sich kleidet, wie oft sie sich die Haare wäscht und ob sie raucht: »Ihre Augen sind wohl dunkel (braun?), Ihre Grösse taxiere ich auf 169–171 cm, Ihre Taille sehr schmal, kurz: Mannequinfigur.«[52] Gleich nach ihrem Treffen rät ihr Benn zu einer Kurzhaarfrisur: »Lieber wie ein Knabe aussehn als wie eine Puppe.«[53] Er schwärmt von ihrer ›zarten zarten Gestalt‹ – und offenbar trug sie bei ihrer ersten Begegnung »3 Ringe«, die Benn natürlich sofort ins Auge fielen.[54]

Die junge Frau hielt sich klug auf Distanz – und die Distanz wurde noch größer, als er ihr klarmachte, welche Rolle sie spielen sollte. Als Astrid Claes den Dichter fragte, ob die Gefühle Lasker-Schülers echt waren, wo sie sich doch so oft verliebte, schrieb Benn apodiktisch zurück: »Jedes Gedicht an alle die Männer u. Frauen war echt. Sie spuckte auf alles Unechte.«[55] Und gewissermaßen als Beleg schickte er ihr seine vor zwei Jahren gehaltene Rede und Else Lasker-Schülers Gedichte von 1917: »Wunderbarer Band, Rarität. [...] Enthält die vielen Gedichte an mich, genannt Giselher«.[56] In dem Band steht die handschriftliche Widmung: »Giselheer dem Nibelungen von seinem Jussuf zum Abschied.« Die Gedichte, Benn lässt da keinen Zweifel zu, bezeugen eine »echte« Liebesbeziehung: »Giselheer«, so sagte er, das bin ich!

Zuvor hatte er ihr aber noch etwas anderes geschrieben, »in der Liebe steht alles 50:50 u. alles geht auf eigenes Risiko«.[57] Mit anderen Worten: alles ist nur ein Spiel.

EINE FRAU!

Am 22. Februar 1928 erschien im »8-Uhr-Abendblatt« der »Nationalzeitung« unter der Überschrift »Wie Miss Cavell erschossen wurde«, der »Bericht eines Augenzeugen über die Hinrichtung der englischen Krankenschwester«, wie es im Untertitel heißt. Autor des Artikels war der Dichter und Arzt Gottfried Benn. Der Fall, über den er berichtete, lag bereits dreizehn Jahre zurück – ein Ereignis aus dem Ersten Weltkrieg. Schauplatz war die damals von den Deutschen besetzte belgische Hauptstadt Brüssel. Im Oktober 1915 fand hier vor einem Militärgericht der Prozess gegen fünfunddreißig Untergrundaktivisten statt, sie wurden beschuldigt, den Widerstand gegen die deutsche Besatzungsarmee organisiert zu haben. Eine der Hauptangeklagten war Edith Cavell, eine neunundvierzig Jahre alte britische Krankenschwester. Sie soll mehr als zweihundert alliierte Soldaten gepflegt und ihnen zur Flucht ins neutrale Holland verholfen haben. Der Fall erregte Aufsehen. Vor allem die Tatsache, dass die Deutschen einer Frau den Prozess machten, erhitzte die Gemüter. Diplomaten schalteten sich ein. Brand Whitlock, der Botschafter der neutralen USA, der die britischen Interessen im besetzten Belgien vertrat, nahm Kontakt mit den deutschen Stellen auf und forderte einen fairen Prozess. Viel geholfen hatte das nicht. Edith Cavell wurde zusammen mit dem belgischen Architekten Philippe Baucq zum Tode verurteilt. In den Morgenstunden des 12. Oktober wurden beide durch ein Erschießungskommando hingerichtet. Die Vollstreckung des Todesurteils an der englischen Krankenschwester führte zu internationalen Protesten. Die Deutschen standen am Pranger und gerieten in Erklärungsnot. War es wirklich notwendig gewesen, die Krankenschwester zu exekutieren? Hätte man nicht Gnade walten lassen sollen? Auf politischer Ebene war man über die ganze Geschichte alles andere als erfreut. Der Kaiser, der erst nachträglich von der Sache erfuhr, missbilligte die Exekution.

Die Briten sahen in Edith Cavell naturgemäß keine Spionin, sondern eine Märtyrerin, die aus humanitärer Gesinnung gehandelt hatte und aus Vaterlandsliebe ihr Leben gab. 1919 wurde der Leichnam Edith Cavells exhumiert und nach London überführt. In Anwesenheit König Georgs V. fand in der Westminster Abbey eine Trauerfeier statt. Anschließend wurde der Leichnam mit einem Sonderzug nach Norwich überführt und dort bestattet. Bereits ein Jahr später enthüllte man ein Denkmal auf dem Londoner St. Martin's Place in der Nähe des Trafalgar Square. Auch in anderen Ländern wurden Straßen, Schulen und Hospitäler nach Edith Cavell benannt, sogar ein Berg in den Rocky Mountains trägt ihren Namen.

Über die Erschießung Edith Cavells waren wilde Gerüchte im Umlauf. Gleich nach der Exekution berichtete die englische Presse, dass ein Soldat des Erschießungskommandos – aus Respekt vor der Frau – daneben gezielt hätte und anschließend selbst erschossen wurde. Erst der Fangschuss eines Offiziers hätte Edith Cavell getötet. Diese Version übernahm auch der englische Regisseur Herbert Wilcox in dem Stummfilm »Dawn«, der 1928 in die Kinos kam und in Deutschland schon im Vorfeld für Aufregung und Proteste sorgte.

In dieser Situation schrieb Benn seinen Artikel, den »Bericht eines Augenzeugen«. Man hatte ihn als Arzt zu der Hinrichtung abkommandiert. Wie er eingangs betont, habe er alles »mit eigenen Augen gesehen«, und er könne deshalb sagen, wie es wirklich gewesen sei. Benn gibt sich jedoch, was die Wirkung des Artikels angeht, illusionslos, die »Siegerstaaten« hätten aus Edith Cavell einen Mythos gemacht – und dagegen ließe sich kaum etwas ausrichten. Nichtsdestotrotz will er die Tatsachen sprechen lassen, dennoch beginnt er seinen Bericht im erzählerischen Ton: »Eines Abends im Spätherbst 1915 erhalte ich den Befehl, am nächsten

Morgen an einer bestimmten Stelle auf ein Auto zu warten und an einen unbenannten Ort zu fahren.«[1] So fangen Novellen des 19. Jahrhunderts an. Benn kannte natürlich Datum und Monat, er hätte exakte Angaben machen können, aber er benutzte Umschreibungen, um eine Atmosphäre zu erzeugen.

Das alles gehört zur Rahmenhandlung. In der Binnenhandlung berichtet Benn, wie die beiden zum Tode Verurteilten zur Hinrichtungsstelle geführt und gleich darauf erschossen werden. Um seinen Status als Augenzeuge zu unterstreichen, erzählt er die Szene im Präsens: »Der Belgier ist etwa vierzig Jahre, Ingenieur, verheiratet, Vater von zwei Kindern, gedrungen gebaut, lebhafte Bewegungen, ungefesselt, Schiebermütze auf dem Kopf […]. Mit einer Lebendigkeit ohnegleichen, mit einer fast gelösten Leichtigkeit schreitet er den Hang hinunter, wo die Soldaten stehen […]. Edith Cavell ist vielleicht 42 Jahre alt, hat graues bis weißes Haar, keinen Hut auf, blaues Schneiderkleid an, dürres maskenhaftes Gesicht, steifer stotternder Gang, schwere muskuläre Hemmungen, aber *ohne Zaudern, ohne Stocken geht sie abwärts, wo die Pfähle stehen.* […] *Letzter Akt.* Er dauert kaum eine Minute. Die Kompagnie präsentiert, der Kriegsgerichtsrat liest das *Todesurteil* vor. Der Belgier und die Engländerin bekommen eine weiße Binde über die Augen und die Hände an ihren Pfahl gebunden. Ein Kommando für beide; Feuer, aus wenigen Metern Abstand und zwölf Kugeln, die treffen. Beide sind tot. Der Belgier ist umgesunken. *Miss Cavell steht aufrecht am Pfahl.* Ihre Verletzungen betreffen hauptsächlich den Brustkorb, Herz und Lunge, sie ist *vollkommen und absolut momentan tot; ganz verkehrt zu sagen, daß sie angeschossen sich gequält habe und durch einen Fangschuß am Boden getötet worden sei. Sie war vielmehr noch während des Rufes Feuer sofort und unbezweifelbar tot.* Nun schreite ich an den Pfahl, wir nehmen sie ab, ich fasse ihren Puls und drücke ihr die Augen zu. Dann legen wir sie in einen kleinen gelben Sarg, der abseits steht.«[2]

Benn erwähnt die gefasste, disziplinierte Haltung der Verurteilten und beschreibt den sachlichen, geschäftsmäßigen Ablauf der Hinrichtung. Alles korrekt gelaufen, keine besonderen Vorkommnisse. Es ist so verfahren worden, wie es das militärische Prozedere in solchen Fällen vorsieht: »zwölf Kugeln, die treffen. Beide sind tot.«

Um alle Zweifel zu beseitigen, steigert Benn die Aussage noch einmal, die beiden Verurteilten sind nicht nur »tot«, sie sind »vollkommen und absolut momentan tot«. Und was Edith Cavell angeht, so betont er, dass sie »noch während des Rufes Feuer sofort und unbezweifelbar tot« war. Wer will dagegen etwas sagen? Zumal hier ein Arzt spricht. Doch hier spricht auch ein Dichter. Nicht von ungefähr benutzt Benn literarische Stilmittel, er arbeitet mit Unschärfen (»Edith Cavell ist vielleicht 42 Jahre alt«) und spitzt die geschilderte Szene bis zur Hinrichtung dramatisch zu: »*Letzter Akt.*«[3]

Benns Artikel hat bis in die jüngste Gegenwart hinein für Diskussionen gesorgt. Was hat Benn zu dieser Stellungnahme bewogen? Warum schreibt er für eine Zeitung?, während er sich doch sonst eher abfällig über den Journalismus äußert? Und warum dieser Gestus der Sachlichkeit, dieser Anspruch, nur die Tatsachen sprechen zu lassen? Schon vor dem Krieg hatte Benn sich in der Auseinandersetzung mit der Psychiatrie von solchen Ansprüchen distanziert – »eine Erkenntnis«, so schreibt er in dem Text »Unter der Großhirnrinde«, sei »auf diesem Wege überhaupt nicht möglich […]. Jedes Wissen« sei nur »ein Irrtum zwischen zwei Irrtümern und ein Vorspiel zu unaufhörlichen Vorspielen«[4]. In den zwanziger Jahren hatte sich das Umfeld allerdings gewandelt, Sachlichkeit war Mode geworden. Sie hatte Konjunktur. Ob in Kunst, Literatur oder Architektur, die ›Neue Sachlichkeit‹ war gefragt.

Wie man weiß, war Benn eigentlich kein Freund dieses Stils, er grenzte sich nachdrücklich vom modischen Jargon der Zeit ab. Der Benn-Biograph Helmut Lethen meint jedoch, »untergründig« sei er gleichwohl mit dieser Strömung verbunden gewesen.[5] Sachlich zu sein, das bedeutete zuallererst, sich nicht mitreißen zu lassen von Emotionen und Ideen, sich auf das Faktische zu konzentrieren und die Dinge mitleidslos zu betrachten. Sachlichkeit war in dieser Zeit, so Lethen, ein »viriler Habitus«, um sich gegenüber der Republik, die man »als weiblich begriffen«[6] hatte, zu schützen. In einer »Welt der Fusionen«[7] war Sachlichkeit ein Mittel der Distanzerhaltung, der Grenzziehung. Lethen spricht von einem wahren »Kult der Grenzziehung«[8]. Ob im Politischen oder Ästhetischen, die klaren Konturen schienen sich in den zwanziger Jahren aufzulösen und forderten deshalb zur Schärfe heraus – zur Grenzziehung, zur Trennung. Das Genre des Augenzeugenberichts war *en vogue*. Der Glaube an die Fakten, an den Tatsachenblick, ließ kritische Fragen kaum aufkommen. Dass Augenzeugen notorisch unzuverlässig sind, wie jeder Kriminalist weiß, kam gar nicht in Betracht. Vor diesem Hintergrund gab Benn die Versicherung, er werde nur berichten, was er »mit eigenen Augen gesehen«[9] hat und woran er sich erinnert.

Noch relativ frisch waren dagegen die Ereignisse um die Exekution der englischen Krankenschwester, als Benn am 3. Februar 1917 die Sternheims besuchte. Der Krieg war zu dieser Zeit auf seinem Höhepunkt. Die Deutschen hatten drei Tage zuvor den uneingeschränkten U-Boot-Krieg erklärt. Die Amerikaner nahmen das zum Anlass, am 6. April endgültig in den Krieg einzutreten – womit sie schon im Mai 1915 nach der Versenkung des britischen Passagierdampfers ›Lusitania‹ gedroht hatten. »Somit tritt das schreckliche Ringen in die Phase des letzten Kampfes«, schreibt Thea Sternheim am Tag des Benn-Besuchs in ihr Tagebuch. »Die Friedensgerüchte sind ganz verstummt. Die Rede des amerikanischen Präsidenten wird kaum diskutiert; in jedem Staat hisst das Geschmeiss (bei uns nennt man sie Alldeutsche) die Fahne. Rache! Macht! Repressalie! Ein moderner Totentanz.«[10]

Thea Sternheim gehörte zu den wenigen Intellektuellen, die sich schon im August 1914 gegen den Krieg ausgesprochen hatten, und sie ließ sich in ihrer ablehnenden Haltung auch durch die anfänglichen Erfolge auf dem Schlachtfeld nicht irritieren. Gegenüber Freunden und Bekannten, die den Krieg begrüßten, ging sie auf Abstand. Thea Sternheim hasste die Gewalt und das Militärische. Krieg war für sie der Rückfall in die Barbarei, in einen vorzivilisatorischen Zustand.

Vor dem Besuch Benns in La Hulpe hatte sie seine frühen Gedichte und die gerade im »Jüngsten Tag« erschienene Novelle »Gehirne« gelesen. Das alles erschien ihr meisterhaft und geradezu umstürzlerisch. Etwas »Eigentümliches« geht da vor, schreibt sie unter dem 30. Januar 1917 in ihr Tagebuch. »Neue Worte blühen auf: ein Frühling fällt über uns.«[11] Thea Sternheim war begeistert von dieser Literatur. Endlich ein Dichter, der mit seiner Sprache etwas wagte, der die konventionellen Wege verließ und sich mutig dem Chaos der Zeit stellte – eine Ausnahmefigur, vielleicht sogar eine Führer-Gestalt der jungen literarischen Bewegung.

Thea Sternheim war dreiunddreißig, als sie Benn kennenlernte, eine interessante, attraktive Frau, schön, hochgebildet und vermögend. Dass sie aus einem großbürgerlichen Milieu stammte – man sah es ihr an und sie zelebrierte es, in der mondänen Kleidung, in ihrem exquisiten Lebensstil, ihrem Sinn für moderne, avantgardistische Kunst und schöne Bücher. In zweiter Ehe war sie mit dem Dramatiker Carl Sternheim verheiratet, seine Komödien »Die Hose«, »Die Kassette«, »Bürger Schippel« gehörten vor dem Ersten Weltkrieg zu den meistgespielten Stücken und sind auch heute noch von verblüffender Aktualität. Sternheim wollte das bürgerliche Publikum provozieren, er suchte die Herausforderung mit der saturierten wilhelminischen Gesellschaft. Viele seiner Stücke durften nicht öffentlich aufgeführt werden, die Zensurbehörden erlaubten häufig nur geschlossene Veranstaltungen. Manche Aufführungen mussten abgebrochen werden, es kam im Publikum zu Auseinandersetzungen und regelrechten Tumulten. Carl Sternheim war so etwas wie das *enfant terrible* der Theater- und Literaturszene, seine Stücke aus dem »bürgerlichen Heldenleben« – viele wurden von Max Reinhardt inszeniert – hielten der bourgeoisen Gesellschaft den Spiegel vor. Er demaskierte den schönen Schein von Wohlanständigkeit und Kultiviertheit. Die Helden, die er auf die Bühne brachte, waren gewissenlose Aufsteiger, geldgierig, machtbesessen und voll lüsterner, erotischer Obsessionen. Sternheim zeigte mit seinen Stücken, dass in der *Belle Époque* die ›Invasion der Barbaren‹ bereits in vollem Gange war und der Bürger sich bereit machte, die Fesseln der Wilhelminischen Gesellschaft zu sprengen. »Nach uns Zusammenbruch! Wir sind reif!« – heißt es in dem Schauspiel »1913«, geschrieben kurz vor Ausbruch des Ersten Weltkriegs. Vorausweisend auf die »Urkatastrophe« der Menschheit, aber auch auf das, was in den zwanziger Jahren folgen sollte, das Zeitalter der Gewalt, das, nach Sternheims Meinung, durch den enthemmten Bürger befördert und hervorgetrieben wurde.

Carl Sternheim kannte Benn schon einige Zeit vor seiner Frau, ebenso wie sie war er von seiner Dichtung, der zupackenden Sprache, elektrisiert, und natürlich hatte er die Person, die sich hinter den Gedichten verbarg, seiner Frau genau beschrieben. Als nun aber Benn zu Besuch kam, war Thea Sternheim vom Aussehen und Auftreten des Dichters offenbar einigermaßen überrascht und irritiert: »Ein blonder schlanker, typisch preussisch aussehender Mensch, in der Art der jungen Bredows und Unruhs.«[12] Gemeint sind Ferdinand von Bredow und Fritz von Unruh – beide stammten aus einem alten preußischen Adelsgeschlecht und schlugen, der Tradition ihrer Familien folgend, die militärische Laufbahn ein. Sie wurden im Geist des Preußentums erzogen und traten 1914 mit Begeisterung in den Krieg ein. Fritz von Unruh, der sich auch als Schriftsteller betätigte, erlebte allerdings durch den Krieg eine Läuterung und wurde zum Pazifisten. Gleichwohl, für Thea Sternheim waren sie Idealtypen, die Verkörperung strammer Militärs, die sie verachtete. Benn sah aus wie einer von ihnen – und er sah nicht nur so aus. Thea Sternheim notiert in ihr Tagebuch: »Der Sohn eines protestantischen Pastors in der Mark, seine Mutter Genferin, Calvinistin. Unter Begriffen wie Gottes Zorn, Vaterland, Bereitschaft, für den Staat zu sterben, aufgewachsen, fragt er nicht: Wie konnte dieser schreckliche Krieg möglich werden, sondern antwortet: Da er einmal da ist, muss er ausgekämpft werden. Milde ist in keiner Hinsicht am Platze.«[13]

Krieg gehört für Benn zum Lauf der Geschichte. Er ist kein Kriegsverherrlicher, kein Enthusiast, für Schlachten und Gefechte hat er nichts übrig, er gibt sich vielmehr als Realist. Kriege sind notwendig, man muss sie hinnehmen. Die Härte, die Schneidigkeit, der Pragmatismus, passten zu seiner Herkunft und zu seiner militärärztlichen Tätigkeit, dazu passten auch seine steifen Manieren, die die großbürgerlich erzogene Thea Sternheim etwas amüsiert zur Kenntnis nimmt: »Er macht Verbeugungen beim Herein- und Hinausgehn, Verbeugungen, reicht man ihm eine Hand.«[14] Doch in welcher Beziehung steht das alles zu Benns Expressionismus – seinen lyrischen Innovationen? »Wie kommt sein Wortschatz so ins Blühen?«, fragt sich Thea Sternheim. Benns Kriegerethos, sein militärärztlicher Habitus, erscheinen ihr auf den ersten Blick unvereinbar mit der Geistigkeit und der genialen Sprachkraft des Dichters. Lange Zeit versucht sie, die beiden Seiten zu trennen: »der D^r. med Benn,« und »der ewige Gottfried Benn«, der Dichter, von dem sie, wie sie in einem Brief gesteht, nicht »genug bekommen kann«.[15]

Gleich bei der ersten Begegnung erwies es sich jedoch, dass Kriegerethos und Dichtertum bei Benn so leicht nicht zu trennen waren. Das Gespräch kam an diesem Abend auf die Erschießung Edith Cavells. Was Benn vermutlich nicht wusste, das Thema war im Hause Sternheim hoch emotionalisiert. Man hatte die Geschichte schon sehr früh verfolgt. Am 18. Oktober 1915, wenige Tage nach der Exekution, las Thea Sternheim in Brüssel die amtliche Bekanntmachung von der Vollstreckung der Todesurteile an einem Brüsseler Architekten und der englischen Krankenschwester. Auch ein Bekannter, Georges Hostelet, ein belgischer Physiker, war in die Affäre verwickelt und wurde mit fünf Jahren Zuchthaus bestraft.[16]

Schockiert hatte Thea Sternheim vor allem die Exekution Edith Cavells. »Ich vergegenwärtige mir«, schreibt sie im Tagebuch, »die einzelnen Vorgänge bei der Erschiessung der Frau. Die Angehörigen, Freunde und Bekannte. Ich habe kein Urteil und kann, da ich die Ursachen nicht kenne, keine Partei [er]greifen. Aber ich bin tief entsetzt. Irgendwie aus menschlichen Gründen. Eine Frau! Wo führt das hin?«[17]

In den nächsten Wochen und Monaten ist im Tagebuch immer wieder von der Affäre die Rede. Thea Sternheim freundete sich in dieser Zeit mit Christine Hostelet an, der Ehefrau des inhaftierten belgischen Physikers, und unterstützte sie bei den Bemühungen, eine Freilassung ihres Mannes zu erreichen. Auch der Tod Miss Cavells blieb ein Thema. Für Thea Sternheim war klar, man wollte an dieser Frau ein Exempel statuieren, auch wenn sie dadurch zu einer Märtyrerin und »Idealfigur«[18] erhoben würde. Menschlichkeit und Milde waren unter diesen Umständen kein Thema, es ging um vermeintlich ›höhere‹ Ziele. Aber eine Frau zu erschießen, das war für Thea Sternheim ein Tabubruch.

Benn hatte im Salon der Sternheims von seiner Anwesenheit bei der Exekution erzählt. Er schilderte den Ablauf, den Thea Sternheim im Tagebuch festhält. »Benn«, so notiert sie, »erzählt diesen Vorfall mit der erschreckenden Sachlichkeit eines Arztes, der einen Leichnam seziert.«[19] Keine Anteilnahme, kein Mitleid. Ja, er hält das Urteil für richtig – natürlich auch im Falle Edith Cavells. Thea Sternheim spricht von den »kränkenden Ansichten«[20] Benns. Was er an diesem Abend genau gesagt hat, ist nicht überliefert. Die Stellungnahme im Zeitungsartikel von 1928 ist aber möglicherweise nicht so weit von der Position entfernt, die er damals vertreten hat. Formell sei die Erschießung von Miss Cavell »zu Recht erfolgt. Sie hatte als Mann gehandelt und wurde von uns als Mann bestraft. Sie war aktiv gegen die deutschen Heere vorgegangen und sie wurde von diesen Heeren zermalmt.«[21] Zwischen Mann und Frau dürfe es in dieser Hinsicht keinen Unterschied geben. Benn beruft sich auf Emanzipation und Gleichberechtigung: »Ich glaube, daß die Frau von heute für diese Konsequenz nicht nur Verständnis hat, sondern sie fordert.«[22] Im Übrigen stellt er klar, dass bei der Hinrichtung Edith Cavells nach Recht und Gesetz verfahren worden sei und es sich nicht um die Tat »rachsüchtiger Militaristen« handelte. Wer so handelt wie die englische Krankenschwester, habe mit Konsequenzen zu rechnen. Man stelle sich nur vor, so Benn, die alliierten Soldaten, denen Miss Cavell zur Flucht verholfen hat, würden »auf unsere Soldaten« schießen. »Welches Kriegsgericht hätte sie nicht zum Tode verurteilen müssen, welcher Gouverneur, der sich für seine Truppen verantwortlich fühlte, sie begnadigen können?«[23]

So sehr Benn Mitleid und Gnade ablehnt, so sehr fällt auf, dass er ein geradezu heroisches Bild von Miss Cavell, »der tapferen Tochter des englischen Volkes«[24], zeichnet. Sie selber, so Benns Vermutung, hätte keine Gnade gewollt, sie wusste, dass sie schuldig war und sie hätte sich schon im Prozess entsprechend verhalten. Während andere Angeklagte das Gericht beleidigten, benahm sich Miss Cavell »äußerst reserviert«[25]. Sie lehnte sich nicht auf – sie kannte und akzeptierte ihr Schicksal. Nicht nur das, die von Benn beschriebene Miss Cavell zeigte im Sterben Größe: Als sie zur Hinrichtungsstätte geführt wird, ging sie – im Text im gesperrten Druck – »*ohne Zaudern, ohne Stocken*« zu den Pfählen und erwartete in ruhiger Haltung die Vollstreckung des Todesurteils. Als die Kugeln sie tödlich getroffen hatten, stand sie »*aufrecht am Pfahl*«.[26] Offenbar hat Benn im Februar 1917 die Geschichte etwas anders erzählt: Miss Cavell sei, zusammen mit dem Belgier, »mit zerrissener Brust [...] zur Erde«[27] gefallen. Erst 1928 stilisierte er die englische Krankenschwester zur »kühnen Tochter eines großen Volkes«[28]. Benn, der mit seinem Augenzeugenbericht der Legendenbildung entgegenwirken wollte, erzählt in Wirklichkeit selber eine Legende, die heroische Geschichte vom aufrechten Sterben einer mutigen Person, die für ihre Sache einsteht. Er muss sie so erzählen, denn wäre sie eine verworfene Frau, eine Spionin, dann wäre sie nicht satisfaktionsfähig – und das wiederum hätte ein schlechtes Licht auf die Soldatenehre geworfen, und um die ging es Benn eigentlich, nicht um die Krankenschwester.

Um die Fallhöhe deutlich zu machen, verweist Benn in einer kryptischen Anspielung auf eine andere Frau, die von den Franzosen während des Ersten Weltkriegs erschossen wurde – hingerichtet als »Spion« – ein Begriff, den Benn im Zusammenhang mit Edith Cavell an keiner Stelle benutzt. Benn nennt zwar keinen Namen, aber jeder Leser wusste natürlich, es handelte sich um die berühmt-berüchtigte Mata Hari. Am 25. Juli 1917 hatte man sie wegen Spionage und Hochverrats zum Tode verurteilt. Die Hinrichtung erfolgte am 15. Oktober durch ein zwölfköpfiges Erschießungskommando. Die holländische Tänzerin und Kurtisane war ein gefeierter Star der *Belle Époque*. Mit ihren exotisch anmutenden Schleiertänzen zog sie vor dem Ersten Weltkrieg das Publikum in ihren Bann. Mata Hari wurde jedoch von ihrer Vergangenheit eingeholt, ihre Verführungskunst, von der sich die ›bessere‹ Gesellschaft hatte berauschen lassen, sah man in den Kriegsjahren nunmehr als die perfide Waffe einer Spionin. Man stempelte sie zu einer sittenlosen Frau, die alle Ehre verloren hatte. Miss Cavell wurde dagegen, folgen wir Benn, nicht als Frau hingerichtet, sie hatte »als Mann gehandelt« und wurde als »Mann bestraft«.[29] Für Benn gehörte sie nicht mehr zum weiblichen Geschlecht, durch ihre tadellose Haltung ist sie ›aufgestiegen‹, sie hat sich ehrenhaft wie ein Mann, wie ein Soldat, benommen.

Was immer Benn bei den Sternheims erzählt hat, bei der Hausherrin stieß er damit auf Widerstand. Es gab offenbar eine hitzige Diskussion, die irgendwann abgebrochen wurde: »Jede Verständigung ist aussichtslos«, schreibt Thea Sternheim in ihr Tagebuch. »Man rennt mit dem Kopf gegen eine Mauer.«[30] Am 21. Mai kommt der Dichter erneut zu Besuch, man sitzt auf der Terrasse, trinkt Tee – Benn geht zeitig: »Was er denkt, so politisch, literarisch oder menschlich«, so Thea Sternheim, »wird mir immer noch nicht klar.«[31]

DER BÜRGERSCHRECK

Alles soll leben – aber eins muß aufhören – der Bürger
Richard Huelsenbeck: Der neue Mensch (1917)

Lieber lächerlich, als bürgerlich.
Gottfried Benn an Elinor Büller

Er präsentierte sich selbstbewusst als Dichterkönig und verwies die Konkurrenz auf die Plätze, sie hätten nur vom »Schaum der Oberfläche« gesungen, »den Boden« aber hätten sie vernachlässigt. Für die eigene Dichtung forderte er die Krone und pries sich als den Meister, der alle überragte. Sein großes Thema waren die Frauen, sein Künstlername war Programm: »Frauenlob«. Gemeint ist Heinrich von Meißen, einer der einflussreichsten Dichter des 14. Jahrhunderts. Als das *opus magnum* des selbsternannten Dichterkönigs gilt der »Marienleich«, ein Gedicht in zwanzig Strophen, es erzählt von der Jungfrau Maria, die durch Vereinigung mit der Trinität zur Himmelskönigin wird. Das Thema stand in der Tradition des Minnesangs, der ritterlich-höfischen Liebeslyrik. Das Besondere an der Dichtung war aber nicht das Thema, sondern der Stil. Frauenlob galt als der große Meister des sogenannten »geblümten Stils«, eine Dichtungsart, die darauf bedacht war, das Eigentliche kunstvoll zu verhüllen, um es desto prächtiger zur Erscheinung zu bringen. Das Eigentliche, das ist die erotische Dimension der »Marienleich«, sie wird in raffinierter Weise durch zahlreiche rhetorische Mittel ausgeschmückt, durch eine besonders gesuchte Wortwahl, durch Neologismen, Dialekt und Archaismen, durch einen ungewöhnlichen sprachlichen Ausdruck und einen komplizierten Satzbau.

Gottfried Benn stand in Sachen Selbstbewusstsein Heinrich von Meißen in nichts nach, auch er sah sich schon früh als Dichterkönig und auch sein großes Thema waren die Frauen, sie haben seine lyrische Produktivität in entscheidender Weise beeinflusst und zuweilen gelenkt. Aber eine Frau in schönen, werbenden Versen besingen, diese Attitüde wollte er nicht einnehmen bzw. nicht zeigen. »Man liegt vor einer Frau nicht Tag u. Nacht auf den Knieen u. murmelt zu ihr Gebete empor, eine Frau ist ein Gegenstand«[1], schrieb er 1954 an seine junge Verehrerin Astrid Claes. Das ist natürlich nur die halbe Wahrheit. Immer wieder hat er seine angebeteten Frauen mit Versen bedacht und sie in ein poetisches Licht gerückt, freilich in ein sehr eigenwilliges. Und bis zuletzt präsentierte er sich als Kavalier der alten Schule, der zum Rendezvous mit einem Blumenstrauß erschien – meistens waren es Veilchen – und den Frauen Geschenke machte. Das passte zuweilen nicht zu seinem sonstigen Gehabe, schon gar nicht vor dem Ersten Weltkrieg.

1914, noch vor Ausbruch des Krieges, plante Benns erster Verleger, Alfred Richard Meyer, der die »Morgue«-Gedichte verlegt hatte, eine Anthologie zum Lob der Frauen: »Der neue Frauenlob« sollte das von Meyer herausgegebene »Lyrische Flugblatt« heißen. Zahlreiche Dichter lieferten Beiträge zu der Publikation: Kasimir Edschmid, Albert Ehrenstein, Salomon Friedlaender, Walter Hasenclever, Klabund, René Schickele, Alfred Wolfenstein waren unter den Autoren, und auch Gottfried Benn. Am 27. Juli 1914, kurz bevor Benn heiratete und in den Krieg zog, schrieb er an seinen Verleger, der ihn zuvor um einen kleinen Beitrag zum Lobe der Frauen gebeten hatte:

»Lieber Herr A. R. Meyer
eben kommt Ihre Karte. Mein Gott, ich habe nichts: nichts ist mir gleichgültiger als die Weiber, ich kann sie nicht besingen. Ich empfinde so:

MARIE
Du Vollweib!
Deine Maße sind normal,*
Jedes Kind kann durch dein Becken.
*Breit*hingelagert
Empfähest du bis in die Stirn
Und gehst. –

Sie werden zugeben, das sei primitiv.«[2]

58

Benn, der den Eindruck vermittelt, als ob er das Gedicht nicht ganz ernst gemeint und es nur mal so eben dahingeworfen hätte – eine Gefühlsanwandlung, ohne Bedeutung, schlägt vor, Meyer solle doch lieber aus dem Zyklus »Söhne« das Gedicht »Drohung« nehmen. Der Verleger entschied sich anders. In der Anthologie, die kriegsbedingt erst 1919 erscheinen konnte, ist Benn unter den »Lobenden« mit dem Gedicht »Marie« vertreten.

Meyer hatte ein ausgesprochenes Gespür für das, was das Lesepublikum wünschte und vom »Morgue«-Dichter erwartete – kein braves Frauenlob, sondern eine knallharte Provokation. Schon auf Benns Erstling, »Morgue und andere Gedichte«, kamen neben viel Lob und Anerkennung auch einige empörte Reaktionen. Über die moralische Entrüstung des Publikums waren Verleger und Autor hocherfreut, und man druckte einige Reaktionen ab, die belegen sollten: wir haben es hier nicht mit einem weltabgewandten, romantischen Dichter, sondern mit einem ganz neuen Typus von Lyriker zu tun, einem, wie Meyer ihn nennt, »Höllenbreughel der Gebäranstalt und der Totenschau«, der die Gemüter erregt und herausfordert, der Rabatz macht und kein Blatt vor den Mund nimmt. Die überwiegend positiven Reaktionen auf den Zyklus passten dem Verleger nicht ins Konzept, mit einigem Stolz präsentiert er dagegen die erregten Wortmeldungen, die belegen sollen, dass Benn von Anfang an als Tabubrecher auftrat: »Pfui Teufel! Welch eine zügellose, von jeglicher Herrschaft geistiger Sauberkeit bare Phantasie entblößt sich da; welche abstoßende Lust am abgründig Häßlichen«[3], zitiert Meyer aus einer Besprechung der »Augsburger Abendzeitung«. Der Autor sei ein Fall für den Psychiater, hätte ein anderer Kritiker geschrieben. Es waren nicht viele Verrisse – aber für Verleger und Autor waren sie wertvoll, sie verschafften Benn den Ruf, ein Radikaler zu sein, der sich nicht scheut, die Wirklichkeit so zu zeigen, wie sie ist. Man hatte ein großes Beispiel vor Augen: Charles Baudelaire »Die Blumen des Bösen« – ein halbes Jahrhundert zuvor hatte man dem französischen Dichter wegen seiner Verse den Prozess gemacht.[4] Von einem solchen Auftakt konnte man freilich nur träumen. Benn bekam es wegen seiner Tabuverletzung nicht mit den Gerichten, sondern allenfalls mit einer erregten Journaille und einigen Kollegen zu tun, die in der Inszenierung einen Bluff sahen, eine kalkulierte Provokation, die darauf angelegt war, den Bürger zu erschrecken, ansonsten aber nicht viel zu bieten hatte. So sah es Kurt Hiller, der den Auftritt Benns auf der literarischen Bühne mit einigen spöttischen Bemerkungen kommentierte: »Zu allerletzt gehört in den Kreis belangvoller Namen der schneidige Medizyniker Herr Gottfried Benn, dessen Dichten im allgemeinen nichts anderes als Defäkation ist (ohne inneren Drang). [...] Wen gestikulierende Leichen bluffen, der ist ein Bürger, und ein Künstler jemand noch lange nicht, bloß weil die Nonnen Reißaus vor ihm nehmen.«[5]

In der Zeit vor dem Krieg nahm Benn die Haltung eines Genies ein, der die Verse nach Lust und Laune aufs Papier kritzelte und seiner eigenen Produktion nicht besonders ehrfürchtig gegenüberstand. Am 4. September 1913 übersandte er Meyer seinen Zyklus »Söhne«. Ohne Anrede heißt es: »Hier ist der Schund. Taugt nichts. Gibt eine Pleite.«[6] Im Mai desselben Jahres beteuerte er gegenüber dem Schriftsteller Paul Zech, dass ihm am »Gedrucktwerden« nichts liege, er »verwerfe« sich fast vollständig.[7] Am 2. September, zwei Tage, bevor er seine Gedichte an seinen Verleger schickte, teilte er Zech mit, dass seine Arbeiten nun doch wieder bei Meyer erscheinen und nicht in einem etablierten Verlag. Benn beeilte sich jedoch hinzuzufügen: »Was große Verlage verlegen, ist keine Kunst, sondern Arbeit von Leuten, die ihrer Mittelmäßigkeit schriftstellerisch gerecht werden.«[8]

Benn, es ist bekannt, hatte eine außerordentliche Vorliebe für Selbstinszenierungen. Wobei er ganz unterschiedliche Rollen spielte, es kam immer darauf an, wer ihm gerade gegenüberstand. »Was er denkt, so politisch, literarisch oder menschlich«, es wird einem nicht klar. So die oben bereits zitierte Einschätzung Thea Sternheims. Nur eins scheint klar, Benn wollte provozieren: die Gebildeten, die hochgeistigen Intellektuellen, vor allem aber auch die wohlanständigen Bürger und moralisierenden Spießer. Das scheint zunächst nicht mehr als eine ästhetische Pose, eine Attitüde, die Benn das Image eines Nonkonformisten eingebracht hat.

Dahinter stand jedoch auch eine Strategie. In der Literatur geht es bekanntlich um Priorität. Wer sich als Dichter profilieren will, muss gegen seine Vorläufer rebellieren. Der Literaturwissenschaftler Harold Bloom hat das als Drama, als bittere Auseinandersetzung beschrieben. Durch Abweichungen und Regelverstöße, durch eine radikale Art, den Vorläufer anders zu lesen, gelte es, sich vom Einfluss zu befreien und sich als »starker Dichter« in einem kreativen Akt hervorzubringen. Harold Bloom nennt das »poetisches Fehlverstehen«[9]. Wir können es an dem Gedicht »Marie« nachvollziehen. Benn versucht sich von Heinrich von Meißens »Marienleich« gründlich abzusetzen. Die Frauen zu loben, wie es sein Vorgänger noch zur Aufgabe des Dichters erhob, ist seine Sache nicht. Im Brief an seinen Verleger, der eigentlich zum Gedicht gehört und gewissermaßen als Rahmen zu verstehen ist, setzt Benn eindeutige Signale: »die Weiber« sind ihm gleichgültig, er kann und will sie darum nicht »besingen«. Benn sieht die beiden Geschlechter getrennt, da gibt es keine Vermischungen, das Triebwesen ›Mann‹ definiert die Frau durch sein Begehren, außerhalb dieses Begehrens existiert sie für ihn nicht. In einer Zeit, als man sich um die Geschlechtsidentität des Mannes sorgte und eine Verweiblichung und Feminisierung der Gesellschaft befürchtete, betonte Benn das Virile und Maskuline. Und das kam bei den Männern, aber auch bei vielen Frauen, gar nicht schlecht an. Das Virile der Benn'schen Gedichte war (und ist wohl immer noch) ein wesentliches Moment der Attraktivität.

Mopsa Sternheim hat 1950 in ihrem Tagebuch eine Art Theorie des Virilismus entworfen, den sie als »Grundton der Epoche« bezeichnet. »Virilismus«, so definiert sie, »ist die Mannstollheit des Mannes, des weissen Mannes, die Vergötterung der Aktion, der Stosskraft, der Zerstörung, wie des Schöpferischen. Ablehnung jeder Kontemplation, die Verachtung alles Konservativen, alles Gesetzmässigen, aller *Dauer*. Das Explosive. Die Tat.«[10] Sie nennt Namen, die den Virilismus der Epoche verkörpern, auch Benn gehört dazu.

Der Dichter gerierte sich nicht als Frauenversteher. Nicht in seinen Gedichten und auch nicht in seinen privaten Beziehungen. Die Malerin Dorothea Hahn, wir werden noch auf sie zurückkommen, fand den Dichter, in den sie sich im September 1917 verliebte, eine ganze Weile amüsant und bezaubernd, wunderte sich dann aber über seine Erwartungen und seine Ansprüche: »Er verwöhnte […] Frauen wahrscheinlich nie, sie sollten ihn verwöhnen, kam aber für mich nicht in Frage.«[11]

Zurück zum ›Frauenlob‹ und zur ›Marie‹ im zwanzigsten Jahrhundert: Benn gibt seinem Verleger mit dem Gedicht augenzwinkernd zu verstehen – so bin ich halt. »Sie werden zugeben, das sei primitiv«, aber: »Ich empfinde so.« Benn hat immer wieder betont, dass die ›irdischen Dinge‹ ein wesentliches Element seines Lebens und seiner Dichtung sind: »wir leben u. erhalten uns von Banalitäten, und je mehr Genie umso mehr.«[12] In der Dichtung sei darum auch Jargon »kein Schade«, man müsse »das Lyrische […] herunterholen zur Erde«. Außerdem könne man auf diese Weise den Ästheten eine »Maulschelle« verpassen.[13] ›Primitiv‹ war für Benn nichts Ehrenrühriges – das sei eben das Leben.

Kein Wunder, dass Meyer genau dieses Gedicht in seine Anthologie aufnahm. Diese ›Marie‹ war ein Sinnbild männlicher Projektionen – ein »Vollweib«, nicht ein ätherisches Geschöpf, wie es der Dichter Frauenlob einst besungen hatte. Darüber hinaus bedient sich Benn keiner kunstvollen Sprache, um das Erotische zu maskieren, ein Wort genügte und die Frau wurde, im wahrsten Sinne des Wortes, in ihrer aufreizenden Geschlechtlichkeit sichtbar: »*Breit*hingelagert«. Benn war sich sicher, die Bürger würden sich über seine Verse entrüsten, sie würden sagen: das ist kein Gedicht, keine Kunst …

Benns Kalkulation ging auf. Für die Forschung ist dieses Gedicht kein ›richtiges‹ Gedicht: »die Verse sind eine Paraphrase, von Dichtung weit entfernt«[14], so die Einschätzung des bekannten Literaturwissenschaftlers Paul Raabe, der das Gedicht 1966 in einem Aufsatz über den frühen Benn zitiert. Raabe sieht die Verse im Zusammenhang mit dem Brief, der sei »aus der Stimmung des

Moments zu Papier gebracht, kaum mit Besinnung«[15] geschrieben. Für Raabe zeugen Brief und Gedicht von der »Erregung«[16] Benns, eine Erregung, von der damals, so Raabes Erklärung, viele junge Dichter, die in den Krieg zogen, ergriffen gewesen seien.

Aber handelt es sich hier nicht um ein Stilmittel Benns? Sollten seine Gedichte nicht genau diesen Eindruck erwecken, sie seien »aus der Stimmung des Moments« geschrieben, »kaum mit Besinnung«. Verse, die von der Flüchtigkeit der Beziehungen und dem Tempo der Zeit erzählen? Und der Krieg? Bei allem, was wir wissen, hatte sich Benn nicht besonders vom Krieg erregen lassen, er nahm ihn hin, wie ein Naturereignis. Wenn ihn in dieser Zeit etwas erregte, dann sein erzwungener Abschied von der Psychiatrie. Wir können es an seinem im März 1913 erschienenen Drama »Ithaka« ablesen.

Benn rechnet in dem Stück mit der modernen Wissenschaft und ihren Autoritäten ab. Der Assistenzarzt Rönne tritt als Hassprediger auf, der die Studenten mit seinen Vorbehalten gegen den akademischen Betrieb aufhetzt und zur Gewalt animiert. Es sind die einfachen Botschaften eines Antimodernen, der zurückwill, in eine Zeit, als man in der Wissenschaft noch nicht empirische Methoden anwandte und Daten sammelte, in der man, nach dem romantischen Weltbild Rönnes, in Zusammenhängen und Ganzheiten dachte, eine Zeit, in der man das Leben gestalten konnte und sich nicht alles nur im Gehirn abspielte. Dieser Rönne findet sich in der Moderne nicht zurecht, er reagiert mit Wut und Gewaltphantasien – am Ende steht der ›Vatermord‹, den Freud just zu dieser Zeit mit »Totem und Tabu« (1912/13) auf die Bühne gebracht hatte. Ob Benn die Schrift gelesen hat? – das ist nicht entscheidend. Der Gedanke des Vatermords war unter den ›Söhnen‹ der expressionistischen Bewegung äußerst populär.[17] Der Mord in »Ithaka« ist eine imaginierte Rachetat an einem Repräsentanten der verleideten Wissenschaft. Die vereinte ›Brüderhorde‹ ergreift in dem Drama den altehrwürdigen Professor und erschlägt ihn kurzerhand. »Wir sind die Jugend«, heißt es nach vollzogener Tat. »Unser Blut schreit nach Himmel und Erde und nicht nach

Zellen und Gewürm. […] Wir wollen den Traum. Wir wollen den Rausch.«[18]

Benn lebte lange Zeit vom *épater le bourgeois*, er brach mit seiner Literatur, vor allem mit seiner Lyrik, Tabus und setzte auf Schockwirkungen, die Betroffenheit erzeugen und die bürgerlichen Tugenden bloßlegen sollten. So dachten damals auch Freunde und Kollegen: Carl Einstein, Ferdinand Bruckner (Theodor Tagger), insbesondere aber Carl Sternheim. Diese Vier planten eine »Enzyklopädie zum Abbruch bürgerlicher Ideologie«. Im Dezember 1917, als Carl Sternheim von einer Reise aus Berlin nach La Hulpe zurückkam, erzählte er seiner Frau von der Idee, ein enzyklopädisches Werk herauszugeben.[19] Er selbst wolle bei diesem Projekt die Leitung übernehmen, als Mitarbeiter hätte er Benn, Einstein und Tagger gewonnen. Vorbild für das enzyklopädische Werk sollte das berühmte Wörterbuch von Diderot und d'Alembert sein – geplant war also ein monumentales Unternehmen. Ziel sei es – so hat es Sternheim ein paar Jahre später in einem Essay formuliert –, »das gesamte geistige Werk des Bourgeois in den Grundvesten«[20] aufzuheben.

Es ging um ein Autodafé, die Beschuldigten sollten vorgeführt und, wie sich Sternheim ausdrückte, »mit Fanfaren« bloßgestellt werden, denn der Bürger habe auch die »Sprache vergewaltigt«, jedes Wort enthalte einen »Hinter- oder Untersinn«, der den »besonderen Ausdruck entstelle, ohne daß der Sprechende selbst es merke«.[21] Die Sprache gaukelt etwas vor, man muss sie von allen uneigentlichen Ausdrücken reinigen, sie wieder auf das Wirkliche zurückführen. Darin sieht Sternheim den eigentlich revolutionären Akt. Die bourgeoisen Begriffe sind »lebensschwächend«[22] und müssen aus der Terminologie entfernt werden.

Aus dem Projekt selbst ist nicht viel geworden, veröffentlicht wurden nur zwei Seiten: Carl Sternheim publizierte 1918 eine erste Seite in der »Aktion«[23] und von Einstein erschien 1919 eine zweite Seite im Satiremagazin »Der blutige Ernst«, von der Idee aber, die bürgerliche Welt, die »in Worten lebt«, zu reinigen und »vom Keller aus neu aufzubauen«[24], war und blieb man überzeugt. »Kampf der Metapher!« – mit dieser Losung Sternheims zog man in die Schlacht. Man wollte dem Bürger die Maske vom Gesicht reißen und die Welt endlich so zeigen, wie sie ist, ohne Idealisierung und Beschönigung. Der Bürger, so Sternheim 1918 im militärischen Jargon, verschanze sich hinter »einem Wall verabredeter Ideologien, Gaswolken von Apotheosen, Schützengräben von Metaphern«[25], diesen ganzen Überbau müsse man wegräumen und beseitigen. Die Metapher wurde als Feind der Wirklichkeit angesehen, als Ausdruck einer irrealen, erstarrten Welt, der alles Ursprüngliche, Kraftvolle und Gesunde ausgetrieben wurde. Im Namen des Lebendigen erhob man Protest gegen die Verklärung der Wirklichkeit zu einer Scheinwelt, die sich der Bürger als höhere Welt eingerichtet habe, die aber ein Reich der Täuschungen und der Unfreiheit sei. Der »Kampf gegen die Metapher« sei, so Sternheim, eine Angelegenheit von kolossaler Bedeutung, die »jede andere revolutionäre Bewegung in den Schatten stelle«.[26] Sein enger Verbündeter in diesem Kampf sei Gottfried Benn, »der wahrhaft Aufständische«, wie Sternheim ihn nennt – und er fügt hinzu: »Aus den Atomen heraus, nicht an der Oberfläche revoltiert er; erschüttert Begriffe von innen her, daß Sprache wankt und alle Bürger platt auf Bauch und Nase liegen.«[27]

Man sah sich in der Rolle einer auserwählten Elite, die, mit großem Sendungsbewusstsein und ebenso großer verbaler Aggressivität, gegen das etablierte und saturierte Bürgertum zu Felde zog. In Carl Sternheims »Tabula rasa« heißt es: »Wir wollen den Erdball, alle Gesetze der Spießbürger aus den Angeln drehen, wir brauchen ihre Moral, ihre Fürsorge und vor allem ihre Bücher nicht. Eine neue Welt mit nagelneuen Begriffen wollen wir.«[28]

Das Kampfgeschrei und die martialischen Töne lösen heute vielleicht Verwunderung aus, aber sie passten in die Zeit. Man denke an die Dadaisten, die die Welt einer speziellen Hygiene unterwerfen wollten. Hugo Ball spricht im »Eröffnungs-Manifest« vom 14. Juli 1916 von einer Sprache, »an der Schmutz klebt wie von Maklerhänden, die die Münzen abgegriffen haben.«[29] Nach neuen Worten verlangte man, Worte, die nicht schon im Umlauf waren, >echte<

Worte, »die selber zur Sache« werden – eine Literatur ohne Metaphern, Symbole, Synästhesien und Alliterationen. An vorderster Front stand der Dadaist Richard Huelsenbeck, der seine Mission darin sah, die bürgerliche Kulturideologie zu bekämpfen, sie, wie er sich ausdrückte, »zusammenzuschlagen«.[30] Gegen diese Kultur müsse man mit »allen Mitteln der Satire, des Bluffs, der Ironie, am Ende aber auch mit Gewalt« vorgehen.[31] Alles, »was mit Geist, Kultur und Innerlichkeit zusammenhängt«, soll »symbolisch abgeschlachtet« werden.[32] Die Sprache des Hasses hatte damals Konjunktur, sie war nicht nur ein verbalradikaler Gestus, sie sollte Effekte, Handlungen hervorrufen. Die Wut richtete sich gegen eine Kunst und Kultur, die dem bürgerlichen Bedürfnis nach Beschönigung und Erheiterung nachkam, gegen ein Bürgertum, das den »Geistbetrieb«[33] vereinnahmt und zur Legitimation benutzt hat. Alle Werte, an die man vor dem Krieg geglaubt hatte, sah man in den Schmutz gezogen, sie hatten sich als »Schwindel«[34] entlarvt.

Benn selbst verweist auf das »Futuristische Manifest« von Marinetti, das am 20. Februar 1909 erschienen war. »Dieses Manifest«, so Benn, »enthält erstaunliche Dinge, schon den ganzen Kern der kommenden Woge.«[35] In Marinettis Aufruf fand Benn eine Weltsicht, die ihn faszinierte und die er weitgehend zu seiner eigenen machte. Wenn Marinetti »die Liebe zur Gefahr« besingt und von der Dichtung »Mut, Kühnheit und Auflehnung« fordert, wenn er von der Männlichkeit schwärmt und von der »Verachtung des Weibes« spricht, wenn er sich gegen die Akademien und gegen den »Moralismus« wendet, wenn er den »aggressiven Charakter« der Kunst betont und sich gegen Tradition und Vergangenheit stellt, wenn er schließlich die »Hygiene der Welt«[36] herbeisehnt, dann war das ganz nach dem Geschmack Benns. Nicht nur von den inhaltlichen Forderungen der Futuristen war er begeistert, er war vor allem auch vom unbedingten Gestus beeindruckt, von einer Radikalität, die aufs Ganze ging, die einen neuen heroischen Menschen forderte und von der »Geburt des Kentauren«[37] träumte. Das waren in der Tat »erstaunliche Dinge« für Benn. Als er in den dreißiger Jahren seine Idee von einem neuen Geschlecht entwickelte, ließ er sich davon inspirieren. In der berühmt-berüchtigten Rede auf Marinetti, die Benn 1934 in Berlin hält, kommt er auf den Kentauren zurück: »in ihrem Namen wurde alles erkämpft, was Sie im neuen Deutschland um sich sehen; Form und Zucht [...]. Die ganze Zukunft, die wir haben, ist dies: der Staat und die Kunst –, die Geburt des Zentauren hatten Sie in Ihrem Manifest verkündet: dies ist sie.«[38] Die Behauptung, dass Benn sich erst spät zum Nationalsozialismus bekehrt hat, ist, wenn man sich seine Entwicklung anschaut, kaum zu halten. In seiner antibourgeoisen Haltung steckt bereits der Kern einer Revolte gegen die alte Welt, die sich dann in den dreißiger Jahren für ihn erfüllte.

Jürgen Schröder hat Benns Faszination für das Extreme und seine Präferenz für das Asoziale auf eine frühkindliche Konstellation zurückgeführt. Folgt man Schröder, dann stand Benn, der im protestantischen Pfarrhaus aufwuchs, zwischen der proletarischen Dorfjugend und den Söhnen des Adels, es gab für ihn nur die Pole: »des Aristokratischen und des Proletarischen«[39] – zwischen diesen beiden Extremen spielte sich seine Entwicklung ab. Und diese Extreme prägt die »politische Spannung des Dorfes«, in dem er aufwuchs, sie gingen »durch das Pfarrhaus, noch mehr aber mitten durch den jungen Benn.«[40] Was ihm fehlte und was er nie kennengelernt hatte, war die »bürgerliche Mitte«[41].

Von dieser Konstellation bleibt Benn, so behauptet Schröder, zeitlebens geprägt und sie schlägt auch in seinem Werk immer wieder durch. Benn sei ein Mann, der »stets extreme Lösungen« bevorzuge.[42]

Der Rausch der Vernichtung war dem ›Wirklichkeitszertrümmerer‹[43] Benn nicht fremd, das Aggressive und die Destruktion hat er immer wieder als Grundelement der letzten großen »Kunsterhebung«[44] hervorgehoben. Von Anfang an stand Benns Künstlertum im Gegensatz zum Bürgertum. Er selbst hat, als er nach dem Zweiten Weltkrieg seine Vergangenheit in Ordnung zu bringen versuchte, auf diese Positionierung hingewiesen: »Schon diese erste Gedichtsammlung brachte mir von seiten der Öffentlichkeit den Ruf eines brüchigen Roués ein, eines infernalischen Snobs und des typischen […] Kaffeehausliteraten.«[45] Wie wir wissen, hatte er sich diesen Ruf nicht ganz zu Unrecht selbst erworben, die Boheme war das Milieu, aus dem sich der Dichter Benn definierte.

Zweifellos, Benn war nicht an tagespolitischen Fragen interessiert, aber er war alles andere als unpolitisch, er kritisierte vehement den kapitalistischen Begriff der Wirklichkeit, er verachtete die Geld- und Finanzwirtschaft, er polemisierte gegen das »Bürgerhirn«[46] und lehnte entschieden den nur an Besitz und persönlichem Wohlbefinden interessierten »Mittelmenschen«[47] ab. Dahinter stand mehr als nur ein Unbehagen an der Moderne, dahinter stand eine Zivilisationskritik, die eine Änderung der Verhältnisse von Grund auf wollte und den Traum von einer ›neuen Menschenart‹ träumte, den heroischen Menschen, der bereitwillig den »Schmerz«[48] der Existenz auf sich nahm und sich wieder vom Elementaren und Ursprünglichen leiten ließ.

Nicht von ungefähr veröffentlichte Benn seine frühen Gedichte und Texte in politisch-revolutionären Zeitschriften wie der »Aktion« oder den »Weissen Blättern«.[49] Benn hat sich damals sehr bewusst diese Publikationsorgane ausgesucht, hier pflegte man, allerdings aus zum Teil sehr viel dezidierteren politischen Motiven, die Antibürgerlichkeit. Ein Mann wie Benn, mit seiner nach vorne gespielten Verachtung des Bourgeois, seinem Hass auf den Parvenü, war in diesem heterogenen ideologischen Umfeld aber allemal willkommen.

FLUCHT AUS DEM FALSCHEN LEBEN

Für Thea Sternheim gab es in den Jahren des Krieges nur eine Sicherheit, nur einen Gewährsmann, auf den sie sich immer wieder berief, der ein Ratgeber in allen Lebenslagen war, Graf Leo Tolstoi. Seine Schriften, besonders die späten Traktate, waren für Thea Sternheim zum Erweckungserlebnis geworden. Kaum eine Tagebuch-Eintragung, in der nicht zumindest der Name Tolstois genannt wird. Auch in der Eintragung vom 3. Februar 1917, in der sie über den Benn-Besuch berichtete, ist zunächst von Tolstoi die Rede. Der 1910 gestorbene Schriftsteller und Sozialreformer war für sie »der Vorläufer« eines »neuen Christus«[1]. Sie dachte und fühlte wie eine Tolstoianerin: »Alles in mir ist Auflehnung gegen die Dinge dieser Welt. Wie kommt ein Mensch dazu an das Leben eines anderen zu greifen! Dienstpflicht und Steuerpflicht; welche Begriffe!«[2] Der Mensch soll frei werden, frei von staatlicher Bevormundung und von allen Regierungen, die Patriotismus fordern, Hass und Feindschaft schüren und den Menschen in den Krieg treiben.

Wie alle Tolstoianer lehnte Thea Sternheim staatliche Institutionen und weltliches Recht ab, christlicher Anarchismus und Pazifismus bestimmten ihre Haltung. In der Bergpredigt sah sie die Richtschnur ihres Handelns. Mit Benn gab es da kaum Berührungspunkte. Man kann sich im Grunde keine größeren Gegensätze vorstellen als die zwischen dem Kriegerethos Benns und dem radikalen Pazifismus Sternheims. Gleichwohl glaubte sie an den Künstler Benn, und dieser Glaube fand durchaus im Werk Tolstois einen Widerhall.

1897 hatte der Schriftsteller eine lange Erörterung über die Kunst geschrieben (»Was ist Kunst?«), die Thea Sternheim sehr gut kannte und zum Gradmesser ihrer Anschauungen erhob. Die Aufgabe der Kunst, so schreibt Tolstoi, sei es, Gefühle wiederzugeben, den Menschen mit Gefühlen »anzustecken«, die nicht entzweien, sondern »vereinigen«[3]. Gelingt die »Wiedergabe von Gefühlen«[4], hört die Verrohung und Verirrung der Menschen auf. Kunst hat eine große Aufgabe, sie soll den Menschen läutern, reinigen und bereit machen für ein neues Leben. Das kann aber nur eine Kunst, die für alle Menschen verständlich ist. Das Unverständliche an der Kunst liegt, so meint Tolstoi, in der Verfeinerung, der Ausschmückung. »Die echte Kunst bedarf keiner Verzierungen«[5]. Echte und wahre Kunst zeichnet sich durch »Klarheit, Schlichtheit und Kürze«[6] aus.

Genauso waren für Thea Sternheim Benns »neue Worte« beschaffen, freilich waren sie nicht für alle Menschen verständlich, aber es war eine Sprache ohne Verzierungen, verknappt und kondensiert, eine Sprache mit bisher unbekannter Ausdruckskraft. Von der »Pracht«[7] der Sprache fühlte sich Thea Sternheim angesteckt und überwältigt. Benns Dichtung war für sie »wahre Kunst«, aus der »neue Gefühle« entstanden, elementare Gefühle, die, wie sie hoffte, das bourgeoise Denken, das nur am Reichtum und am ökonomischen Fortschritt orientiert war, überwinden und eine Umkehr im Sinne Tolstois, hin zu einer Gesellschaft der Liebe und Nächstenliebe, der Eintracht und des friedlichen Miteinanders, schafften.

Tolstoi übte ganz allgemein auf das damalige Bürgertum eine große Anziehungskraft aus. Er galt als Prophet und Künder eines neuen Lebens. Vor allem die gebildeten Schichten fühlten sich von seinem ethischen Rigorismus angesprochen. Sie stammten zumeist, ebenso wie Tolstoi, aus vornehmen, sehr wohlhabenden Familien, die Väter hatten es in der Gründerzeit zu etwas gebracht, sie hatten ihren Kindern große Vermögen vererbt, ermöglichten ihnen eine exzellente Bildung und ein bequemes Leben. Wie Tolstoi teilten jedoch viele von dieser Erbengeneration das Gefühl, in einer sinnentleerten Moderne zu leben, sie sehnten sich nach einem anderen, nach dem einfachen, wahren Leben. Mit Bewunderung blickten sie zu Tolstoi auf, der mit spektakulärer Geste der saturierten Gesellschaft alles vor die Füße warf: Geld, Anerkennung, Privilegien. In schonungsloser Offenheit rechnete Tolstoi in der Zeit seiner großen Krise mit allem ab, was er erreicht hatte: mit seinen literarischen Erfolgen, seiner Heirat und seiner Familie. Die Bilanz, die er am Ende zog, fiel vernichtend aus. In jedem Fall seien es egoistische Motive gewesen, eine eitle Sucht nach Anerkennung, die ihn getrieben hätte. Er sah sich als einen Menschen, der vom Weg abgekommen war, der sich verirrt und den Sinn aus den Augen verloren hatte. Tolstoi fühlte sich vom falschen Leben umfangen. Und zu diesem falschen Leben zählte er auch die Kunst, die literarischen Werke, die er geschrieben hatte. Rettung ist möglich, so sagte er, wenn wir umkehren – und umkehren hieß für ihn, sich von den gesellschaftlichen Konventionen, von aller weltlichen Autorität loszusagen und das Leben nach neuen Gesetzen auszurichten. Zukünftig sollte der Mensch nur eine einzige Obrigkeit anerkennen: Gott. Das Reich Gottes aber lag für Tolstoi nicht im Himmel, sondern im Menschen selbst.

Wie wir wissen, war Tolstois Geste nicht ganz aufrichtig. Schon seine Zeitgenossen spotteten über den Verbalradikalismus des Grafen, der ein riesiges Landgut besaß und von den Einnahmen seiner weltberühmten Romane gut leben konnte, sich aber im Bauernkittel und Prophetenbart publikumswirksam zu inszenieren verstand und Askese predigte. Sofia Andrejewna, Tolstois Ehefrau, schlug in die gleiche Kerbe und warf ihrem Mann vor, Ideen zu propagieren, die er selbst nicht beachtete, die er weder leben konnte noch wollte. Zweifellos, Tolstoi verstand es, aus seiner Haltung Kapital zu schlagen und sich mit einprägsamen Gedanken und Botschaften zum Heilsbringer zu stilisieren. Für die Zeitgenossen übertraf seine Wirkung als Prediger noch die des Künstlers und Literaten. Nicht allein mit der Forderung nach dem einfachen Leben wusste er zu faszinieren, sondern mit einer neuen Spiritualität, einer neuen Religion.

Thea Sternheim hatte Tolstoi schon früh gelesen, aber ihre eigentliche Begeisterung beginnt im Sommer 1912 mit der Lektüre von »Anna Karenina«. In derem Schicksal erkennt sie eine »frappante Ähnlichkeit«[8] mit dem eigenen Leben. An manchen Stellen kommt es mir so vor, schreibt sie, »als läse ich meine aufgezeichneten Gedanken«.[9] Von »Krieg und Frieden« ist sie so angetan, dass sie den Roman sogleich an ihre zwölfjährige Tochter Mopsa weitergibt, die ihn nicht nur lesen, sondern auch lernen soll, nach Tolstois Maximen zu leben.[10]

So sehr Thea Sternheim die literarischen Werke Tolstois aus der ersten Lebens- und Schaffensperiode des Dichters schätzte, viel tiefer ist sie von den ethischen Traktaten des Spätwerks geprägt. Angesichts des Elends dieser Welt liest sie die Texte als Heilsversprechen. Viele Traktate wirken auf Thea Sternheim wie ein Therapeutikum, insbesondere in den Kriegsjahren. In Tolstois Suche nach einem wahren religiösen Glauben erkennt sie ihr eigenes Bedürfnis nach Religion wieder, das sich in den kommenden Jahren noch verstärken wird. Mit seiner praktischen Religion eröffnet ihr Tolstoi eine neue Perspektive, der Weg zu Gott ist ein Weg zu sich selbst. Thea Sternheim möchte leben, wie Tolstoi es vorgelebt hat: einfach und im Einklang mit der Natur: »An Tolstois Hand gehe ich sicher. Da stösst mein Fuss an keinen Stein des Zweifels. Ich atme himmlische Vernunft. Einfach ist meine Bestimmung.«[11]

Nach Einfachheit sehnte sie sich das ganze Leben. Da ging es ihr genau wie Tolstoi, und wie bei Tolstoi gehörte es ebenfalls zu den Widersprüchen ihrer Person, dass sie über viele Jahre einen geradezu konträren Lebensstil pflegte und in Häusern wohnte, die alles andere als einfach waren. Doch auch Thea Sternheims Liebe zur ästhetischen Stilisierung, zum luxuriösen Ambiente und ihre Hinneigung zum Schönheitskult des Fin de Siècle waren, wie wir noch sehen werden, eine Fluchtbewegung, sie schuf sich Gegenwelten, die allerdings sämtlich nicht lange Bestand hatten. Schnell kam wieder der Wunsch nach Einfachheit und einem anderen Leben auf.

Thea Sternheim passte mit ihrer Biographie genau ins Schema der Tolstoianer, auch sie war privilegiert, wohlhabend und gebildet. Am 25. November 1883 wurde sie als Thea Bauer in Neuss geboren. Sie wuchs in einem großbürgerlichen Milieu auf. Ihr

Vater war ein erfolgreicher, rheinischer Industrieller, der mit einer Schrauben- und Mutternfabrik ein Millionenvermögen machte. Als Heranwachsende besuchte sie ein Mädcheninstitut in Brüssel, dort kam sie mit Kunst, Literatur und Musik in Kontakt. Wie sie später schreibt, hatte sie in Brüssel die glücklichste Zeit ihrer Jugend verlebt. Früh stellt sie sich gegen die Welt des Vaters. Gegen seinen Willen heiratete die Achtzehnjährige im November 1901 den Juristen Arthur Löwenstein heimlich in London. Mit ihm zog sie nach Oberkassel in ein schmuckes Bürgerhaus im gotischen Stil. Im Dezember 1902 kam ihr erstes Kind, Agnes, zur Welt. Ihre Flucht in ein neues, anderes Leben scheiterte schnell, sie fühlte sich in dem kleinbürgerlichen Milieu eingeengt und unausgefüllt. Im Frühjahr 1903 – da war sie neunzehn Jahre – traf sie den jungen Schriftsteller Carl Sternheim. Auch der kam aus relativ wohlhabenden Verhältnissen, war verheiratet und Vater eines Sohnes. Der damals noch völlig unbekannte Dramatiker trat arrogant und mit großem Selbstbewusstsein auf. Von seinem Freund Franz Blei stammt die Anekdote, dass Sternheims Vater seinem Sohn folgende Lebensregel mit auf den Weg gegeben hätte: »Sorge immer dafür, daß du beim ersten Schneider der Stadt Kredit hast, und es wird dir nichts zu deinem Fortkommen fehlen. Der eher kleine Carl, schmächtig-zierlichen Wuchses, hatte den guten Rat befolgt […]. Es vollzog sich die Magie des Wortes von den Kleidern, welche Leute machen: Sternheim redete die Mondänitäten und Eleganzen, die er auf dem damit gut zugedeckten Leibe trug. Er gewann daraus Haltung und den schnoddrigen Ton des Mannes von Welt, dessen Welt die Frauen, das Spiel, die Schneider und die gesellschaftliche Position sind.«[12]

1903, als Thea Löwenstein ihn traf, hatte er noch nicht viel geschrieben und noch weniger veröffentlicht, aber er glaubte an seine Sendung als Künstler. Einen bürgerlichen Beruf zu ergreifen, lehnte er kategorisch ab. Die Gesten Carl Sternheims hatten etwas Unbedingtes. Er gab sich als Zyniker – Ideale wies er zurück. Als Harry Graf Kessler ihn einige Jahre später kennenlernte, ist sein erster Eindruck: der Mann ist »irrsinnig«.[13] Diese Einschätzung war nicht so ganz aus der Luft gegriffen. Sternheim erlitt des Öfteren Nervenzusammenbrüche, geriet in Phasen starker Erregung und Überreizung in einen Zustand der Manie, der völligen Enthemmung, aus dem sich Ende der zwanziger Jahre Wahnvorstellungen und Halluzinationen entwickelten. Diese Zustände werfen ein bemerkenswertes Licht auf seine frühe Inszenierung als Genius. Es handelte sich dabei offenbar nicht nur um eine Pose, vielmehr stand hinter dieser Stilisierung eine Pathologie, die erst viele Jahre später, als man bei ihm Syphilis diagnostizierte, sichtbar wurde. Das Lebensgefühl der Décadence, dem er als Künstlergenie anhing, verschaffte ihm die Möglichkeit, von dem wegzukommen, was er am meisten hasste, das bürgerliche Durchschnittsdasein, das *juste milieu*, wie er es später nannte. Sternheims Genie-Kult speiste sich aus dem Gegensatz zwischen Künstlertum und Bürgertum.[14] Und es war diese antibürgerliche Attitüde, die Thea Löwenstein beeindruckte, aber auch ein wenig ängstigte. Der Geniemensch ist ein asoziales Wesen, das Anerkennung und Unterwerfung fordert. In ihren »Erinnerungen« schreibt sie: »Er stößt mich ab und zieht mich gleichzeitig an.«[15] Sie zeigte sich zwar irritiert von Sternheims Auftritt, »excentrisch und überangezogen«[16], nannte sie ihn. Auch dass er mit seinen Frauengeschichten renommierte und die Namen der Verführten preisgab, kam bei ihr nicht gut an. Schnell aber war klar, dieser Mann eröffnete ihr eine neue Perspektive, ein Leben in den Höhen der Kunst. Und sie machte es zu ihrer Mission, Sternheim den Weg dorthin zu bahnen. Als ihr Vater, mit dem sie sich in der Zwischenzeit wieder versöhnt hatte, im Mai 1906 starb, hinterließ er seiner Tochter und seinen beiden Söhnen ein Vermögen von sechs Millionen Mark. Thea Löwenstein war jetzt eine reiche Erbin. Von ihrem Mann ließ sie sich scheiden und heiratete im Juli 1907 Carl Sternheim. Von dem hatte sie zu dieser Zeit bereits eine Tochter, die am 10. Januar 1905 geborene Dorothea (genannt Moiby, später Mopsa). Im Januar 1908 wurde ihr zweites gemeinsames Kind Klaus geboren.

Zu dieser Zeit plante das Ehepaar ein hochherrschaftliches Haus in Höllriegelskreuth bei München. Die Villa »Bellemaison« war von einem vier Hektar großen bewaldeten Park umgeben. Die Innenräume waren luxuriös ausgestattet, mit seidener Wandbespannung, Stuck- und Holzdecken.[17] Das Herz des Hauses bildete die Bibliothek im Stil Louis XV, die Bücherschränke wurden nach dem Vorbild des Frankfurter Goethehauses angefertigt, der Lüster eine Nachbildung aus der Pariser Bibliothèque Mazarine.[18] Alles stilecht und äußerst nobel. Das traf auch auf die Büchersammlung selbst zu, die Bände der großen Geistesheroen des 18. und 19. Jahrhunderts waren allesamt in Erstausgaben vorhanden – eingebunden in kostbaren Maroquin- oder Kalbslederbänden.[19] Noch bedeutsamer war die Gemäldesammlung. Innerhalb weniger Jahre bauten die Sternheims eine der bedeutendsten privaten Kunstsammlungen auf. 1908 gehörten sie zu den ersten privaten Sammlern, die im größeren Umfang Van-Gogh-Bilder erwarben. Neben Kunsthandlungen in München suchten sie Händler in Paris und Berlin auf. Bis 1919 erwarben sie insgesamt 13 Van-Gogh-Gemälde, dazu kamen Bilder von Paul Gauguin, Auguste Renoir, Honoré Daumier, Théodore Géricault, Maurice Denis, Henri Matisse.[20] Mit dem in jeder Hinsicht »üppigen Haus«, so Carl Sternheim selbstbewusst, wollte man nicht nur »Kennerblick« und »geschulten Geschmack« zeigen, sondern die Fähigkeit und kulturelle Kompetenz der »heutigen Elite«[21] unter Beweis stellen. »Bellemaison« wurde in diesen Jahren zum Treffpunkt von Künstlern und Literaten. Max Reinhardt war hier immer wieder Gast, Walther Rathenau, Hugo von Tschudi, der Kunstkritiker Julius Meier-Graefe, Paul Cassirer, Hugo von Hofmannsthal, Alfred Walter Heymel, Frank und Tilly Wedekind, Annette Kolb, der Schriftsteller Franz Blei, der Pianist Otto Vrieslander, der Maler Ernesto di Fiori, das Malerehepaar Feiks. In einer Welt, in der Industrialisierung und die Bourgeoisie triumphierten, verstanden sich die Sternheims als kulturelle Elite, als Geistesaristokratie. Kritik übten sie am zeitgenössischen Bürger, der nur am Geld und am Aufstieg orientiert ist. Das Bürgertum, so Carl Sternheim, sei »wesentlich durch praktische Erfolge und große Bankguthaben« hervorgegangen und habe sich »als seiner eigenen, gehätschelten Ideologie inkommensurabel gezeigt«.[22]

Thea Sternheim auf der Terrasse in
»Bellemaison«, 1910

Mit Schönheitswillen und kultivierter Gebärde versuchten sich die
Sternheims von dem verachteten wilhelminischen Kitsch und dem
als trivial empfundenen Lebensstil der eigenen bürgerlichen Klasse
abzugrenzen.

Knapp fünf Jahre wohnten sie in ihrer Villa, dann ließ sich der
aufwendige Lebensstil nicht länger aufrechterhalten. Carl Sternheims Vater hatte als Vermögensverwalter ihm anvertraute Gelder
veruntreut, die hohen Schulden wurden unter anderem durch den
Verkauf von Haus und Grundstück gedeckt. Die Entscheidung, sich
von dem Anwesen zu trennen, hatte aber nicht nur finanzielle
Gründe: Thea Sternheim fühlte sich in dem pompösen Haus letztlich nie wirklich wohl. Ihr innerer Widerspruch zeigte sich noch vor
dem Einzug im Oktober 1908, da schreibt sie ihrem Mann: »Ich
denke so oft des Tags: Ein kleines Haus. Mit schönen Sachen; aber
die Wirtschaft ganz einfach, mit 4 Menschen. Alles enger und niedriger.«[23] Sie will endlich »sich selbst leben«[24]. Das aber sei in dem
weitläufigen Haus nicht möglich: »Die Zimmer sind zu groß, vor
allen Dingen zu hoch«[25].

Auch drei Jahre nach dem Einzug hatte sich ihre Unzufrieden-
heit mit dem großen Haus nicht verändert. »Mir grauts vor dem
Alleinsein in diesem Haus.«[26] Ihr Unbehagen hatte freilich auch

mit den häufigen außerehelichen Eskapaden Carl Sternheims zu tun, die sie zunächst hinnahm und großzügig tolerierte. Immer häufiger aber saß sie, umgeben von ihrem Dienstpersonal, mit ihren Kindern allein im Haus. Sie fühlte sich wieder in einem falschen Leben und sehnte sich nach Einfachheit und einer anderen Umgebung.

Im Sommer 1912 zog die Familie Sternheim nach Belgien. Dass man sich für den Umzug nach Belgien entschieden hatte, dafür mochten die positiven Erinnerungen Thea Sternheims an ihre Internatszeit in Brüssel ausschlaggebend gewesen sein. Auch Paris wäre prinzipiell in Frage gekommen, erwies sich aber als zu teuer. Auf jeden Fall wollte man ins Ausland gehen. Carl Sternheim hoffte auf diese Weise, ein »merkwürdiges Vaterland zwecks Sichtbarmachung seiner Zustände von Weitem besser ansehen und beurteilen zu können«[27]. Übergangsweise mietete man eine möblierte Villa in Westende. Als es dort im Herbst zu kalt wurde, zog die Familie ins Hotel Carlton nach Brüssel. Um diese Zeit entdeckten die Sternheims im Städtchen La Hulpe bei Brüssel ein sieben Hektar großes Anwesen, umgeben von Wald und einem großen Garten, das ihnen auf Anhieb gefiel. Ein herrschaftlicher Landsitz, das Grundstück größer noch als »Bellemaison«, nur das Haus war nicht ganz so prachtvoll. Man plante in naher Zukunft einen Neu- bzw. Umbau. Im Dezember schlossen sie den Kaufvertrag ab. Sie erhofften sich hier ein unabhängiges Leben in enger Beziehung zur Natur. Obst und Gemüse wollten sie anbauen, die Arbeiten sollte freilich ein Gärtner übernehmen, der samt Familie in ein Nebengebäude einquartiert wurde. Für die Küche, die Kinder und den Haushalt stellte man Personal ein – weniger als in »Bellemaison«, aber genug, um einen großbürgerlichen Lebensstil zu pflegen. Nach einigen Renovierungsarbeiten zogen sie im Juli 1913 ein.

Einer der ersten Gäste, die zu Besuch kamen, war der Lyriker Ernst Stadler. Er lehrte seit 1910 als Professor für deutsche Philologie an der Brüsseler Universität. Stadler kam aus dem Elsass und gehörte um 1900 zum Künstlerkreis, der sich um die Zeitschrift »Der Stürmer« gebildet hatte. Sie nannten sich »Das jüngste Elsaß« und wollten vom Elsass her, im Sinne des Symbolismus, die deutsche Kultur erneuern. Mitglieder waren, neben Stadler, René Schickele, Otto Flake sowie der Maler, Bildhauer und Lyriker Hans Arp.

Auf Thea Sternheim machte Stadler offenbar zunächst keinen überwältigenden Eindruck: »ein dreissigjähriger Mann mit dem man hin und wieder verkehren mag«[28], schreibt sie am 21. Juli in ihr Tagebuch. Das änderte sich aber schnell. Stadler wurde zum engen Freund, der regelmäßig zu Besuch kam und oft für mehrere Tage blieb. Carl Sternheim diskutierte mit ihm seine Texte, und Stadler präsentierte die von ihm übersetzten Francis Jammes-Gedichte. Am 30. Dezember 1913 schickte Stadler seinen Gedichtband »Der Aufbruch«: »Ein Ereignis an Form und Inhalt!«, notierte Thea Sternheim. »Wer hätte das von diesem Mann vermutet.«[29] Die Einschätzung sollte sich bewahrheiten, »Der Aufbruch« entwickelte sich zu den epochemachenden Büchern des Frühexpressionismus und machte damals im Kreis der jungen Bewegung Furore. Der Gedichtband war zugleich auch Stadlers Vermächtnis. Gleich zu Kriegsbeginn, am 30. November 1914, fiel er nahe Ypern. Stadler gab mit seinem Band den Ton vor: die Metaphorik des Aufbruchs, der Erneuerung, der Intensivierung, der Lebenssteigerung und der Befreiung aus erstarrten Formen und Verhältnissen durchzieht die Sammlung von 57 Gedichten. Für Thea Sternheim bildeten Stadlers Gedichte einen Echoraum ihres eigenen Lebensgefühls, Mitmenschlichkeit, die Suche nach Einheit, nach einem Leben im Einklang mit der Natur, das alles sind Wegmarken dieser Lyrik. Unverkennbar war allerdings, dass dieser Aufbruch auch mit einer prophetischen Kriegsmetaphorik unterlegt war, die bei Kriegsbeginn als Signal gelesen wurde, zu den Waffen zu greifen, sich aus der Erschlaffung zu befreien und die Intensivierung des Erlebens im Kampf zu suchen. Eine Stoßrichtung, die für den Frühexpressionismus nicht untypisch war, und für die Carl Sternheim am Anfang des Krieges ebenfalls eine gewisse Sympathie entwickelte.

In La Hulpe gelang es den Sternheims, schnell wieder einen Kreis von Freunden und Bekannten aufzubauen, darunter auch viele belgische Künstler: Das Maler-Ehepaar William und Juliette Degouve, der Musikschriftsteller und Intendant der Brüsseler Oper Maurice Kufferath mit Frau Luche, insbesondere aber auch der Dichter Émile Verhaeren, der zusammen mit seiner Frau Marthe, einer bekannten Malerin, oft zu Besuch kam. Émile Verhaeren war damals einer der großen Dichter Belgiens – er genoss hohes Ansehen, auch im Ausland. In Deutschland betrachtete ihn Rilke als Vorbild, ebenso Stefan Zweig, der schon früh Gedichte Verhaerens übersetzte und eine Monographie über den Dichter schrieb. Von seiner ersten Begegnung mit Verhaeren im Sommer 1902 sprach Zweig in ekstatischen Worten – ein quasi-religiöses Erlebnis, aus dem er seine Berufung als Schriftsteller ableitete. Er schätzte den Dichter nicht nur als literarische, sondern vor allem auch als moralische Instanz. Verhaeren trat in Werk und Person als Europäer auf, der keine nationalen Egoismen kannte und das Menschliche in den Mittelpunkt stellte.

Der belgische Dichter gehörte zu den Modernen, er fühlte sich den Futuristen nah, schrieb über soziale Probleme, über das Phänomen Masse und die Großstadt. Die Sternheims waren stolz auf diese Bekanntschaft. Noch im Juni 1914 schwärmte Thea Sternheim von der Nähe und dem »Vertrauen«, das sie gegenüber den Verhaerens empfand.[30]

Mit dem Überfall auf Belgien am 4. August 1914 war es mit dem Vertrauen vorbei. Zwischen den deutschen und den belgischen Intellektuellen entstand ein Riss. Die beiden hochgeachteten Dichterpersönlichkeiten Belgiens, Émile Verhaeren und Maurice Maeterlinck, stellten sich demonstrativ der Propaganda zur Verfügung. Verhaeren floh nach England und hielt dort patriotische Reden gegen die Deutschen, was Thea Sternheim maßlos enttäuschte. Einmal, im Januar 1917, träumte sie von Verhaeren, er sei wieder in La Hulpe zu Besuch: »Ich sage ihm: ›Wie konnten Sie nur diesen schrecklichen Hass noch schüren? Hatten Sie denn gar kein Verantwortungsgefühl in sich? […] Ich verehrte Sie als Mensch, achtete Sie als Künstler; nun kann ich das eine und das andere nicht mehr.«[31]

Dass Verhaeren gute Gründe hatte, einer Nation zu misstrauen, die Bomben auf Lüttich warf, Brüssel besetzte und in Löwen ein Exempel statuierte, wollte sie nicht wahrhaben. Für Thea Sternheim schied Verhaeren damit als eindeutiger Kriegsgegner und Pazifist aus, er hatte sich zu einer Seite bekannt und war in ihren Augen abgefallen. Als Verhaeren im November 1916, bei der Rückkehr von einer Konferenz, in Rouen von einem Zug erfasst und tödlich verletzt wurde, ist das Erste, was Thea Sternheim einfällt: »Was mag er in dieser Konferenz gesagt haben? Worte des Friedens, Worte der Aufreizung?«[32] Im Grunde sei Verhaeren ein guter Mensch gewesen, die Frage sei nur: Wie lange konnte er »Widerstand gegen seine humanen Gefühle leisten?«[33] Da erscheint es ihr als Trost, dass er in der Stadt Flauberts zu Tode kam. So wie Verhaeren ging es einer ganzen Reihe von Freunden und Bekannten. Konsequente Pazifisten und eindeutige Kriegsgegner im Sinne Thea Sternheims schien es kaum noch zu geben.

Als die Deutschen im August in Belgien einmarschierten und gleich in den ersten Tagen Massaker an Zivilisten verübten, verließen die Sternheims mit ihren beiden Kindern fluchtartig das Land. Sie fürchteten Racheakte der Bevölkerung gegen die ansässigen Deutschen. In Brüssel, so wurde ihnen gesagt, waren deutsche Geschäfte geplündert und deren Inhaber misshandelt worden.[34] Die Sternheims bangten um ihren Besitz und retteten, was noch zu retten war. Sie versuchten ihre wertvolle Kunstsammlung, die exquisite Bibliothek und das kostbare Mobiliar in Sicherheit zu bringen.

Vor Kriegsbeginn hatte Carl Sternheim in seinem Schauspiel »1913« den drohenden Untergang der wilhelminischen Gesellschaft vorausgeahnt. Die Hauptfigur Christian Maske stirbt auf dem Gipfel seiner Macht – die alte Führungsschicht tritt ab, und der Zusammenbruch der alten Ordnung kündigt sich an: »Wir sind reif!«[35] Das Stück lässt keinen Zweifel aufkommen, dass mit dem Ende des *Ancien Régime* nicht etwa eine freie Gesellschaft entsteht, sondern ein ungezähmter Kapitalismus folgen wird, in dem Skrupellosigkeit und Habgier triumphieren.

Thea Sternheim schrieb zu Kriegsbeginn einen Aufsatz über Tolstoi – ein Plädoyer für Pazifismus und Menschlichkeit. Eigentlich wollte Franz Pfemfert, der Herausgeber der Zeitschrift »Die Aktion«, den Artikel gleich 1914 bringen, fürchtete aber, dass die Zensur das Heft verbieten würde, und publizierte den Text erst 1917 in einem Sonderband, der nicht der Zensur unterstand. Thea Sternheim wollte in einer Zeit, in der »die Welt im Zeichen des Blutes kreist«[36], an Tolstois Vermächtnis erinnern. Sie wollte aber auch die Haltung jener Intellektuellen kritisieren, die bereit waren, sich von der einen oder anderen Seite vereinnahmen zu lassen. Wer nicht in den Chor mit einstimmt, galt als »suspekt«, zumindest aber als »unzeitgemäß«[37].

In Zeiten des Hasses gibt es für die »Sanftmütigen« keinen Platz, man hat sie zum Schweigen verurteilt oder sie haben sich zurückgezogen. Wenn es aber mit den Morden aufhören soll, müssten sie wieder hervorkommen und sich widersetzen. Thea Sternheim ruft zum Widerstand gegen einen Staat auf, der sich an die Stelle Gottes setzt und den Einzelnen qualvolle Entscheidungen aufzwingt. Der Mensch muss jedoch Gott folgen – und im Sinne Tolstois heißt Gott folgen, dem Leben folgen. Die Menschen, so Thea Sternheim, werden sich entscheiden müssen, für diesen Gott, »für Christus oder ihr nationales Vaterland.« In dieser Hinsicht seien »keine Kompromisse«[38] möglich.

Ganz im Sinne Tolstois war Thea Sternheim der Meinung, die Staaten bzw. die Regierungen seien Schuld am Übel des Krieges. Tolstoi nannte die Regierungen »das gefährlichste Institut der Welt«.[39] Zur Befreiung der Menschen vom Krieg »sind nicht Kongresse, nicht Konferenzen, nicht Traktate und Schiedsgerichte nötig, sondern die Vernichtung jener Gewalt, die sich Regierung nennt und von der die größten Leiden der Menschheit« herrühren.[40] Dieser anarchistische Pazifismus stieß 1914 in der bürgerlichen Friedensbewegung auf Vorbehalte. Man war zwar aus ethischen Gründen gegen den Krieg, nicht unbedingt aber gegen Staat und Regierung. Für Thea Sternheim war jedoch das eine nicht ohne das andere zu haben. Wer gegen den Krieg war, musste die

Regierungen bekämpfen und abschaffen. Vor allem durfte man als Kriegsgegner nicht für eine Seite Partei ergreifen. Thea Sternheim kritisierte darum weder den deutschen Einmarsch in Belgien noch bezog sie Stellung zur alliierten Kriegspolitik. Sie klagte das blutige Gemetzel an, die Opfer, die der Krieg auf jeder Seite kostet; sie verurteilte alle Gewalt, egal, von wem sie ausging – insbesondere aber verurteilte sie die Regierungen, die die Gewalt beförderten und für ihre Zwecke nützten. Regierungen jedweder Couleur, so hatte sie es bei Tolstoi gelesen, sind »unnütz und schädlich«, wenn es keine Regierungen mehr gibt, wenn alle Organe »zerstört«[41] sind, kann der Mensch endlich in Frieden leben.

Dieser radikale Pazifismus hatte es angesichts der allgemeinen Kriegseuphorie und des patriotischen Überschwangs schwer. Von den Literaten wurden in diesen Wochen und Monaten Bekenntnisse erwartet. Zahlreiche Schriftsteller meldeten sich denn auch mit patriotischen Beiträgen zu Wort, viele prominente Namen waren darunter: Gerhart Hauptmann, der zwei Jahre zuvor den Nobelpreis erhalten hatte und im Ausland das moralische Gewissen Deutschlands verkörperte, machte sich für die deutsche Sache stark und verteidigte vehement den Einmarsch in Belgien. Thomas Mann stand dem nicht nach und schrieb 1914 mit seinen »Gedanken im Kriege« ein Bekenntnis zum heroischen Aufbruch des deutschen Volkes. Er pries den Krieg als »Reinigung« und »Befreiung«, nannte ihn eine »ungeheure Hoffnung«.[42] Auch Rilke verfasste Gesänge zum Lob des Kriegsgottes. Im Oktober stellten sich 93 Vertreter des deutschen Geisteslebens mit einem »Aufruf an die Kulturwelt« hinter die deutsche Kriegpolitik, darunter Max Reinhardt, Peter Behrens, Max Liebermann, Richard Dehmel, Max Planck. Es galt, Freund und Feind zu unterscheiden und deutlich zu machen, auf welcher Seite man stand. Der ›Bruderkampf‹ zwischen Thomas und Heinrich Mann war dafür symptomatisch. Es ging um die Frage, ob man für oder gegen Deutschland war, für »Kultur« oder gegen das von der Entente vertretene »Imperium der Zivilisation«[43], wie sich Thomas Mann in den »Betrachtungen eines Unpolitischen« ausdrückte.

Sogar Carl Sternheim veröffentlichte in den ersten Kriegstagen einen patriotischen Artikel: »Wie Belgien verletzt wurde«.[44] Sternheim, der sich, mit Hilfe seines Freundes Gottfried Benn, aus gesundheitlichen Gründen vom Kriegsdienst hatte freistellen lassen, war längst nicht so konsequent pazifistisch eingestellt wie seine Frau. Folgt man Thea Sternheims Notaten, dann gab es zwischen den Eheleuten des Öfteren darüber Streit. Im Sommer 1915, als der Stellungskrieg längst blutige Realität war, spricht Carl Sternheim immer noch von »erhebenden Momenten des Krieges«[45]. Sehr zum Missfallen seiner Frau hängt er wenig später eine Landkarte auf und verfolgt mit großem Interesse den Vormarsch der deutschen Armee im Osten.[46] Vor allem aber bewundert er »den starken Volkswillen«[47], die »Ideen von 1914« versetzen ihn in Euphorie. »Ich fange an die Deutschen grenzenlos zu bewundern«, sagt er seiner Frau. »Feinde ringsum und solche Haltung!«[48]

Die Sternheims wohnten im August 1914 in Düsseldorf, danach ein halbes Jahr in Bad Harzburg und schließlich in Königstein im Taunus. Von La Hulpe waren sie während dieser Zeit jedoch nicht ganz abgeschnitten. Ein paar Mal erhalten sie von den deutschen Behörden die Erlaubnis, nach Brüssel fahren zu dürfen. Die Stadt unter deutscher Besatzung machte auf sie einen deprimierenden Eindruck. In La Hulpe besichtigten sie das verlassene Herrenhaus und den Garten. Im Frühjahr 1916 keimte Hoffnung auf. In dieser Zeit wollten viele Belgier, die noch im Land geblieben waren, Krieg und Okkupation vergessen. Kinos, Konzertsäle, Cafés und Restaurants, die zuvor geschlossen hatten, öffneten wieder. Auch die Sternheims kamen im Mai zurück. Sie wohnten anfangs in der Villa Piccola, dann ab Dezember 1916 im neu erbauten hochherrschaftlichen Haus, aber der Krieg war allgegenwärtig und ließ sich kaum ignorieren: »fast ohne Abstände« hörte man »das schreckliche Schiessen.«[49] Ob im Garten oder im Haus, es gab keinen ruhigen Ort, um den Krieg für einige Tage oder Stunden ausblenden zu können.

Am 22. Juni 1916 notiert Thea Sternheim: »Bis in die Nacht hört man die heftige Kanonade. Das ist schrecklich, schrecklich.

Man leidet darunter. Man ist ein Mensch unter Menschen. Wäre das nur das Ende! Aber wo ist das Ende von diesen Schrecknissen?«[50] Trotz Schlafmittel findet sie keine Ruhe: »Heftige Kanonade den ganzen Tag«[51], notiert sie am 17. Oktober 1916. »Ununterbrochenes Morden. Der Gedanke daran hängt einem im Unterbewusstsein den ganzen Tag. Wie soll man da froh werden? Wie soll man da hoffen.«[52] Im Herbst 1916 verschlimmerte sich die Situation noch dadurch, dass über 120 000 Belgier zur Zwangsarbeit nach Deutschland deportiert wurden, von ihnen starben bis zum Kriegsende mehr als 2600.

In La Hulpe war die Stimmung angespannt. Im Tagebuch berichtet Thea Sternheim von Nervenzusammenbrüchen und schrecklichen Träumen. Die bange Ahnung machte sich breit, dass der Krieg noch lange dauern wird. Carl Sternheim verschaffte sich immer wieder Luftveränderung, reiste nach Berlin, traf Freunde und Bekannte, suchte Abwechslung bei anderen Frauen und kümmerte sich *en passant* um die wenigen Theaterstücke, die noch von ihm aufgeführt werden durften. Thea Sternheim blieb in La Hulpe, versuchte sich durch Gartenarbeit zu beruhigen und schrieb, wenn es ihr gut ging, an einer Novelle. Im Februar 1916 hatte sie damit begonnen: »Ich schreibe auch eine Erzählung«, notiert sie. »Setze mich hin und schreibe die ersten Seiten von Annas Kinderleben. Und lese sie abends mit rotem Kopf und bebender Stimme Karl vor, der sie gut findet und mich lobt.«[53] Auf diese ersten Seiten folgten weitere. Die Erzählung unter dem Titel »Anna« erschien 1917 unter dem Namen ihres Mannes in dem Sammelband »Mädchen«. Thea Sternheim hat prinzipiell nichts dagegen einzuwenden, »die Veröffentlichung« habe ihr »Freude« gemacht »und allerlei Anlaß zu Gelächter über die Kritik« gegeben. Enttäuscht ist sie gleichwohl, denn sie sieht sich um ihre »Wirkung« gebracht.[54]

Ein Jahr später stellte Carl Sternheim jedoch die Sache in etwas verklausulierten Worten richtig. Im Nachwort (»Kampf der Metapher«) zu seiner Novelle »Ulrike« heißt es: »Thea Sternheim [...], meine Frau, fügte in ihrer Erzählung ›Anna‹ Eigenes zu meinem einmal gewonnen Standpunkt und hat durch einen Erfolg, den ihr anonymes Werk mit meinen Novellen eines gleichen Bandes beim Publikum und der Kritik fand, eine zwar demütige doch bedeutende Wirkung.«[55]

Gottfried Benn, der den »Standpunkt« Sternheims gut kannte, schreibt 1952 in einem Geleitwort zu ihrem einzigen Roman »Sackgassen«, der sich aus der Novelle entwickelte, die Erzählung »Anna« sei »noch ganz Sternheimsche Schule: streng im Stil, im eigentümlichen Sternheimschen Stil, begrenzt in der Thematik, präzis im Gedanklichen«[56]. Am 14. Februar 1917, wenige Tage nach dem ersten Besuch Benns in La Hulpe, schreibt Thea Sternheim in ihr Tagebuch: »Am Morgen werde ich wach. Noch ist alles schwarz. Erst liege ich so. Mancherlei Gedanken über eine Geschichte, eine Weiterführung meiner Anna.«[57] Am Tagebuch lässt sich nachvollziehen, dass sie zunächst vorhatte, einen zweiten Teil der Novelle zu schreiben, eine Fortsetzung. Diesen Plan hat sie dann aber beiseitegelegt und noch einmal mit einer ›neuen‹ Anna angesetzt. In der Novelle und im Roman heißt die Hauptfigur Anna, aber die beiden Annas haben wenig miteinander zu tun, sie entstammen einer anderen Zeit, einem anderen Lebensgefühl.

Der Roman entwickelte sich langsam, mit vielen Unterbrechungen, die der Zeitgeschichte und den Lebenskrisen der Autorin geschuldet sind. Wesentliche Teile des Manuskripts entstanden in den dreißiger Jahren. Eine Zeit, die für Thea Sternheim von großen Enttäuschungen geprägt war, Enttäuschungen über viele Freunde und Bekannte, die sich, wie Benn, dem neuen Regime angedient oder sich in die ›innere Emigration‹ zurückgezogen hatten.

Benn, der im August 1949 das Manuskript seinem Verleger Niedermayer empfohlen hatte und gewissermaßen zum Geburtshelfer des Romans wurde, spricht von einem ›wahren Lebenswerk‹ und hebt die Eigenheiten der Autorin hervor. Tatsächlich ist Benn von diesen Eigenheiten keineswegs überzeugt, er äußert sich eher kritisch, in Teilen sei das Buch »zwiespältig, versponnen und visionär.«[58] Es gebe zwar durchaus auch »witzige, funkelnde, ja schmissige Partien«, aber »ein gewisser asketischer Zug«[59] und die Allgegenwärtigkeit des Religiösen missfallen ihm. Gefallen hat ihm etwas anderes, etwas, das seiner eigenen Einstellung entsprach. Benn versteht den Titel »Sackgassen« als Metapher für das Scheitern seiner Generation. Er spricht von der Vergeblichkeit des »Aufbruchs«, die in diesem Roman dargestellt wird. »Alles ist festgefahren. […] Kein Ausweg – nicht nur der Mann ist das unfruchtbare Tier, auch die Frau. Fin de race – trage es, verweile in dir, geh' alleine zu Ende. […] Leib und Seele, Leben und Geist, verschlungen und wieder entwirrt, gespielt, zerdacht oder meistens erlitten – sie prägen uns, sie hinterlassen Male, aber das Ganze endet für die beschriebene Generation in Sackgassen. Das Ganze!«[60] Das, so behauptet Benn, meint die Autorin – oder meint das Benn? War das nicht seine pessimistische, resignative Weltsicht, die er just zu dieser Zeit propagierte: »Sich abfinden und gelegentlich auf Wasser sehn«.[61] Vereinnahmte Benn da nicht die Autorin für seine Interpretation der Geschichte?

Bleiben wir bei der Novelle. Sie ist elegisch und wehmütig gestimmt – von der »Melancholie eines empfindsamen Herzens«[62] ist die Rede. Erzählt wird die Geschichte des Waisenkindes Anna, die von ihrer Schwester Frieda und ihrem Schwager, dem Lehrer Wilhelm Mücke, aufgenommen wird. Man steckt sie in eine Kammer hinter der Küche, ein Verschlag, der eigentlich für die Magd gedacht ist. Ein Martyrium beginnt, sie ist die Lästige, die Überzählige, der Sündenbock, den man für alles, was schiefgeht, verantwortlich macht. Von ihrer Schwester wird sie zurückgewiesen und von dem jähzornigen Mücke geschlagen. Als »Zeugen ihres Leides« ruft sie »Schrank und Schüssel, Gardine und Schemel«[63] an. Anna zieht sich in ihren Verschlag zurück, verliert sich in Melancholie, träumt sich in die Ferne, wünscht sich, krank zu sein und zu sterben. Ihr einziger Trost, der Besuch der Messe, die Beichte, die ein junger Priester abnimmt: »Hell ist er, sanft und guten Geruchs. Wie eine Hostie glänzt aus vollem Haar Tonsur.«[64] Doch selbst diese Freude wird ihr genommen. Als Mückes Vater stirbt und ein Erbe hinterlässt, zieht man in die gesichts- und leblose Neustadt um: »Hier grüßte sie niemand. […] Nirgends ein Verweilen; alles war Bewegung und Hast.«[65] Das Haus ist groß, zu groß – man denkt ans Geld und entschließt sich, Zimmer an alleinstehende Herren zu vermieten. Nicht nur Mieter, auch Gäste kommen jetzt ins Haus: Die kunst- und musikliebende Mathilde, eine Schulfreundin Friedas, und ihr Bekannter, der Autor und Journalist Lehmann, der Wedekind, Stadler und Werfel besprochen, für Heinrich Mann eine Lanze gebrochen und Sternheims Komödien als »theatralischen Frühling«[66] gelobt hat. Unversehens wird aus dem spießbürgerlichen ein bildungsbürgerliches Ambiente. Man veranstaltet an Wochenenden kleine Geselligkeiten, unterhält sich über Literatur und Kunst, sogar ein Flügel wird angeschafft. Doch hinter der Fassade bürgerlicher Wohlanständigkeit ist nichts als Lüge und Betrug. Mücke hintergeht Annas Schwester mit Mathilde – und Lehmann verführt Anna mit Heuchelei und falschen Versprechungen. Als Ducal, einer der Mieter, auszieht, überlässt er Anna seine Bücher und gibt ihr den Rat: »Verlassen Sie die Heimat, reisen Sie in ein Land, dessen Sprache Sie kennen, doch nicht mit des Eingeborenen Fertigkeit meistern. Dies ist die einzige Möglichkeit, die letzten und verletzendsten Nuancen menschlicher Gemeinheit von sich zu halten.«[67] Unterdessen stirbt Frieda einen langen, qualvollen Tod. Der Weg ist frei für Mathilde, die nun vom Haus Besitz ergreift. Anna muss weichen, sie bietet sich in Zeitungen »wie eine Ware an« und erhält schließlich eine »Anstellung als Lehrerin an einer Schweizer Mädchenschule.«[68] Jetzt erst wird ihr klar, wie nutzlos ihr bisheriges Leben war, eine einzige Anstrengung, von der nichts bleibt. Als sie Abschied nimmt und ihre Reise antritt, ist das ein Aufbruch in ein neues Leben, ein Heraustreten aus der Verborgenheit: »>Ich werde umlernen [...]. Den frechen Blicken des Gegenübers will mit gleichen Blicken ich begegnen.<«[69] Sie will sich von nun an wehren und sich nicht mehr verstecken. Zu diesem neuen Anfang gehört ein Bildungserlebnis, das sie geradezu in einen Rausch versetzt. Anna, die bisher ohne wirkliche Leidenschaft, ohne tiefergehende geistige Interessen lebte, entdeckt die Literatur. Sie hatte von Ducals Büchern einen Band mitgenommen: Flauberts Briefe: »Mit einem Vorschmack himmlischen Glücks überflog sie einhundert Seiten und bis zu Ende das Buch, daß in Flammen sie stand, und aller Kleinmut vergangener Zeiten auf einmal verschwunden war.«[70]

Thea Sternheim kannte diese Situation nur zu gut, der Abschied aus einem falschen Leben und der Versuch, ein neues, ein anderes Leben zu beginnen. Und natürlich steckt in dieser Novelle auch einiges von der eigenen Biographie, aber die Autorin hält sich im Grunde an das Konzept, das ihr Mann vorgegeben hat. Im Mittelpunkt der Erzählungen, die Carl Sternheim um diese Zeit schreibt, steht der Lebenslauf oder das existenzielle Erlebnis von einer oder zwei Figuren, die zumeist schon im Titel benannt werden. Die Figuren leben vor sich hin, sie sind vom bürgerlichen Leben umfangen, bis sie, häufig durch Zufall, ihre »eigene Nüance«, ihre Individualität entdecken. Es geht in den Erzählungen um Selbstverwirklichung, die keine Rücksicht nimmt auf Moral und Sitte. Die Entfaltung des Individuums gilt Sternheim als höchster Wert. Wie immer sich diese Entfaltung vollzieht, was immer das Individuum anstrebt, entscheidend ist, dass der Mensch seiner eigenen Natur entsprechend lebt und den eigenen Trieben und Wünschen folgt. Nur so kann er zu sich selbst kommen. Das bürgerliche Leben verhindert diese Selbstwerdung, es hemmt und lähmt die Kräfte des Individuums, legt ihm Schranken auf. Der Bürger wird für Sternheim zum Held, wenn er nicht versucht, besser zu sein als er ist, wenn er den »Mut« hat, »zu seinen sogenannten Lastern« zu stehen und sich freimütig zu dem bekennt, was er ist.

Annas Geschichte folgt diesem Schema. Lange Zeit leidet sie, erträgt sie passiv die Verhältnisse, bis sie sich am Schluss aus der Enge und Öde ihrer Existenz zu lösen vermag, ihre Vergangenheit abstößt und ihre »eigene Nüance« erkennt.

Am 26. Februar 1917 traf der Sammelband »Die Mädchen« in La Hulpe ein. An erster Stelle stand die Erzählung »Anna«. Die Freude über das Werk wurde zwar bei Thea Sternheim ein wenig durch die Illustrationen des Malers und Zeichners Ottomar Starke getrübt, mit denen sie ganz und gar nicht einverstanden war, aber sie wußte jetzt, dass sie schreiben konnte und nicht nur auf die

Rolle einer Muse festgelegt war. Drei Monate später kam eine weitere Veröffentlichung von ihr heraus, der bereits 1914 geschriebene Aufsatz über Tolstoi in Franz Pfemferts »Aktionsbuch«. Das ist »meine Wahrheit«[71], notiert sie in ihr Tagebuch.

Mythos Brüssel

»Man glaubt, die Atmosphäre Prags sei die sonderbarste; aber ich glaube […], das Wunderliche, das Chimärische, ja das Absurde ist nirgends in einer so beirrenden Art zu Hause wie in Brüssel.«[1] So schrieb der Kunstkritiker Wilhelm Hausenstein über die belgische Hauptstadt, in der er während des Ersten Weltkriegs stationiert war. Hausenstein gehörte 1916 zu einer Gruppe von Literaten, die in der Brüsseler Zivilverwaltung tätig war. Man kannte sich aus der Zeit vor dem Krieg, verkehrte in denselben literarischen und künstlerischen Zirkeln in Berlin und München. Der Schriftsteller Hermann von Wedderkop gehörte zu diesem Kreis, ebenso wie der Kunsthistoriker Carl Einstein, der Galerist Alfred Flechtheim, die Schriftsteller Otto Flake und Friedrich Eisenlohr, der Dichter Rudolf Alexander Schröder, der Dramatiker Ferdinand Bruckner und Gottfried Benn.

Die Literaten in der Etappe hatten zumeist eine besondere Beziehung zu Belgien, sie kannten sich in Sprache und Kultur aus, waren mit Land und Leuten vertraut. Anfangs hatten sie den Krieg begrüßt und verbanden große Hoffnungen mit den »Ideen von 1914«. Sie galten als Sachverständige und Propagandisten der deutschen Kriegspolitik: Carl Einstein arbeitete in Brüssel in der Kolonialabteilung des Kongo-Museums. 1912 wurde er im Kreis der Literaten mit der verrätselten, expressionistischen Erzählung »Bebuquin oder Die Dilettanten des Wunders« bekannt – Benn ließ sich davon inspirieren und schwärmte in den höchsten Tönen von »absoluter Prosa«. Die Abkommandierung ins Kongo-Museum hatte Einstein wohl seinen Forschungen über afrikanische Kunst zu verdanken – 1915 war sein bahnbrechendes Buch »Negerplastik«

erschienen, mit dem er sich den Ruf eines Pioniers auf diesem Gebiet erwarb. Wilhelm Hausenstein gehörte zur politischen Abteilung der Zivilverwaltung, er war ein Kenner der Kultur Flanderns und arbeitete als Redakteur für die von Anton Kippenberg herausgegebene Zeitschrift »Belfried«, die die Autonomiebestrebungen der Flamen unterstützen sollte. Rudolf Alexander Schröder gehörte zu dem Kreis, ebenso der österreichisch-deutsche Schriftsteller Ferdinand Bruckner und Friedrich Eisenlohr, der in Pfemferts »Aktion« aufrührerische Lyrik veröffentlichte und Ende der zwanziger Jahre den Schlüsselroman »Das gläserne Netz« schrieb.

Zur Brüsseler Zivilverwaltung gehörte auch Alfred Flechtheim. Flechtheim hatte sich schon früh als Kunsthändler der Avantgarde profiliert. George Grosz erzählte von ihm die Anekdote, dass er »die gesamte Mitgift seiner Frau auf seiner Hochzeitsreise in Paris – es muß so um 1905 gewesen sein – in moderner französischer Kunst« anlegte. »Zum Schreck seiner Schwiegereltern kam er ohne einen Pfennig heim. Dafür brachte er einen Haufen unverständlicher kubistischer Bilder mit, die außerdem noch schön und sogar wertvoll sein sollten. […] Was er vorausgeahnt hatte, traf nach ein paar Jahren ein, und seine modernen französischen Bilder brachten das Doppelte und Dreifache der in ihnen angelegten Mitgift.«[2] 1913 eröffnete Flechtheim in Düsseldorf eine eigene Galerie.

Hermann von Wedderkop, ein enger Freund Flechtheims, arbeitete als Zivilkommissar ebenfalls in der Brüsseler Verwaltung. Nach dem Krieg wird Wedderkop Herausgeber der von Flechtheim begründeten Zeitschrift »Querschnitt«. Aus der Kunstzeitschrift machte er ein legendäres Zeitgeist-Magazin, das es so noch nicht gegeben hatte. Nicht nur Literatur und Kunst, sondern auch Sport, Technik, Kino, Mode und Reisen, auch die moderne Lyrik waren ein Thema in der Zeitschrift. Alles reich bebildert, mit Fotografien aus der Welt der Schönen und Reichen. Die Texte waren mit Esprit geschrieben, in der Tendenz gab man sich ironisch und elitär, man verachtete den Geschmack der Masse und setzte auf einen neuen, befreienden Lebensstil.

Im kulturellen Leben der Weimarer Republik spielten viele aus dem Kreis eine bedeutende Rolle. In den Kriegsjahren verkehrten sie bei den Sternheims, die seit Frühjahr 1916 wieder in Belgien wohnten, zuerst im Brüsseler Hôtel Britannique, dann in La Hulpe in der Villa Piccola und ab Mai schließlich in ihrem neuerbauten Haus. Obwohl das Ende des Krieges noch nicht abzusehen war, hatten sie sich entschlossen, in Belgien zu bleiben und den schon 1913 ausgearbeiteten Plan eines Neubaus weiter zu verfolgen. Ein mutiges Unterfangen, das vielleicht anders ausgefallen wäre, wenn Carl Sternheim nicht im März 1916 seiner Frau signalisiert hätte, dass im Zivilgouvernement in Brüssel jetzt »lauter Bekannte«[3] beschäftigt seien. Bekannte, mit denen man Geselligkeiten pflegen könnte.

Die Geselligkeiten waren für Thea Sternheim allerdings alles andere als ein Vergnügen. Zumeist hatten die Herren das Wort, sie bildeten eine Gemeinschaft, eine männliche Gemeinschaft, die nach eigenen Regeln funktionierte und in der Frauen nur als belebendes und dekoratives Element akzeptiert wurden. Außerdem stand Thea Sternheim mit ihrer rigorosen Ablehnung des Krieges ziemlich allein. Viele Bekannte, die ihr einst nahestanden, waren ihr jetzt fremd geworden. Alfred Flechtheim, der schon in »Bellemaison« zu den Stammgästen gehörte und mit dem sich Thea Sternheim nächtelang über moderne Kunst im Allgemeinen und Vincent van Gogh im Speziellen unterhielt, erregte jetzt das Missfallen der Hausherrin. Am 16. April 1916 war er zu Gast, erschien »unter grossem Spektakel«, wie Thea Sternheim notierte, »Uhlanenleutnant. Kriegsbegeistert. Welch ein schrecklicher Eindruck.«[4] Den vorteilhaftesten Eindruck auf Thea Sternheim machte aus dem Kreis der Literaten Carl Einstein – jedenfalls anfangs. Am 13. April 1916 kam er erstmals zu Besuch: »Am Morgen sucht uns Herr Einstein auf, der hier im Gouvernement die Colonialverwaltung unter sich hat. Ein Freund Bleis. Ein Badenser. […] Sympathisch. […] Mit Herrn Einstein frühstücken. Die Kinder entdecken in dem neuen Bekannten gemeinsame Interessen. Er war in Afrika. Erzählt vom Congo und von Ägypten.«[5] Die Reisen waren natürlich eine Fiktion. Wie Freunde berichten, war Einstein in dieser Zeit von einer regelrechten »Negermanie« erfasst, er erzählte in einem fort von den exotischen Kulturen, der afrikanischen Stammeskunst. Thea Sternheim schilderte Einstein im April 1916 als »Sanft. Menschlich«[6], diese Einschätzung änderte sich aber bald.

Der Krieg brachte diesen Kreis in Brüssel zusammen. Wobei es kein homogener Kreis war, es gab zwischen einigen Personen relativ enge Beziehungen, andere hielten sich eher abseits und betonten das eigene Ich. Die meisten fühlten sich in der belgischen Hauptstadt nicht nur wohl und sicher, sie gerieten geradezu ins Schwärmen, wenn sie später von ihrer Zeit in Brüssel erzählten. Die Stadt übte eine merkwürdige Anziehung auf die Imagination der Literaten aus. Hausensteins Rede vom Chimärischen ist dafür symptomatisch. Nicht von ungefähr verweist er in diesem Zusammenhang auf die Kunst der Symbolisten, die in Brüssel eines ihrer wirkmächtigen Zentren hatten: Félicien Rops mit seinen erotisch-blasphemischen Zeichnungen, und James Ensor mit seinen grotesken Figuren und seinen dämonischen, geisterhaften Masken. Neben den Modernen ist aber, laut Hausenstein, ein Name von besonderer Bedeutung, wenn es um das Chimärische geht: Pieter Bruegel der Ältere, der jahrelang im Brüsseler Morellenviertel wohnte. Bruegels wunderlich apokalyptische Phantasien, angesiedelt zwischen Himmel und Hölle, zwischen Leben und Tod, erzählen von Engeln und bösen Geistern, vom Kampf zwischen merkwürdigen Zwitterwesen und mythischen Traumgestalten. »Wenn man Bruegels Bilder und Blätter kennt, dann kann man nicht mehr behaupten, das Chimärische sei im Bereich dieser Stadt nur ein krauses Spiel der Persönlichkeit.«[7]

Das Chimärische ist, folgen wir Hausenstein, mit der »Voraussetzung dieser Stadt«[8] verbunden: »Kaum eine Stadt ist unzusammengesetzt; keine ist einfach. [...] Aber kaum eine Stadt, auch Prag nicht, ist so zusammengesetzt wie Brüssel.«[9] Mit Verweis auf die »Doppelheit der Stadt«[10], auf ihre zwiefache Existenz im Flämischen und im Wallonisch-Französischen, ist Brüssel, so Hausenstein, »eine Welt mit mehreren Gravitationen«[11], eine vieldeutige Welt von Gegensätzen und Mischungen, von unterschiedlichen

Ethnien und Kulturen, unterschiedlichen Sprachen und Lebens-
stilen, die von jeher zum Gepräge der Stadt gehörten.

Die »Mannigfaltigkeit der Gravitationen«[12], die heute als Mul-
tikulturalismus wahrgenommen wird und vielfach Ängste auslöst,
wirkte auf die Literaten im Ersten Weltkrieg faszinierend. Wobei es
vor allem die alte, volkstümliche Unterstadt war, die die Phantasien
der Brüssel-Liebhaber beflügelte. Hier wohnten einst die ärmeren
Zuwanderer, hier verlief eine Grenze zur großbürgerlichen, parise-
risch angehauchten Oberstadt. »Ich bekenne«, so Hausenstein,
»daß ich dies Brüssel der Unterstadt, zumal der abseitigen, liebe.
Oder wenn es nicht Liebe ist, so ist es ein magisches Angezogen-
sein. Ich kann die Abende, an denen ich die Unterstadt um solcher
Augenblicke willen einsam und ziellos durchstreift habe, längst
nicht mehr zählen. […].«[13]

Für jene die in der Etappe eingesetzt waren, ließ es sich in Brüssel leben – auch und gerade im besetzten Brüssel. Man befand sich
hier im Windschatten der Ereignisse. Vom Krieg hörte man zuweilen das Geschützfeuer, aber man sah ihn nicht, er war im Grunde
weit weg, und man konnte ihn – zumindest zeitweise – ignorieren.
Thea Sternheim gelang das weniger gut als ihren Freunden und Bekannten, zumal unweit vom Herrenhaus die zentrale Bahnstrecke
in Richtung Flandern verlief – Züge, vollbesetzt mit Soldaten, don-
nerten in der Nacht vorbei: »Vergangene Nacht Zug auf Zug in ra-
sendem Tempo. Wohin? Fahren diese unglücklichen Soldaten denn
alle in den Tod?«[14]

In der Anfangszeit gab es von seiten der Bevölkerung Anfeindungen. Benn berichtet davon: »Die Lage der deutschen Besatzungsarmee in Belgien«, so schreibt er, sei »während der ersten Monate
außerordentlich schwierig«[15] gewesen. Eine »aufgeregte haßer-
füllte Hauptstadt […], die Bevölkerung von absolut unverdeckter
Feindschaft«[16]. Das änderte sich – zumindest an der Oberfläche.
Bei jenen Literaten, die Brüssel aus der Zeit vor dem Krieg nicht so
genau kannten, herrschte schon bald die Meinung vor, die Normalität des Alltags sei wieder eingekehrt. Das war natürlich nicht der
Fall, die Folgen der deutschen Besatzung waren allenthalben spür-

bar, aber man wollte nicht so genau hinschauen und sich gern bezaubern lassen. So wie Otto Flake, der in der belgischen Hauptstadt als Film- und Theaterzensor arbeitete, und sich allabendlich von der »Lebensfreude des Brüsseler Volkes« anstecken ließ. Trotz Krieg und Besatzung, so stellt Flake mit Erleichterung fest, sind die Theater und Tanzbars »zum Bersten voll«[17]: »Es befriedigt mich tief, daß es in diesem Kriege einen Ort gibt, wo die Nacht lebt und farbig ist (bis zwölf Uhr nur, allerdings, aber immerhin), und ich bin dankbar, daß ich an ihm weilen kann.«[18]

Befreit vom Alltag und den Pflichten des zivilen Lebens, führten die Literaten in der Etappe nicht nur ein beschauliches, sondern zuweilen auch ein illustres Leben. Man wohnte in konfiszierten Häusern, hatte viele Vergünstigungen und vor allem viel freie Zeit. Kein Wunder, dass man vom »Reiz der Okkupation«[19] sprach.

Benn wohnte anfangs in der Rue de la Los, in der Nähe des Königlichen Palastes. 1915 zog er in eine komfortable Etagenwohnung in die Rue St. Bernard. Dort, so berichtet er im April 1942 seinem Freund Oelze, »gehörte mir u. meinem Burschen, ein grosses Haus, einem Emigranten enteignet. Dort in der 1. Etage waren meine Wohn u. Arbeitszimmer. Dort wirkte Rönne in Hochblüte [...]. Mein Standquartier war die Porte Louise, dort die Kinos, die Cafés, vor allem das damals sehr elegante Café Toison d'or. Bald werden die grossen Rhododendrenbeete blühn dort u. in der Avenue nach Tervueren.«[20] Oberstadt und Unterstadt – das war ganz nach dem Geschmack Benns, der bekanntlich das Doppelleben liebte – und in Brüssel auch ein Doppelleben führte.

Am 30. Juli 1914 hatte Benn in München geheiratet – Eva Brandt, eine 36-jährige Schauspielerin, mit bürgerlichem Namen Edith Brosin, sie war verwitwet und hatte einen dreijährigen Sohn. Zwei Tage nach der Hochzeit zog er dann in den Krieg. Kurz vor der Hochzeit schreibt er an seinen Verleger Meyer: »Ich bin in Eile. Ich muß in den Krieg u. bin nicht ausgerüstet, muß sofort nach München u. dann nach Berlin, wo ich mich stellen muß.«[21] Was er nicht schreibt, er musste »sofort nach München« um zu heiraten. Zwei Tage nach der Hochzeit zog er dann in den Krieg. Vermutlich war es eine jener schnell geschlossenen Ehen, die aus Versorgungsgründen eingegangen wurden. Unklar ist, ob Benn seine Frau schon 1913 oder erst im Frühsommer 1914 auf der Insel Hiddensee getroffen hat – letzteres behauptet die gemeinsame Tochter Nele.

In den Wochen vor seiner Heirat hatte Benn als Schiffsarzt bei der Hapag gearbeitet, war über den großen Teich nach New York gefahren und kam im Mai 1914 desillusioniert wieder zurück. Er hatte endlich etwas von der Welt sehen wollen, aber offenbar vor allem Passagiere geimpft, von der Fahrt und der Stadt blieb ihm kaum etwas in Erinnerung. Außerdem neigte er, wie er feststellen musste, zur Seekrankheit. Als er wieder festen Boden unter den Füßen hatte, ging er nach München, hier wollte er sich als Dermatologe spezialisieren. Sehr engagiert war er offenbar nicht, er beschränkte sich auf das Nötigste, hielt sich mit Jobs über Wasser und trat im Juni eine Vertretungsstelle in einer Lungenheilstätte in Bischofsgrün, in der Nähe von Bayreuth, an. Möglicherweise hat er im Juli den ersten Teil seines berühmten Novellenzyklus »Gehirne« geschrieben – Benn selbst behauptet das später. Im Mai deutet er in einem Brief an einen Freund an, dass er demnächst vielleicht heiraten wird. Aber kein Wort von seiner zukünftigen Frau. 1938 hat Benn in einem Brief an Oelze seine erste Ehefrau als »eine ganz charmante elegante Dame von Welt« charakterisiert, sie sei »viel gereist, mir weit überlegen, 8 Jahre älter als ich, sehr wohlhabend, aus einer Dresdener Patrizierfamilie«. Von ihr habe seine Tochter »sehr viel Intelligenz u. Ladylikes geerbt.«[22] Was wie ein Lob klingt, ist in Wirklichkeit etwas anderes. Benn hatte im Januar 1938 ein zweites Mal geheiratet, eine »>ungebildete<« Frau, wie er Oelze augenzwinkernd zu verstehen gibt. Sie wisse nicht, »was eine Amphore ist, ja nicht einmal, ob Napoleon vor Friedrich dem Grossen lebte«[23]. Er will Oelze sagen, sie ist eine Frau, die ihre Rolle annimmt, während seine erste Frau eine Gebildete war, die viel Wert auf ihr Äußeres gelegt hat, auf Geist und Reichtum, mit Liebe und Erotik aber hatte das nichts zu tun. Für Benn gab es zwei Arten von Frauen, Frauen, die als Liebespartnerinnen in Frage kamen, die man bestimmend und nett behandelte, und Frauen, die

man als Damen, als mehr oder weniger geistvolle Gespielinnen behandelte, zu denen man sich charmant und distanziert verhielt.[24]

Zurück zum Doppelleben: In Brüssel fand der frischverheiratete
Benn offenbar schnell »Anschluss«[25]. Benns Ehe existierte nur auf
dem Papier. Als am 8. September 1915 seine Tochter Nele geboren wurde, machte er kurz seine Aufwartung, besuchte Mutter und
Kind, aber das war es dann auch. An Oelze schreibt er, dass er eine
»berühmte Altistin der Berliner Staatsoper« in der belgischen
Hauptstadt kennengelernt hätte, die im Hotel Metropole am Place
Brouquère wohnte. »Keine unangenehme Erinnerung, obschon
sie 25 Jahre älter war als ich.«[26]

Mit dem Krieg hatte Benn in Brüssel wenig zu tun, er befand sich
im sicheren Abseits, in einem Provisorium, gut abgeschirmt und
weit weg von der Front. Wie in Friedenszeiten versah Benn seinen
Dienst, ja, er hatte hier, das war für ihn ein wichtiger Punkt, mehr
Zeit und eine größere Unabhängigkeit, endlich konnte er in Ruhe
schreiben.

Seine Sätze über sein Brüsseler »Urerlebnis« sind oft zitiert worden: »[Ich] lebte in der Etappe einen guten Tag, war lange in Brüssel, wo Sternheim, Flake, Einstein, Hausenstein ihre Tage verbrach-
ten [...]. Ich war Arzt an einem Prostituiertenkrankenhaus, ein
ganz isolierter Posten, [...] hatte wenig Dienst, durfte in Zivil gehen, war mit nichts behaftet, hing an keinem, verstand die Sprache
kaum; strich durch die Straßen, fremdes Volk [...], was war die Kanonade von der Yser, ohne die kein Tag verging, das Leben schwang
in einer Sphäre von Schweigen und Verlorenheit, ich lebte am
Rande, wo das Dasein fällt und das Ich beginnt. Ich denke oft an
diese Wochen zurück; sie waren das Leben, sie werden nicht wie-
derkommen, alles andere war Bruch.«[27]

Benn erlebte hier etwas, dass der solitäre Künstler vorher so nicht
gekannt hatte, ein Gemeinschaftsgefühl, an das er sich noch einmal
am Ende seines Lebens erinnert: »[...] eine Sylvesternacht im ersten Kriege. Wir waren in einer glänzenden eleganten Stadt, einer
Hauptstadt. In der berühmten wunderbaren weißen Kathedrale
fand die Mitternachtsmesse statt. Das Land war katholisch, der

»Ich lebte am Rande, wo
das Dasein fällt und das Ich
beginnt.« Gottfried Benn
in Brüssel, um 1915/16

Dom war überfüllt, die meisten mußten stehen, wir fremden Soldaten standen in Uniform zwischen ihnen, und alles gehörte in dieser Nacht zusammen.«[28] Es sind solche Gemeinschaftserlebnisse,
in denen Benn seine Isolation als Künstler aufgehoben fühlte, Erlebnisse, die Brüssel zum Mythos machten, auf den er sich ein Leben lang bezieht.

Lange hielt sich in der Forschung die Meinung, der Krieg hätte
stimulierend auf die Schöpferkraft gewirkt und ästhetische Innovationen freigesetzt. Wenn man sich aber die Künstler und ihre
Werke näher anschaut, dann stellt man fest, dass der Krieg, was die
kreativen Prozesse angeht, eine Inkubationszeit war, die Projekte
und Ideen stammten zumeist schon aus der Zeit vor 1914. »Kein
Krieg bringt Kunst hervor«[29], so Wilhelm Hausenstein 1915.

Bei Benn scheint das aber auf den ersten Blick anders gewesen
zu sein. Mitten im Krieg schreibt er sein epochemachendes Werk,
den Prosazyklus »Gehirne« – jedenfalls den wesentlichen Teil,
denn das erste Prosastück, titelgebend für den fünfteiligen Zyklus,
ist, wie erwähnt, möglicherweise im Juli 1914 geschrieben worden,
als Benn in einer Klinik im Fichtelgebirge als Vertretungsarzt
arbeitete – auch Rönne bekleidet eine solche Stelle, er vertritt den
Chef einer Lungenklinik. Seinen ersten Auftritt hat Benns Held in

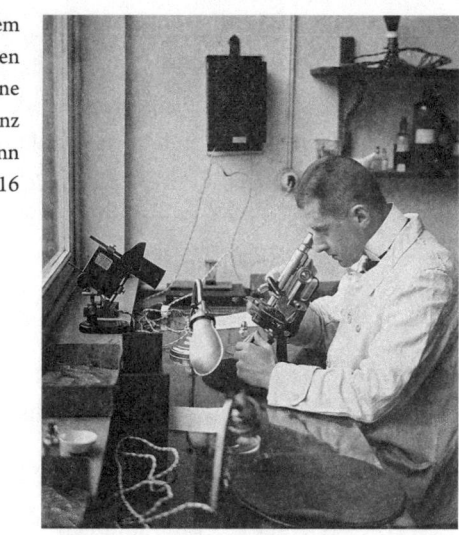

Ich stamme aus dem naturwissenschaftlichen Jahrhundert, ich kenne meinen »Zustand ganz genau«. Gottfried Benn im Labor 1916

dem 1913 erschienenen szenischen Dialog »Ithaka«. Hier heißt es über Rönne: »Er ist durch Denken ohne ernste, zielgerichtete Arbeit etwas zermürbt.«[30] Alles zerrinnt ihm, alles zerfällt ihm, alle kontinuierliche Psychologie ist dahin. Das Ich hat keine Verbindung mehr zum Gehirn, es steht einer Welt gegenüber, die ungreifbar geworden ist: »Der Kosmos rauscht vorüber.«[31]

Schon vor dem Krieg war Benn zu der Auffassung gekommen, dass die Subjekte nicht mehr an die Phänomene der Welt herankommen, und mit Rönne hatte er eine Figur entworfen, die sich diesem Problem stellte. Benn lag aber offenbar viel daran, Brüssel zum Geburtsort seiner neuen Prosa zu machen. Hier, so hat er später immer wieder gesagt, hat er zu einer neuen Sprache, einer neuen Form gefunden, hier erlebte er den Durchbruch, fand er für das Chaos der Zeit neue Worte.[32] In der Tat erlebte er in Brüssel, so viel lässt sich sagen, einen kreativen Schub, der aus Rönne eine andere Figur machte, eine Figur, in der die biographische Welt des Autors verschränkt ist mit dem Wissen der Psychiatrie.

Rönne ist ein Suchender, frustriert von der etablierten Medizin, die den Menschen in abstrakte Begriffe auflöst und nicht mehr den Einzelfall sieht, er sucht nach allem, was es in der Moderne nicht mehr gibt oder sich aufzulösen beginnt: die Einheit der Person, das autonome Ich, eine »kontinuierliche Psychologie«[33], kurzum, er sucht ein Leben, in dem »die Dinge fest auf ihrem Platze«[34] stehen. Benns Held taumelt durch eine ihm fremde Welt, die rätselhaft und ohne erkennbaren Sinn ist. Was ihm geblieben ist, ist »eine einzige Wunde von Verlangen«[35], Verlangen nach ›fleischlichem Leben‹, nach einer Frau, einer »neuen sich vorbereitenden Frau, der kommenden, der ersehnten«, die der Mann, wie es in der Novelle »Der Geburtstag« heißt, »zu schaffen«[36] hat. Rönne, der passiv Leidende, der Getriebene, erkennt in der Phantasie die Möglichkeit, als ein selbstmächtiges Ich zu agieren, er entwirft sich eine Traumfrau: Edmée Denso soll sie heißen, ein hinreißender, ein überirdischer Name, wie er meint. Und er stellt sich eine blonde Frau vor, sinnlich und voller Hingabe, doch zugleich kühl und zurückhaltend. Er will lieben, »starke Empfindungen«[37] haben und versetzt seine Edmée nach Luxor und Kairo. Im orientalisierten Ambiente wird sie ihm zur Liebesdienerin. »Wie eine Schale trug sie ihre Scham kühl durch die Beugung des erwärmten Schritts […]. Im Garten wurde Vermischung. […] Edmée breitete sich hin. […] Nun war ein Strömen in ihm, nun ein laues Entweichen. Und nun verwirrte sich das Gefüge, es entsank fleischlich sein Ich.«[38] Im Liebesakt kommt Rönne augenblickshaft zu sich selbst, erlebt er sein Körper-Ich, von dem er ansonsten entfremdet ist. Doch das Ganze ist eine Wunschprojektion. Rönne will lieben, in Gefühlen aufgehen, und er erschafft sich eine Frau, ein Konstrukt, das ihm Halt »gegen das Nichts«[39] geben soll.

Rönne steckt voller Sehnsucht, Sehnsucht nach einer Insel und südlichem Meer[40], nach einem Ende der »unaufhörlichen Vertriebenheiten«.[41] In der Novelle »Die Eroberung« hat Rönne Brüssel zum Wunschobjekt erkoren: »Wenn irgendwo, muß es mir hier gelingen.« Und wenige Zeilen später folgt der eindringliche Appell: »Liebe Stadt, laß Dich doch besetzen! Beheimate mich! Nimm mich auf in die Gemeinschaft!«[42] Der Wunsch nach Gemeinschaft ist eine Triebfeder im Denken Benns. In seinem Held Rönne kehrt dieser Wunsch wieder. Er will Teil einer Gemeinschaft werden, ob Café, Kasino oder Herrenclub, er ist fasziniert vom Leben in der

Gemeinschaft und glaubt, dass er darüber Halt in der Gesellschaft findet und ihm Kraft zuwächst. Wer Teil einer Gemeinschaft ist, der ist ein »geachtete[r] Mann«, »eine starke geschlossene Gestalt«[43]. Um in die Gemeinschaft aufgenommen zu werden, will Rönne sich anpassen, er kopiert die Haltungen und Bewegungen der anderen – er spielt eine Rolle: »Hart heran an Gangart und Gesichtsausdruck von anderen Männern, trat er, schloß sich dem an, glättete seine Züge [...].«[44]

Benn sieht in Rönne nicht nur eine erfundene und entworfene Figur. Rönne – das hat der Dichter in vielen Texten zu belegen versucht: »das bin ich! – es ist meine Lebenskrise, meine Krankengeschichte, die für die Geburt des Helden ausschlaggebend war.« Solche Versuche, die eigene Biographie mit den Figuren in Deckung zu bringen, ist eine immer wieder angewandte Schreibstrategie Benns, die vor allem der Beglaubigung der literarischen Fiktion dienen soll. Der Autor tritt als jemand in Erscheinung, der nicht nur fingiert, sondern auch »sich selbst fingiert.«[45] Seine autobiographischen Mitteilungen sind deshalb kritisch zu lesen.

Die Arbeit in der Psychiatrie, so berichtet Benn, habe »Qualen« in ihm ausgelöst, »die nicht beschreiblich sind. Mein Mund trocknete aus, meine Lider entzündeten sich, ich wäre zu Gewaltakten geschritten, wenn mich nicht vorher schon mein Chef zu sich gerufen, über vollkommen unzureichende Führung der Krankengeschichten zur Rede gestellt und entlassen hätte.«[46] Das war 1911.

Benn, so würde man heute sagen, litt an den klassischen Symptomen eines Burnouts, wie er sie auch an Rönne schildert, der als Anatom zwei Jahre lang »ungefähr zweitausend Leichen« seziert hatte – »ohne Besinnen«[47] gingen sie durch seine Hände, er arbeitete bis zur Erschöpfung. Weder psychisch noch physisch kann er sich von der Anstrengung lösen, die Arbeitsabläufe sind ihm eingeschrieben, mechanisch wiederholt er die Handbewegungen, die er als Anatom machte, er kommt von seiner Vergangenheit nicht los, findet keine Ruhe, kann sich nicht konzentrieren und gerät von einem Delirium in das nächste. In der Wilhelminischen Gesell-

schaft sprach man von Neurasthenie und chronischer Ermüd-
barkeit. Doch von alledem wollte Benn in seinem persönlichen Fall
nichts wissen, solche Zivilisationskrankheiten waren dem Mann,
der soldatische Tugenden hochhielt, verdächtig. Benn kam, wie er
sagt, mit Hilfe von »modernen psychologischen Arbeiten […],
namentlich der französischen Schule«, zu anderen Ergebnissen
und bezeichnete seinen Zustand »als Depersonalisation oder als
Entfremdung der Wahrnehmungswelt«[48].

Es ging ihm vor allem darum, die Gefühle der Fremdheit und Un-
wirklichkeit zu betonen. Die nämlich machte er für seine Isolation
verantwortlich, für die Unmöglichkeit, »noch in Gemeinschaft zu
existieren«[49]. Diese Unmöglichkeit blieb lange Zeit ein Diktum seiner Existenz, ein selbstauferlegtes Diktum, das er als Schicksal verstand.

Zwei Seiten kommen in der Selbstauffassung Benns zusammen,
das Gefühl, ausgeschlossen von der Gesellschaft zu sein und die
tiefsitzende Überzeugung einer geistigen Überlegenheit. Das freilich war zu dieser Zeit nicht nur das singuläre Lebensgefühl Gottfried Benns, sondern der ganzen »neuen Generation«, des expressionistischen Aufbruchs. Ob Georg Heym, Franz Pfemfert, Ludwig
Rubiner, Kurt Hiller, Robert Müller oder Carl Einstein. Sie fühlten
sich als Paria[50], als Ausgestoßene, die nicht zur offiziellen Gesellschaft gehörten, in ihr keinen oder vielmehr nicht den ihnen eigentlich gebührenden Platz fanden, sich aber gleichwohl zur kulturellen Elite, zur Avantgarde zählten.

Auch Thea Sternheim teilte dieses Grundgefühl. Allerdings mit
einer wichtigen Einschränkung, sie hatte zur Gemeinschaft ein kritisches Verhältnis, ja, Gemeinschaften und Kollektive waren ihr
zeitlebens zuwider. In der Avantgarde aber spielte die Vision von einer neuen Gemeinschaft eine große Rolle – und die Gemeinschaft
der Zukunft, sie sollte unter dem Vorzeichen des Männlichen stehen: »Der neue Mensch«, so Richard Huelsenbeck 1917, »der das
Gewicht seiner Persönlichkeit hat, haßt den Klamauk, den unnüt-
zen Lärm, das Plärren um des Plärrens willen, alle Faxen erogen
excitierter Jugendlichkeit; denn er weiß zu gut, was die Zeit von

ihm will – sie will das Männliche und Tüchtige, die Einfachheit, die Solidität.«[51]

Der Aufbruch der Avantgarde hatte sein wesentliches Fundament im Virilen und im Antifeminismus. Im »Futuristischen Manifest« von 1909 steht die Verherrlichung des Krieges, »die schönen Ideen, für die man stirbt«, in direkter Beziehung zur »Verachtung des Weibes«[52]. Marinetti selbst war, wie man weiß, ein erfolgreicher Casanova, der die emanzipierte Frau hasste, seine amourösen Eroberungen hatten einzig das Ziel der sexuellen Befriedigung. Wie man die Frau am besten ›herumkriegt‹ und das »eitle Begehren« der Damenwelt weckt, dazu hat Marinetti sogar einen Ratgeber geschrieben.[53] Der Frauenliebhaber Benn war, wir haben es bereits gesagt, ganz ähnlich ›gestrickt‹ wie Marinetti. Die Vorliebe für das Virile und die Misogynie sind Fixpunkte in seinem Werk und übten gerade auch auf viele Frauen einen großen Reiz aus. Bekanntlich spielten auch Frauen in der Anfangsphase der futuristischen Bewegung eine bedeutende Rolle – die »Verachtung des Weibes« war für sie kein Hindernis. Im Gegenteil, die französische Dichterin Valentine de Saint-Point hat dem selbsternannten Führer der Futuristen mit einem eigenen Manifest zugearbeitet. Den Frauen, so schreibt sie in dem Text, fehle es an allem, insbesondere natürlich an »MANNHEIT«[54]. Dass sich die Moderne auf dem Weg der Verweiblichung befindet, wie es Otto Weininger 1903 in seiner berühmten Studie über »Geschlecht und Charakter« behauptet hat, war für Benn eine zentrale Angstvision. Verweiblichung war für ihn gleichbedeutend mit Zersetzung, Auflösung und Schwächung.

Zweifellos, Thea Sternheim hat die Gemeinschaften, vor allem die männlichen Gemeinschaften gehasst, aber erst 1933 wurde ihr offenbar klar, dass Benn über Gemeinschaft ganz andere Ansichten pflegte. Die »höhere Gemeinsamkeit« [55], die der bewunderte Dichter im »Neuen Staat« pries, sie war bei Licht besehen ein Synonym für Volksgemeinschaft. Nicht von ungefähr konnte man schon 1915 in Benns Drama »Etappe« vom Traum einer »Männer-Menschheit« lesen: »Das wäre der Tanz, das wäre das Glück.«[56]

Kommen wir zurück auf den jungen Arzt Rönne und seinen bemerkenswerten Exkursionen durch die belgische Hauptstadt, in der er nach Gewissheit, nicht zuletzt nach Selbstgewissheit suchte: »War er wirklich? Nein; nur alles möglich, das war er.«[57] Rönne hat das Gefühl, »keinem Ding mehr gegenüber«[58] zu sein und im Zustand einer Entgrenzung zu leben. Von »geheimen Sphären«, von »Bildern reich und panisch«[59], die in ihm rumorten, ist die Rede. Dafür steht auch die von Benn so geliebte Brüsseler Unterstadt, von der sein Held immer wieder angezogen wird und die sein assoziatives Denken in Bewegung bringt: »Was aber ist mit dem Morellenviertel, fragte er sich bald darauf? Hinter dem Palast, um dessen Pfeiler Lorbeer steht, brechen Gassen in die Tiefe, den Hang hinunter steht Haus bei Haus klein herab.

Einäugige lungern um Schneckenwagen. Sie legen Geld hin. Frauen kerben die Schale auf. Ein Schnitt im Kreis und das Fleisch hängt rosa aus der Muschel. [...]

Wahrsager mit Hilfe von Ideenübertragung klingeln unaufhörlich schrill namentlich an Damen gewandt und haben Batterien.

Zigeunerinnen vor Karren, Rochen, flacher, violett und silbern, mit abgehackten Köpfen [...].

Es riecht nach Brand und alten Fetten. Unzählige Kinder verrichten ihre Notdurft, ihre Sprache ist fremd.«[60]

Damals wie heute ist das *Quartier Les Marolles* ein bunter Stadtteil, in den verwinkelten Gassen mit ihren mittelalterlichen Häusern wohnen Kleinbürger, Handwerker, Geschäftsleute, aber von jeher auch viele Immigranten und Illegale. Die Marollen waren traditionell ein Fluchtort, ein unübersichtliches Quartier, nur schwer von der staatlichen Gewalt zu kontrollieren. Auch Benns Rönne fühlte sich hier, von der bürgerlichen Wohlanständigkeit, die in der Brüsseler Oberstadt herrschte, befreit und gleichsam vitalisiert. »Er jagte herunter. Um die hohe Gasse rann es zusammen: kleine Häuser, unterwühlt von langen, schmalen Höhlen, die spien Gebeine aus, Junges strotzend, Altes mürbe, hochgegürtet die Scham.«[61] Die Impressionen aus der Brüsseler Altstadt sind das Sprungbrett zu einer Reihe von Assoziationen, die auf den Leser zunächst schlicht unverständlich und, im wahrsten Sinn des Wortes, ver-rückt wir-ken: »Was wurde verkauft: Holzpantoffeln für die Notdurft, grüne Klöße für das Ich, Ankerschnäpse für die Lust, Nötigstes des Lei-bes und der Seele, Salbenbüchsen und Madonnen.«[62] Benns Held kann Wahrnehmung und Vorstellung nicht mehr aufeinander beziehen, gedankenflüchtig assoziiert er und verliert dabei den Be-zug auf Reales. In dieser Reihung von assoziativ erzeugten Eindrü-cken scheint es keinen Zusammenhang, keinen verbindenden Sinn mehr zu geben – zumindest auf den ersten Blick. Auch die Worte werden zum Teil neu zusammengesetzt und kombiniert: »Anker-schnäpse«. Zwischenvorstellungen werden übersprungen, der Vor-stellungsablauf wird abgekürzt und ist für den Leser nur noch schwer nachvollziehbar. Etwas weiter unten heißt es: »Gegen tro-pische und subtropische Striche, Salzminen und Lotosflüsse, Ber-berkarawanen, ja gegen den Antipoden selbst steht der Schiffsbauch gerichtet; eine Ebene, die die Mimose säumt, entleert rötliches Harz, ein Abhang zwischen Kalkmergel, den fetten Ton. Europa, Asien, Afrika: Bisse, tödliche Wirkungen, gehörnte Vipern; am Kai das Freudenhaus tritt dem Ankömmling entgegen, in der Wüste schweigend steht das Sultanhuhn. – Noch stand es schweigend, schon geschah ihm die Olive.«[63]

Es lag in Benns Absicht, die bestehenden Zusammenhänge, die Ordnungen und logischen Verknüpfungen zu dekonstruieren, um das gebrochene Verhältnis des Subjekts zur Welt aufzuzeigen. Er machte daraus eine Methode und sprach von der »Zusammenhangs-entfernung«[64] oder von der »Zusammenhangsdurchstoßung«[65] oder sogar von der »Wirklichkeitszertrümmerung«[66]. Benn hat diese Methode und die mit ihr verbundene literarische Darstellungs-weise nicht in Brüssel erfunden, er hat sie dort allenfalls angewandt. Eigentlich aber hat er sie überhaupt nicht >erfunden<, sondern – dar-auf ist in der jüngeren Forschung hingewiesen worden[67] – in den ihm bekannten Lehrbüchern der Psychiatrie >gefunden< und dann im literarischen Medium recycelt. Friedrich A. Kittler hat von »Ab-fallverwertung« gesprochen und meint damit, dass Literatur, die zuvor beanspruchte, »unmittelbar aus Natur oder Seele hervorzugehen«[68], nun das Wissen aus Psychiatrie und Psychologie ausbeutet und in einen neuen Kontext überführt.

Die Symptome, die Benn an Rönne sichtbar macht, wurden in der Psychiatrie um 1900 als pathologische Phänomene diskutiert. Benns Lehrer Theodor Ziehen hat in seinen Lehrbüchern das klinische Bild beschrieben, aus dem der Dichter dann literarisches Kapital schlägt. Die Sprache, so schreibt Ziehen in seiner »Psychiatrie für Ärzte«, spiegelt »die verschiedenen Grade der Incohärenz des Vorstellungsablaufs am treuesten wieder. In den leichtesten Graden ist lediglich der Zusammenhang der Sätze untereinander gestört. In den schweren Graden leidet auch der Zusammenhang der Worte innerhalb des Satzes. Die Kranken brechen mitten im Satz ab oder fallen aus der Construction (Agrammatismus, Akataphasie). Schließlich werden die Vorstellungen überhaupt nicht mehr zu Urtheilen verknüpft, und sprachlich äussert sich dies darin, dass die Worte nicht mehr zu Sätzen verbunden werden: Wort wird an Wort ohne erkennbaren Zusammenhang, bald langsam, bald rasch angereiht. […] In den schwersten Fällen endlich leidet auch der Zusammenhang der Silben und Buchstaben innerhalb des Wortes. Die Kranken brechen mitten im Wort ab oder combiniren Theile verschiedener Worte zu einem Wort; häufig kommt es zu völligen Wortneubildungen.«[69] Solche Phänomene betrachtete man nicht einfach als Sprachstörung, man war vielmehr der Meinung, dass die Sprache bzw. die sprachliche Verknüpfung innere Vorgänge spiegelt und auf die Ordnung des Denkens verweist. Davon gingen auch die berühmt gewordenen Assoziationsexperimente von C. G. Jung und Franz Riklin am Züricher Burghölzli aus. Die Forscher lasen den Probanden eine festgelegte Liste von Reizwörtern vor, die assoziativ mit anderen Wörtern verknüpft werden mussten, mit einer Stoppuhr wurden Hemmungen und Verzögerungen bei der Wortassoziation gemessen. Geordnetes Denken wurde als Kohärenz gedeutet, das Verknüpfte musste zusammengehören und nicht abweichen von der kontrafaktisch unterstellten Norm. Benn hatte vermutlich dieses Verfahren im Blick, wenn er seinen Held Rönne sagen lässt: »Man muß nur an alles, was man sieht, etwas anzuknüpfen vermögen, es mit früheren Erfahrungen in Einklang bringen und es unter allgemeine Gesichtspunkte stellen, das ist die Wirkungsweise der Vernunft«.[70]

Für das ungeordnete, sprunghafte Denken und Assoziieren Rönnes hatte man damals den Begriff »Ideenflucht«[71] geprägt. Karl Jaspers schreibt in seiner »Allgemeinen Psychopathologie«: Ideenflüchtige »unterbrechen jeden Augenblick aus jedem beliebigen Anlaß ihren Gedankengang, fangen dies an zu tun und gleich etwas anderes, behalten kein Ziel im Auge, sind aber immer beschäftigt und haben eine Menge von Einfällen. Sie können nicht bei der Sache bleiben, geraten ständig in Nebendinge, verlieren den Faden und können ihn nicht zurückgewinnen. Sie bringen nichts zu Ende, was begonnen wurde, sie springen, sind kurzatmig im Denken, gehen an äußerlichen Assoziationen vorbei.«[72]

In der Tat schildert Benn seinen Helden als jemanden, der keinen Gedanken festhalten, der nicht bei der Sache bleiben kann, als jemanden, der sich Ziele setzt, die er nicht weiterverfolgt, der sich eine Reise vornimmt, die er dann nicht antritt, dessen Wahrnehmungen in einem fort wechseln und der mit immer neuen Einfällen beschäftigt ist und vom Hundertsten ins Tausendste kommt. Um sich Halt zu verschaffen, reiht er Sinneseindrücke aneinander, die aber keinen verbindenden Sinn ergeben, keinen durchgehenden Zusammenhang haben.

Das nicht mehr zentral vom Gehirn gesteuerte Ich ist, so Benn, zu einem »Phantom« geworden. »Kein Wort gibt es, das seine Existenz verbürgte, keine Prüfung und keine Grenze.«[73] Rönnes Medium ist nicht mehr das Gehirn, sondern das Assoziationsprinzip. In der Novelle »Der Geburtstag« ist es »ein Glasschild mit der Aufschrift: Cigarette Maita, beleuchtet von einem Sonnenstrahl. Und nun«, so heißt es weiter, »vollzog sich über Maita – Malta – Strände – leuchtend – Fähre – Hafen – Muschelfressen – Verkommenheiten – der helle klingende Ton einer leisen Zersplitterung«.[74] Die Assoziationskette entfernt sich immer weiter von ihrem Ausgangspunkt, dem Wahrnehmungsgegenstand. Für Benn ist das Assoziieren ein Mittel, um den Zusammenhang immer weiter aufzuheben, bis die Prosa in keiner mimetischen Beziehung mehr zur Wirklichkeit steht und einen eigenen Raum, eine eigene geistige Welt beschreibt, die verrätselt und in gewissem Sinne ver-rückt erscheint.

Beim geordneten Denken des Gesunden wirken Obervorstellungen, die bestimmte Assoziationen, Zwischenvorstellungen, unterdrücken bzw. überspringen. Beim Ideenflüchtigen ist diese Funktion geschwächt oder zum Teil ganz außer Kraft gesetzt, er reproduziert, was ihm einfällt oder was sich durch Klangassoziation verbinden lässt. Rönne spiegelt die Bewusstseinslage des modernen Menschen – und auch seine Leiden muten durchaus modern an. Man kannte sie jedoch schon um 1900. Was wir heute Aufmerksamkeitsdefizit nennen, war bereits damals ein Problem. Eine sich sprunghaft entwickelnde Moderne, brachte eine starke Beschleunigung des Lebens mit sich, in der Aufmerksamkeit zu einem knappen Gut wurde und in der immer mehr Menschen unter Zerstreuung litten. Bei der Ideenflucht, schreibt Liepmann 1904, handele es sich um nichts anderes als um »Aufmerksamkeitsstörungen«[75], die in einer Welt entstehen, in der die Zusammenhänge nicht mehr »an und für sich und ein für allemal« vorgegeben sind, in der die Verknüpfung nicht mehr dem Verknüpften vorausgeht.

Anlässlich des Benn-Besuchs im Februar 1917, stellte sich Thea Sternheim die Frage: »Wie kommt sein Wortschatz so ins Blühen?«[76] Etwas verkürzt könnte man sagen, durch Assoziation werden neue Wörter erzeugt, die keine »Referenz auf Reales«[77] mehr haben, Wörter jenseits der Verstandes- und Hirnkultur, die Benn als »Irrweg«[78] ansah. Die »neuen Wörter«[79], von denen Thea Sternheim schwärmte, gingen aus pathologischen Zuständen, aus Delirien hervor, die der Dichter in allen fünf Prosazyklen darstellt.

Dass nicht nur Benn, sondern der Expressionismus insgesamt eine gewisse Affinität zu pathologischen Phänomenen besaß, ist immer wieder festgestellt worden.[80] Vor allem der Wahnsinn hatte als Negativ zur bürgerlichen Welt eine große Bedeutung. Die Expressionisten sahen im Irren den Außenseiter schlechthin, das Gegenbild zum Bürger. Seine Andersartigkeit verlieh ihm die Aura eines Menschen, der sich außerhalb aller Normen bewegte und mit seiner Seinsweise die bürgerlichen Tugenden und Moralvorstellungen radikal in Frage stellte, ein Mensch, so glaubte man, der sich Ursprünglichkeit und Originalität bewahrt hätte. Wieland Herzfelde schreibt 1914 in seiner »Ethik des Geisteskranken«: »Geisteskrank nennen wir Menschen, die uns nicht verstehen oder die wir nicht verstehen. [...] Der Geisteskranke ist sicher fähig, glücklicher zu sein, als wir es vermögen: denn er ist natürlicher und menschlicher als wir. Ihn treibt Gefühl zum Handeln, nicht Logik. Sein Tun ist machtvoll, unmittelbar. [...] Der Geisteskranke ist künstlerisch begabt. Seine Arbeiten weisen einen mehr oder minder ungeklärten, doch ehrlichen Sinn für das Schöne und Bezeichnende auf. Da aber sein Empfinden vom unsrigen abweicht, muten uns die Formen, Farben und Verhältnisse seiner Arbeiten meist fremdartig, bizarr und grotesk an: wahnsinnig. Davon bleibt die Tatsache unberührt, daß der Besessene arbeiten kann, schöpferisch und mit Hingabe wirken.«[81] Die Literatur machte nicht nur den Wahnsinnigen zum Thema, sie machte den Versuch, sich den Geisteskrankheiten anzunähern, sie nachzustellen. Wie nah sich Literatur und Pathologie dabei kamen, zeigt sich an den »Sieben schizophrenen Sonetten«, die Hugo Ball im Winter 1923/24 verfasste:

1. Der grüne König

Wir, Johann, Amadeus Adelgreif,
Fürst von Saprunt und beiderlei Smeraldis,
Erzkaiser über allen Unterschleif
Und Obersäckelmeister vom Schmalkaldis

Erheben unsern grimmigen Löwenschweif
Und dekretieren vor den leeren Saldis:
»Ihr Räuberhorden, eure Zeit ist reif.
Die Hahnenfeder ab, ihr Garibaldis.

Man sammle alle Blätter unserer Wälder
Und stanze Gold daraus, soviel man mag,
Das ausgedehnte Land braucht neue Gelder.

Und eine Hungersnot liegt klar am Tag.
Sofort versehe man die Schatzbehälter
Mit Blattgold aus dem nächsten Buchenschlag.«[82]

In einem Brief an Emmy Ball-Hennings schrieb er, er müsse die
Verse unter dem Titel »Schizophrene Sonette« veröffentlichen,
»sonst glaubt man ich bin übergeschnappt.«[83] Ball hatte sich mit
Bleulers Schizophrenie-Begriff beschäftigt – er kannte sich aus. In
»Der grüne König« stellte er das klinische Bild eines auf sich selbst
bezogenen Herrschers dar, der über ein phantastisches Reich gebietet, seine Untertanen fordert er auf, aus Buchenblättern Gold
bzw. Geld zu machen, um die Hungersnot zu besiegen. Der König
lebt in Märchenphantasien, seine Untertanen und Bäume sind Ein-
bildungen, sprachlich erzeugte Phantasmen.

Schon einige Jahre zuvor wurde in der bildenden Kunst die innere Verwandtschaft zwischen den Werken von Schizophrenen und
Expressionisten diskutiert. Als Alfred Kubin im September 1920
die Werke der Schizophrenen in der Psychiatrischen Klinik Heidel-
berg besichtigte, war er von dem »übergewaltigen Eindruck«, den
die Kunst der Kranken auf ihn machte, überrascht. An seine Frau
schreibt er: »Die meisten Sachen lassen sich neben den besten Expressionisten sehen u. übertreffen diese durch Originalität.«[84] Und
in einem Brief an den Münchner Zeichner Rudolf von Hoerschelmann heißt es: »es wird einem ganz kurios zu Mut wenn man diese
Produktion mit den ›vernünftigen‹ Leistungen vergleicht [...].«[85]
Bei einigen Bildern erkennt Kubin eine »Formenverwandtschaft«
zwischen der Kunst Schizophrener und dem von ihm verehrten
Paul Klee.

Der Psychiater Hans Prinzhorn hatte die Heidelberger Sammlung in seinem Buch »Bildnerei der Geisteskranken« (1922) vorgestellt, er spekulierte dort über ein »schizophrenes Weltgefühl«[86],

das die Moderne erfasst hätte und gleichermaßen die Kunst der Kranken und der Expressionisten beeinflussen würde.

Schon früh war die ästhetische Moderne pathologisiert worden. Um 1890 sprach der Arzt und Kulturkritiker Max Nordau, angesichts der modernen Kunst und Literatur, von Entartung. Die moderne Ästhetik, so Nordau, sei aus der Art geschlagen und müsse ausgemerzt und aus der Gesellschaft ausgeschlossen werden.[87]

Die Nähe des Expressionismus zum Pathologischen hatte Folgen. Bereits in der zweiten Hälfte der zwanziger Jahre wurde der Vorwurf laut, er würde das Pathologische und Abweichende in den Mittelpunkt stellen und mit Vorliebe all das thematisieren, was dem Gesunden und Normalen widerspräche. Ein Vorwurf, wir werden noch darauf zurückkommen, der von links und rechts erhoben wurde. Der Architekt und Kulturkritiker Paul Schultze-Naumburg hat 1928 in dem Buch »Kunst und Rasse« den Versuch unternommen, die Expressionisten als Geisteskranke zu diffamieren.[88] Dazu hat er Abbildungen von Geisteskranken den expressionistischen Darstellungen gegenübergestellt. Die Künstler, so Schultze-Naumburg, hätten sich nicht vorgenommen, Bilder von Irren zu malen, sie *könnten* nicht anders malen, sie seien selbst deformiert, entartet.

Sechs Jahre später, 1934, erhob der Balladendichter Börries von Münchhausen solche Vorwürfe auch gegen Benn. Er sprach vom entarteten Expressionismus, den Benn, den er als Juden titulierte, federführend mit hervorgebracht hätte. »Das Milieu dieser expressionistischen Generation bilden Deserteure, Zuchthäusler und Verbrecher, die mit enormem Spektakel ihre Ware heraufgetrieben haben, wie betrügerische Börsianer eine faule Aktie, von zuchtloser Unanständigkeit.«[89] Benn hat sich sofort dagegen gewehrt, sein Stammbaum sei arisch und über alle Zweifel erhaben. Ausdrücklich bekennt er sich dennoch zum Expressionismus, aber von gewissen Elementen nimmt er dann doch Abstand. Es habe »biologische Minusvarianten« gegeben, »moralisch Defekte, ja, kriminelle Vorfälle«[90], bei einer Kunst, die als »Gegenkunst« entstanden ist, sei das jedoch unvermeidlich. Deshalb dürfe man nicht die geistige Potenz dieser Bewegung insgesamt in Frage stellen:

»einige Werke und einige Männer«[91] seien über jeden Zweifel erhaben. Benn plädiert hier auch in eigener Sache und fordert nicht nur Freispruch, sondern Anerkennung, Nobilitierung.

1933 versucht Benn den Expressionismus als geistige Aufbruchsbewegung zu beschreiben, die zur »weißen Rasse«[92] gehört, eine Bewegung, die in ihrer radikalen Kritik gegen den liberalen bürgerlichen Zeitgeist aufs Ganze ging, und eine neue Wirklichkeit schaffen wollte. In ihrer Sehnsucht nach einer Änderung der Gesellschaft von Grund auf und in ihrem Hass auf die bürgerliche Welt, hätte sie eben das formuliert, was jetzt im »neuen Staat« wieder aufgegriffen würde. Benn betont die Verwandtschaft zwischen den Zielen der nationalsozialistischen und der expressionistischen Bewegung, sie propagieren beide den Glauben an den heroischen Menschen und an ein »*neues Geschlecht*«[93].

Die Kritik am Expressionismus beunruhigte Benn auch noch nach dem Zweiten Weltkrieg. Nun aber ist nicht mehr vom heroischen Menschen, vom »neuen Geschlecht« oder dem Hass auf die bürgerliche Welt die Rede, der Expressionismus ist jetzt wieder eine ästhetische Bewegung, die es reinzuwaschen galt von allem, was in den Wiederaufbaujahren Anstoß erregen könnte: Weltanschauungen und Politik, die Vorliebe des Expressionismus für das Anormale und die Unvernunft. Das waren Dinge, die nicht in die Zeit passten, die abgeschwächt oder ganz eskamotiert werden mussten. In den Jahren der ›Entnazifizierung‹ stand Reinwaschung auf der Tagesordnung, und Benn bezeichnete jetzt den Expressionismus als »etwas absolut Natürliches«[94]. Er sei ›normal‹ und trage keineswegs »die Zeichen eines besonders ernsten charakterlichen Verfalls«[95] in sich.

Es galt einen Lebenstraum zu retten, den Traum einer Generation: »wir waren eine grosse Generation«[96], so die Widmung in »Drei alte Männer«, die er am 2. August 1949 an Thea Sternheim schickt.

DAS LEBEN »GESCHAH« IHM

Die ganze Geschichte erinnert ein wenig an die berühmte Musterungsszene, in der sich Felix Krull durch sorgsam einstudierte Ticks und einen vorgetäuschten psychogenen Anfall dem Wehrdienst entzieht. Nur heißt in diesem Fall der Held nicht Krull, sondern Diesterweg, und es geht nicht darum, sich vor dem Wehrdienst zu drücken, sondern vor dem Krieg bzw. vor dem weiteren Einsatz im Krieg. Benn stellt uns in der gleichnamigen Novelle einen Arzt vor, der sich, wie sein Autor, seit drei Jahren im Krieg befindet und sich ausgebrannt fühlt. Die Realität nimmt er nur noch schemenhaft wahr und sein Ich entgleitet ihm. Er ist so entleert, so weit von der Wirklichkeit entfernt und von seinem eigenen Leben entfremdet, dass er selbst seinen Namen vergessen hat.

Der Arzt beginnt zu grübeln, seine Situation zu reflektieren, wenn er sich nicht ganz aufgeben will, muss er weg, weg vom Militär und vom Krieg. Er möchte wieder eine zivile Person sein, einen Namen tragen, und er nennt sich nun Diesterweg. Nur wie kommt er lebend aus dem Krieg heraus? »Diesterweg sah an sich herunter. Längst wollte er etwas an sich haben. Er überlegte. Vielleicht ginge es mit einem Tik, etwa einer bestimmten Bewegung mit der Hand, etwa ein kurzes rasches Wischen mit dem Zeigefinger an der Backe, ein nervöses Wischen – jawohl das war es: ein nervöses Wischen, unterbewußt, in Gedanken versunken, eine Art Naturzwang, höchst persönlich; niemand könnte ihm das Eigentümliche bestreiten, man könnte es vielmehr geradezu etwas bloßstellend finden, bereits schon etwas wenig beherrscht, jedenfalls stark würde es an ihm hervortreten, es würde Diesterwegisch sein, ein nervöses Wischen mit dem Zeigefinger an der Backe.«[1]

Hatte Benn Kenntnis von der Musterungsszene im »Felix Krull«? Das scheint auf den ersten Blick ausgeschlossen, denn der Text wurde erstmals 1937 als Teilabdruck publiziert. Zuvor erschien nur das »Buch der Kindheit« in mehreren Sonderdrucken. Thomas Mann hat jedoch die schon früh geschriebene Musterungsepisode immer wieder gern, unter großer Begeisterung des Publikums, vorgelesen. Die erste Lesung fand am 22. Februar 1913 statt, weitere Lesungen 1914 und 1916 – die »Münchner-Augsburger Abend-Zeitung« und die »Münchner Neuesten Nachrichten« berichteten ausführlich darüber.[2] Benn kann davon gelesen haben, die »erheiternde Abschilderung der Drückebergereien des Gestellungspflichtigen bei der militärischen Musterung« wurden in den Artikeln ausführlich dargestellt. Nicht ganz unwahrscheinlich ist aber, dass Benn, der sich 1914 in München aufhielt, die Lesung besucht hat. Weitere Lesungen der Musterungsszene fanden in Berlin, wo Benn wohnte, statt. Benns Novelle entstand 1917 und erschien im Februar 1918 in der »Aktion«. Es wäre also denkbar, dass sich Benn von Thomas Mann inspirieren ließ.

Auf einem anderen Blatt steht die Beziehung zwischen der Figur Diesterweg und dem Autor. Hat Benn selbst diesen Weg der »Drückebergerei« gewählt? Über die genauen Umstände weiß man wenig. In der Novelle heißt es am Schluss: »Diesterweg galt als erkrankt und wurde nach Berlin zurückgeschickt.«[3] Auch Gottfried Benn wurde im Spätsommer 1917 aus Brüssel nach Berlin »zurückgeschickt«, demobilisiert und aus der Armee entlassen. Und das in einer Situation, in der sich die kriegerischen Auseinandersetzungen auf dem Höhepunkt befanden. Im April waren die Amerikaner in den Krieg eingetreten; im westlichen Belgien wurde im Sommer und Herbst in der Flandernschlacht erbittert gekämpft; die Offensive der Mittelmächte führte zum Zusammenbruch der italienischen Front. In Deutschland wurden die letzten Kräfte mobilisiert, viele, die man zuvor für untauglich erklärt hatte, mussten nun zur Nachmusterung und wurden einberufen. Es müssen schon gewichtige Gründe vorgelegen haben, den Militärarzt Benn nach Hause zu schicken.

Ob er, wie er es für seinen Protagonisten Diesterweg beschreibt, psychische Probleme simuliert hat? Man kann darüber nur spekulieren. Unwahrscheinlich ist es nicht. Mit seinem medizinischen Wissen verfügte Benn über die Fähigkeit, die entsprechenden Symptome täuschend echt zu imitieren. Zudem waren Phänomene der Derealisierung, wie er sie in der Novelle »Diesterweg« beschreibt, Benn selbst ja nicht fremd: »im Triumph und im Verfall verließ mich die Trance nie, daß es diese Wirklichkeit nicht gäbe. Eine Art innerer Konzentration setzte ich in Gang, ein Anregen geheimer Sphären, und das Individuelle versank«, schreibt er im »Lebensweg eines Intellektualisten«[4]. Zum Hintergrund gehört, dass Benn, wie er später an Ernst Jünger schreibt, in dieser Zeit mit Kokain experimentiert, auch darauf dürfte das »Anregen geheimer Sphären« und das Versinken des Individuellen hinweisen. Wenn Benn in »Diesterweg« das Abtauchen und die Derealisierung als individuelle Überlebensstrategie schildert, dann reflektiert das vielleicht auch seine Situation in Brüssel, wo er sich zunächst wohlfühlte, aber schon bald mit seinen Vorgesetzten in Konflikt kam und schließlich um eine Versetzung nachsuchte, die ihm auch bewilligt wurde. Offenbar kam er aber mit der neuen Stelle auch nicht zurecht. Wo er zuletzt gearbeitet und welche Position er ausgeübt hat, bevor er Brüssel verließ, liegt im Dunkeln.

Zurück in Berlin war Benn zunächst einige Wochen an der Charité als Assistenzarzt für Dermatologie beschäftigt. Am 10. November 1917 eröffnete er dann eine Praxis für Haut- und Geschlechtskrankheiten in der Belle-Alliance-Straße (heute Mehringdamm). Benns Frau und Tochter wohnten um einiges davon entfernt in der Passauer Straße. Man lebte weitgehend getrennt. Von Seiten Benns kam es zu gelegentlichen Besuchen. Ein Jahr zuvor, im Sommer 1916, schreibt er in einem Brief von der »Tragödie« mit seiner Frau: »Tränenbäche und Todessehnsucht, was soll ich machen? Sagt man nichts u. lebt mit einer anderen Frau zusammen, ist man nachher ein Schwein. Sagt man was, ist man roh und lieblos.«[5]

Tatsache ist, dass Benn, was die Frauen anging, nichts ›anbrennen‹ ließ. Kaum in Berlin angekommen, freundete er sich mit der zehn Jahre jüngeren Dorothea Hahn an. Sie arbeitete als Malerin und Graphikerin. Vor dem Krieg besuchte sie die Kunstgewerbeschule in Bremen, wo zu dieser Zeit Otto Modersohn lehrte. 1915 zog sie nach Berlin und verkehrte im »Sturm«-Kreis um Herwarth Walden. Sie war eng befreundet mit Salomo Friedlaender und der Dada-Künstlerin Hannah Höch. Etwa drei Jahre war Dorothea Hahn Benns Geliebte, über die Beziehung hat sie in den sechziger Jahren berichtet. »Ich gefiel ihm. Ich fand es interessant, dass ich ihm gefiel – und amüsant. Sein Gefallen ging sehr viel weiter, als ich je gedacht.«[6] Noch im September schickte Benn ihr die werbenden Zeilen: »Sie sollen sein wie/Mnais, den windigen/Morgen auf ihren/spiegelnden Hüften,/hoch und allein.«[7] Dorothea Hahn fühlte sich als Geliebte eines Dichters und Arztes geschmeichelt, wusste natürlich von Ehefrau und Tochter, doch machte er auf sie den Eindruck, als wenn er »mit seinem Leben nicht zufrieden« war. Und in der ersten Zeit ihrer Beziehung wirkte er auf sie »zutraulich wie ein Junge«[8]. Das änderte sich bald.

Benn hatte ziemlich feste Vorstellungen davon, wie die Frauen, die er liebte, auszusehen und sich zu kleiden hatten. Er machte ihnen unverblümt klar, wie er sie sah und sehen wollte. Um 1920 schreibt er an Dorothea Hahn: »Aber Ihr Hut ist entzückend, die Schleife auch, die Strümpfe wären natürlich besser Seide oder Flor, zumal wenn man etwas volle Gelenke u. Wadenansätze hat, aber das ist natürlich jetzt sehr schwierig. Immerhin u. alles zusammen waren Sie recht ansehnlich u. ich schließe mit den Worten: bleibe so u. mein Arm wird Dich halten.«[9]

Dass sich Dorothea Hahn durch Benns zweifelhafte ›Komplimente‹ verletzt fühlte, man kann es nachempfinden. Dieser Rhetorik bediente sich Benn auch in anderen Fällen. Ein Mann, der, sobald er sich einigermaßen sicher fühlte, jedes Taktgefühl vermissen ließ, weil er in der Frau ein untergeordnetes Wesen sah, das er nach Belieben dirigieren und auf das er seine Wünsche projizieren konnte.

Freilich, er hielt sich selbst für charmant, ja sogar für »zärtlich« und »süss«[10] – und vermutlich haben ihn einige Frauen in der ersten Zeit der Verliebtheit so empfunden. Irgendwann aber kamen alle >seine< Frauen zu einer ganz ähnlichen Einschätzung, wie sie am deutlichsten Elinor Büller formuliert hat – in einem Brief, den sie allerdings nie abgeschickt hat. Benn, so schreibt sie im März 1937, wolle nur sein Leben leben und sei »von einer Eigensucht besessen [...], die nicht mehr schön ist! Dein Leben! Dein Ich! Du, Du, Du!!! »[11] Ein Egomane also, der in seiner eigenen Welt lebte. Um zu dieser Erkenntnis zu kommen, musste man Benns Geliebte sein. Thea Sternheim, die sich den Avancen des Dichters verweigerte, erlebte Benn oft ganz anders: »In meinem Leben fand ich keinen zarteren, pagenhafteren Mann als Benn es im Tête à tête dieses Morgens ist«[12], schreibt sie am 25. Mai 1926 in ihr Tagebuch.

Zurück zu Dorothea Hahn, die der Dichter offenbar ganz in seinem Sinn erziehen wollte. Die Geliebte sträubte sich jedoch, pochte auf Eigenständigkeit und lehnte es schließlich ab, den Mann mit seinen Wünschen und Vorlieben länger zu bewundern. Aus dem Frühjahr 1921 ist von Benn eine Art Abschiedsbrief überliefert: »Fahren Sie fort, ein nützliches Mitglied der bürgerlichen Gesellschaft zu werden – jedem das Seine u. Gott mit uns und niemand wird wissen, warum Sie geschaffen wurden u. die unerforschliche Schöpferkraft Ihre Gestalt zusammenfügte u. das ist gut. Hochachtungsvoll.«[13] Dorothea Hahn ihrerseits behauptet, sie hätte 1922 mit ihrer Heirat, die sie einige Zeit vor Benn geheimgehalten habe, den endgültigen Schlusspunkt gesetzt.

Gleich nach Erscheinen, im Februar 1918, schickte Benn seine Novelle »Diesterweg« an Thea Sternheim. Ihr Tagebuch gibt keinen Aufschluss darüber, ob sie etwas von Benns Rückkehr und den Gründen, die zur Entlassung aus dem Militär geführt hatten, wusste. Am 12. Juni 1917 vermerkt sie ein Treffen Benns mit ihrem Mann, der erneut zur Musterung vorgeladen worden war. Benn sollte die Richtigkeit der Abschriften zweier ärztlicher Gutachten bestätigen – und tat das auch. Wahrscheinlich brachte Carl Sternheim an diesem Tag seiner Frau die neue Sammlung von Gedichten Benns mit, die gerade unter dem Titel »Fleisch« in der »Aktion« erschienen waren: »Stark. Bedeutend. Aber schrecklich zugleich«[14], notiert Thea Sternheim. Benn nimmt in dem Zyklus die Themen der »Morgue«-Lyrik wieder auf, verschärft aber noch den Ton und entwirft drastische Bilder von Tod und Verfall – das war vielen Lesern, die vorher noch begeistert gewesen waren, zu plakativ, zu eindeutig. Einige Wochen später reiste Benn dann aus Brüssel ab.

Mitte Dezember 1917 hielt sich Carl Sternheim in Berlin auf und traf bei dieser Gelegenheit wohl auch Benn, mit dem er dann die Pläne zu dem erwähnten enzyklopädischen Werk schmiedete. Ansonsten hat dieser Besuch keine Spuren im Tagebuch hinterlassen. Als nächstes wird im Februar 1918 Benns Novelle erwähnt. Hier konnte Thea Sternheim von der Erkrankung des Arztes Diesterweg lesen und davon, dass man ihn nach Berlin zurückgeschickt hat. Hier konnte sie aber auch von einer Entdeckung lesen, die Benn in der Zwischenzeit gemacht hatte und die für ihn zum Rettungsanker wurde, den er von nun an immer wieder ergriff, wenn die Außenwelt ihn bedrohte und ein Abtauchen notwendig wurde. Am Schluss der Novelle greift Diesterweg nach einem Buch, »das ihm das tiefste schien und alle anderen wert, und das doch niemand kannte außer ihm: *Entwicklung ist immer fertig*, las er, *und doch nie zu Ende*«[15].

Es handelt sich um die Schrift »Probleme der Entwicklung des Geistes« von Semi Meyer, eines weitgehend unbekannten Danziger Mediziners. Meyer vertrat in seinem 1913 veröffentlichten Werk die Meinung, dass der Geist als schaffende und gestaltende Kraft von der biologischen Schöpfung getrennt zu sehen ist, dass er eine »Wirkungsmacht«[16] entfaltet, die eine ganz eigene Realität erzeugt. »Der Geist« schreibt Meyer, »ist mannigfaltiger als die Welt. Die Welt ist grau und öde und eintönig, der Geist aber ist bunt und belebt und voller Gegensätze. Unser Geist also selbst ist es, der uns die Welt farbig macht. Die stumpfeste Einseitigkeit beantwortet er noch mit einem Gefühl, das Leben ins Tote bringt. Aber unser Geist ist unsere Welt«[17]. Die Sinnesempfindungen und die Inhalte unseres Bewusstseins stellen die eigentliche Welt, »unsere Welt« dar, sie verschafft uns eine »Sonderstellung« in der Schöpfung.[18] Aus der Gewissheit von der Freiheit des Geistes gegenüber den Bedingungen des physikalischen Universums entwickelt Diesterweg eine Perspektive, die Benn sich zur Lebensmaxime machte: »Ich will tief in mich hinein, sang eine Stimme, ich mein Herz und meine Krone, ich mein Schatten und mein Glanz –.«[19] »Tief in mich hinein« – denn da, das will uns Benn sagen, ist eine geheime Welt verborgen, eine Schöpfermacht. Dagegen ist die physikalische Welt bedeutungslos – »grau und öde und eintönig«, wie Meyer schreibt.

Damit war Benn 1918, als das Abendland sich anschickte unterzugehen, auf der Höhe der Zeit. In seiner Literatur lag nicht nur der provozierende Impetus, sie war – und das übte keine geringe Faszination auf den Leser aus – auch eine Literatur der Tröstungen, mit der das Ich, das in der Moderne alle Gewissheit verloren hatte und, nach der berühmten Wendung Freuds, nicht mehr Herr im eigenen Haus war, seinen Weltschmerz besänftigen konnte. Nicht von ungefähr hatte Benn immer dann Konjunktur, wenn die Welt in Trümmern lag, das war nach dem Ersten Weltkrieg der Fall, insbesondere aber nach 1945, als man sich nach Tiefe und authentischen Gefühlen sehnte, nach dem heilenden Pathos orakelhaft gesprochener Worte.

Wie Thea Sternheim über Benns Novelle dachte, wissen wir nicht. »Ich lese sie mit Interesse«[20], notiert sie in ihr Tagebuch. Sie hatte andere Sorgen. Seit Herbst 1917 verdichtet sich bei ihr das Gefühl, dass sie in Belgien nicht mehr bleiben kann, dass man ›Clairecolline‹ früher oder später verlassen muss. »Einmal«, schreibt sie am 25. Oktober 1917, »schien mir der Gedanke schrecklich, das anderemal bleib ich gleichgültig.«[21] Im Frühjahr 1918 spitzt sich die Situation zu, das Geschützfeuer ist jeden Tag zu hören: »Ich möchte fort fort fort aus diesem Land. Der Frieden dieser Landschaft ist seit dem grässlichen Wendepunkt zerschlagen. Leere des Herzens.«[22]

Carl Sternheim gerät unterdessen von einer Nervenkrise in die nächste, gleichzeitig diagnostizieren die Ärzte erste Symptome einer Syphiliserkrankung. »Karl in einem hilflosen, bemitleidenswerten Nervenzustand, von Jucken gequält, dass er sich kaum beherrscht, vor Anwesenden seine Kleider abzureissen.«[23] Thea Sternheim erträgt die Situation nicht mehr, sie will weg, etwas Neues aufbauen, ein bescheidenes, einfaches Domizil, in einem friedlichen Land suchen. Wieder fühlt sie sich von einem falschen Leben umfangen, alles bedrückt sie, das »allzugroße Hauswesen, der Aufwand, die falsche Atmosphäre.«[24] Im Sommer 1918 kommt die Idee auf, nach Lausanne, in die neutrale Schweiz zu ziehen: »Ein kleines Häuschen!«[25] Der alte, von Tolstoi inspirierte Traum von einem neuen, von Grund auf anderen Leben wird wieder wach: »Arbeiten und unter bescheidensten Bedingungen leben. Gäbe es Gemeinschaft?«[26]

Dann überschlagen sich die Ereignisse: Anfang November kommt es zum Matrosenaufstand in Kiel, der auch auf andere Städte übergreift. In der Nacht vom 7. zum 8. November rief Kurt Eisner den Freistaat Bayern aus. Einen Tag später dankte Kaiser Wilhelm II. ab und der Sozialdemokrat Philipp Scheidemann rief in Berlin die Republik aus. Die deutschen Literaten in Brüssel feiern enthusiastisch die politischen Ereignisse – alles scheint sich zum Guten zu wenden. Am 10. November 1918 berichtet Thea Sternheim von einem Besuch in Brüssel: »Ich komme auf das Bureau der Gräfin Hagen: Da sitzt Wedderkop, Dr. Jakob, 2 andere Damen. Alle in ausgelassenster Stimmung. Was ist denn los? Die Wittelbacher sind erledigt. Bayern Republik. Kiel, Lübeck, München, Köln, Magdeburg in Revolution. Hinter Herbestal sind die Bahnen in den Händen der Aufständischen. Morgen danken die Hohenzollern ab. Es gibt Friede! Es gibt Friede!«[27] Am 11. November wird der Waffenstillstand unterzeichnet, die Deutschen mussten die besetzten Gebiete räumen und ihr Kriegsmaterial ausliefern. Als Thea Sternheim tags darauf nach Brüssel fährt, erlebt sie auf den Straßen einen Freudentaumel, auch sie selbst ist glücklich, »dass Deutschland geschlagen ist.«[28]

In Brüssel hat sich ein Arbeiter- und Soldatenrat gebildet – Carl Einstein ist mit dabei. Alles ist in Bewegung, alle sind in Feierlaune. Auf dem Gouvernementgebäude weht die rote Fahne. Schon bald

aber schlägt die Stimmung um. Wie werden sich die Sieger verhalten? Beim Einkauf hört Thea Sternheim den Satz, ob man die Deutschen, die sich noch in der Stadt aufhalten, nicht alle umbringen
sollte.[29] Ende November berichten belgische Zeitungen mit Genugtuung, dass man in Lüttich Wohnungen der Deutschen ange-
zündet hat und deutschfreundliche Belgier verfolgt. Thea Sternheim möchte jetzt so schnell wie möglich, das Land verlassen, sie
wartet nur noch auf ihren Pass. »Nur fort fort fort!«[30]

Sie will nach Holland, nach Scheveningen, wo sich seit Oktober
bereits ihr Mann und ihre beiden Kinder befinden. Sie leben in Sicherheit, doch Carl Sternheim, ein Mensch mit vielen negativen
Energien, nie mit einer Situation zufrieden, ist kaum zu beruhigen,
er hält es in dem Land nicht aus und möchte am liebsten wieder
zurück: »Holland ist die Hölle! Hier länger als die unbedingt notwendige Zeit zu bleiben – ist unmöglich«, schreibt er am 16. Dezember an seine Frau.[31] Thea Sternheim schlägt vor, vielleicht doch
nach Deutschland zurückzugehen, aber auch das kommt für ihren
Mann nicht in Frage: »lieber in Grönland begraben als dorthin.
Es ist nunmehr nach Besiegung des Adels vollkommen in Händen
einer stinkenden Bourgeoisie.«[32] Im Grunde könne man nirgendwo hingehen: Ganz Europa sei von einem »zähen Bourgeoisie-
schleim« überzogen, kein Land sei davon verschont, insbesondere
in den Städten könne man nicht mehr leben – die Bourgeoisie hätte alles in Besitz genommen. Um einigermaßen ungestört leben zu
können, benötige man mindestens »drei Hektar« und einen wei-
ten Horizont, der einem »die Freiheit doch wenigstens vor Augen
führt.«[33] In Deutschland sei das alles nur schwer zu realisieren. Und
was »*Klima, Charakter des Volks*, Mentalität, Küche« angehe, so
sei die »germanische Lebensauffassung [...] die unmöglichste von
allen.«[34] Warum soll man es also nicht noch einmal mit Belgien
versuchen? – die Lage werde sich wahrscheinlich schon in sechs
Monaten wieder beruhigt haben. Thea Sternheim ist ganz und gar
dagegen: »Ziehen wir doch in ein kleines beschauliches ländliches
Haus vor allem in ein Land, in dem man uns nicht anspuckt [...].
Wie müde bin ich all dieser Vorschläge! Wie müde dieser Auftrie-

be ins Leben des Scheins. Arbeiten wir doch! Arbeiten wir doch!«[35] Es war nicht nur der Krieg und die Folgen der Niederlage, die das Leben in Belgien für sie unmöglich machten, es war ihr Überdruss an den Lebensumständen, an dem viel zu groß dimensionierten Haus mit den vielen Zimmern, die man gar nicht bewohnen, an dem großen Garten, den man allein nicht bewältigen kann. Das alles hängt ihr wie ein Klotz am Bein. Dazu kam der ewig gereizte und nie zufriedene Mann mit seinen nervösen Anfällen, seinen Depressionen, den sich häufenden Krankheiten und seinen Frauengeschichten – die ihr Abscheu einflößten. Die Situation in Belgien kam ihr gerade recht, nun gab es einen Grund, die Zelte abzubrechen, nun konnte man über etwas Neues nachdenken, nun bot sich die Möglichkeit eines anderen Lebens.

Am 15. Januar 1919 verlässt Thea Sternheim für immer ihr Haus in La Hulpe und fährt nach Scheveningen. Beim Abschied empfindet sie keine Trauer – im Gegenteil: Erleichterung. Endlich ist sie diesen Verhältnissen entkommen: »Seliges Erwachen. Glücksgefühl«[36], schreibt sie am 16. Januar 1919 in ihr Tagebuch, da hat sie die erste Nacht in Scheveningen verbracht. Auch am nächsten Tag hält der Zustand an: »Die ganze Nacht lieg ich schlaflos. Noch fass ich's nicht, dass ich aus dem Fegefeuer der Bourgeoisie entkommen, nicht mehr zwischen Mme Pascal und Berlemont aufzuwachen brauche.«[37] Gemeint ist das mit den Sternheims befreundete Paar, Madame Pascal und der Bankier Auguste Berlemont. Die Sternheims haben das Paar 1917 auf den Bahnfahrten zwischen La Hulpe und Brüssel kennengelernt. Man lud sich gegenseitig ein, verlebte gemeinsame Abende. Nicht immer in harmonischer Atmosphäre, denn in politischen Fragen lag man weit auseinander. Madame Pascal und Auguste Berlemont galten in den Augen der Sternheims als Prototyp des Bourgeois. Vor allem über Madame Pascal sprach man mit einiger Verachtung. Diese Verachtung stieg noch, als die Sternheims im März 1920 über den Verkauf ihres Herrenhauses ›Clairecolline‹ und eines großen Teils des Mobiliars mit dem Paar verhandelten. Madame Pascal und Auguste Berlemont machten ein Gebot, das weit hinter den Erwartungen der Sternheims zurückblieb. Nach einigem hin und her einigte man sich auf 400 000 belgische Francs – Thea Sternheim war am Ende froh, die »Last« endlich los zu sein.[38]

Zurück zum 17. Januar 1919: Noch ganz im befreienden Gefühl dem »Fegefeuer der Bourgeosie« entkommen zu sein, läuft Thea Sternheim mit ihrem Mann durch Scheveningen und liest einen öffentlichen Aushang: Karl Liebknecht und Rosa Luxemburg sind in Berlin erschossen worden. »Erschlagen, vielmehr hingemordet von der Bourgeoisie. Uns verschlägt's die Rede. Meine klare Freude ist schmerzlich getrübt. Diese beiden Menschen werden [als] ein Begriff der Brüderlichkeit und Freiheit in grauenvoller Verwirrung stehen. Wie tief denn will Deutschland noch sinken?«[39] Bereits am 16. Dezember 1918 fragte Thea Sternheim in ihrem Tagebuch: »Was geht in Deutschland vor?«[40] Sie hatte von der sich zuspitzenden Situation in Berlin gehört, von Karl Liebknecht, den sie als aufrechten Pazifisten und Friedensaktivisten bewunderte. Bei der Bewilligung der ersten Kriegskredite im August 1914 hatte sich Liebknecht noch der Fraktionsdisziplin gebeugt, er stimmte zähneknirschend zu, machte aber keinen Hehl daraus, dass er gegen den Krieg war. Anders seine Partei, die SPD, sie ließ sich in die Burgfriedenspolitik einbinden und benutzte die Gelegenheit, ihren Patriotismus unter Beweis zu stellen. Als im Dezember 1914 die zweiten Kriegskredite zur Abstimmung standen, war Liebknecht der einzige Abgeordnete, der mit Nein stimmte. Wenig später schickte ihm Thea Sternheim anonym Tolstois »Christentum und Vaterlandsliebe« zu. Als sie am 1. Juli 1916 hörte, dass Liebknecht wegen Landesverrats zu zweieinhalb Jahren Zuchthaus verurteilt wurde, ist sie entsetzt: »Der Mann, der in Deutschland am lautesten zum Frieden mahnte, wird wie ein Verbrecher behandelt. [...] Und das Volk? Lässt das Volk alles das ruhig geschehen? Werden keine Stimmen laut?«[41]

Am 15. Januar 1919, an jenem Tag, als Thea Sternheim sich auf den Weg nach Holland machte, wurden Karl Liebknecht und Rosa Luxemburg von Freikorpssoldaten der Garde-Kavallerie-Schützen-Division erschossen. Die Leiche von Rosa Luxemburg warfen die

Soldaten in den Landwehrkanal. Erst Ende Mai 1919 wurde sie gefunden, die Beerdigung erfolgte am 13. Juni unter großer Anteilnahme der Bevölkerung.

Am 25. Januar, als man Liebknecht und die Spartakisten zu Grabe trug, fand am Abend im Kleinen Theater in Berlin die Uraufführung von Sternheims Komödie »Tabula rasa« statt. In dem 1915 geschriebenen Stück nimmt Carl Sternheim die Sozialdemokratie in den Blick und fragt, sehr modern, was denn von dem linken Profil der Partei geblieben sei? Die Begriffe waren, wie Sternheim deutlich macht, dehnbar geworden. Sternheims Held der Sozialdemokrat Wilhelm Ständer, Arbeiter, Glasbläser, führt ein bourgeoises Leben mit Aktienpaketen, Rentenabsicherung und Sonderzulagen, das er aber vor seinen Kollegen und der Geschäftsführung verbergen muss, um seine Identität als Sozialdemokrat nicht zu gefährden. Die revolutionäre Gesinnung, das Klassenbewusstsein – es ist nur noch ein Aushängeschild. In Wirklichkeit ist alles möglich. Wilhelm Ständer stellt befriedigt fest: »Wie es sich nun mit der Sozialdemokratie im Kern auch verhalten mag, man kann jedenfalls in seinen Neigungen weit schweifen, um immer noch ein erstklassiger Genosse zu sein.«[42]

Eine Partei, korrumpiert von der Macht, die sich, um nicht als vaterlandslose Gesellen dazustehen, vor den Kriegskarren hat spannen lassen, eine Partei, im Niedergang. Harry Graf Kessler war von dem Stück begeistert, mit scharfen Verstand würde Sternheim die Sozialdemokratie kritisieren. Vielleicht, so wendet Kessler ein, ist das Stück zu intellektuell geraten, »um einem durchschnittlichen Theaterpublikum Spass zu machen; es ist wie ein sehr amüsant gewebter intellektueller Teppich mit lauter politisch suggestiven Mustern. Das ätzendste an politischer Satire, was bisher bei uns gewesen ist: weit *politischer* als Wedekind, aber unmenschlicher, und weniger aufreizend als Tolstoi.«[43]

Über den Mord an Liebknecht und Luxemburg kommen in den nächsten Wochen immer mehr Einzelheiten ans Licht. Thea Sternheim zählt in ihrem Tagebuch alle Tatbeteiligten namentlich auf, prangert sie an.[44] Die Täter waren bekannt, sie wurden nie belangt oder nur zu geringen Gefängnisstrafen verurteilt. »Mir stehen Tränen im Herzen, Scham über Deutschlands neue Freiheit.«[45]

Wer auf eine Veränderung der gesellschaftlichen Verhältnisse von Grund auf gehofft hatte und von einer neuen Zeit träumte, sah sich schnell enttäuscht. Die sich zornig und verbal-radikal gebenden Intellektuellen mit ihren hochfliegenden Phantasien über eine neue Gesellschaft und ein anderes Leben konnten mit der gerade entstehenden Republik wenig anfangen. Sie misstrauten dem neuen Staat, der Demokratie und dem Parlamentarismus, insbesondere aber misstrauten sie der SPD, die nun das Sagen hatte und mit Friedrich Ebert den Reichspräsidenten stellte. Viele Literaten und Künstler, die zuvor gegen die verkrustete wilhelminische Gesellschaft zu Felde gezogen waren, wetterten nun ebenso gegen die Republik. Spätestens jetzt zeigte sich, dass die antibourgeoise Kritik und die tiefsitzende Abneigung gegen das *juste milieu* eine Haltung war, die sich mit politisch linken ebenso wie mit rechten Positionen vertrug. Bis zum Ende des Ersten Weltkriegs verorteten sich zahlreiche Intellektuelle, die sich der Avantgarde zurechneten, irgendwie in einem ›linken‹ Milieu, man publizierte in Pfemferts »Aktion«, in Schickeles »Weissen Blättern« oder im »Sturm« von Herwarth Walden, das gehörte zum guten Ton, man liebte die Abweichung, den provokativen Gestus und gebärdete sich gern als Ketzer, aber nach dem Krieg fand man sich, genau mit der gleichen Haltung, auf der politisch rechten Seite wieder.

Einige Intellektuelle nahmen jetzt eine Kurskorrektur vor und distanzierten sich von jenen, die man später zur »Konservativen Revolution« rechnete, die in den zwanziger Jahren den politischen Diskurs wesentlich prägte. Zu den Intellektuellen, die Distanz suchten und sich neu positionierten, gehörte Thomas Mann. Am 13. Oktober 1922 hielt er aus Anlass des 60. Geburtstags von Gerhart Hauptmann seine berühmt gewordene Rede »Von deutscher Republik«. Er bekannte sich zum Reichspräsidenten Ebert, »ein grundangenehmer Mann, bescheiden würdig«[46], und forderte die Jugend auf, sich zur Demokratie zu bekehren, die »etwas Deutsches sein kann«[47] und die mehr mit der deutschen Kultur zu tun hat als der Wilhelminismus. Was er in der Zeit des Krieges in den »Betrachtungen eines Unpolitischen« geschrieben hatte, wollte er nicht widerrufen, aber er nahm vieles zurück oder schwächte es ab, was er kritisch zum westlichen Demokratiemodell gesagt hatte. Vor allem aber erteilte er jenen eine Absage, die sich in aggressiv kämpferischer Weise gegen das Establishment und die politischen Eliten wandten. Es gelte diesem Staat, der Weimarer Republik, eine Chance zu geben. Die »Mächte«, die man bekämpft hätte, sind nicht mehr: »der Staat ist unser aller Angelegenheit geworden, wir sind der Staat«[48].

Zwei Jahre zuvor hatte Gottfried Benn eine Rede mit einem ähnlichen Charakter konzipiert, nur ging sie in eine völlig andere Richtung. Die Rede – es war bezeichnender Weise eine fiktive Rede, die der Dichter nie gehalten hat – richtete sich an ein universitäres Publikum, an Medizinstudenten, sie trug den Titel »Das moderne Ich«. Die Überschrift hätte von einem Soziologen stammen können, in der entsprechenden Diktion sind auch die beiden Teile, aus denen die Rede besteht, überschrieben: »I. Ekthese«, »II. Narziß«.

Benn wollte eine Botschaft verkünden, seine Botschaft zur ›Lage der Nation‹, die aber längst nicht so wohl überlegt daherkam, wie die Rede Thomas Manns. Passagenweise macht sie eher den Eindruck, als wolle sich hier jemand abreagieren und in polemisch zugespitzter Form ein paar Wahrheiten aussprechen, die keiner mehr zu sagen und zu denken wagt. Natürlich begibt sich der Dichter nicht in die Tagespolitik, sein Thema ist, wie er sibyllinisch anmerkt, »die innere Lage des [...] deutschen Ich«.[49] Benn nimmt die Rolle des freischwebenden Intellektuellen ein, ein Mann des Geistes, der über den Dingen steht, ein Mann, der über keine institutionelle Verankerung verfügt, ein unabhängiger Geist, hochgebildet, der alten Sprachen mächtig, universell belesen, niemandem verpflichtet, einzig getrieben von dem Wunsch, sich gegen den herrschenden Konsens zu stellen und gegen eine Gesellschaft, die der Mittelmäßigkeit anheimzufallen droht.

Rufen wir uns das Jahr 1919, als die Rede geschrieben wurde, in

Erinnerung: Die Niederlage hatte in Deutschland zu chaotischen Zuständen geführt, eine legitimierte Regierung gab es nicht, zwischen den unterschiedlichen politischen Lagern kam es zu bewaffneten Auseinandersetzungen; erinnert sei an den Spartakusaufstand in Berlin und die gewaltsame Niederschlagung der Münchner Räterepublik. Allmählich setzte aber auch eine Konsolidierung staatlicher Gewalt ein: Bei den Wahlen zur Nationalversammlung im Januar wurde die SPD stärkste Partei, die Linke verfügte allerdings nicht über eine absolute Mehrheit; im Februar konstituierte sich die Nationalversammlung in Weimar, sie beschloss Gesetze zur Ordnung des Staates und wählte Ebert zum Reichspräsidenten; die Alliierten zwangen die Regierung per Ultimatum zur Annahme des Versailler Vertrags; im August unterzeichnete Ebert die Weimarer Reichsverfassung; Freikorps und rechte Kräfte mobilisierten gegen die Regierung und die Republik. 1920 spitzte sich die Situation weiter zu. Die Fakten sind hinlänglich bekannt: Am 13. März kam es zum Putsch, der Jurist und Politiker Wolfgang Kapp erklärte sich mit Unterstützung des Militärs zum neuen Reichskanzler, nach fünf Tagen war der Staatsstreich vorbei, durch einen Generalstreik wurden die Putschisten zur Aufgabe gezwungen.

Das ist das Umfeld von Benns Rede über das moderne Ich. Der Redner lässt von Anfang an keinen Zweifel auf welcher Seite er steht, er plädiert gegen die Autoritäten und tradierten Strukturen in Wissenschaft, Staat und Gesellschaft: »ich will Mißtrauen säen in Ihre Herzen gegen Ihrer Lehrer Wort und Werk, Verachtung gegen das Geschwätz vollbärtiger Fünfziger, deren Wort der Staat lohnt und schützt, und Ekel vor einem Handwerk, das nie an eine Schöpfung glaubte.«[50] Hohn und Spott gießt Benn über den Fortschritt und die zivilisatorischen Errungenschaften der Moderne aus. Aufs Korn nimmt er insbesondere das Spezialistentum: Ordinarius werde man, »wenn man die Nebenhöhlen der Nase«[51] beherrschte. Moderne Wissenschaft sei ein »Geschiebe von Argumenten, Tabellen, Definitionen im allgemeinen«[52] – die Wahrheit, sie sei heutzutage nichts weiter als ein »Fakultätsbeschluß«[53]. Benn führt die Entwicklungen auf die westliche Zivilisation zurück, sie habe das empirische Zeitalter hervorgebracht, in dem nur noch der »Geist der Statistik«, »Tabellen«, handgreifliche Ergebnisse und praktische Erfolge«[54] zählen. Angesichts solcher Zustände wäre es wünschenswert gewesen, »wenn nicht nur Deutschland zusammengebrochen wäre, sondern dieser ganze Kontinent von Island bis zu den Balearen«[55]. Diese Sehnsucht nach der allumfassenden Katastrophe war schon vor dem Krieg ein prägendes Moment in intellektuellen Kreisen, sie sollte sich in den zwanziger Jahren noch verstärken, nur so meinte man, könnten sich die Dinge noch verändern.

Nach diesem Rundumschlag kommt Benn im zweiten Teil zum Ich, zum »sozialen Ich«, zum, wie er sich ausdrückt, »Mittelmensch«, der zum herrschenden Typus geworden ist: »das kleine Format, das Stehaufmännchen des Behagens, der Barabbasschreier, der bon und propre leben will.«[56] Dieser postheroische Mensch ist nicht mehr bereit, Schmerzen auf sich zu nehmen, zu leiden, er hat kein Schicksal und kennt kein Schicksal mehr, er wird geboren, genießt und stirbt.[57] Die Ganzheiten sind zerbrochen, die Welt wird nicht mehr »von *einem* Willen, *einem* Gesetz geregelt«[58].

Benn hat diesen Text, wie gesagt, 1919 geschrieben, er war aber offenbar so beschaffen, dass er ihn 1933 in der Schrift »Der neue Staat und die Intellektuellen« ohne Änderungen erneut publizieren konnte – ergänzt um ein Vorwort, das den Text ein wenig relativiert (»eine Jugendarbeit«, »individualistisch und extrem«[59]) und an die gewandelten Verhältnisse anpasst. Der Grundzug seiner Rede sei, so Benn in diesem Vorwort, »der Haß gegen das wissenschaftlich Utilitaristische, die kaufmännisch gewordene Erkenntnis, den Staat als reinen Verpfleger, den Menschen als reinen Rentenempfänger, gegen alles Mechanische des Lebens, ihre Sehnsucht ging über das Empirische und Soziale hinaus auf die schöpferische Substanz«.[60] Ein Text, das streicht er heraus, der in seiner Kritik am Zeitgeist »ganz vereinzelt und isoliert« dasteht. Eine Behauptung, die in Zweifel zu ziehen ist. Die Rede Benns passte bestens zur Demokratie- und Zivilisationskritik der zwanziger Jahre. Im Umfeld der Konservativen Revolution war diese

Kritik *en vogue*. Von Ernst Jünger, Carl Schmitt und Oswald Spengler war Ähnliches zu hören. Letzterer sprach im »Untergang des Abendlandes« von der Zivilisation als Verfallsstadium, das unter anderem dadurch gekennzeichnet sei, dass es keine große Philosophie, Kunst oder Wissenschaft mehr gebe, die Fähigkeiten seien erlahmt, die Potenzen erschöpft, es gebe nur noch Spezialistentum – »Fachmenschen ohne Geist«, wie Max Weber diesen Typus nannte.

Benn hat in seinem 1927 erschienenen Aufsatz »Kunst und Staat« seine Kritik noch einmal pointiert und verschärft: »Hohenzollern oder Republik, das ist Jacke wie Hose«[61], schreibt er dort. Die Weimarer Republik war für den Dichter ein rotes Tuch, und seine Polemik lässt nichts zu wünschen übrig: der Staat – er hat nichts Besseres zu tun als »Irre und Psychopathen« hochzuziehen, »Eheberatungsstellen und Geschlechtskrankheitsfürsorgen gratis«[62] bereitzustellen; die Wissenschaft – eine verkommene Institution: »Für jeden Spaltpilz ein Forschungsinstitut, für jede Rattenkreuzung eine Domäne [...]; ach, wie alle kämpfen auf ihren Lehrstühlen, bei ihren Witwenpensionen, auf ihren bankettdurchwürzten Kongressen und die Ministerialräte mit Festrede immer oben an!«[63] Und was die Kultur angeht: Der Staat fördere Revuen und Musicals, nicht aber die ›wahre‹, die monomanische Kunst, die ein einzelner Schriftsteller hervorbringt. Benn, dem es an Selbstbewusstsein nicht mangelte, deutete dabei durchaus auch auf die eigene Person. Um Kunst zu schaffen, war er auf eine bürgerliche Existenz angewiesen, und seine Arztpraxis lief in den zwanziger Jahren schlecht. Benn bewarb sich auf eine Arztstelle bei der Stadt: »Ich möchte eine Stellung mit festen Einkommen«.[64] Er wurde abgelehnt. Sein Ressentiment war durchaus persönlich motiviert. Nun warf er dem Staat vor, dass er die mediokre Kultur fördert, aber bedeutende Künstler (er verwies noch auf Döblin, der ebenfalls in Berlin als Arzt arbeitete) ohne Schutz und Unterstützung dastehen lässt. Ein merkwürdiges Gebaren, wenn man bedenkt, dass Benn 1933 den Staat, wie oben zitiert, »als reinen Verpfleger« und den Menschen als »reinen Rentenempfänger« kritisiert.

Benn war zeitlebens der Meinung, dass ihm Staat und Gesellschaft etwas schuldig seien, schließlich sei Dichten, wie er behauptet, »ein unbarmherziges Geschäft«. Insbesondere seine Anfangsjahre als Schriftsteller erscheinen ihm später wie eine einzige aufopferungsvolle Fronarbeit. An seine Geliebte Elinor Büller schreibt er 1936: »Wenn ich an die Jahre 1918–23 denke, die letzten ›expressionistischen Jahre‹, – mein Gott, was habe ich mich gepreßt u. massakriert u. erniedrigt u. gepeitscht, um Kunst zu machen, um zum letzten erfühlbaren *Ausdruck* zu kommen. Die Sonntage mit Hunger u. Kaffeetrinken bis zum Taumeln, die Nächte vielfach verbummelt, um noch müder, depressiver, mürber zu sein. Und wozu? Das ist die Frage!«[65] Alles, sogar Müdigkeit und Depression, setzte er ein, um große Kunst zu schaffen. Nicht zu vergessen die Frauen, auch sie gehören, wie er 1952 an Oelze schreibt, zu den »Zahlungen für Kunst und Ruhm«.[66]

Das alles sind durchsichtige Selbststilisierungen, der Mann, der mehr Härte forderte und die Feminisierung der Gesellschaft kritisierte, klagte oft und viel über seine Arbeitsbelastung. Sein Werk, vor allem aber seine Briefe sind voll davon. Und immer wieder waren es natürlich die Frauen, denen er sein Leid klagte.

»O! SCHON BIN ICH WIEDER MELANKOLISCH!!!!!!!«

Mit dreizehn Jahren entschließt sich Mopsa Sternheim, ein Tagebuch zu führen – ein intimes Tagebuch. Schon vorher hatte sie immer mal wieder mit dem Tagebuchschreiben angefangen, es aber schnell wieder aufgegeben. Ihre Mutter schätzte das Tagebuchschreiben und leitete ihre Kinder bereits in frühen Jahren dazu an. Mopsa bekam mit acht Jahren ein Heft für ihre Aufzeichnungen geschenkt; Klaus mit gut sieben Jahren. »Das übt ihn im Denken und Schreiben«, notiert sie am 6. August 1915.[1]

Ihre Beziehung zu beiden Kindern ist eng, teilweise symbiotisch. Zu Klaus, dem eher introvertierten, besteht eine intensive emotionale Bindung. Thea Sternheim spricht von einer Gefühlsverwandtschaft, die sie, bei aller Liebe, so zur Tochter nicht empfunden habe. Mopsa dagegen ist die Aufgeschlossene, die schon früh intellektuelle und künstlerische Begabungen zeigt, viel liest, Gedichte schreibt und vor allem gut zeichnen kann. Aus diesem Talent wird sie etwas machen. Achtzehnjährig bewirbt sie sich um die Aufnahme an die Dresdner Kunstakademie, Abteilung Bühnenausstattung – und wird als Schülerin aufgenommen. Für die Theaterstücke Klaus Manns, in denen unter anderem Erika Mann und Pamela Wedekind auftreten, wird sie in den zwanziger Jahren die Kostüme entwerfen. Eine »Künstlerin von bedeutenden Gaben«[2], nennt sie Klaus Mann in seiner Autobiographie »Der Wendepunkt«.

Im Frühjahr 1917 machen Mutter und Tochter in der Nähe ihres Wohnorts in La Hulpe einen Spaziergang. In den meisten Punkten sind die beiden einer Meinung. Sie tauschen sich aus, über ihre gemeinsamen Lektüren, über Tolstoi, Flaubert und auch über

Benn, den Mopsa Sternheim schon mit dreizehn Jahren liest. »Man kann mit ihr wie mit einer Gleichaltrigen sprechen«, so die Mutter. »Sie versteht alles, durchschaut Zusammenhänge und prüft sich bis auf den Grund.«[3]

Wenn Freunde und Bekannte kommen, ist sie dabei. Mopsa Sternheim ist eine aufmerksame Beobachterin, natürlich entgehen ihr auch die Eheprobleme nicht, und sie steht in dieser Zeit ganz auf der Seite der Mutter. Zum Vater hat sie ein eher schwieriges Verhältnis, sie bewundert ihn als Künstler, als Theatermann, ist von seinen Stücken begeistert, besonders von den frühen Komödien. Das Lustspiel »Die Hose« sei zwar brutal, schreibt sie im Tagebuch, aber eben auch ein starkes Stück. Dass der Vater ein genialer Künstler ist, daran hält sie fest, doch im täglichen Umgang kommt sie mit ihm nicht zurecht: nervös, leicht reizbar und aufbrausend. Schon Kleinigkeiten bringen ihn aus der Fassung. Über lange Jahre wollte er außerdem von den Kindern nicht viel wissen, wollte in Ruhe gelassen werden, seine Stücke schreiben und sein Leben leben. Die Kinder waren für ihn eine Störung, die seine Frau und das Dienstpersonal von ihm fernzuhalten hatten. Als die Kinder in die Pubertät kommen, lassen die Konflikte nicht auf sich warten. Der Vater versucht besonders Mopsa zu reglementieren, argwöhnisch betrachtet er ihre Autonomiebestrebungen, ihre Freundschaften, und auch das enge Verhältnis zur Mutter ist ihm ein Dorn im Auge.

Bei dem Spaziergang rät Thea Sternheim ihrer Tochter noch einmal dazu, zukünftig ein Tagebuch zu führen, »aber ein aufrichtiges, möglichst tägliches.« Ein Tagebuch, in das »sie niemand Einblick gewährt. Auch mir nicht. ›Denn sonst‹«, so sagt sie ihr, »›kannst du nicht vollkommen wahrhaftig sein‹«.[4] Mopsa Sternheim nimmt sich den Rat offenbar zu Herzen, jedenfalls haben sich aus diesem Jahr einige, verstreute Notate erhalten. Sie schreibt temperamentvoll und selbstironisch. »Warum versuche ich immer mich aus dem Alltagsleben herauszureißen? Es wird doch nicht anders! O! schon bin ich wieder melankolisch!!!!!!«[5] Am 30. Dezember notiert sie: »O wie glücklich ist man wenn man nicht verliebt ist! Ich könnte mich erhängen! Und dabei muß ich lachen, spielen und

»O wie glücklich ist man wenn man nicht verliebt ist!«
Mopsa Sternheim, Juni 1919 (Foto: wahrscheinlich Thea Sternheim)

rot werden.« Tags darauf, am Neujahrstag 1918, heißt es: »Wieder ein Jahr vorbei!!!!!!!!! Ein qualvolles Jahr!!!! In 10 Tagen werde ich 13 Jahre!!«[6]

Einen Monat später macht sie dann ernst mit dem Tagebuchschreiben. Die erste Eintragung stammt vom 2. Februar 1918, sie beginnt mit der bemerkenswerten Feststellung: »Dies ist kein Tagebuch. Es ist nur so um einige ›Penseés‹ aufzuschreiben. Denn jetzt ist mir das Leben so unendlich langweilig. Ich habe ja genug Beschäftigung; aber immer, immer dasselbe ist grässlich.«[7] Ein chronologisches Tagebuch ist ihre Sache nicht. Was soll sie auch jeden Tag aufschreiben? Wie alle Heranwachsenden empfindet sie das Leben als langweilig. »Es ist so ›monoton‹. Monoton ist ein schönes, wohlklingendes Wort: Die drei o geben so gut die ewige Langeweile wider.«[8]

Mopsa Sternheim schreibt Tagebuch, wenn sie dazu in Stimmung ist oder es die Situation erfordert. Diese Spontaneität wird auch an der Oberfläche und an der Materialität des Tagebuchs sichtbar. Sie benutzt unterschiedliche Hefte, die sie nicht linear von vorne bis hinten beschreibt, die Notate werden auch schon einmal quer oder auf dem Kopf geschrieben, die Aufzeichnungen sind nicht exakt datiert und die Schrift wechselt je nach Stimmungslage.[9] Auch die Sprache wechselt, von der deutschen zur französischen Sprache – zuweilen beginnt sie einen Satz in Deutsch und führt ihn in Französisch weiter.

Ganz anders sieht das Tagebuch der Mutter aus. Von der ersten Zeit abgesehen, ist es streng chronologisch aufgebaut, es enthält fast täglich Notate, größere Lücken sind selten, jede Aufzeichnung ist penibel datiert und in gleichmäßiger Schönschrift abgefasst, die sich über viele Jahre kaum verändert. Als sie mit Beginn des Tagebuchs 1930/31 von der Sütterlinschrift zur lateinischen Schrift übergeht, macht sie das konsequent von der ersten Eintragung an. Ein Tagebuch, das schon äußerlich vom Ordnungssinn der Schreiberin zeugt, von ihrer Fähigkeit, unterschiedliche Gefühlslagen und Stimmungen nicht sichtbar werden zu lassen. Ihr Tagebuch war von Anfang an dazu gedacht, die Bedeutung des gelebten Lebens zu bezeugen.

Für Thea Sternheim war, wie oben gesagt, der eigentliche Anlass, mit dem Tagebuchschreiben anzufangen, die Begegnung mit ihrem zukünftigen Mann, Carl Sternheim. Sie glaubte damals, in ihm den großen Künstler zu erkennen, der ihrem Leben Sinn gibt. Das Tagebuch sollte Zeugnis einer besonderen Beziehung werden, in der Kunst und Liebe verschmelzen. Thea Sternheim sah sich nicht nur als Geliebte, sie sah sich vor allem als inspirierende Muse und Förderin ihres Mannes, den sie in den ersten Jahren geradezu kultisch verehrt. Neben dem Bedürfnis, über sich selbst Klarheit zu gewinnen, sei es die »Eitelkeit« gewesen, die Frau eines bedeutenden Dramatikers zu sein, die sie zum Tagebuchschreiben gebracht hätte, bekennt sie im April 1920.[10]

Solche Motivlagen spielten für Mopsa Sternheims Entschluss, ein Tagebuch zu führen, keine Rolle. Der Beginn ihrer Aufzeichnungen ist weder mit einem besonderen Ereignis noch mit einem besonderen Datum verknüpft. Sie hat ihr Leben auch nicht, wie ihre Mutter, als bedeutsam empfunden, das lag ihr auch später völlig fern.

Mit dem Schreiben wollte sie vielmehr Ordnung in ihre Gedanken und Gefühlswelt bringen, sich Klarheit über sich selbst verschaffen, über das, was sie fühlt und wie sie sich anderen gegenüber darstellt. Durch nahezu alle ihre Aufzeichnungen, zieht sich die Überzeugung, dass sie ihr >Ich< nur spielt und sich ihr eigentliches Ich nicht äußern kann. Schon in den fragmentarischen Aufzeichnungen aus dem Jahr 1917 heißt es: »O immer verstellen!!!«[11] Daran hat sich auch zehn Jahre später nichts geändert: »Pose, Pose, nichts als Pose!«[12] schreibt sie am 26. Juni 1927 in ihr Tagebuch. Sie fühlt, dass sie in einer Rolle gefangen ist, die ihr zuweilen Ausdruck verleiht, aber keine Wahrhaftigkeit zulässt: »Ich bin ein grossartiger Schauspieler, ich glaube manchmal an das, was ich spiele«[13], notiert sie am 5. Juni 1922. Das ist bekanntermaßen keine ungewöhnliche Empfindung. »Wir alle spielen Theater«, so die griffige Formel des Soziologen Erving Goffman. Dieses Theaterspielen ist ein mehr oder weniger bewusster Akt der Inszenierung – man will für andere ein bestimmtes Bild von sich erzeugen. Als Darsteller muss man aber an seine Rolle glauben, sonst findet sie beim Publikum keine Anerkennung. Mopsa Sternheim will jedoch aus ihrer Rolle heraus und endlich sie selbst sein. Aber was ist ihr Selbst? Sie weiß es nicht, sie weiß nur, dass sie an ihr >wahres< Ich nicht herankommt, dass sie dauernd spielt, was sie nicht ist: »O diese Schauspielerei vor mir selber! Aufrichtigkeit! Aufrichtigkeit! Wenigstens gegen mich!«[14]

Für die Mutter war das Tagebuch eine Form der Selbsterziehung und Disziplinierung. Mopsa Sternheim möchte aufrichtig sein, doch selbst der intime Rahmen des Tagebuchs bietet dafür keine Gewähr: »Bei jedem neuen Heft der Gedanke an das Publikum und als sofortige Folge Unaufrichtigkeit. Publikum ist eine Sache die jede Situation erleichtert. Vor ihm könnte man lächelnd sterben, während man allein vor Angst vergehen würde.«[15] Immer wieder sieht sie sich an dem hohen Anspruch scheitern und versucht es doch erneut: »Mein Leben momentan: Zahnarzt, Kino, Banalitäten. Innerlich kämpfe ich gegen allerhand Hemmungen. Z. B. *Alles* ausdrücken, nicht nur in Gedanken, sondern auch schriftlich, hier im Tagebuch z. B. Das kann ich noch nicht. Furchtbare, auch aesthetische Hemmungen.«[16]

Als sie dies notiert, ist sie siebzehn und erlebt gerade ihre erste große Liebe: »Mein Gott«, schreibt sie am 22. März 1922 in ihr Tagebuch, »ich bin sinnlos verliebt in Hebby, verliebt wie eine Frau in einen Mann verliebt ist. Infolgedessen war ich dank meiner Hemmungen gehässig zu ihm. Ich habe ihn nötig, – aber ich glaube, er braucht mich nicht!«[17] Hebby – das ist Herbert Binswanger, der spätere Psychiater und Neurologe aus der berühmten Kreuzlinger Psychiater- und Ärztedynastie. 1900 geboren und damit fünf Jahre älter als Mopsa Sternheim. Herbert Binswanger wohnte in der Nachbarschaft. Die Sternheims waren Anfang 1920 auf Empfehlung von René Schickele an den Bodensee, in das schweizerische Dorf Uttwil, gezogen. Zunächst waren sie Nachbarn von Henry und Maria van de Velde. Im Herbst des Jahres verkauften die van de Veldes ihr »Haus am See« an Marie-Luise Binswanger. Sie hatte 1897 in zweiter Ehe Robert Binswanger geheiratet, der lange Jahre das vom Vater übernommene Sanatorium »Bellevue« in Kreuzlingen geleitet hatte. 1910 starb ihr Mann. Zehn Jahre später heiratete sie in dritter Ehe den in Uttwil ansässigen Ingenieur Ernst Schlegel, mit dem sie und ihre beiden Söhne, Paul Eduard und Herbert, 1921 in das »Haus am See« zogen.

Im Juni des Jahres machte Herbert Binswanger dann das erste Mal seine Aufwartung im Hause der Sternheims. Thea Sternheim notiert: »Im hübschen Mund steht ihm ein vollkommen schönes Gebiss, aber seine Augen scheinen mir trotz der fast jesuitischen Sanftheit seines Gesichtsausdrucks fauves.«[18] Die Tochter wartet gespannt auf das Urteil der Mutter: »ratend, fast bangend hängt sie an meinem Mund.«[19] Thea Sternheim war durchaus einverstanden mit der Beziehung, sie hätte nur gern gewusst, was ihre Tochter fühlt und denkt, wie sie zu Herbert Binswanger steht.

Mopsa Sternheim sagt nicht viel, schon gar nicht gibt sie Auskunft über ihre Liebe zu Herbert Binswanger, auf die Fragen der Mutter antwortet sie allenfalls im Tagebuch: »Mein Gott, ich liebe ihn ja, ich liebe ihn, liebe ihn.«[20] Aber die Geschichte ist kompliziert: »Ich sehe Hebby – Und eine unaussprechliche Zärtlichkeit und Sympathie ist in mir. Ich möchte seinen Kopf in meine

Hände nehmen und ihn auf die Augen küssen. Aber das geht natürlich nicht. Ich schäme mich dass ich ihn liebe und möchte um nichts in der Welt, dass er es merkt.«[21] Herbert Binswanger kommt immer nur besuchsweise nach Uttwil, er studiert zunächst in Bern und dann in Zürich. Mopsa Sternheim schreibt viele Briefe und wartet ungeduldig auf Post: »Es ist bald schon lächerlich. Und er schreibt nicht einmal. Jeden Morgen in der Pause rase ich zu Frau Altheer und jedesmal – nichts. Ich lebe von Post zu Post.«[22] Eigentlich aber verlangt sie nach mehr als nur nach Briefen. »Küsse brauche ich, ich habe Hunger danach!!!«[23] Endlich im Oktober 1922 triumphiert sie: »Ich habe einen regelrechten Liebesbrief von Hebby bekommen; er will mich sogar heiraten.«[24] Zunächst jedoch möchte er sein Studium beenden und sich beruflich situieren.

Thea Sternheim betrachtet das Verhältnis mit zunehmend skeptischen Blicken. Im Tagebuch spricht sie von einem ›sterilen‹ Briefwechsel, den Mopsa mit Herbert Binswanger führt, »ebenso vag wie das Mädchen« suche Binswanger »Anschluss«, klammere sich an das »Psychologische« und verneine das »Providenzielle«,[25] schrieb sie im Dezember 1923. In diesem Jahr bekommt die Familie Schlegel das erste Mal Besuch von einer Freundin der Mutter, Mary Wigman, die berühmte Tänzerin, in Uttwil lernt sie auch den Sohn des Hauses, Herbert Binswanger, kennen. Die vier Jahre ältere Mary Wigman und der Medizinstudent verlieben sich ineinander und werden für einige Jahre ein Paar.[26]

Zu dieser Zeit hatte sich Mopsa Sternheim bereits von Herbert Binswanger zurückgezogen. Er kam noch hin und wieder zu Besuch, und sie blieben noch einige Jahre in freundschaftlicher Verbindung. Es gab andere Verliebtheiten. Thea Sternheim klagt im Tagebuch darüber, dass Mopsa sich in Beziehungen »verzettelt« und spricht von »fortwährend wechselnden Schwärmereien«[27] In der Tat gehörte das Bedürfnis, sich schwärmerisch für jemand zu begeistern, ihn zu verehren und leidenschaftlich zu lieben, zu den auffälligen Charaktermerkmalen Mopsa Sternheims. Bemerkenswerter Weise war es jedoch vor allem die Mutter, die in diesen Jahren mit überschwänglicher Zuneigung im Tagebuch bedacht wird.

Als Sechzehnjährige schreibt sie: »diese Frau ist menschlich so unendlich erhaben über all diese Schwätzer, die immer irgend etwas wollen. Sie gibt sich selbst und immer ohne Vorurteil. Sie strömt Ruhe, Kraft aus. Ich möchte sie auf Kissen legen und sie anbeten.«[28]

Zweifel an der Wahrhaftigkeit der Lobeshymne sind angebracht. Denn die häusliche Situation war zu dieser Zeit geradezu chaotisch und von der Mutter ging alles andere als Ruhe und Kraft aus. Im September 1920 unternahm sie einen Selbstmordversuch, sie schluckte Veronaltabletten, der Versuch, aus dem Leben zu scheiden, misslang – und das war wohl auch beabsichtigt, denn die möglicherweise tödliche Dosis nahm sie erst, als ihr Mann nach Hause kam. Ein paar Tage später versuchte sie sich mit einem Rasiermesser die Pulsadern aufzuschneiden, sie verletzte dabei aber nur ihren Mann, der ihr das Messer entriss.[29]

Thea Sternheim wollte ein Zeichen setzen, auf ihre verzweifelte Lage aufmerksam machen: Seit einem Jahr weiß sie, dass ihr Mann die Tochter sexuell bedrängt, ihr in intimen Situationen nachstellt. Sie lässt es zu: » … mein Gott was soll ich dabei tun. Fortgehn? Verschwinden? Was geschieht dann mit Moiby [Mopsa]? Mit Karl darüber reden? Unmöglich. Also was tun?«[30], schreibt sie am 28. September 1919 in ihr Tagebuch. Wenige Wochen später spricht sie von dem Gefühl, dass ihre Tochter ihr entgleitet, dass sich »still aber anhaltend« eine »Entfremdung« vollzieht.[31] Nicht zu unrecht, aber zu den Übergriffen ihres Mannes – kein Wort.

Auch Agnes, die Tochter aus erster Ehe, fühlt sich von Carl Sternheim sexuell belästigt. Schweren Herzens schreibt sie darüber in einem langen Brief an ihre Mutter. Thea Sternheim bricht in Tränen aus, sie ist schockiert, aber sie schweigt und stellt wiederum ihren Mann nicht zur Rede, sondern erteilt der Tochter Ratschläge, um »Sternheims Übergriffe in Schranken zu halten«.[32] Bei einer Frau, die sich ansonsten selbstbewusst und souverän gebärdet, ist eine solche Reaktion schwer zu verstehen.

Natürlich lässt sich Carl Sternheim nicht »in Schranken« halten, was seine Frau eigentlich hätte wissen müssen. So gehen die Nachstellungen weiter. Drei Jahre nach den ersten Erkenntnissen

der Mutter schreibt die nun siebzehnjährige Mopsa in ihr Tagebuch: »Papa liebt mich, es ist tragisch für ihn. Er gibt sich mir vollkommen in die Hand. Seine Anbetung höre ich alle Abende an. Als
Mensch liebt er mich, als Weib begehrt er mich auch.«[33] Wie weit
der Missbrauch gegangen ist, lässt sich nicht sagen.

Zurück in das Jahr 1920. Anfang September, kurz vor dem Sui-
zidversuch, erfährt Thea Sternheim, dass ihr Mann mal wieder
»Lust zum Abenteuer«[34] hat und in München mit einer sehr jungen Frau zusammen ist. Thea Sternheim fühlt sich gedemütigt,
insbesondere weil ihr Mann es jetzt auf ganz junge Frauen abgesehen hat. Durch ihre Tat wollte sie ihren Mann zurückgewinnen,
ihn zur Vernunft bringen. In Anbetracht ihrer Erfahrungen ein
blauäugiges Unterfangen. Es kommt zwar zu einer Art Versöhnung,
die aber hält, wie zu erwarten war, nicht lange an.

Nach dem versuchten Suizid macht Thea Sternheim zusammen mit ihrer Tochter und ihrer Freundin Annette Kolb eine Reise
nach Montreux, sie trifft sich dort mit Nikolaj Rubakin, dem großen Universalgelehrten und ›Bibliopsychologen‹. Rubakin, der
eine faszinierende Bibliothek besaß, war eine charismatische
Persönlichkeit, ein Jünger Tolstois, der bis zum Tod des Meister
mit ihm zusammen war. Von ihm erhofft sich Thea Sternheim Zu-
spruch und Hilfe. Allem Anschein nach erfüllte sich ihre Hoffnung.
Als sie wieder zurückfährt, fühlt sie sich, wie sie im Tagebuch
schreibt, »aus elementaren Kräften eines Lebendigen gestärkt«.[35]

Wirkliche Heilung kommt aber erst im Dezember, kein Tolstoianer, sondern ein Maler und Grafiker wird zum Rettungsanker: der
Belgier Frans Masereel. Sein »Stundenbuch« wird für Thea Sternheim zum Trostbuch. »Das ist Ernte nach langem Warten, Tau nach
Dürre und in der Entmenschung die von Karl auf mich eindringt
die beruhigende Geste.«[36] Die Lektüre hat den Charakter einer Katharsis, sie fühlt sich gereinigt, befreit. Dies lag durchaus in der In-
tention des Künstlers, der nach den Ereignissen des Krieges eine
Einkehr und Rückbesinnung auf das Individuum forderte, der
Mensch müsse sich wieder auf die eigenen Kräfte und schöpferischen Fähigkeiten besinnen, sich seine Freiheit suchen und zu

den Ursprüngen des Lebens zurückfinden. Aus der Zivilisation entsteht nur Krieg und Verhängnis. Der Held im »Stundenbuch« wendet sich vom falschen Leben ab und seinem Inneren zu, in der Stille sucht er Stärkung. Masereel propagiert den Menschen, der das Fremde und Verfremdende abschüttelt und wieder sich selbst gehören möchte. Dass Thea Sternheim das Werk mit dem Künstler identifizierte, war kein Zufall. Masereel selbst spielt unverkennbar im »Stundenbuch« die Hauptrolle, Stefan Zweig spricht deshalb von einer »imaginären Selbstbiographie«.

Der ›Roman ohne Worte‹, wie man das »Stundenbuch« immer wieder nannte, löste damals unter den Literaten ein breites Echo aus: Thomas Mann, Rilke, Hermann Hesse, Max Brod, sie alle waren voll des Lobes. Nachdem Thea Sternheim das Werk ›gelesen‹ hatte, schrieb sie sogleich an Masereel, und noch im März 1921 kam es zu einem ersten Treffen. Der sechs Jahre jüngere Künstler war eine imposante Erscheinung, hochgewachsen, athletisch, schwarze Haare, in denen schon etwas weiß schimmerte, dunkle Augen. Eine gewisse Ähnlichkeit mit Bildnissen Oscar Wildes, wie Thea Sternheim feststellt. In einem Artikel über Masereel, den sie 1922 in der »Aktion« veröffentlicht, schreibt sie von der Sanftheit des Helden im »Stundenbuch«, er sei sanft wie Franz von Assisi, der den Vögeln predigte und von großer Zärtlichkeit war, aber er sei eben auch stark, kraftvoll und konsequent. Das alles sieht sie in Masereel, den sie nicht nur über alle Maßen bewundert, sondern – das wird ihr schnell klar – liebt. Thea Sternheim war drauf und dran, sich von ihrem Ehemann zu trennen und ihr ganzes bisheriges Leben aufzugeben.

Auch Masereel ist entzückt von der klugen Frau, schreibt ihr liebevolle Zeilen und schickt ihr seine Zeichnungen. Aus seinen Briefen geht hervor, er ist emotional aufgewühlt, er fühlt sich geehrt, geschmeichelt, aber im persönlichen Kontakt mit Thea Sternheim hält er Distanz, er ist verheiratet, hat eine achtzehnjährige Tochter und will seine Familie nicht aufs Spiel setzen. So bleibt es bei einer platonischen Liebesgeschichte. Hätte Masereel ihr ein Zeichen gegeben, sie wäre mit ihm gegangen.

140

Wer Mopsa Sternheims Tagebuch aus den ersten Jahren liest, der wird – und das muss überraschen – wenig Kritik an der Mutter finden. Im Gegenteil, immer wieder stößt man auf bewundernde Zeilen und völlig abgehobene Lobeshymnen. Man hat den Eindruck, sie wollte, trotz aller Enttäuschungen, die enge Bindung zur Mutter nicht aufgeben. Mit zweiundzwanzig notiert sie, dass ihr die Mutter so nah ist, »dass sie kein Partner mehr ist. Ich fühle mich so sehr ein Stück von ihr dass das Zusammensein mit ihr ein Selbstgespräch wird.«[37] Als Mopsa Sternheim das schreibt, liegt sie in einer Klinik in Münsterlingen, man hat bei ihr eine Geschwulst im Unterleib festgestellt, die operativ entfernt werden muss. Sie ist deprimiert, fühlt sich einsam und alleingelassen, ihre Episode mit Benn ist seit einem Jahr vorbei – wir werden darauf zurückkommen.

Mopsa Sternheim war immer auf der Suche nach leidenschaftlichen, authentischen Menschen, für die sie sich begeistern konnte – nach Menschen, die im Leben stehen, die stark empfinden, offen und souverän waren. Das war schon sehr früh so. Bei ihrem Aufenthalt in Holland, im Herbst 1918, freundete sie sich mit Marie Vlendre an, eine junge, einfache Frau aus dem Volk, die, wie sie fasziniert in ihrem Tagebuch schreibt, von ihrer Arbeit lebt, selbstständig ist und echte menschliche Gefühle hat.[38] So möchte sie sein. Zu Hause kündigt sie an, dass sie spätestens mit achtzehn Jahren ihr Abitur machen will, damit sie sich selbst ernähren kann.[39]

Ganz ähnlich die sowjetische Gewerkschaftssekretärin Helene Lerner. Als Mopsa Sternheim die Frau im Sommer 1922 kennenlernt, gerät sie sogleich ins Schwärmen: »Eine Frau mit ganz kurzen Haaren, wie ein Mann, mit einem entzückenden Lachen und klugen, lebendigen Augen. Sie hat irgendeinen bezaubernden verständnisvollen, gütigen, ruhigen Zug um den Mund. Diese Menschen leben, sie wissen wofür, sind konsequent.«[40] Vierzehn Tage später schreibt sie wieder über Lerner – noch enthusiastischer, noch leidenschaftlicher: »Nie in meinem Leben habe ich einen Menschen *so* geliebt wie diese Frau! Warum? Weil sie klug, weil sie künstlerisch, weil sie politisch fabelhaft ist? Weil sie ein entzückender Mensch ist? – Sie ist das, was alle sein möchten, wirklich ohne

Vorurteil, ohne Konvention. Sie ist sehr frei. Ich habe noch nicht eine Hemmung an ihr wahrgenommen. Sie ist empfindsam, kultiviert – sie hat alles!«[41] Thea Sternheim schreibt in ihren »Erinnerungen«, dass die Siebzehnjährige damals am liebsten ins revolutionäre Russland aufgebrochen wäre, um sich zu engagieren und sozial zu betätigen.

Von den Freunden ihrer Eltern findet sie vor allem den Publizisten und Herausgeber der »Aktion« Franz Pfemfert faszinierend – er gilt ihr als Original, der das verkörpert, was er denkt: »Er sieht phantastisch aus, einen schönen, intelligenten Kopf, ein unbeschreibliches ›kommunistisches‹ Kostüm.«[42] […] »Ohne Pathos und doch Geste, ohne Parteischmus und doch der strikteste. Ein Lyriker, ein Romantiker mit Aktivität. Man merkt, dass er nie Parteidrill erfuhr, es nicht mal als ressentiment in ihm ist. Er hat all das, was Pa. so ganz abgeht, das Leben entzückend zu machen, Charme zu geben. Kein Atom von Spiessertum – auch in der Praxis!«[43] Das schreibt sie kurz vor ihrem achtzehnten Geburtstag. Sie hat einen sehr ausgeprägten, physiognomischen Blick, beobachtet die Augen, den Mund und die Gesichtszüge.

Die Dichter und Künstler, mit denen ihre Eltern sonst verkehren, bewunderte sie, wie im Fall von Pfemfert, eher selten. In diesen Kreisen traf sie zumeist nicht, was sie ihr Leben lang suchte: »menschliche Menschen.«[44] Mopsa Sternheim ging bei den Freunden und Bekannten auf kritische Distanz. Sie war jung und hübsch, man machte ihr Avancen, aber sie ließ sich nicht so leicht vereinnahmen, sie durchschaute die Eitelkeiten und Attitüden. »Einstein ist ein netter Mensch, posiert mit Resignation. – ›Ich züchte Bienen in meinem Gärtchen und sehe ihnen zu, das ist wichtiger als vieles andere.‹ – Ich weiss nicht recht, ob es die Aufgabe eines ehemaligen Kommunistenführers, Schriftstellers und Kunstforschers ist, den Bienen zuzuschauen?«[45] Das schrieb sie am 6. November 1921 in ihr Tagebuch.

Die Aufzeichnungen erstrecken sich über viele Seiten, es ist der summarische Rückblick auf eine Reise mit der Familie im Oktober desselben Jahres. Gemeinsam fahren sie zur Uraufführung von Carl

Sternheims Schauspiel »Manon Lescaut« nach Berlin. Man trifft sich dort mit vielen Freunden und Bekannten: Pfemfert und seine Frau Anja ist dabei, Henri-Pierre Roché, Carl Einstein und seine Freundin Gräfin Aga vom Hagen, der Literaturkritiker Stefan Grünberg, Alfred Flechtheim, Frans Masereel mit seiner Frau Pauline und Heinrich Mann und seine Frau, die Schauspielerin Maria Kanová. Mopsa Sternheim macht ihre Beobachtungen und zeichnet im Tagebuch kleine Charakterstudien: »Heinrich Mann, der einen unsagbar trostlosen Eindruck macht, zieht sich schweigsam in sich selbst zurück, seine Frau, eine enorme, gemütliche Jüdin medisiert.«[46] Beim Essen sitzt sie neben dem Kunsthändler und französischen Schriftsteller Henri-Pierre Roché, damals hatte er erst ein paar Erzählungen veröffentlicht, seinen Roman »Jules und Jim«, der vor allem durch die Verfilmung Truffauts Berühmtheit erlangte, schrieb er drei Jahrzehnte später: »Roché bescheiden, eine alte Tante, die aber im Grunde eine hohe Meinung von sich hat, selbstbewusst ist. [...] Er hört zu und hat sich scheinbar vergessen, denn auf seinem sonst so sanften Gesicht erscheint ein ganz neuer, spöttisch brutaler Zug. Seine Hände ›einer gotischen Madonna‹ bewegen sich wie Spinnenbeine. Ich verstehe in diesem Augenblick wie ihn manche Leute für einen Spion gehalten haben.«[47] Mit am Tisch sitzt auch Frans Masereel. Während die Mutter immer noch von großer Zuneigung erfüllt ist, nimmt die Tochter den Künstler mit eher zwiespältigen Gefühlen wahr: »Masereel wird mir ungemütlich. Er soll mich nicht immer anglotzen. Ich brauche kein zweites Gewissen. Etwas wie Hass ist in mir gegen ihn.«[48]

Von Berlin fahren die Sternheims weiter nach Leipzig, dort treffen sie am 24. Oktober den Schauspieler Max Pallenberg. »Ein sympathischer Mensch, wahnsinnig melancholisch!«, notiert Mopsa Sternheim. Zuvor lernt sie am Morgen den Dichter Franz Werfel kennen, der auf sie einen ganz und gar unsympathischen und abstoßenden Eindruck macht: »Mein Gott, welch ein Monstrum. Ein fettes, ausdrucksloses, schwammiges Schwein. ›Ich kann nur in Wien leben. Berlin ist mir nicht luxuriös genug!‹ Wie konnte dieser Mann je so göttliche Gedichte schreiben?«[49]

Die Einschätzung der Tochter war nicht so weit von der der Mutter entfernt. Über viele Jahre begeisterte sich Thea Sternheim für die Gedichte Werfels. Brieflich hatte sie sich mit ihm über ihre große Leitfigur Tolstoi und über die Bedeutung des Pazifismus verständigt und dabei ein hohes Maß von Gemeinsamkeit festgestellt. Werfel seinerseits schickte ihr seine Lyrik, die von Thea Sternheim geradezu enthusiastisch aufgenommen wurde. Sie machte ihren Mann aufmerksam und las die Gedichte ihren Kindern vor. Wenn Freunde und Bekannte wagten, sich negativ über Werfel zu äußern, so ging sie dazwischen und verteidigte vehement den Dichter, der ihr wesensverwandt zu sein schien. Viele Jahre äußerte sie den Wunsch, sie müsse Werfel endlich persönlich kennenlernen, ihn von Angesicht zu Angesicht gegenüberstehen. Als sie ihn dann im Oktober 1921 zusammen mit ihrem Mann und ihrer Tochter sah, war auch sie konsterniert: »Wir treffen Franz Werfel […] und ich bin entsetzt. Ein Mensch mag hässlich sein aber ein Mensch von Geschmack kann nicht aussehn wie Werfel aussieht und nicht Dinge aussprechen, wie er ausspricht. In welchem Zusammenhang steht dieser Mann zu den bewunderungswürdigen Versen seiner Jugend!«[50]

Liest man die beiden Tagebücher parallel, so wird man unschwer erkennen, dass Mutter und Tochter in vielen Dingen tatsächlich einer Meinung waren. Ob in Literatur und Kunst, bei der Einschätzung von Freunden und Bekannten, in der Wahl des Wohnortes oder in Fragen des Geschmacks und des Lebensstils – sie teilten Vorlieben und Abneigungen.

Das zeigte sich auch, als man im Herbst 1921 überlegte, die, nach der Entwertung der deutschen Währung, sehr teuer gewordene Schweiz zu verlassen und, zumindest vorübergehend, wieder nach Deutschland zu ziehen. Carl Sternheim schlug Baden-Baden vor und sprach mit einiger Begeisterung von der Stadt. Die Familie besichtigte Ende Oktober einige Objekte, die Häuser waren akzeptabel, aber ein Umzug in die mondäne Kurstadt, da waren Mutter und Tochter schnell einer Meinung, kam überhaupt nicht in Frage. Mopsa Sternheim notiert im Tagebuch: »Ich sehe zu meiner Beruhigung, dass Luxus in mir keinerlei Anbetung, sondern eher Zerstörungswut erzeugt. In B-Baden kann man sich zum Bolschewisten entwickeln.«[51]

Im Juni 1922 zogen die Sternheims für gut zwei Jahre in die Nähe von Dresden. Nach intensiver Suche hatte man »zwischen Hellerau und dem Wilden Mann den Waldhof« entdeckt, »ein in einem alten Garten gelegenes Haus aus dem Barock mit prachtvollen Ausblick auf das zehn Kilometer entfernte Dresden.«[52] Gleich in den ersten Tagen bekamen sie von Otto Rühle und seiner Frau Alice Rühle-Gerstel und der Tochter Grete Besuch, die in Bucholz-Friedenau lebten. Rühle, der 1915 als Mitglied der SPD-Fraktion gemeinsam mit Liebknecht gegen die Kriegskredite stimmte, war von rätedemokratischen Vorstellungen erfüllt und passte in keine Partei, auch aus der KPD schied er schnell wieder aus. Nach dem Krieg beschäftigte er sich mit der Erziehung und der Familienstruktur des proletarischen Kindes, dazu hatte er schon 1911 die Monographie »Das proletarische Kind« veröffentlicht – eine Pionierarbeit. Zusammen mit seiner Frau gründete er 1924 in Dresden den Verlag »Am anderen Ufer« und die Erziehungsgemeinschaft »Das proletarische Kind«. Alice Rühle-Gerstel kam aus der individualpsychologischen Schule Alfred Adlers, sie wollte Marxismus und Psychologie zusammenbringen. 1924 veröffentlichte sie ihre Studie »Freud und Adler«.

Im Sommer 1922 waren die Rühles häufig zu Gast im Waldhof. Thea Sternheim spricht von den »ausserordentlich sympathischen Leute[n]«, die »eine wohltuende Atmosphäre« verströmen.[53] Wirklich angetan ist sie von dem Ehepaar aber nicht. Das hängt auch damit zusammen, dass Otto Rühle, insbesondere aber seine Frau Alice, sich mehr für die Ideen und Ansichten Carl Sternheims interessieren, mit dem sie lange Diskussionen führen. Ein anderer Grund ist die proletarisch-marxistischen Haltung, die vor allem Otto Rühle demonstrativ nach außen trägt, die er im Aussehen und Auftreten verkörpert, er sei, so Thea Sternheim im Tagebuch, »proletarisch brutal«[54]. Am 12. August 1922 schreibt Mopsa Sternheim über Rühle: »Er hat einen ausdrucksvollen Kopf, hässlich vielleicht, mit sehr blassen Augen, einen komischen, teils brutalen, teils resignierten Zug um den Mund.« Mit besonderem Interesse beobachtet sie auch Grete, die Tochter Otto Rühles aus erster Ehe: »Sie ist äusserlich nicht schön aber hat viel Charme, Sicherheit. Sie ist in erster Linie Mensch, aber außerdem auch Frau, nicht burschikos. Ein sehr anständiger, kluger, lieber Mensch.«[55]

Mopsa Sternheims Verhältnis zu ihrem Tagebuch änderte sich über die Jahre. Sie wollte zunächst, wie oben dargestellt, Gedanken und Reflexionen aufschreiben, Klarheit über das eigene Ich gewinnen. In den zwanziger Jahren wurde ihr aber mehr und mehr deutlich, dass das Geschriebene vor allem eins dokumentiert, ihre Depressionen und verkorksten Seelenzustände: »Warum benütze ich dies Heft als Misthaufen, warum nur alles Belämmerte aufschreiben?«[56], notiert sie am 13. Juli 1927.

Sie glaubt nun, dass man das eigene Leben nur verstehen kann, wenn man zunächst die grundsätzlichen Fragen des Daseins analysiert und die Epoche, in der man lebt, in den Blick nimmt. Das heißt für sie, Abstand vom eigenen Ich zu gewinnen und sich nicht mit einer resignativen und letztlich zynischen Weltanschauung eines Besserwissenden in ein privates Gehäuse zurückziehen. Genau dies wirft sie Gottfried Benn nach dem Zweiten Weltkrieg vor, als der Dichter sein Comeback startet: Benn, so behauptet sie, sei desertiert und habe sich von seinen ursprünglichen Zielen und Denken abgesetzt.[57]

Kommen wir noch einmal auf die junge Mopsa Sternheim zurück. Das erste Mal äußert sie sich im Tagebuch über Benn als Dreizehnjährige. Am 15. November 1918 notiert sie: »Lu ›Gehirne‹ de Benn. Je trouve épatant!«[58] [»Ich finde es verblüffend!«] Mopsa Sternheim hatte den Novellenband »Gehirne« von ihrer Mutter erhalten, die ihn im Januar 1917 vom Verleger Kurt Wolff zugeschickt bekam. Vier Jahre später, im Oktober 1922, als Benns »Gesammelte Schriften« im Erich Reiss Verlag erscheinen, notiert Mopsa Sternheim: »Gottfried Benn, gesammelte Werke. Sprache zu Begriffen kondensiert, aber auch Visionen so überzeugend wie keiner. Nur irgendwo ist ein Haken, ein Negatives. Vielleicht auch

Kraftlosigkeit der Mannigfaltigkeit gegenüber. Jedenfalls das wichtigste Buch der letzten Zeit. Besonders Gehirne.«[59]

Was fand sie so besonders an dem Zyklus »Gehirne«? Die Textsequenz selbst gibt keinen Hinweis darüber. Aufschlussreich sind aber zwei Passagen, die im Tagebuch vor der Benn-Anmerkung stehen, die eine, die direkt vor der Benn-Sequenz steht, bezieht sich auf den damaligen Hauslehrer der Sternheims, Victor Andresen. Thea Sternheim beschreibt ihn in ihrem Tagebuch als einen Mann, »halb Schweizer, halb Holsteiner. Ernst, seiner selbst gewiss, von umfassender Bildung«.[60] Noch bevor Mopsa Sternheim auf Andresen und Benn zu sprechen kommt, erzählt sie von ihrer Liebe zu Herbert Binswanger, von ihrem Körper und ihrem sinnlichen Verlangen, dann von dem Hauslehrer: »Andresen sitzt mir gegenüber. Dieser Mann ist ein Original. Die Vergötterung der Denkmaschine. Er möchte sich am liebsten die Nahrung durch Bestrahlung zukommen lassen, alle Organe ausser dem Gehirn degenerieren lassen. Ein kraftloser Mensch. Er muss ›das‹ als hässlich empfinden, weil er zu schwach ist. Arm.«[61] Unmittelbar darauf folgt die zitierte Anmerkung zu Gottfried Benn, in der auch vom ›Gehirn‹ die Rede ist. Rönne glaubt bekanntlich nicht mehr an das Gehirn: »Zerfallen ist die Rinde, die mich trug.«[62] Für Rönne ist das »Gehirn […] ein Irrweg«.[63] Er steckt voller Sehnsucht – Sehnsucht nach dem Süden, dem Meer, nach sinnlichem Erleben und körperlicher Vereinigung; Sehnsucht nach einem Frauenleib und einem fleischlichen Ich. In Rönne hat Mopsa Sternheim wohl so etwas wie das Gegenbild zum reinen Verstandesmenschen Andresen gesehen. Sie kontrastiert beide und zeigt, auf welcher Seite sie steht. Auch sie steckt voller Sehnsüchte, kann sie aber, wie sie im nächsten Absatz schreibt, nicht ausdrücken. Genau das gelingt Benn in seiner Prosa. Gleichwohl hat sie offenbar Zweifel: »[…] irgendwo ist ein Haken, ein Negatives.«

Am 21. Oktober folgt erneut eine Eintragung, in der Benn genannt wird. Mopsa Sternheim beginnt ein neues Heft und resümiert das vergangene Jahr: »Einige Eindrücke, ein paar Sensationen, Ein Menschliches – Lerner – Ich selbst war unproduktiv, mehr als je. Gezeichnet habe ich nichts besonderes. Von Büchern hatte ich von Ssanin und Gottfried Benn einen tiefen Eindruck. Außerdem bestand mein Leben aus Sehnsüchten aller möglicher Art, Aufstieg und Absturz ziemlich eintönig.«[64] Neben Benn steht der Roman »Ssanin«, ein, wie es im Untertitel heißt, »Sittenroman aus den Tagen der russischen Revolution«, verfasst von dem russischen Schriftstellers Michail Petrowitsch Arzybaschew. Das Buch, 1902 geschrieben, 1907 veröffentlicht, war ein großer Erfolg und zugleich ein Skandal, denn aufgrund der freizügigen erotischen Darstellungen wurde es in vielen Ländern, auch in Deutschland, zeitweise verboten. Man warf Arzybaschew vor, er propagiere die freie Liebe, eine Liebe, die sich über alle sittlichen Schranken hinwegsetzte und rein egoistisch sei. Arzybaschew hat das zurückgewiesen. Gleichwohl – sein Held Ssanin ist ein Draufgänger, der keine Konventionen achtet, der allein seinen Leidenschaften folgt, von Treue und Ehe hält er nicht viel, wer für die echte Liebe schwärmt, der ist in seinen Augen ein Dummkopf. Die Frauen existieren für ihn nur im Plural, sich in der Liebe auf eine Frau zu beschränken, kommt für ihn nicht in Frage. Ssanin und Benn – eine beziehungsreiche Koinzidenz, die Mopsa Sternheim da herstellt – oder ist das schon der Hinweis auf den – zumindest unbewusst geahnten – »Haken«?

Ein einsamer Wolf

Nichts ist gemeinhin so schwer wie Trennungen und Abschiede. Glaubt man der stetig wachsenden Literatur über Trennungsgeschichten, dann sind Männer in der Regel absolut unfähig, die ›richtigen‹, die passenden Worte zu finden, ja, sie machen zumeist nicht viele Worte. Männer, so das weitverbreitete Klischee, sind nicht in der Lage, ihre Gefühle klar auszudrücken, sie in Worte zu kleiden, die der andere verstehen und akzeptieren kann, sie entziehen sich, sie gehen einfach. Trennung ohne Abschied – Psychologen sprechen von der »kalten Trennung« als einer besonders schmerzvollen Erfahrung.

Gottfried Benn war da ganz anders, er verstand es, Abschiede zu inszenieren. Freilich, die schriftliche Aufkündigung einer Liebesbeziehung ist allemal angenehmer als ein persönliches Gespräch – zumal für einen Dichter, der eine gewisse Routine im Ausdrücken von Gefühlen hat. Insoweit ist Benn natürlich, gegenüber seinen Geschlechtsgenossen, im Vorteil. Gleichwohl zeugen die Abschiedsbriefe – und es sind nicht wenige – von einer außerordentlichen Kunstfertigkeit im Einsatz von Pathos und affektiver Rede. So schreibt er an Elinor Büller am 27. Juni 1937: »Und das Vergangene sind Du u. ich, 8 Jahre lang, u. es wird weiter Gegenwart u. Zukunft bleiben. Damit nehme ich Abschied von Klingsorstr 66II. Leb wohl, liebe Wohnung, auf Wiedersehn süßer lieber Mor!«[1]

Nachdem Benn seine Geliebte Tilly Wedekind darüber informiert hatte, dass er nicht sie, sondern eine andere Frau, Herta von Wedemeyer, heiraten wird, schreibt er am 11. Januar 1938 einen, für lange Jahre, letzten Brief an die Freundin: »Dich, liebe u. süße Tilly, kann ich nicht heiraten, Du weißt warum. […] Schreibe mir bitte, daß Du es verstehst. Die Erinnerung an unsere Jahre wird immer ganz unvergänglich in mir weiterleben als ein großes Geschenk des Lebens, das ich nie vergessen kann. Aber die Zeit ist so dunkel geworden u. die Welt so leer, man muß alles für sich allein erleben u. abmachen, eine Kette vor der Tür u. ein Gitter vor seinem Gehirn u. vor seinen Worten.«[2]

So oder so ähnlich verabschiedete er sich auch von seinen anderen Geliebten, er erinnert an die schöne Zeit, die man zusammen verbrachte, und schreibt wehmütig von der Unausweichlichkeit einer Trennung. Und immer ist es Benn, der den Schlusspunkt setzt oder zu setzen versucht, immer sind da die Gesten und Signale, die Schicksalhaftes andeuten. »Jedem das Seine u. Gott mit uns« – so die Wendung im letzten Brief an Dorothea Hahn, wir haben ihn oben zitiert.

Das später artikulierte Motiv der Trennung taucht oft schon zu Beginn der Beziehung auf. Benn weist die Geliebte von vornerein auf eine konstitutionelle Besonderheit hin, die nicht in Frage zu stellen ist und die er, beim besten Willen, nicht ignorieren kann, eine charakterliche Eigenheit, er spricht sogar, halb ernst halb scherzhaft, von einer ›Abnormität‹. Gemeint ist sein »Einsamkeitsdrang«,[3] ein unhintergehbares Faktum, das sich nicht auflösen, nicht antasten lässt, wie er den Frauen versichert, auch die Liebe vermag nichts daran zu ändern. Es gäbe bei ihm ein tiefsitzendes Bedürfnis nach Einsamkeit, das sich in regelmäßigen Abständen melden und sich nicht überwinden ließe. Dabei betrachtet Benn sein Einsamkeitsbedürfnis durchaus auch unter negativen Vorzeichen. Der Kern seiner Persönlichkeit, so schreibt er 1930 an Tilly Wedekind, verberge sich hinter einer »Mauer aus Kühle und Abgeschlossenheit«.[4]

Das Bild von der »Mauer« benutzt Benn schon sehr früh und variiert es in vielfältiger Weise. Anfang 1922 schreibt er an seine Geliebte Gertrud Zenzes, die er kurz zuvor kennengelernt hatte und die zu dieser Zeit noch Gertrud Ottilie Cassel hieß: »ich habe nur oft, ja meistens so viel Mauern um mich rum, daß ich dem andern kein Verstehen zeigen mag, ich bin so hart geworden, um nicht selber zu zerschmelzen u. schließlich auch sehr fremd u. sehr allein.«[5] Und um welche Art von Mauern – Benn spricht im Plural! – es sich dabei handelt, darauf weist ein Stichwort hin, dass wenige Zeilen vorher fällt: Babylon. Zwei gewaltige Mauern umschlossen Babylon; Mauern, die so mächtig waren, dass sie die Feinde vor der Einnahme der Stadt abschrecken sollten. Nur wurden dadurch, wie wir wissen, die Eroberer von ihren Plänen nicht abgehalten – Cyrus, der 539 vor unserer Zeitrechnung die Stadt einnahm, bediente sich einer List, er leitete das Wasser des Euphrat ab, dadurch sank das Wasser in den Gräben, das die wuchtigen Stadtmauern umgab, die Soldaten konnten in die Stadt einmarschieren, ohne dass sie die Mauern berennen mussten.

Listig ist Benn auch, wenn er 1930 an Tilly Wedekind schreibt, es würde sich gar nicht lohnen, über die Mauer zu gelangen, denn es sei nichts dahinter, »außer einigen Hieroglyphen«.[6] Ein durchsichtiges Manöver, er will vorbauen, sie soll erst gar nicht versuchen, sich seinem Einsamkeitsdrang in den Weg zu stellen. Vor allem aber hat sich Benn auf diese Weise einen Vorteil gesichert: Kommt es zum Konflikt, kann er immer auf die Mauer verweisen, die ihn hemmt und ein Verstehen des anderen unmöglich macht. Im Übrigen behauptet er: »Ich kann aus meinem Leben nicht heraus u. will es auch gar nicht.«[7] Er braucht und liebt die Einsamkeit, die zu seinem virilen Habitus gehört – ein Mann, dem die Freiheit viel, ja alles bedeutet, der sich unabhängig wähnt und allein seinen Weg geht.

Psychologen und Paartherapeuten wissen, Frauen fühlen sich von einem solchen Mann magisch angezogen, die Unerreichbarkeit und das unergründliche, geheimnisvolle Wesen, das der einsame Mann verkörpert, wirkt auf die eroberungslustige Frau herausfordernd. Der ›einsame Wolf‹ soll gezähmt, ihm soll gezeigt werden, dass er doch eine Frau braucht, dass sein Einsamkeits- und Freiheitsbedürfnis nur deshalb so stark ist, weil er bis dato noch nicht die ›richtige‹ getroffen hat. Was diesen Mann attraktiv macht, ist seine Eigenliebe, die ihm wichtiger ist als die Liebe zum anderen.

Benn spielt bei den Frauen, die er erobern will, immer wieder die Rolle des einsamen Wolfs, ein freiheitsliebender Vagabund, der Abstand braucht und den anderen von seinem Leben fernzuhalten versucht. Benns Biograph Lethen verweist in diesem Zusammenhang auf den abgedeckten Blick, die »leicht verhängten Augen«, die auf einigen Fotografien Benns zu sehen sind. Lethen sieht darin, »Schutz gegen den eindringenden Blick der andern«, eine »Distanznahme«[8], die offenbar anziehend auf Frauen wirkte. Mopsa Sternheim schreibt 1932, in einem Brief an ihre Mutter, dass sie, als sie Benn wiedersah, sogleich »im Begriff war seinen ollen alten Traumaugen zu verfallen [...], es war wieder einmal sehr gefährlich.«[9]

Benn hat den Habitus des Einsamen als seine Konstitution begriffen, ihn aber auch als Lebensstil kultiviert. Der Habitus ist, wie Pierre Bourdieu sagt, ein »*Erzeugungsprinzip*«, er muss als ein »System *distinktiver Zeichen*«[10] hervorgebracht werden. Der einsame Benn, der unter den Bohemiens in den Berliner Nachtcafés sitzt und die Prostituierten, Zuhälter, Liebespaare und Säufer beobachtet, oder, in den späteren Jahren, in eine Eckkneipe geht, ein oder zwei Biere trinkt, mit niemandem redet und über eine Gedichtzeile nachdenkt[11], ist ein in der Literatur oft und gern zitiertes Bild. So will man den großen Einsamen sehen, ein Künstler, ein Sonderling und Eigenbrötler, und doch irgendwie volksverbunden, geerdet. So wollte er wahrgenommen werden. Nicht von ungefähr hat er sich selbst auch gern so porträtiert: »Ich sitze abends lieber allein in meinem Lokal, trinke, die Wände sind abgerückt, es ist mehr Kulisse da als in meiner Wohnung, das Radio spielt, erweitert noch die Szene, ich sehe die Dinge vor mir, lockerer, schattenvertiefter, manches verschlingt sich miteinander, meine Notizen rücken sich näher – auf was soll ich mich da noch beziehen? ... [Die Einsamkeit] ist eine Methode, mit deren Hilfe man die Sachen besser zustande bringt, als es durch Unterhaltung, Aussprache, Extroversion und gemeinsames Spazierenlaufen geschähe.«[12]

Thea Sternheim hat sich viele Jahre von diesem Habitus, der auch in seinem Werk eine bedeutende Rolle spielt, in Bann ziehen

»Man liegt vor einer Frau nicht Tag u. Nacht auf den Knien u. murmelt zu ihr Gebete empor. Eine Frau ist ein Gegenstand.« Gottfried Benn, 1927. (Foto: Franz Pfemfert)

lassen, später hat sie ihn als strategisches Spiel durchschaut und spricht von der »Entscheidung zur Melancholie als Wirkungsmittel«[13]. Je länger sie im Alter über Benn nachdachte, je mehr sie über seine Lebens- und vor allem auch über seine Liebesgeschichten erfuhr, desto mehr erschien er ihr im eigentlichen Sinn unwahrhaftig – ein Komödiant, der sich selbst spielt und von dem man nicht weiß, wer und was er ist.

Das Image des einsamen Wolfes, der die Freiheit über alles liebt, sich allein und auf sich gestellt durch das Leben kämpfen muss, hat Benn fasziniert. Immer wieder nahm er sich die Freiheit und kündigte, mit Verweis auf sein Einsamkeitsbedürfnis, eine Beziehung auf. So war es auch mit der oben erwähnten Gertrud Zenzes, die er in den erhaltenen Briefen als geliebter »Mungo«, als liebes »Schmuckchen« oder liebster »Petit« anspricht. Am 18. September 1922 macht er ›Schluss‹, das heißt, er schreibt ihr einen elegischen Abschiedsbrief: »Lieber Mungo, Du hast recht: Ich soll Dich nicht so lange ohne Liebe u. Freundschaft lassen. Du bis zu zart u. weich dazu. Aber was soll ich tun? Zur Zeit u. wie mir scheint, für eine lange Zeit muß ich allein leben u. werde Dich nicht sehn. Gehen wir also auseinander mit dem Bewußtsein, daß wir uns wieder treffen werden, daß zwischen uns nichts war u. sein wird als große

153

Freundschaft, Glück u. Zärtlichkeit, so oft die Stunde schlug u. wenn sie wieder schlagen wird. Wann? Vielleicht bald. Dich küßt sehr zärtlich G.«[14]

Ein Abschiedsbrief, der dann aber doch nicht, wie in vielen anderen Fällen, das letzte Wort war. Bereits im Dezember schreibt Benn erneut, jetzt jedoch siezt er Gertrud Zenzes wieder. Sie bleibt eine Freundin, mit der er brieflich Kontakt hält. Als sie sich nach dem Zweiten Weltkrieg bei Benn wieder meldet, dem alten Freund Care-Pakete schickt und ihn 1948 sogar in Berlin besucht, kehren sie zum Du zurück.

Gertrud Zenzes lernte Benn 1921 kennen, da war sie dreiundzwanzig Jahre alt, eine hübsche Frau, selbstbewusst und gebildet. Gleichwohl ließ sie sich von dem zwölf Jahre älteren Mann einiges sagen. Benn nahm sich ihre Briefe vor, korrigierte ihren Stil, kritisierte sprachliche Wendungen und machte gleich am Anfang ihrer Beziehung deutlich, dass er gewillt war, sie zu »erziehen«. Scheinheilig fragt er: »Bist Du böse? Du bist so intelligent, Du mußt das aber trotz Küchenboden u Zeitunglesen u Schuhputzen nebenbei auch noch können.« Und am Ende des Briefes die freundliche Ermahnung: »sei lieb u. nicht zu klug«.[15]

Gertrud Zenzes hatte Germanistik studiert und ihre universitäre Ausbildung mit einer Promotion über die schlesischen Weber abgeschlossen.[16] Anfang der zwanziger Jahre war sie als Archivarin im Auswärtigen Amt beschäftigt. 1926 ging sie in die USA, heiratete dort, lebte zunächst in San Francisco, dann in New York, wo sie eine deutsche Buchhandlung gründete. Benn wird ihr im September 1933 einen ausführlichen Brief schicken, in dem er seine Beziehung zum nationalsozialistischen Deutschland erläutert. Was er in diesem Brief schreibt, ist nicht unbedingt neu, er äußert sich vielleicht etwas plakativer zur politischen Lage, nennt Hitler beim Namen und spricht auch das »Judenproblem« an, inhaltlich bezieht er jedoch eben jene Position, die er auch in seinen Schriften artikuliert. Nach diesem Schreiben, wir werden darauf zurückkommen, brach der Kontakt bis 1946 ab.[17]

Die Beziehung Benns zu Gertrud Zenzes hatte Anfang der zwanziger Jahre eine Besonderheit. Der Dichter schüttete ihr offenbar sein Herz aus, er erzählte vom Alltag, von seinen Sorgen und Nöten: »Mir geht es heute miserabel«, schreibt er ihr am 29. Dezember 1921. »Vollkommen dezentralisiert, überarbeitet, verludert. Es ist kein Leben dies tägliche Schmieren u. Spritzen u. Quacksalbern u. abends so müde sein, daß man heulen könnte. Aber wenn ich mir vorstelle, was ich machen sollte, weiß ich es auch nicht. Den Laden verkaufen u. fortgehn! Aber wohin?«[18] Nicht allein seine Praxis drückt ihn, so ganz nebenbei, er erwähnt es auch im Brief, hat er ja noch eine Tochter, für die er Unterhalt zahlen muss und die man so einfach »nicht zum Deibel jagen«[19] kann. Nicht nur der Arztberuf, auch das Schreiben macht ihm scheinbar schon lange keinen richtigen Spaß mehr: Wozu und für wen soll er schreiben? Und worüber?: »alles so erledigt, ausgepowert, abgeknabbert«.[20] Anfang 1922 schreibt er ihr erneut von seiner immer noch anhaltenden Erschöpfung: »Ja, ich bin unbeschreiblich müde u. abgelebt wieder mal augenblicklich, darüber ist nichts zu sagen, die Sinnlosigkeit des Daseins in Reinkultur u die Aussichtslosigkeit der privaten Existenz in Konzentration«.[21] Am 3. Mai 1922 klagt er über seine Kontaktlosigkeit, seine Einsamkeit: »Meine Zusammenhänge mit der Welt sind wieder äußerst minimal.«[22]

Benn zeigt sich als jemand, der unter seiner Doppelexistenz als Arzt und Künstler leidet, der nach einer Alternative sucht, nach einem anderen Leben. Oder kokettiert er nur damit? Seine Arztpraxis aufzugeben, aus Berlin wegzugehen, oder gar, wie er in dem Brief schreibt, in ein »warmes Land«, in den »Süden«, zu ziehen, das waren für ihn kaum ernstzunehmende Optionen. In Wirklichkeit – das weiß er sehr genau – befindet er sich in einer ziemlich komfortablen Lage. Man muss sich nur das gesellschaftliche Umfeld anschauen, die chaotische Situation in Berlin und im Deutschen Reich Anfang der zwanziger Jahre: galoppierende Inflation und Teuerungswelle, Hungerrevolten, Demonstrationen von Arbeitslosen, politische Morde an Repräsentanten der Republik, Matthias Erzberger (1921) und Walther Rathenau (1922). Da klingt es wie Hohn, wenn Benn davon spricht, dass ihm sein Dichten den

Appetit verdirbt, den Magen ruiniert, ihn »mürrisch u. depressiv« macht. Solche Stimmungen, schreibt Benn an Gertrud Zenzes, könne sich einer wie er, »der von morgens 8 Uhr an höflich u. nichtssagend seine Schmutzfinken von Patienten empfangen muß«, aber nicht leisten.[23]

Lassen wir mal beiseite, dass die Sprechzeiten des »Spezialarztes für Hautkrankheiten« so ausgedehnt nicht waren, sie erstreckten sich von 17 bis 19 Uhr. Natürlich gingen seine Arbeitszeiten über die Sprechzeiten hinaus, aber, so viel lässt sich sagen, Benn hat sich als freipraktizierender Arzt für seine Patienten nicht aufgerieben. 1926 hat er Praxis und Wohnraum zusammengelegt, so konnte er geräuschlos abtauchen und sich zurückziehen, vom medizinischen Vordergrund in den privaten Hintergrund. Lassen wir auch die betont ›lockere‹ Ausdrucksweise beiseite: Benn liebte den Jargon und brüskierte gern die Damen, indem er Dinge aussprach, die der *Political Correctness* zuwider liefen: eine Tochter, die man »nicht zum Deibel jagen« kann, Patienten, die er als »Schmutzfinken« tituliert. Das alles ist in diesem Fall nicht so bedeutend. Betrachten wir lieber die Botschaft, die er Anfang der zwanziger Jahre nicht nur an Gertrud Zenzes sendet. Im »Epilog«, den er in dieser Zeit schrieb, diagnostiziert er seinen Zustand in ganz ähnlicher Weise: »fünfunddreißig Jahre und total erledigt, ich schreibe nichts mehr – man müßte mit Spulwürmern schreiben und Koprolalien; ich lese nichts mehr – wen denn? die alten Titaniden mit dem Ikaridenflügel im Stullenpapier? Ich denke keinen Gedanken mehr zu Ende, rührend das Bild des Abendländers, der immer noch und immer wieder, und bis der Okzident in Schatten sinkt, dem Chaos gegenübertritt mit seiner einzigen Waffe, dem Begriff«.[24] Nichts mehr schreiben, nichts mehr lesen, nichts mehr denken. Und Benn stellt die rhetorische Frage: »Wie soll man da leben?«[25] Mit seiner geistigen Existenz scheint er am Ende. Er fühlt sich, wie er am Schluss des »Epilogs« schreibt, als wäre er gar nicht mehr am Leben und befände sich schon irgendwie jenseits der Welt. In diesem Jenseits gibt es keine Verbindung mehr mit dem Realen, ist er entkoppelt von der Wirklichkeit, es gibt nur noch sein

atomisiertes Ich. »Unmöglich, noch in einer Gemeinschaft zu existieren, unmöglich, sich auf sie zu beziehen in Leben oder Beruf; zu
durchsichtig die Wrackigkeit ihrer antithetischen Struktur, zu verächtlich dieser ewig koitale Kompromiß embonpointaler Antino-
mien ... «[26]

Benn, sagt die Forschung, vollzog in den zwanziger Jahren eine
»Abwendung vom Sozialen«, er hatte »ein asoziales ›Ich‹ vor
Augen, das sich aus allen ›Korporationen‹ der Gesellschaft löst.«[27]
Aber war er dem »Sozialen« denn je besonders zugewandt? War er
nicht immer von einem ›asozialen Ich‹ fasziniert? Sah er sich nicht
als Geistesaristokrat, als Mann, der sich nicht sozialisieren ließ?
Diese Rolle als freischwebender Intellektueller und Dichterfürst
konnte er allerdings nicht spielen, er lebte in einer Gesellschaft, die
ihn auf die krude Existenz eines Arztes verwies, eine Gesellschaft,
die mit seiner eigentlichen Berufung, der Kunst, wenig anfangen
konnte, in der er mit seinem Schreiben nicht die Anerkennung
fand, die er gerne gehabt hätte – das erregte seinen Groll. Coram
publico rechnete er vor, was er über die Jahre mit seiner Literatur
verdient hat, insgesamt 975 Mark. Während eine Solotänzerin in
der Oper »300 Mark pro Abend« verdient, beim Film verdient
man »400 Mark« am Tag und »der erste Geiger einer Sommer-
kapelle von einigem Niveau wird mit 1500 Mark im Monat bezahlt,
der Dirigent der Kinokapelle im Marmorhaus mit 4000 Mark.«[28]
Von der Gesellschaft fühlt er sich missachtet, mit seiner Kunst zum
Außenseitertum verurteilt, das er aber in stolzer Melancholie vor
sich herträgt. Er, der Antibürger, sieht sich in den zwanziger Jahren
in einem bürgerlichen Lebensentwurf gefangen. Das war eine
Kränkung, eine Zurücksetzung. Sein Ressentiment gegen die Weimarer Republik hatte viel mit dem Gefühl zu tun, außen vor zu stehen und zu kurz gekommen zu sein.

Was bleibt ihm also anderes übrig als sich, wie er am 31. Dezember 1922 an Gertrud Zenzes schreibt, »geistig umzubauen«[29]. Die
mittlerweile wieder gesiezte Freundin erhält noch einmal ein, bei
näherem Hinsehen, etwas zwiespältiges Lob, sie sei »die feinste u.
im Herzen zärtlichste gewesen«, die er »in diesem Jahr [!] gespro-

chen u. besucht habe«. Gleichwohl solle sie sich keine Hoffnung machen: »Mich sehen werden Sie jedoch auch vorläufig weiter nicht.«[30]

Neben dem geistigen plante Benn auch einen wirtschaftlichen Umbau. Er wollte die Praxis anders gestalten, damit er mehr Zeit für sich hatte. Diese Überlegungen hängen mit dem Tod seiner Ehefrau Edith zusammen, die am 19. November 1922 nach einer Gallenoperation in Jena gestorben war. Die mittlerweile siebenjährige Tochter Nele kam vorübergehend zu Benns Bruder, der als Pfarrer in die Fußstapfen des Vaters getreten war. Eine langfristige Lösung für seine Tochter hatte Benn schon gleich nach der Beerdigung seiner Frau angebahnt. Auf der Rückfahrt nach Berlin lernte er die dänische Opernsängerin Ellen Overgaard kennen und, was bei Benn zumeist zusammengehörte, auch lieben. Die Wagnersopranistin war zwar mit einem dänischen Werftbesitzer verheiratet, aber das hinderte sie offenbar nicht, ein Verhältnis mit dem Dichter einzugehen. Man traf sich nur sporadisch. Da die Sängerin aber viel unterwegs war, ergaben sich immer Möglichkeiten zu einem Tête-à-Tête. Wenn die Sängerin in Berlin gastierte, wohnte sie in der Passauer Straße, wo zuvor Benns Ehefrau und Tochter gewohnt hatten. Für Benn eine ideale Liebe, eine Liebe auf Abstand, die ihm nicht zu nah und nicht zu intim wurde. Es gab immer wieder Abschiede und Zeiten der Trennungen – und die inspirierten Benn in besonderer Weise. Davon zeugen die Gedichte »Die Dänin« und »Wie lange noch«:

> »wie lange noch, dann fassen
> wir weder Gram noch Joch,
> du kannst mich doch nicht lassen,
> du weißt es doch,
> die Tage, die uns einten,
> ihr Immer und ihr Nie,
> die Nächte, die wir weinten,
> vergißt du die?«[31]

Ellen Overgaard hat die Nächte nicht vergessen, zur besonderen Freude Benns interessierte sie sich sogar für seine Tochter, die ohne Mutter dastand. Die Sängerin selbst war kinderlos. Sie hat einige Wochen überlegt, im Frühjahr 1923 traf sie dann eine Entscheidung und nahm Benns Tochter Nele in ihr Haus in Kopenhagen auf. Vater und Tochter sahen sich nur noch selten.

Benn hatte nun ›freie Bahn‹ – und er nutzte sie. 1923 lernte er die Gesellschaftsfotografin Frieda Riess kennen, eine mondäne Erscheinung von eigenwilliger Eleganz, selbstbewusst und herausfordernd. 1890 wurde die Tochter einer jüdischen Kaufmannsfamilie in Posen geboren. Nach dem Tod des Vaters kam sie schon in jungen Jahren mit ihrer Mutter und ihren beiden Brüdern nach Berlin. Sie machte eine fotografische Ausbildung und eröffnete 1918 ein Atelier am Kurfürstendamm. Ein Jahr später heiratete sie den Schriftsteller Rudolf Leonhard, ein streitbarer Kommunist und Pazifist – die Ehe dauerte knapp drei Jahre. »Die Riess«, wie man sie auch nannte, ging in Geselligkeiten auf, hatte viele Freunde, feste Beziehungen waren zu dieser Zeit nicht ihre Sache.

Anfang der zwanziger Jahre begann ihr Aufstieg als Gesellschaftsfotografin. Sie porträtierte Schriftsteller, Tänzer, Künstler, Boxer, Politiker, Schauspieler. Wer etwas auf sich hielt, ließ sich von Frieda Riess ablichten. Ob Asta Nielsen oder Heinrich Mann, Max Schmeling oder Albert Einstein, Vita Sackville-West oder Josephine Baker, André Gide oder Paul Valéry, die Colette oder André Breton – sie hat sie alle verewigt. Eines ihrer Lieblingswerke war ein Porträt Benito Mussolinis, den sie für den bedeutendsten Mann hielt, dem sie je begegnet sei. Zeitlebens wird die großformatige Aufnahme sie begleiten und, zur Irritation so mancher ihrer Besucher, einen Ehrenplatz in allen ihren Wohnungen einnehmen.

Als Benn sie kennenlernte, war Frieda Riess schon eine Berühmtheit, die längst nicht mehr nur im Berliner Kulturleben Furore machte. Sie hatte Ausstellungen in der ganzen Republik, war in Paris, London und Turin unterwegs, arbeitete für viele Illustrierte, veröffentlichte ihre Porträts im stilvollen »Querschnitt«, Alfred Flechtheim lobte sie in den höchsten Tönen – von »der Riess« por-

trätiert zu werden, unterstrich nicht zuletzt auch die eigene Bedeutung. Benn reihte sich 1924 in die illustre Schar ein. Die Aufnahme zeigt ihn in einer bemerkenswerten Pose: den Kopf zur Seite gewendet, eine hohe, breite Stirn, die schweren Augenlider leicht nach unten, der Blick weicht dem Betrachter aus, das Sakko halb geschlossen, die Hände in den Taschen vergraben, um den Mund ein herrischer Zug.

Als dann im November 1926 in Flechtheims Galerie am Lützowufer eine Einzelausstellung der Fotografin stattfand, steuerte Benn für den Katalog ein kleines Widmungsgedicht bei:

Auf die Platten die Iche
tuschend mit Hilfe des Lichts,
die Gestalten, die Striche
Ihres – Linsengerichts[32]

Benns Beziehung zu Frieda Riess war nicht mehr als ein kurzes Abenteuer – von dem sich nicht viele Spuren erhalten haben. Die von sich selbst überzeugte Fotografin wollte weder von Benn dominiert noch erzogen werden. Und die Rolle des einsamen Wolfes, dem nichts so sehr wie sein Einsamkeitsbedürfnis am Herzen liegt,

160

konnte Benn bei ihr nicht spielen. Sie suchte interessante Männer, Männer, die eine gesellschaftliche Position inne hatten und eine faszinierende Ausstrahlung besaßen. Sie war es gewohnt, Anweisungen zu geben, und sie sagte, was sie wollte.

Diesen Eindruck hatte auch Thea Sternheim, als sie im November 1927 ihren Sohn Klaus zur Fotografin begleitete. Thea Sternheim war selbst eine begeisterte Fotografin, von ihr, die sich alles autodidaktisch beigebracht hatte, lernte Franz Pfemfert die Kunst des Fotografierens, die in den Jahren des Exils sein Überleben sicherte. Frieda Riess hatte offenbar Kenntnis von Thea Sternheims Arbeiten, sie wurde, so notiert sie im Tagebuch, »als Orakel in photographischen Fragen« begrüßt – »(ich muss laut auflachen) […]. Jedenfalls ist diese Berliner Jüdin reichlich direkt – in der Galerie der von ihr gemachten Bildnisse ist, wenn auch nichts, was mich erschüttern würde, immerhin manches, was ihren Geschmack bezeugt.«[33]

Irgendwann um diese Zeit verliebte sich Frieda Riess in den französischen Botschafter Pierre de Margerie, dreißig Jahre älter als die Fotografin und ein Mann von Adel. 1932 kehrte er zurück nach Paris – und »die Riess« folgte ihm. Ihre Arbeit als Fotografin muss sie in Frankreich aufgegeben haben, jedenfalls ist nichts mehr darüber bekannt geworden. Ihre Spuren verlieren sich.

Frieda Riess, Berlin 1922,
Selbstporträt

Eine der wenigen Quellen über ihr Leben in Paris ist das Tagebuch von Thea Sternheim. In ihren Aufzeichnungen taucht Frieda Riess immer wieder auf – allerdings in einer nicht sehr sympathischen Weise. Thea Sternheims Ressentiments hatten ganz sicher auch mit der Beziehung der Fotografin zu Gottfried Benn zu tun – Frieda Riess hielt damit nicht hinterm Berg, sie kam immer wieder darauf zu sprechen und breitete die Geschichte in allen Einzelheiten aus. Am 1. Februar 1938 heißt es im Tagebuch: »ich bleibe bei der Riess zum Abendessen. Sie nimmt die Gelegenheit wahr mit Nachdruck ihre Betterlebnisse mit Benn anzubringen. Sehe ich die Riess vor mir, eher hässlich als hübsch, auch nicht ganz appetitlich, wundere ich mich jedesmal über die Anziehungskraft, die sie offenbar auf den Mann ausübt. Wie die Gesetze des Sexappeals erklären?«[34] Das erste Mal trifft sie Riess de Belsine, wie sie sich in Frankreich nennt, am 31. Januar 1935. André Gide hatte ihr erzählt, dass die Fotografin in Paris wohnt. »Ich finde sie in einem auf den Tuileriengarten gehenden Zimmerchen des Hotel Continental, die Wände mit Porträtaufnahmen allerlei prominenter Leute behangen. Ein riesiges Mussoliniporträt mit Widmung erstaunt mich durch den bisher an diesem Mann nie wahrgenommenen negroïden Einschlag, der unbändig, vorstossend, aber in nichts an die indezente muffige Kleinbürgerlichkeit des Oberbonzen in Deutschland erinnert. Immerhin würde es mir nicht angenehm, ja nicht einmal möglich sein, im Schatten dieser herausfordernden Physiognomie zu leben. Sonst ist die Riess unorientiert, irgendwie weltfern, ohne Ahnung von dem, was sich während ihrer Abwesenheit in Deutschland abspielte.«[35]

Thea Sternheim besucht Frieda Riess jetzt gelegentlich, es ist ihr nicht gerade ein inneres Bedürfnis, es ist eher Mitleid mit der vereinsamten und zunehmend auch kranken Frau, die es als Jüdin in Frankreich nicht leicht hat. Nichtsdestotrotz kann sie ihre Antipathie kaum zügeln, sie ärgert sich über die Takt- und Stillosigkeit, über die »Uneleganz ihrer Haltung«[36]. Am liebsten hätte sie den Kontakt vermieden, nimmt dann aber doch immer mal wieder eine Einladung an – und ärgert sich hinterher über ihre Gutmütigkeit.

Gottfried Benn,
Bozenerstraße, 1947
(Foto: Erhard Hürsch)

Frieda Riess stirbt Mitte der fünfziger Jahre krank und einsam. Das genaue Datum ist nicht bekannt, auch nicht wo sie begraben liegt.

Und Benn – nahm er von Frieda Riess noch Notiz? In einem Brief vom 5. Oktober 1953 an Benn kommt Thea Sternheim noch einmal auf die Fotografin zu sprechen und macht den Dichter auf das »prachtvolle Photo« aufmerksam, das im Besitz der Riess ist. Er solle sich doch von ihr einen Abzug beschaffen, sie selbst hätte nach dem Krieg den Kontakt abgebrochen und könne in der Angelegenheit leider nichts für ihn tun.[37] Benn geht darauf nicht ein. Das »prachtvolle Photo«, man darf es vermuten, wollte er am liebsten vergessen, die Aufnahme gefiel ihm nicht besonders. ›Jetzt‹, nach dem Ende des Zweiten Weltkriegs, als er sein Comeback startete, wollte er anders wirken, da passte diese Aufnahme mit dem hochmütig-überlegenen Blick ganz und gar nicht in sein Konzept.

Thea Sternheim kritisierte mehrfach die Auswahl der Fotografien Benns, die der Limes Verlag in seinen Prospekten und Büchern veröffentlichte.[38] Die Bilder drückten für sie »Trübsal« und »Verzweiflung«[39] aus und schienen ihr alles andere als werbewirksam. Benn sah das aber offenbar völlig anders. Jedenfalls schreibt die Lektorin Marguerite Schlüter an Thea Sternheim, der Verlag hätte die publizierten Bilder abgedruckt, weil Benn es ausdrücklich so

163

gewollt habe.[40] Besonders schätzte Benn ein Foto aus der unmittelbaren Nachkriegszeit, das ihn abgemagert, melancholisch und tief verzweifelt zeigt. Von diesem Ausdruck war der Autor offenbar ganz hingerissen, er passte zu des Dichters neuen Kleidern, zu seiner pathetischen Selbststilisierung und der so gern an den Tag gelegten »innerweltlichen Weltentfremdung«[41].

Wäre er nach 1945 mit der »prachtvollen« Aufnahme der Riess an die Öffentlichkeit getreten – mit diesem Lächeln und dem arrogant vom Betrachter weggekehrten Blick, man hätte ihm sein Leiden an der Sinnlosigkeit der Welt wohl kaum abgenommen, sein pompös inszeniertes »Doppelleben« wäre sofort als Lebenslüge entlarvt worden. Ist es Zufall, dass das Benn-Porträt von Frieda Riess im Deutschen Literaturarchiv Marbach so lange »unbeachtet« blieb und erst auf wundersame Weise ans Tageslicht befördert wurde, als man die Fotografin 2008[42] wiederentdeckte? Die Aufnahme der Riess passte offenbar weder dem Autor noch seinen Interpreten und Editoren ins Konzept, immer wieder reproduziert wurde dagegen der abgemagerte und melancholisch dreinblickende Benn.

Kommen wir zurück zum wirtschaftlichen Umbau, den Benn im Dezember 1922 Gertrud Zenzes avisierte. Erst im September 1926 konnte er Vollzug melden: »Hinter mir ekelerregende Wochen: ich habe die Wohnung Passauerstr. nach langen schwierigen Verhandlungen tauschlos abgegeben u. bin ganz in die Beel.all.str. gezogen, die ich habe renovieren usw. lassen«, so schrieb er der Freundin.[43] »Ekelerregende Wochen« – damit meinte er nicht nur den Umzug in die Belle-Alliance-Straße – wie sollte ein Umzug auch ekelerregend sein? Was da hinter ihm lag, und wovon er Distanz suchte, das war die Episode mit Mopsa Sternheim, die sich leidenschaftlich in Benn verliebt hatte und die schießlich, als der Dichter die Affäre beendete, einen Selbstmordversuch mit Veronaltabletten beging – Benn pumpte ihr den Magen aus. Das Wort »ekelerregend« bekommt dadurch einen anderen Klang, es entstammt einem anderen Kontext, einem Kontext, über den Benn aber hier nicht reden will. »Sonst nichts Neues«, schließt er seinen Brief an Gertrud Zenzes.

»Selbst mit der Liebe ist es nicht mehr weit her, es vergehen Wochen u Monate ohne Abenteuer u. dann waren sie nachher doof.«[44]
Gehörte Mopsa Sternheim dazu? – In Benns Augen war das eine verunglückte Liebesgeschichte, eine Sache, die ihm aus der Hand geglitten war, die er nicht mehr kontrollieren konnte. Er wollte ein schönes Abenteuer – und dann das. Was wusste er von Mopsa Sternheim, von der Generation, der sie angehörte? Herzlich wenig. Benn interessierte sich weder für seine Tochter noch für die Ideen der jungen Leute, der, wie man sie damals auch nannte »verlorenen Generation«, die sich von den Träumen ihrer Eltern lösten und andere Wege gingen. Um Mopsa Sternheims Geschichte zu verstehen, müssen wir einen kleinen Umweg nehmen.

Das Publikum buhte sie gnadenlos aus, kam aber in Scharen. Man
wollte die Schauspieler sehen – drei Akteure trugen einen großen
Namen: Die Geschwister Klaus und Erika Mann sowie die ältere
Tochter des Dramatikers Frank Wedekind, Pamela. Der Name des
vierten Hauptdarstellers war bis dahin weitgehend unbekannt,
er hieß Gustaf Gründgens. Der spätere ›Staatsschauspieler‹ stand
damals noch ganz am Anfang seiner Karriere. Gründgens war auch
für die Regie verantwortlich. Geschrieben hatte das Stück Klaus
Mann, es trug den programmatischen Titel: »Revue zu Vieren«.
Für die Kostüme und das Bühnenbild war ein weiteres »Dichterkind« verantwortlich: Mopsa Sternheim. Die Musik stammte von
Katja Manns Zwillingsbruder Klaus Pringsheim.

Am 21. April 1927 wurde das Theaterstück uraufgeführt – und
es endete in einem Fiasko. Gleichwohl ging man im Anschluss auf
eine lange vorher abgesprochene Tournee, man trat in Cottbus,
Berlin und München, in Dresden, Hamburg und zuletzt in Kopenhagen auf. Wie schon bei der Premiere waren die Häuser voll, doch
das Publikum reagierte auf das Stück mit lauten Unmutsbekundun-
gen. Es kam sogar vereinzelt zu Tumulten und handfesten Auseinandersetzungen. Auch die Kritik machte sich über die »Dichterkinder« her, die Theater spielen, und ließ kein gutes Haar an dem
Stück. Herbert Jhering nannte es »peinlich, geschwätzig« und voller »Zeitschlagworte«[1]. Erich Mühsam kritisierte vor allem den
Anspruch der Akteure, eine Elite der neuen Jugend sein zu wollen:
»Es geht nicht um den individuellen Fall Klaus Mann, es geht um
den typischen Fall einer Sorte von Zwanzigjährigen, die nicht die
Jugend repräsentieren, sondern das stagnierende Greisentum, das

als klebriges Rudiment erledigter kultureller Ansätze mit unnützer Indolenz in die gärende, flutende, grundstürzende Gegenwart hineinschnarcht.«[2]

Die »Revue zu Vieren« war, nach »Anja und Esther« (1925), das zweite Theaterstück Klaus Manns – und er hatte es in gewisser Weise den vier Protagonisten auf den Leib geschrieben, denn es ging in dem Stück auch um erotische Verwicklungen. Und wie im Theaterstück, so waren auch in der Realität alle vier miteinander verbandelt: Klaus Mann war mit Pamela Wedekind verlobt, die wiederum für Erika Mann schwärmte; Erika Mann ihrerseits hatte 1926 Gustaf Gründgens geheiratet, den ›schönen‹ Gründgens, mit den »stolzen Lippen«[3], den Klaus Mann bewunderte. Eine schwierige Gemengelage, die zu zahlreichen Konflikten führte. Schon vor der Premiere gab es Streit zwischen den Akteuren. Gründgens kritisierte das Stück, wollte aber seine Ehe nicht gefährden und blieb zunächst dabei, die Regie gab er jedoch an Pamela Wedekind ab. Nach der Aufführung in Berlin kam es beinahe zum Zerwürfnis: Gründgens stieg aus, Pamela Wedekind, die ebenfalls aufhören wollte, ließ sich schließlich überreden, weiterzumachen.

Die »Revue zu Vieren« ist in erster Linie eine Selbstdarstellung der Akteure, vor allem der beiden männlichen Hauptdarsteller, die ohne jede kritische Distanz ihre Visionen entwickeln. Sie wollen etwas Großes hervorbringen, das einer haltlosen Generation Orientierung gibt, und sie sind der Überzeugung, dass es die gesellschaftlichen Gegensätze sind, die Extreme, an denen die neue Generation leidet. Der junge Dichter Michael, gespielt von Klaus Mann, will in einem monumentalen philosophischen Werk alle geistigen Strömungen Europas darstellen und in einer Synthese zusammenführen. Es soll ein Manifest werden, das die Jugend Europas eint. Der Theatermann Allan, gespielt von Gründgens, will ebenfalls alles umgreifen, plädiert aber dafür, die ganze Geschichte in einer großen Revue zu präsentieren, in der das sinnliche Leben gezeigt werden soll: die Kraft und Schönheit der Körper, die Tanzvergnügungen, die Boxkämpfe und die intellektuellen Debatten. Alle Elemente des bürgerlichen Theaters sollen dabei zum Zuge

»Revue zu Vieren«, 1927: in der Mitte Gustaf Gründgens; rechts Klaus und Erika Mann

kommen und sich in dem Stück wiederfinden. Ebenso sollen alle politischen Ideen und Ideale in der Revue zum Ausdruck kommen, halb »russisch-proletarische Festlichkeit«, halb »amerikanisches Music-Hall-Stück«[4]. In der Realität wie im Stück kommt es dann aber zwischen den Protagonisten zu zahlreichen Intrigen und Eifersüchteleien. Schließlich – auch damit kommt das Stück der Realität verblüffend nah – müssen die Führer der europäischen Jugend vor dem erzürnten Publikum fliehen. Zuletzt sieht man sie in einem Hotel, wie sie über ihr Fiasko sinnieren.

Das Stück, das die Synthese darstellen sollte, hat tatsächlich die beiden Paare auseinandergebracht, sie, wie Allan am Ende feststellt, völlig voneinander entfremdet. In der Realität vollzog sich das einige Zeit später: Die beiden Geschwister, Erika und Klaus Mann, brachen zunächst im Oktober 1927 zu einer Weltreise auf. Noch bevor sie im Juli 1928 wieder zu Hause waren, hatten Klaus Mann und Pamela Wedekind ihre Verlobung aufgelöst; ein Jahr später ließen sich Erika Mann und Gustaf Gründgens scheiden.

In der Öffentlichkeit hatte sich von den Dichterkindern besonders Klaus Mann profiliert. Nicht seine Texte wurden wahrgenommen, sondern seine Selbststilisierung. Gustaf Gründgens hatte ihn 1925, als »Anja und Esther« in Hamburg uraufgeführt wurde, in einem hymnischen Artikel als den »Wegweiser« einer neuen Generation gepriesen. Mit »hilfreicher Hand« führe er die Jugend »zur Klarheit«[5]. Klaus Mann selbst stand diesem Anspruch nicht fern. Er hat die Position eines Sprechers der neuen Generation für sich reklamiert, das bezeugen zahlreiche Aufsätze, die er um diese Zeit veröffentlichte. Zum fünfzigsten Geburtstag seines Vaters schreibt er vom breiten Abgrund, der die Generationen trennt: »Unsere Jugend, hineingeboren in den Aufbruch des Weltkrieges, aufgewacht und aufgewachsen in Jahren des Chaos, der Unordnung, da ein Altes sich auflöste und ein Neues sich versuchte und tastete und nicht fand, hat ja beinahe noch kein eigenes Gesicht, noch keinen eigenen Ton, steht verwirrt, ganz entgleist zwischen allen Extremen, verlockt von so vielen Wegweisern und falschen Propheten.«[6] Der Artikel erschien am 8. Juni 1925 im »8 Uhr-Abendblatt«.

Wie richtig Klaus Mann mit seiner Rede vom unüberbrückbaren »Abgrund« zwischen den Generationen lag, zeigte Thomas Manns Novelle »Unordnung und frühes Leid«, die im selben Monat in der »Neuen Rundschau« erschien. Zur Kenntlichkeit entstellt porträtiert er seine Familie, insbesondere auch seinen Sohn Klaus, der in der Novelle Bert heißt. Von diesem Bert wird gesagt, dass er sich »so bald wie möglich ins Leben« werfen, »entweder Tänzer oder Kabarett-Rezitator oder aber Kellner werden will: dies letztere unbedingt ›in Kairo‹«[7]. Der Sohn, ein Luftikus, eine einzige Enttäuschung: »mein armer Bert«, so grübelt der Vater in der Novelle, »der nichts weiß und nichts kann und nur daran denkt, den Hanswursten zu spielen, obgleich er gewiß nicht einmal dazu Talent hat!«[8]

Der Sohn versuchte den »Abgrund« nicht zu vertiefen, sondern – im Gegenteil – Brücken zu bauen. In so manchen Dingen sei man doch viel friedlicher als die ältere, die »expressionistische Generation«, die gegen die Vergangenheit gekämpft und den ›Vater‹ gehasst habe. »Die ›expressionistische‹ Jugend war *anti*bürgerlich, ihr galt es, die Bourgeoisie recht zu verletzen, recht nachdrücklich sie vor den Kopf zu stoßen, mit großer Unzucht und mit großem Lärm. – *Wir* aber sind nur ganz *un*bürgerlich, den Bourgeois zu verletzen ist also für uns keine heilige Pflicht mehr.«[9]

1926 erschien in der Zeitschrift »Uhu« ein Artikel von Klaus
Mann über »Die neuen Eltern« und ein Gespräch mit Thomas
Mann unter dem Titel »Die neuen Kinder«. Der Dichtervater
attestierte der heutigen Jugend einen bedenklichen Immoralismus,
doch sei der Einfluss des Elternhauses gering, man könne nicht
belehren, sondern nur auf die Vorbildwirkung vertrauen. Der Dich-
tersohn zeigt in seinem Artikel viel Empathie für das Unverständnis der älteren Generation. Ihr sei Vieles »fremd und manchmal
peinlich«[10], sie schauen erschrocken dem »wirren Treiben«[11] zu
und können insbesondere in erotischen Dingen die Auffassungen
der Jugend nicht verstehen. Nicht nur dachte man über das Erotische anders, man praktizierte andere Formen des Zusammen-
lebens und lebte sie in der Öffentlichkeit aus. Wie Klaus Mann in
seinem Aufsatz »Heute und Morgen« schreibt, war »das Erotische
und das Religiöse« das »Grunderlebnis«[12] seiner Generation, ein
neues »Erlebnis des Körpers«, das eine vom Verstandesdenken
und Rationalismus geprägte Kultur in Frage stellte.

Gerade mit diesem Thema wollte sich Klaus Mann in den frühen Theaterstücken von den väterlichen Lebensanschauungen absetzen. Thomas Mann – und darin war er durchaus Repräsentant
der älteren Generation – stand allem Hedonismus fern und sah in
der Sexualität etwas, das man disziplinieren und bewältigen muss,
das galt vor allem für die, wie man sie damals nannte, ›abweichende
Form‹ der Sexualität, die homosexuelle Neigung. Klaus Mann
konnte das für seine Person nicht akzeptieren, er suchte seinen
eigenen Weg, ein eigenes Profil. Sein Name machte es ihm leicht,
Kontakte zu knüpfen, aber der Name ›Mann‹ war eben auch eine
Hypothek. Bei so manchem Kritiker weckte er Erwartungen, die
das »Dichterkind« nicht einlösen konnte und wollte. Klaus Mann
schrieb schnell und veröffentlichte schon in jungen Jahren viel. Was
seinen Stil und seine Schreibweise angeht, so bewegte er sich eher
im 19., als im 20. Jahrhundert. Die ästhetische Moderne, insbesondere die avantgardistischen Strömungen, gingen an ihm vorbei. So
war auch die »Revue zu Vieren« konventionell erzählt, die Schauspieler ergingen sich in ellenlangen Monologen. Mit dem Titel

»Revue« folgte man zwar dem Zeitgeist der zwanziger Jahre, aber was sich dahinter verbarg, das war alles andere als pointenreich und kurzweilig.

Lange hat Klaus Mann die Kritik an seinen frühen Auftritten abgewiesen, weil er dahinter immer nur den Vater sah, an dem er gemessen und mit dem er verglichen wurde. Erst in seiner Autobiographie »Der Wendepunkt« nimmt er selbstkritisch zu seinen Anfangsjahren als Literat Stellung: »Der flitterhafte Glanz, der meinen Start umgab, ist nur zu verstehen – und nur zu verzeihen –, wenn man sich dazu den soliden Hintergrund des väterlichen Ruhmes denkt. Es war in seinem Schatten, daß ich meine Laufbahn begann, und so zappelte ich mich wohl etwas ab und benahm mich ein wenig auffällig, um nicht völlig übersehen zu werden.«[13]

Während Thomas Mann sich eher verhalten und skeptisch äußerte, hat ein anderer Dichtervater den Start der jungen Leute mit einiger Sympathie begleitet, Carl Sternheim. Am 1. Mai 1927 schreibt er an seine Tochter Mopsa: »ich finde Euer Unternehmen sehr lustig und Euren Elan, zeigen zu wollen, daß Ihr durch Geburt verpflichtet seid, sehr anerkennenswert. [...] Die ›Revue zu Vieren‹ ist die erste Umsetzung Eurer bisherigen Ressentiments gegen die Erzeuger in Eure öffentliche Anerkennung derselben und wird Euch mindestens von mir gedankt. Sag das auch der Kompanie.« Ausdrücklich in Schutz nimmt er Klaus Mann, sein Stück sei vielleicht »kein Gipfel«, aber »er tut das Rechte, die Menge herauszufordern«[14]. Das war auch in Erinnerung an seine eigenen Anfänge gesagt, an die vielen Theaterskandale, die seine Komödien aus dem »bürgerlichen Heldenleben« auslösten. Sternheim hat sich gern als derjenige gesehen, der »die Menge« herausfordert, darum war ihm Klaus Mann, der den Unmut des Publikums wie der Kritik auf sich zog, ungemein sympathisch.

Ein Jahr zuvor, am 12. August, hat der zwanzigjährige Klaus Mann die Sternheims, die seit zwei Jahren wieder in Uttwil am Bodensee wohnten, das erste Mal besucht. Klaus Mann blieb für einige Tage. Bereits am 30. Juni waren Erika Mann und Pamela Wedekind zu Gast in Uttwil. Anders als ihr Mann hatte Thea Sternheim einen eher kritischen Blick auf die jungen Leute, ihre Haltungen und Lebenseinstellungen waren ihr suspekt und nur schwer nachvollziehbar. Im Tagebuch schreibt sie, es handle sich »in jedem Fall« um »Kinder ungewöhnlicher Deszendenz, die eine achtzehn, die andere neunzehnjährig: die eine besitzt im Voraus unsere Sympathie, die andere unser Interesse. Was kam heraus: offenbare Tendenz zu weiblicher Emanzipation, der Reflex eines literarisch interessierten Milieus. Sie fühlen sich wichtig, sind schlagfertig, klug, sogar dreist.«[15] Aber eine wirkliche »Neugier« gegenüber diesen jungen Leuten verspürte Thea Sternheim nicht, sie hat nicht einmal den Wunsch, »sie verstehen zu wollen, von ihnen verstanden zu werden«.[16] Eine Generation, die ihr in allem fremd ist und die sie, mit Kopfschütteln, aus der Distanz beobachtete: »Wie die drei Dichterkinder, Erika Mann, Pamela Wedekind und Thea [Mopsa] Sternheim am Abend vor uns nach Romanshorn gehen, lache ich mit Karl über ihre betont lesbische[n] Allüren. Betont männliche Aufmachung. Pamela hantiert die Reitpeitsche. Man lacht dazu und doch hat man anderes erwartet!«[17]

Als Klaus Mann im August in Uttwil war, war das der Beginn einer Freundschaft mit der knapp zwei Jahre älteren Mopsa Sternheim, die ein Leben lang halten sollte. Dass sie so lange hielt, hatte allerdings auch damit zu tun, dass man sich nicht zu nahe kam. Als Mopsa Sternheim im Mai 1952 den postum erschienenen Lebensbericht Klaus Manns durchblätterte, ist sie doch einigermaßen erstaunt: »Was für ein seltsames Bild die Anderen von einem haben. Und das ist ein wohlwollendes, ja liebevolles Bild: Ich bin schön, reizvoll, kess, schlagfertig, schnoddrig – vor allem lache ich immer. Eine wahre Lachtasche. Kurios. Ein so larmoyantes Wesen wie ich wirkt lustig, ein Schlafwandler voller entrain, voller Vitalität?«[18]

Klaus Mann und Mopsa Sternheim werden sich in den Jahren des Exils immer wieder begegnen, sie waren zuweilen nicht einer Meinung, aber sie gehörten zu derselben Generation, sie hatten ein gemeinsames Grundgefühl, suchten nach Halt in einer sich polarisierenden Gesellschaft, und sie teilten ein ähnliches ›Schicksal‹. Auch Mopsa Sternheim begann im »Schatten« des »väterlichen

Klaus Mann und Pamela Wedekind. Zeichnung von Mopsa Sternheim, erschienen im Feuilleton der Abendausgabe des »Berliner Tageblatts« vom 1. September 1927

Ruhmes« ihre berufliche Laufbahn. Carl Sternheim, der vor dem Ersten Weltkrieg mit seinen Stücken Furore machte, war auch Anfang der zwanziger Jahre noch eine Instanz im Theaterleben, seine Stücke wurden auf vielen Bühnen gespielt, und er galt als *der* große Dramatiker des Expressionismus. Es genügte also ein Wort, um seine Tochter im Theaterbetrieb unterzubringen. Zumal Mopsa Sternheim schon eine gewisse Qualifikation vorzuweisen hatte. Seit Februar 1923 studierte sie an der Dresdner Kunstakademie Bühnen- und Kostümbild. Knapp ein Jahr hatte sie die Schule besucht, da bot ihr der Vater bereits an, sie sollte für das Lustspiel »Der Nebbich«, bei dem Sternheim selbst Regie führte, das Bühnenbild gestalten und die Kostüme entwerfen. Anfang Januar 1924 fuhren Vater und Tochter nach Berlin zu den Proben an den Kammerspielen des Deutschen Theaters.

Der »Nebbich«, das ist die Geschichte des deutschen Spießers, Fritz Tritz, in den sich auf wundersame Weise die Kammersängerin Rita Marchetti verliebt. In ihrer männerhungrigen Phantasie wird dieser Fritz zu einer omnipotenten Figur, doch am Ende zeigt sich, das ganze war nur Wunschdenken, der Mann ist in Wirklichkeit weder potent noch gebildet oder erfolgreich, er ist ein Nebbich, ein Nichts. Und dieses Nichts kehrt am Schluss des Stücks

reumütig und frustriert in die eigene kleinbürgerliche Welt zurück. Vor dem Krieg stellte Sternheim ungebrochen die Siegertypen des bürgerlichen Aufstiegs dar, die im Streben nach Macht und Geld ihre Erfüllung finden, nach dem Krieg sind es die Nebbiche, die Verlierer, die sich nicht in der Gesellschaft zurechtfinden. Das Stück hatte, man kann es sich denken, keinen großen Erfolg.

Thea Sternheim, die am 1. Februar 1924 der Generalprobe in Berlin beiwohnte, erinnert sich im Tagebuch mit trauerndem Bewusstsein an die »vollendeteren Komödien«[19] aus den jüngeren Jahren ihres Mannes: »Die Hose«, »Bürger Schippel«, »1913« und, ihr Favorit, »Die Kassette«. Jetzt sieht sie, dass ihr Mann es mit seinen neuen Stücken nicht mehr schaffen wird, seine große Zeit ist vorbei. In diesem Zusammenhang fällt im Tagebuch ein Satz, der die Beziehung schlaglichtartig beleuchtet: »Mehr als das persönlich gelockerte Verhältnis zum Mann schmerzt mich die Entfremdung zum Dichter.«[20] Solange der Mann ein großer Künstler, ein Genie, war, zu dem man aufblicken konnte, waren seine erotischen Abenteuer eine *Quantité négligeable* – seine Untreue konnte sie hinnehmen, ja, in gewisser Weise sah sie, wie oben dargestellt, die Promiskuität als notwendige Bedingung des kreativen Schöpfertums an. Den Abstieg ihres Mannes als Dichter und Dramaturg

174

konnte sie dagegen nicht so ohne Weiteres akzeptieren. Das Scheitern des Künstlers berührte ihren eigenen Lebenstraum, eine Frau an der Seite eines großen Mannes sein zu wollen, eine Muse, die ihn anspornte und zur Inspirationsquelle wurde, die dem Künstler gab, was ihm keine andere Frau in dieser Form geben konnte, Beistand.

Thea Sternheim wollte nie selbst als Künstlerin hervortreten, sie schrieb zwar an einem Roman, übersetzte aus dem Französischen und führte kontinuierlich Tagebuch, aber damit wollte und konnte sie nicht reüssieren, so entschloss sie sich auch erst spät dazu, das Tagebuch für eine Veröffentlichung freizugeben. Ihr Leben lang war sie von großen Künstlerpersönlichkeiten fasziniert und umgeben und das hieß expressis verbis, von großen Männern. Männer, die sich einer Idee verschrieben hatten und alles ihrer Kunst unterwarfen – virile Charaktere, wie Carl Sternheim oder Gottfried Benn. Anfang der zwanziger Jahre, als sich Thea Sternheims Beziehung zu ihrem Mann abkühlte und aufzulösen begann, intensivierte sich die Beziehung zu Benn. Es war nicht zufällig eben jene Zeit, in der das Ansehen des Dichters wuchs. Vor allem in der Endphase der Weimarer Republik spielte Benn die Rolle eines souveränen »Intellektualisten« – eine Rolle, die Thea Sternheim bis Anfang der dreißiger Jahre mit großer Sympathie begleitete, von der sie sich angezogen fühlte – davon wird noch zu sprechen sein.

Zurück zur Inszenierung des »Nebbich«. Von der Arbeit ihrer Tochter als Bühnen- und Kostümbildnerin war Thea Sternheim nicht gerade begeistert – im Gegenteil, es war für sie das Tüpfelchen auf dem i. Mopsa, so schreibt sie, hätte die Geschichte »sehr sachgemäss« mit »bunten Einfällen illustriert. Laune ersetzt den fehlenden Inhalt«.[21] Mopsa Sternheim wird der Mutter sehr viel später, 1953, in ihrem Tagebuch vorwerfen, dass sie eigentlich kein Interesse an ihren Theaterausstattungen gehabt und viele Aufführungen nicht einmal besucht habe.

Für Mopsa Sternheim selbst war ihre erste Arbeit schon allein deshalb ein Erfolg, weil sie endlich eigenes Geld verdiente. In der Kunstakademie fühlte sie sich, wie sie im Tagebuch schreibt, oft unwohl, vom eigenen »Nichtkönnen gequält«[22]. In der praktischen

Arbeit konnte sie sich beweisen, hatte sie die Möglichkeit, ihre Ideen umzusetzen. Kurz bevor sie zu den Proben nach Berlin fuhr, schreibt sie in ihr Tagebuch: »Ich stehe auf der Kippe. Wenn ich nicht aufpasse, werde ich mein Leben an lauter kleine Impressionen verplempern, das Auge für Wesentliches ganz verlieren.«[23]

In diesen Jahren kam vieles in Bewegung und es eröffneten sich für sie Perspektiven. Im Juli 1924 erhielt sie vom Regisseur und Theaterleiter Gustav Hartung das Angebot, nach Köln zu kommen und bei ihm und dem Bühnenbildner Theodor Pilartz das »Gewerbe ›von Grund auf zu erlernen‹«.[24] Hartung war ein Schüler Max Reinhardts und gehörte damals zu den wichtigen Vertretern des expressionistischen Theaters. Sein Mitarbeiter Theodor Pilartz war ein Neuerer, der das Bühnenbild als eine spezifische Form der Raumkunst ansah. Von Haus aus war Pilartz Bildhauer, davon waren auch seine Bühnenbilder beeinflusst, er betonte die plastischen Elemente und experimentierte mit architektonischen Bauten, aber auch mit unterschiedlichen Lichtquellen, die den Raum vertiefen und erweitern sollten. Sternheim schätzte Hartung und Pilartz, mit denen er schon in Frankfurt und Darmstadt zusammengearbeitet hatte. Beide standen für ein modernes Theater.

Mopsa Sternheim war also in den besten Händen und auf dem Weg in die Selbstständigkeit. Am 22. August fuhr sie mit der Mutter nach Köln – in die alte Heimat von Thea Sternheim: »Der Dom! Bahnhof! Die neue Brücke! Der Rhein! Da platzen Kindheitserinnerungen auf mich ein.«[25] Einen Tag später traf man sich mit Pilartz und Hartung zum Abendessen. Auf dem Programm des Theaters stand in dieser Saison Carl Sternheims Stück »1913« – Am 9. Dezember war Premiere, Pilartz gestaltete das Bühnenbild und Mopsa Sternheim entwarf die Kostüme. Mit dem Bühnenbild war Thea Sternheim ganz einverstanden: »prachtvoll von Pilartz ausgestattet, eine Ballade in Schwarzweiss.«[26] Aber die Kostümentwürfe der Tochter gefielen ihr nicht: »oft übertrieben aus krampfhafter Absicht originell zu sein. Ihr wird ein Aufenthalt in Paris gut tun.«[27]

Zwischen Mutter und Tochter stand es in dieser Zeit nicht zum Besten. Thea Sternheim stellte bei ihrer Tochter eine Neigung zum

176

»Destruktiven«[28] fest. Mehr und mehr kam sie zu der Überzeugung, dass Mopsa im Naturell ihrem Mann ähnelte. Sie selbst hatte das Gefühl, keinen Zugang mehr zu ihrer Welt zu haben. Die Ansprüche waren hoch und im Grunde kaum lebbar. Thea Sternheim wollte für ihre Tochter nicht nur Mutter, sondern Freundin und Partnerin sein, sie strebte eine Beziehung von gleich zu gleich an. Das konnte aber schon deshalb nicht gelingen, weil es ausschließlich die Welt der Mutter war, an der die Tochter anteilnehmen und sich beteiligen sollte: die Tolstoi- und van Gogh-Begeisterung, die Verehrung für Flaubert und Benn, das leidenschaftliche Interesse für Religion, der Kult um Franz von Assisi – das waren alles mütterliche Projekte. Es war die Welt des Geistes und der Kunst, die Thea Sternheim viel bedeutete, in der sie aufging und die sie absolut setzte.

Mopsa Sternheim hat sich für diese Welt durchaus interessiert, das zeigen ihre Lektüre und ihre Kommentare zu Tolstoi, Benn und Flaubert. Sogar mit der Religion versucht sie es. Mehrfach nimmt sie sich vor zu glauben, aber sie scheitert und schreibt der Mutter: »ich kann einfach Gott nicht lieben, trotz aller Anstrengung.«[29] Bei allem Interesse jedoch, das die Tochter zeigt, die Reibungspunkte bleiben und nehmen zu. Das liegt auch daran, dass die Mutter im Grunde ziemlich feste Vorstellungen von dem hat, was die Tochter erreichen und werden soll. Immer wieder spricht sie Mopsa auf ihre »Zukunftspläne«[30] an, die, wie es bei einer Achtzehnjährigen aus bürgerlichem Milieu auch in der damaligen Zeit nicht ungewöhnlich ist, so genau nicht zu beschreiben sind, die, je nach Stimmungslage, wechseln. Thea Sternheim ist gleichwohl beunruhigt, die Tochter hat kein genaues Ziel, ihr fehlt es an Ehrgeiz, vor allem hat sie keine Disziplin, sie lässt sich treiben, bleibt nicht bei der Sache, trifft keine Entscheidungen. Selbst ihre Gefühls- und Liebesangelegenheiten sind der Mutter ein Rätsel. In einem Alter, als sie selbst schon verheiratet war und die Höhen und Tiefen der Liebe erfahren hatte, ergeht sich die Tochter in einer schwärmerischen Liebe zu Herbert Binswanger, den sie offenbar mochte, aber auch wiederum nicht so sehr mochte, dass sie sich an ihn binden wollte.

Klaus Sternheim, Ende der zwanziger, Anfang der dreißiger Jahre in Berlin

Ihr Sohn Klaus war im Grunde nicht viel anders – nur steht sie ihm, wie sie schreibt, emotional näher – und das hatte Konsequenzen. So kritisch sie auf Mopsas Entwicklung blickt, so groß ist das Verständnis für den Sohn. Klaus will Journalist oder Schauspieler werden. Auch er wird vom Vater protegiert. Carl Sternheim verschafft ihm Anstellungen in Zeitungsredaktionen, bei verschiedenen Verlagen und in der Galerie Flechtheim, aber der Sohn hält es nirgendwo lange aus. Schon nach wenigen Wochen, manchmal bereits nach wenigen Tagen, ist er von der Arbeit frustriert, wendet sich neuen Plänen zu oder flüchtet in das süße Leben. Gern lässt er sich umschmeicheln, er ist hübsch, hat einen jugendlichen Charme, besonders die älteren Frauen mögen ihn – und er mag sie.

Die Schwierigkeit ihrer Kinder, sich zu orientieren, in der Gesellschaft Fuß zu fassen, einen Beruf zu finden, bringt Thea Sternheim vor allem mit ihrer Herkunft, mit dem väterlichen Erbe, in Verbindung. »Die Sternheimschen Kinder«, schreibt sie am 16. März 1928 in ihr Tagebuch, »rasen wie zügellose Pferde einem Abgrund entgegen. Ein unentrinnbares Fatum erschlägt ihre Entschlusskraft zur Form.«[31] Was sie nicht oder kaum reflektiert, ist die Situation der jungen Generation nach dem Ersten Weltkrieg. Die Gefühle der »lost generation« waren ihr fremd. Klaus Mann und Mopsa Sternheim, wir haben darauf hingewiesen, erkannten sich intuitiv in diesem Topos wieder, sie rechneten sich einer ›verlorenen Generation‹ zu, ohne freilich die literarischen Implikationen zu teilen, die mit diesem Topos ursprünglich waren. ›Verlorene Generation‹ – darin drückte sich für sie zuallererst ein schmerzlicher Weltverlust aus, es war eine Metapher für eine auf sich selbst zurückgeworfene Jugend, die alle Gewißheiten verloren hatte. Scott Fitzgerald hat 1920 in »Diesseits vom Paradies« die Bezugslosigkeit und den Glaubensverlust der jungen Generation nach dem Ende des Ersten Weltkriegs in einem berühmten Zitat auf den Punkt gebracht: »Alle Götter sind tot, alle Kriege gekämpft, jeder Glaube zerstört.«[32] Was also blieb für diese Generation noch übrig? Wie konnte sie, um noch einmal Klaus Mann zu zitieren, ihr »eigenes Gesicht«, ihren »eigenen Ton« finden? Viele Vorbilder und Ideen waren diskreditiert, die Suche der Jüngeren nach neuen Orientierungen endete oft in Resignation und in einer Flucht in ›künstliche Paradiese‹ – in Drogen und Alkohol. Von den jungen Leuten aus der »verlorenen Generation« hieß es, sie seien nicht nur respektlos, sie tränken auch zu viel. Auch darauf wird zurückzukommen sein.

»Für was lebt unsere Generation? Wir leben ins Nichts, hoffen, glauben, lieben nichts, tanzen auf einem Pulverfass. Kann man so leben?!«[33] So Mopsa Sternheim im Juni 1932. Jahre später nannte sie sich, es wurde oben zitiert, »Mitglied einer haltlosen Generation, obendrein noch weiblichen Geschlechts«[34]. Von diesem »leben ins Nichts«, diesem Gefühl, auf einem »Pulverfass« zu tanzen und jeden Moment die Balance zu verlieren und in den Abgrund zu stürzen, ist in ihrem Tagebuch immer wieder die Rede, es war der Grundtenor ihres Lebens. Ihre Suche nach Halt, ist eine Suche nach Menschen, die ihr etwas bedeuten, die sie – und da ist sie gar nicht so weit von der Mutter entfernt – verehren kann. Sie lebe, schreibt sie im Oktober 1922 in ihr Tagebuch, in einem Widerspruch: »Teils möchte ich selber schaffen – und teils möchte ich mich restlos hingeben, aber nicht an eine Arbeit, sondern an einen Menschen.«[35]

»Ich *will* arbeiten und so schnell wie möglich von meiner Arbeit leben.« Mopsa Sternheim, Köln 1924

Mopsa Sternheim ist in ihre Gefühlswelt verstrickt, sie hadert mit ihren Wünschen und Sehnsüchten, vor allem aber mit der Realität, an der alle ihre Sehnsüchte abprallen. Sie schreibt in ihrem Tagebuch von ihrem Wunsch nach Liebe, Zärtlichkeit und sexuellem Begehren: »Mein Geist blasiert und mein Körper verhungert. Und doch kann ich sie nicht trennen. Jedes Mal wenn ich in die Stadt gehe, nehme ich mir vor jetzt endgültig eine Liebschaft anzufangen um diese Hemmung endlich zu überwinden, und jedes Mal kann ich nicht, weil – diese Männer mich nicht aufregen, und wenn ich mir noch so viel Mühe gebe.«[36] Alles bleibt abstrakt, ein unmögliches Begehren, eine Phantasie, mit der sie immer wieder spielt: »Ich möchte einen Geliebten haben. Keinen von denen, die ich kenne. Wo ich passiv wäre, Vernunft verlöre, keinen freien Willen mehr hätte – Gott wie schön.«[37]

1924 lernt sie einen solchen Geliebten kennen, ihren Lehrmeister, den Bildhauer und Bühnenbildner Theodor Pilartz – sie ist neunzehn Jahre alt, er siebenunddreißig und verheiratet. Thea Sternheim scheint von der Geschichte zunächst nichts zu ahnen – die Tochter lebte zu dieser Zeit ja in Köln. Von den Bühnenbildern, die Pilartz entwirft, ist sie begeistert. Menschlich wirkt er auf sie jedoch nicht sehr zugänglich, ein eher verschlossener, ernster Typ.

180

Als sie im Dezember 1924 zur Aufführung von Sternheims Stück »1913« anreist, nimmt sie den Bühnenbildner bei mehreren Gelegenheiten in Augenschein und schreibt in ihr Tagebuch: »Ich habe Pilartz beinahe gern. Er scheint mir rechtschaffen, präzis, von schwerfälligem, doch sehr breitem Ausmass.«[38] Das klingt eher nach einem etwas gezwungenen, positiven Urteil. Irgendwann im Jahr 1925 muss sie von der Zuneigung ihrer Tochter erfahren haben – und das dreht ihren Eindruck ins Negative. In einem Brief an Benn vom 16. August 1926[39] ist von einem »Herrn P.« die Rede, der »eigentlich schon im November 25 zum alten Eisen geworfen« wurde. Der »Fall P.« habe sie ernüchtert, unwiderlegbar bewiesen sei jetzt für sie »die völlige Blindheit des Liebestriebs.«[40] Für Thea Sternheim war ausgemacht, dass dieser Mann nicht zu ihrer Tochter passt.

Einige Zeit bevor sie den Brief schreibt, ist sie am 9. März 1926 in Berlin. Sie will ihre Tochter Max Reinhardt vorstellen. Am Abend geht sie ins Theater. Unter der Regie von Gustav Hartung steht Hamsun: »Spiel des Lebens« auf dem Programm, das Bühnenbild hat Theodor Pilartz entworfen. Thea Sternheim, die ansonsten mit viel Distanz Tagebuch führt und sich emotional zurücknimmt, ist in diesem Fall offenbar in einer erregten und aggressiven Stimmung – die sich nicht nur gegen die beiden Herren, sondern ebenso gegen ihre Tochter richtet, die, wie es scheint, immer noch mit Pilartz zusammen ist: »Wie meistens bei Hartung'scher Regie vollzieht sich die ganze Handlung in einer Dämmeratmosphäre. Die Pillartzsche Dekoration ist wie die kleinen Büsten, die duzendweis in seinem Atelier herumstehen, sauber und belanglos. Moibys [Mopsas] Beziehungen zu diesem Mann werden mir von Tag zu Tag schleierhafter. Sie, die das Preziöse zu lieben vorgab, verfällt plötzlich auf diesen phlegmatischen Koloss, der seine stark an Utilitarismus grenzende Pfiffigkeit nur mühsam verbirgt.«[41] Der erregte Zustand, in dem sich Thea Sternheim befindet, wird auch daran deutlich, dass sie sich beim Titel des Stücks verschreibt: Nicht »Spiel des Lebens«, sondern »Spiel der Liebe« heißt es im Tagebuch.

Eine Verschreibung mit Hintersinn. Es spricht viel dafür, dass Thea Sternheim dem Bühnenbildner Pilartz ein ›Spiel mit der Liebe‹ vorwarf. Im Brief an Benn schreibt sie über Pilartz, er sei »imstande« gewesen, »die ganze Skala der weiblichen Gefühle in Schwingung zu versetzen«.[42] Ein Mann also, der ihre Tochter verzaubert hat. Denn Mopsa ist offenbar nicht wiederzuerkennen. Was hat Thea Sternheim so aufgebracht gegen Pilartz und ihre Tochter? War es die Verbindung der beiden, die ihr Sorgen machte?

An diesem Abend wird Thea Sternheim von Benn begleitet, er sitzt im Theater neben ihr, anschließend gehen sie in ein Restaurant, wo man mit den Schauspielern, mit Pilartz, Mopsa, Agnes und Klaus zusammensitzt – eine feuchtfröhliche Runde, nur Benn fällt durch seine »Korrektheit« auf, die er, so Thea Sternheim, wie ein »Hampelmann« nach vorne spielt. Ein gekünsteltes Benehmen.

In diese Zeit fällt auch die Affäre Mopsa Sternheims mit Benn. Thea Sternheim ist außer sich, sie wirft ihrer Tochter vor, »ihr hemmungsloser Drang zum Mann« würde sie »vollständig« beherrschen.[43] Benn ist zu dieser Zeit der Mann, der von beiden, von Mutter und Tochter, geliebt wird. Sie stehen in Konkurrenz, um die Gunst des Dichters. Die Tochter wirft sich ihm an den Hals, die Mutter würde das gern tun, schreckt aber vor Intimität zurück und bewahrt Contenance. An diese Situation dachte Thea Sternheim zurück als sie am 8. November 1943 in ihr Tagebuch einträgt: »Schon mehreremale in unserem Leben haben Mopsa und ich gemeinsam geliebt. Benn.«[44]

TAGE DER VERWIRRUNG

Das Publikum drängte sich an den Kinokassen und die immerhin 900 Sitzplätze waren schnell ausverkauft. Die Premiere des russischen Agitationsfilms »Panzerkreuzer Potemkin« am 29. April 1926 im Apollo Theater war ein großes Ereignis in Berlin. Der Film mit seiner revolutionären Montagetechnik erhitzte schon vorher die Gemüter. Bis zuletzt war fraglich, ob er gezeigt würde, die Behörden prüften ein Verbot. Zahlreiche Literaten und Künstler setzen sich für die Aufführung ein, darunter Lion Feuchtwanger, Max Liebermann, Johannes R. Becher, Alfred Kerr, Klabund. Schließlich konnte die Premiere stattfinden. Zu sehen war allerdings nicht die Fassung, die Sergej Eisenstein komponiert hatte und die am 24. Dezember 1925 im Bolschoi-Theater vor den Delegierten und Leitungskadern des 14. Kongresses der Russischen Kommunistischen Partei der Bolschewiki uraufgeführt wurde, sondern die bearbeitete und von der Zensur neu geschnittene deutsche Version des Films – eine stark gekürzte und entschärfte Fassung. Jene Szenen, in denen Offiziere von aufständischen Matrosen über Bord geworfen werden, durften in Deutschland nicht gezeigt werden – Zwischentitel wurden herausgenommen und neue eingefügt. All das änderte nichts am großen Erfolg des Films – der weltweit die Zuschauer in den Bann zog.

In Eisensteins Film geht es bekanntlich um den Aufstand der Matrosen des Panzerkreuzers »Fürst Potemkin von Taurien« am 14. und 15. Juni 1905. Wer an den Film denkt, der hat die Bilder auf der monumentalen Hafentreppe von Odessa vor Augen – sie ist Schauplatz und Symbol für die Niederschlagung des Aufstands. Einzelne Bildsequenzen aus diesem Akt sind zu Ikonen der Filmgeschichte geworden: der Kinderwagen, der die Treppe hinunter-rollt, die Mutter, die ihr getötetes Kind den Soldaten entgegen-streckt. Ein aufwühlender, mitreißender Film, der die Zuschauer nicht ungerührt ließ, der emotionale Affekte hervorrief.

Thea Sternheim sieht am 19. Mai, zusammen mit ihren beiden Töchtern, Agnes und Mopsa, den Film – und auch sie sind faszi-niert und ergriffen vom »Panzerkreuzer Potemkin«: »aufregend, ja aufreizend« sei der Film, »leider stellenweise tendenziös«, was Thea Sternheim sehr bedauert, denn das Kunstwerk zeige ansons-ten ein »Höchstmass der Intensität«.[1]

Gleich nach dem Kino gehen sie direkt zu Gottfried Benn, Thea Sternheim hat um ein klärendes Gespräch gebeten. In betont sach-licher Manier schreibt sie im Tagebuch: »Die Lage ist so: Moiby [Mopsa] ist in Benn verliebt. Wie steht Benn zu ihr? Er ist undurch-sichtig aus Prinzip.«[2] Benn hielt sich offenbar bedeckt, er überließ das Reden lieber den Damen, den Konkurrentinnen. Dabei hätte er doch einiges zu erklären gehabt. Monatelang hatte er die Mutter (Thea Sternheim) umschwärmt, ihr immer wieder Avancen ge-macht, und dann begann er, hinter ihrem Rücken, ein Verhältnis mit der Tochter. Möglicherweise hat Thea Sternheim die Ge-schichte an dem Abend gar nicht zur Sprache gebracht – aus Takt-gefühl, aber auch deshalb, weil sie sich nicht dekuvrieren und als die eifersüchtige Frau dastehen wollte. Kein Wort über das Gespräch, das bis drei Uhr morgens dauerte und, was Mutter und Tochter an-geht, in gespannter Atmosphäre ablief. In Mopsas Stimme, notiert die Mutter in ihr Tagebuch, liegt »eine Verwundung, die mich er-schreckt, durch Ungehemmtheit abstösst«.[3] In ihren Erinnerun-gen, die sie 1936 zu schreiben beginnt, kommt sie noch einmal auf den Abend zurück: »Verlangt sie [Mopsa], daß ich meine alte auf Sympathie für den Freund, auf Verehrung für den Dichter aufge-baute Beziehung abbreche, weil sie sich inzwischen in ihn verliebt hat? Ist die Sternheimsche Besessenheit auch in ihr wirksam, bei je-der Beziehung nicht nur die Hauptrolle, sondern auch die einzige zu spielen?«[4] Die Emotionen gegen ihre Tochter haben sich nicht gelegt, sondern sind über die Jahre eher noch stärker geworden.

Über das Objekt der Begierde, Gottfried Benn, verliert sie auch jetzt kein Wort. Der durch sein Paktieren mit dem Nationalsozialismus bei Thea Sternheim eigentlich in Ungnade gefallene Dichter, wird geschont. Im Tagebuch wird Benn sogar belobigt, »unendlich gastfreundlich, herzlich«[5] sei er an diesem Abend gewesen. Allerdings macht Thea Sternheim eine Einschränkung, die man im Zusammenhang der Beziehungsgeschichte, die an diesem Abend verhandelt wurde, zunächst kaum einordnen kann: Benn, schreibt sie, sei »herzlich« gewesen, nur sei »seine Wohnung von abstossender Geschmacklosigkeit: in den sieben Zimmern, die er uns zeigt, auch nicht der kleinste Gegenstand bei dem man verweilen möchte. Ist das Zufall, Absicht?«[6]

Nein, Sinn für Schönheit und Interesse für die bildende Kunst hatte Benn zeitlebens nicht. Seine Geliebte Doris Hahn erinnert sich, dass Benn in seiner Wohnung den Kupferstich »Das Nachtcafé« von George Grosz hängen hatte. Grosz hatte ihm das Bild nur geliehen, irgendwann holte er es ab – »und was hing sich Gottfried Benn dann hin – Postkarten von den Pferdchen der Renée Sintenis! Ich war platt! Das waren Unterschiede.«[7] Benns Verhältnis zur Kunst war wie sein Verhältnis zu Frauen – Doris Hahn deutet es an – spießig und eher konventionell.

Thea Sternheim, die er halb ernst, halb ironisch, als »hohe Protectorin«[8] ansprach, konnte nicht glauben, dass ein Ästhet wie Benn, der literarisch über ein hohes Form- und Sprachgefühl verfügte, sich mit lauter Hässlichkeiten umgab – das passte nicht zusammen, das irritierte sie. Es irritierte sie so stark, dass an diesem Abend das eigentliche Thema, das Verhältnis zwischen ihrer Tochter und Benn, für einen Moment dahinter zurücktrat. Man wundert sich schon ein wenig. Wie kann eine geschmacklos eingerichtete Wohnung, eine solche Relevanz einnehmen? Für Thea Sternheim war jedoch Geschmack nicht irgendetwas, keine Nebensächlichkeit, es ist, so kann man mit Pierre Bourdieu sagen, eine »ästhetische Einstellung« die »eint und trennt«[9]. Sie eint all jene, »die aus denselben Bedingungen hervorgegangen sind, unterscheidet sie aber zugleich von allen anderen vermittels dessen, was sie wesentlich besitzen.« Geschmack zeigt, »womit man sich selbst einordnet und von anderen eingeordnet wird.«[10] Das Trennende manifestiert sich, wie es an Thea Sternheim zu sehen ist, in Abwehrreaktionen, im »Widerstreben« gegenüber dem anderen Geschmack, der als Geschmacklosigkeit empfunden wird. Thea Sternheim kennt da keine ästhetische Toleranz, sie sieht im Geschmack eine Äußerung, eine Kundgebung. Darum fragt sie sich: »Ist das Zufall, Absicht?« Wollte Benn damit etwas zeigen, verfolgte er einen Zweck? Geschmack »eint und trennt«, wollte er sich also distanzieren? Oder hatte er keinen Geschmack? Ein literarischer Ästhet, dem die Dinge, mit denen er sich umgab, gleichgültig waren? Das konnte sie einfach nicht glauben.

Thea Sternheim ist irritiert. Und mit Irritationen, wir erinnern uns, beginnt bereits die Beziehung zu Benn. Bei seinem ersten Auftreten 1917 im Herrenhaus von La Hulpe irritiert sie die »Mischung aus Expressionismus und Preußentum«[11]. Die Irritationen halten an, wenig später schreibt sie den oben schon zitierten Satz in ihr Tagebuch: »Was er denkt, so politisch, literarisch oder menschlich, wird mir immer noch nicht klar.«[12] An diesem Abend im Mai 1926 glaubt sie an eine Inszenierung, Benn mache sich »undurchsichtig aus Prinzip«. Er treibe gewissermaßen ein Spiel und setzt sich Masken auf, um seine wahre Identität zu verbergen, sein Ich zu verschleiern.

Wie wir wissen, hat Benn das Ästhetentum und die feinsinnigen Intellektuellen immer verachtet. Als Sohn eines Pfarrers, der nicht mit den Bildungsgütern jener Klasse, die »Inhaber des legitimen Geschmacks«[13] waren, aufwuchs, fühlte er sich im Nachteil. In jenem oben schon zitierten Brief an Thea Sternheim vom 12. August 1949, erinnert sich Benn an seinen ersten Besuch im Herrenhaus von La Hulpe, an jenen Winterabend, an Mopsa und die beeindruckenden Unterhaltungen, vor allem aber erinnert er sich an seine Befangenheit, seine Unsicherheit, »mir als Rustikanem und Kleinbürgerlichem«, schreibt er, war das alles »ganz neu«.[14] Zu seinem Ärger ließ sich Benn von der ästhetischen Atmosphäre einschüchtern, sein zackiges Benehmen an diesem Abend spricht

186

»In meinem Leben fand ich keinen zarteren, pagenhafteren Mann als Benn es im Tête à Tête dieses Morgens ist.« Thea Sternheim, 1926

Bände. Über seine Verbeugungen und das Zusammenschlagen der Hacken hat man sich im Hause Sternheim noch lange amüsiert: »Sohn eines protestantischen Pastors in der Mark, seine Mutter Genferin, Calvinistin«[15], schreibt Thea Sternheim kurz und bündig, das erklärt für sie einiges, aber nicht alles, wie wir gesehen haben. Irritationen bleiben – und, obwohl sie es weder im Tagebuch noch in ihren Erinnerungen offen anspricht, irritiert war Thea Sternheim auch über Benns Benehmen ihr und Mopsa gegenüber.

Was die eigentliche Liebesbeziehung Mopsa Sternheims mit Benn angeht, so wissen wir wenig – und das meiste, das wir wissen, stammt von der Mutter.

Mopsa Sternheim selbst hat 1925 und 1926 kein Tagebuch geführt. Es gibt jedoch einige spätere Eintragungen, in denen sie die Affäre mit Benn direkt anspricht. Schon der Begriff ›Affäre‹ ist problematisch – denn eine Affäre war es für Benn, nicht jedoch für Mopsa Sternheim, die sich zum ersten Mal heftig verliebte und ihr ganzes Leben von dieser Liebe nicht loskommt. In ihrem Tagebuch spielt die »Sache mit Benn« immer wieder eine Rolle, sie bleibt diesem Mann verhaftet und hasst sich dafür. Erst nach dem Zweiten Weltkrieg, als Benn wie ein Phönix aus der Asche wieder auftauchte und sich zum Verfolgten des Nationalsozialismus stilisierte, rechnet Mopsa Sternheim in ihrem Tagebuch mit dem gewendeten Benn ab. Sie, die sich in Frankreich der Résistance angeschlossen hatte, im Dezember 1943 in Paris verhaftet und im Januar 1944 in das Frauenkonzentrationslager Ravensbrück deportiert worden war, ist von der Geschichte, die Benn dem Publikum nach dem Krieg offerierte, »aufgebracht, angewidert«.[16] »Ein Leitfaden für Opportunisten«[17], nennt sie seine Autobiographie »Doppelleben«.

In den fünfziger Jahren löste Benns Werk bei so manchen Literaten Ablehnung und Unverständnis aus. Heutzutage hat sich der Blick auf die Schrift gewandelt. Der Benn-Forscher Jan Bürger spricht von einer »öffentlichen Selbstkorrektur« und attestiert dem Dichter, dass er beim Schreiben, mehr oder weniger verzweifelt, »nach den richtigen Worten«[18] suchte. Sein Erfolg im Nachkriegsdeutschland zeigt, dass er offenbar die »richtigen Worte« gefunden hatte. Davon wird noch zu sprechen sein.

Irgendwann im Frühjahr 1926 begann die Liebesbeziehung zwischen Benn und Mopsa Sternheim. Die Mutter berichtet in der Tagebucheintragung vom 18. Mai davon. An diesem Tag fährt sie nach Berlin und die Tochter erwartet sie am Anhalterbahnhof: »Immer blass«, so notiert Thea Sternheim, »mit blau umränderten Augen, den Gesten einer Hysterischen. Nun in Beziehungen zu Benn verwickelt.«[19] Anschließend folgen noch 1 ½ Zeilen, aber die hat Thea Sternheim bei der Überarbeitung des Tagebuchs geschwärzt. Hatte sie bis dahin nichts von der Beziehung gewusst? Auffällig ist, dass es eine relativ große Lücke in den Eintragungen gibt. Die letzte Eintragung vor dem 18. Mai stammt vom 10. Mai, und sie ist relativ kurz: »Benns Handschrift macht mir am Morgen Freude. Ja Freude. Sein warmer herzlicher Brief am Abend noch grössere. Einer der Wenigen, die mir nahe stehen.«[20] Der herzliche Brief hat sich nicht erhalten. Eines kann aber mit Sicherheit angenommen werden, als Benn den Brief schrieb und freudige Gefühle bei Thea Sternheim auslöste, war er längst mit der Tochter zusammen.

Seit Februar war Thea Sternheim des Öfteren in Berlin, sie wohnte im Hotel am Zoo und nahm ausgiebig am kulturellen Leben teil. Sie besuchte eine Otto Dix-Ausstellung, ging mit ihrer

Tochter Agnes »in die Negerrevue« mit »der prachtvoll gewachsenen Josephine Baker«.[21] Am 27. Februar lud sie ihre Kinder zum Mittagessen ein, Klaus, so notiert sie in ihr Tagebuch, sei »nervös«, später erfuhr sie, dass er »in ein Abenteuer« mit einer Tänzerin der »Negerrevue« verwickelt ist. »Auch Moiby [Mopsa] ist abwesend, in Beziehungen verstrickt.«[22] Die Tochter zeigte sich »zärtlich, aufrichtig«, aber sie erzählte nichts: »über welchen Abgründen schaukelt sie, wo ist in dem allem der Sinn?«[23], fragt sich Thea Sternheim im Tagebuch. War die Tochter zu dieser Zeit schon mit Benn zusammen? Unwahrscheinlich ist das nicht. 1952 schreibt sie in ihr Tagebuch, dass die Geschichte mit Benn Wochen und Monate gedauert hat.[24]

Benn war in diesen Tagen in bester Stimmung. Er präsentierte sich als Lebemann, schrieb am 23. Februar seiner alten Freundin Gertrud Zenzes über seine neuen Eroberungen: »Sonnabend war ich schwofen in der Kunsthochschule. Mässiges Vergnügen. Stiess auf eine starke Blondine, natürlich – mein Schicksal – Sängerin, Sopran, u. ich habe doch geschworen, nur noch Altistinnen zu verehren, die Rollen sind kürzer, man braucht nicht 3 Akte lang in der Oper zu sitzen. In diesem Fall übrigens verehre ich gar nicht, kleine Lappalie.«[25] Von solchen ›kleinen Lappalien‹ scheint es in dieser Zeit mehrere gegeben zu haben – Mopsa Sternheim war eine davon.

Sexualität war für Benn ein Lebenselixier und Therapeutikum[26], das ihn aus seinen depressiven Stimmungen herausbrachte. Über das sexuelle Erleben fand er zu Energie und Schöpferkraft zurück. Er liebte nicht *die* Frau, sondern die Frauen im Plural. Die Promiskuität gehörte zu seiner Konstitution, er machte daraus aber auch eine Haltung. Das unkonventionelle Ausleben der Triebe war für ihn etwas Antibürgerliches, er brauchte das Abenteuer, um sich wieder auf das Leben einlassen zu können. Die bürgerlichen Begriffe von Ehe und Treue waren ihm verhasst, sie entsprachen, wie er meinte, nicht der Natur des Mannes. Wir haben in diesem Zusammenhang auf Don Juan verwiesen, für den die größte Herausforderung die Ehre und Tugend der Frau war. Je tugendhafter und ehrsamer sie war, je größer war für Don Juan die Verlockung. Der Reiz des Tabus spielte eine ganz wesentliche Rolle. Von den vielen Phantasien, die ihn erregten, reizte ihn eine besonders, die Mutter mit der Tochter zu hintergehen oder auch die Tochter mit der Mutter.

Genau dieses Spiel spielte Benn mit Mutter und Tochter Sternheim, und er spielte es keineswegs nur im Frühjahr 1926, sondern weit darüber hinaus. Folgt man dem Tagebuch Thea Sternheims, das freilich eine etwas einseitige Perspektive bietet, dann steht in diesen Frühjahrstagen nicht die Tochter, sondern sie selbst im Zentrum von Benns Bemühungen. Am 1. März trifft man sich in lockerer Runde im italienischen Restaurant, Thea und Mopsa Sternheim, Einstein, die Gräfin Hagen und Benn. Er ist, wie Thea Sternheim in ihr Tagebuch schreibt, »die wichtigste Tatsache des Abends«.[27] Mehr als nur persönliche Sympathie empfindet sie, ihr wird an diesem Abend bewusst, »da sitzt einer, der am wesentlichen Aufbau des Exquisiten mithilft«.[28] Wir erinnern uns an die »neue Aera«, die mit Benns Hilfe ins Werk gesetzt werden sollte. Die alten Träume von einer neuen Welt sind noch nicht vergessen. Später geht Benn noch mit Mutter und Tochter ins Hotel, man sitzt im Lesezimmer zusammen, Benn erzählt von seinen Eltern und seiner Tochter – er wird »gesprächig«. Und Thea Sternheim fällt auf, dass er »keineswegs schön« ist, aber er hat, »wenn er lacht, ein blendendes Gebiss«.[29] Zwei Tage später begleitet Thea Sternheim ihren Mann, bei dem man Symptome einer Syphiliserkrankung festgestellt hat, in Benns Praxis, er soll ihn noch einmal untersuchen: »Benn, im weissen Kittel, um ihn das Dekor des Arztes für Geschlechtskrankheiten. Ich lache über die Komik der Situation. Er lacht noch ausgelassener.«[30] Am 8. März ruft Benn an, die Diagnose habe sich leider bestätigt, er bittet Thea Sternheim (nicht etwa ihren Mann) vorbeizuschauen. Man redet über »Literatur, Persönliches. Ich fühle ihn bewegt, entzückt so mit mir zu sitzen. […] Als ich eine Stunde später gehen will, bettelt er wie ein kleiner Junge um Zugabe von fünf, und noch fünf und noch fünf weiterer Minuten. ›Sie kommen so selten. Bleiben Sie noch ein bischen. Ich bitte Sie, bleiben

Sie noch.‹ Schliesslich erschreckt mich die Intensität seines Bittens, bin ich andrerseits solche Gefühle in einem Menschen, dessen Kunst ich verehre, wachzurufen, entzückt.« Sie fühlte sich gehoben und beschwingt. Ihre Kinder sahen sie fragend an: »So stark also ist der Ausdruck meiner freudigen Bewegung.«[31] Thea Sternheim machte offenbar auf ihre Umwelt den Eindruck einer Verliebten. Einen Tag später geht sie mit Benn ins Theater, in jenes oben schon erwähnte Hamsun Stück, »Spiel des Lebens«, das sie fälschlicherweise als ›Spiel der Liebe‹ bezeichnet.

Dann fährt sie zurück nach Uttwil. Wegen der Erkrankung ihres Mannes schreibt sie an »D$^{r.}$ med. Benn« und konsultiert ihn als Arzt. Das ist aber offenbar nur ein Vorwand, denn eigentlich richtet sich der Brief an Gottfried Benn, den ›ewigen‹, wie sie ihn nennt, den geliebten Dichter, von dem sie »nie genug bekommen kann«.[32] In Uttwil ist Thea Sternheim mit ihrem unleidlichen und immer gereizten Mann beschäftigt, in ihrer Phantasie aber gibt es nur einen, der sie wirklich bewegt und ergreift: Gottfried Benn. Nie fühlte sie sich ihm so nah wie in diesen Tagen und Wochen. Bis zum 30. April führt sie noch relativ kontinuierlich Tagebuch, dann kommt eine Lücke bis zum 10. Mai, jene schon zitierte Eintragung über Benns Handschrift und seinen herzlichen Brief. Der nächste Eintrag folgt acht Tage später, berichtet wird über die erwähnte Fahrt nach Berlin und über Mopsas Geständnis. Es kann schon sein, dass Thea Sternheim etwas ahnte, zumindest war ihr bewusst, dass ihre Tochter in eine Beziehung verstrickt war, möglicherweise dachte sie dabei aber an den Bildhauer Pilartz und nicht an Benn. Dafür spricht, dass sie freudig und in guter Stimmung nach Berlin fährt: »Die Last fällt ab«, schreibt sie. Die »schrecklichen letzten Wochen verwehen.«[33]

In der Tat lockert sich ihre Stimmung in Berlin auf. Das einzige Problem ist ihre Tochter Mopsa. Von »unüberbrückbaren Abgründen«[34], die sich zu ihr auftun, ist die Rede. Mutter und Tochter geraten in eine offene Konfrontation. Zum Entsetzen Thea Sternheims berichtet Mopsa am Abendtisch in aller Öffentlichkeit über ihre »erotische Beziehung« zum Vater und »tritt«, wie sie schreibt,

»die Situation breit«[35]. Das war als Provokation gedacht, vielleicht sogar als Anklage, die Mutter fühlt sich von der Tochter verletzt, tadelt ihr Benehmen, und will sich zukünftig von ihr möglichst fern halten. Immer näher rückt ihr dagegen die Beziehung zu Benn. Schon morgens ruft der Dichter an, man spricht sich ab und geht zusammen einkaufen. »Eineinhalb Stunden, die wie Sekunden vergehen. In meinem Leben fand ich keinen zarteren, pagenhafteren Mann als Benn es im Tête à tête dieses Morgens ist«[36], schreibt sie am 25. Mai in ihr Tagebuch. Warum er nicht öfters kommt, will Thea Sternheim von ihm wissen: »›Ich habe Angst vor der Eifersucht, den Kommentaren Ihrer Kinder. Alles Aussprechen ist immer Schwächung des Gefühls, gnädige Frau.‹«[37] Und während Benn sie »mit Erdbeeren füttert«, klagt er über seine Arbeit und »seine grenzenlose Nervenzerrüttung«[38], die ihn unfähig machen würde zum gesellschaftlichen Verkehr.

Ende Mai fährt Thea Sternheim zurück nach Uttwil, am 21. Juni kommt Mopsa und berichtet von einer medizinischen Untersuchung, bei der eine Geschwulst im Unterleib festgestellt wurde, es sei keine gefährliche Geschichte, aber sie müsse möglichst bald operiert werden. Zwischen Thea Sternheim und Benn gehen in diesen Tagen Briefe und Karten hin und her. Erhalten haben sich nur die Briefe bzw. Briefstellen, die Thea Sternheim in ihr Tagebuch überträgt. Am 23. Juni schreibt sie an Benn, bedankt sich für sein »Wohlwollen«: »Mir ist, als wäre mir ein Lehen anvertraut, das ich mit Umsicht, Einsicht, mit der ganzen Zartheit, zu der ich fähig bin, verwalten will.«[39] Es folgt ein bemerkenswerter Vergleich. Benns Sympathie würde ihr wohl tun und sie wärmen »wie Katholizismus«.[40] Die Briefe an und von Benn setzen bei Thea Sternheim schöpferische Energien frei. Nach langer Abstinenz schreibt sie wieder an ihrem Roman »Anna« (»Sackgassen«).

Am 5. Juli fahren Mutter und Tochter zur Untersuchung in die Züricher Klinik – fünf Tage später wird Mopsa Sternheim operiert. Während der Operation räsoniert Thea Sternheim über ihr Verhältnis zur Tochter, sie sei ihr, notiert sie in ihr Tagebuch, »kaum noch verbunden, fremd unter zahllosen Fremden«.[41] Fremd und distanziert ist denn auch der Blick, als die Tochter nach der Operation ins Zimmer gefahren wird: »Liegt da über eine Stunde röchelnd, schwitzend und erbrechend, seufzt beim Erwachen [...]. So wird, denke ich das Kind in seiner Todesstunde liegen und röcheln und in der körperlichen Auflösung Karl unsagbar ähnlich sehen.«[42] Ein »Wiedersehen« zwischen zwei sich liebenden Menschen, »nach überstandener Gefahr«[43], sei das nicht, schreibt sie drei Tage später nach einem Krankenbesuch.

Alle Gedanken richten sich bei ihr in diesen Tagen auf Benn, von ihm erhofft sie sich Trost und Anteilnahme. »Nichts auf der Welt wäre mir heut dringenderes Bedürfnis als Ihnen die Hand zu drücken, Sie meiner unbegrenzten Freundschaft zu versichern.«[44] Thea Sternheim geht in die Offensive und fällt sich sogleich selbst ins Wort, vielleicht sei es ja »taktlos«, so zu sprechen, solche Bedürfnisse überhaupt zu äußern. Sie sei sich aber sicher, Benn wird »diese Anrührung« verstehen. Es ist, zumindest von Seiten Thea Sternheims, eine behutsame, eine äußerst komplizierte Annäherung. Immer ist sie darauf bedacht, den Dichter bloß nicht zu verschrecken oder gar durch ein falsch gewähltes Wort zu verärgern. In dieser Hinsicht bedauert sie es, dass ihr leider nur »ein paar elende Worte«[45] zur Verfügung stehen. Natürlich berichtet sie auch über Mopsas Operation, schreibt, dass alles vorbei sei und es ihr gut gehe. Für Thea Sternheim hat das Ganze auch eine, wie sie Benn erzählt, symbolische Dimension. Die Geschwulst sei »bei ihrer Zeugung in sie hereingekommen« und habe sich als Zwilling entpuppt, der nun herausoperiert worden sei. »Ach, welch langer Schatten der Kausalität in unserem Dasein!«[46]

Ende Juli ist, bis auf Klaus, die ganze Familie in Uttwil versammelt. Folgt man Thea Sternheims Tagebuch, dann war es eine harmonische Zeit. Am 21. Juli singt Carl Sternheim abends Mozart-Arien und die als Sängerin ausgebildete Agnes trägt, begleitet von ihrem Freund, den Pianisten Berthold Goldschmidt, ebenfalls etwas vor. Die Stimmung sei gelöst gewesen. Als am 1. August Agnes mit ihrem Freund abfährt, hätten sich aber die Konflikte mit Mopsa sofort zugespitzt. Im Tagebuch berichtet Thea Sternheim

von einer »furchtbaren Auseinandersetzung«, die am Montag-
abend stattfand, am Dienstag, den 2. August sei Mopsa dann Hals
über Kopf von München nach Berlin gefahren. Der 2. August war
allerdings ein Montag, gemeint ist wahrscheinlich Dienstag, der
3. August. »Möge sie reisen!«, schreibt Thea Sternheim in ihr
Tagebuch. »Da ihr hemmungsloser Drang zum Mann sie vollständig beherrscht.«[47]

Die Mutter hätte freilich gute Gründe gehabt, die Tochter zurückzuhalten, schließlich hatte die gerade eine Operation überstan-
den und war gesundheitlich noch angeschlagen. Gewichtiger für
den Konflikt war aber wohl, dass zwischen den beiden Frauen Gottfried Benn stand. Sie waren Konkurrentinnen um seine Gunst – und
Benn bedachte weiterhin beide Frauen mit Aufmerksamkeiten,
schickte Karten und Briefe sowohl an die Mutter als auch an die
Tochter – nach beiden Seiten verteilte er sein Wohlwollen. Doch
für Mopsa Sternheim sah es zu diesem Zeitpunkt nicht mehr so gut
aus. Benn liebte das Abenteuer, aber er wollte keine Verpflichtungen und Scherereien, keine Frau, die all ihre Leidenschaften auf ihn
konzentrierte, die ihn umschwärmte, dauernd etwas Geistvolles
von ihm erwartete und sich ganz von ihm abhängig machte. Die
gerade einundzwanzigjährige Mopsa Sternheim war ihm zu kom-

pliziert, zu unberechenbar, zu impulsiv, da hatte die Mutter, die nur noch pro forma mit Carl Sternheim zusammen war, ein anderes Format – eine Frau mit Stil, die in der kulturellen Welt bewundert wurde, die – für Benn nicht unbedeutend – sich zu kleiden wusste, mit der man sich in der Öffentlichkeit zeigen konnte und die – auch das spielte für ihn sicher eine Rolle – ein gewisses Vermögen besaß.

Benn hätte die Geschichte mit Mopsa Sternheim lieber heute als morgen beendet. Aber wie? Sollte er ihr einen seiner famosen Abschiedsbriefe schicken? Das hätte nicht nur die Tochter brüskiert, sondern auch auf die Mutter einen schlechten Eindruck gemacht. Als Mopsa Sternheim in Berlin ankam und Benn besuchte, war er immer noch unschlüssig. Aber irgendwann musste er es ihr wohl gesagt haben, vielleicht am 4. oder am 5. August. Die Mitteilung traf sie zutiefst. Am Freitag, den 6. August verübte Mopsa Sternheim einen Selbstmordversuch. Ein Jahr später, unter dem 7. August 1927, notiert sie in ihr Tagebuch: »Gestern vor einem Jahr schlang ich 25 Veronal – auch nur ein Zufall, dass ich noch existiere. Gott, waren die Wochen, die darauffolgten grässlich! Diese Zeit in Sylt, jeder Tag Qual, jede Nacht eine Hölle –.«[48] Dass sie am Leben blieb, war offenbar auch Benn zu verdanken, der rechtzeitig kam und ihr den Magen auspumpte. Mopsa Sternheim nimmt darauf in einem Romanentwurf Bezug, den sie am 12. November 1930 in ihrem Tagebuch skizziert. Sie selbst heißt in diesem Entwurf ›Nicole‹ und Benn ›Dr. Goll‹: »Ich = *Nicole*. Im Bett, möbliertes Zimmer. 20 Veronal gegessen, fast tot. (das sehr ausführlich und *den* Moment unterstrichen, den sie vergisst und doch um alles in der Welt im Gedächtnis haben möchte. […]) Benn, Dr. Goll pumpt ihr den Magen aus, und es ekelt ihn der Aufwand an Impuls der es fertig bringt sich das Leben zu nehmen. […]«[49] Das waren Benns »ekelerregende Wochen«.

Im Tagebuch Thea Sternheims klafft in dieser Zeit eine bedeutsame – und völlig untypische – Lücke. Nach einer kurzen Eintragung unter dem 25. Juli folgt das nächste Notat am 11. August: »Tage der Verwirrung, des Krampfes. Der Traum der Kinder: Der Boden wankt unter meinen Füssen. Altes, längst im Unterbewusstsein Begrabenes kommt nach oben.«[50] Das klingt bedrohlich, Unheil verheißend, aber von dem Selbstmordversuch ihrer Tochter wusste sie zu dieser Zeit offenbar noch nichts. Benn hatte ihr einen Brief geschickt, »ein alarmierender, irgendwie vorwurfsvoller Brief«[51], so Thea Sternheim. Er sprach darin als Arzt, als ›Dr. Benn‹, und in dieser Funktion hatte er die Einweisung Mopsas in eine Klinik veranlasst. Wie aus dem Antwortbrief Thea Sternheims vom 11. August hervorgeht, der wiederum nur als Abschrift im Tagebuch existiert, kritisierte Benn, dass man Mopsa in dem gesundheitlich angeschlagenen Zustand nach Berlin hätte fahren lassen. Thea Sternheim, so kann man das Schreiben zusammenfassen, erklärt Benn relativ ausführlich, dass sie keinen Einfluss auf ihre Tochter hat, und alle Versuche, in dieser Hinsicht in den letzten drei Jahren aufgegeben habe. Auf Gespräche mit Mopsa würde sie sich nicht mehr einlassen, sie seien völlig sinnlos. *Noli me tangere* sei im Moment ihre Devise. Und gerade Benn müsse dieses Bedürfnis nach Alleinsein und Isolation doch eigentlich verstehen. Was Mopsa angehe, so seien ihre Möglichkeiten begrenzt. Sie appelliert an Benn, auf Mopsa einzuwirken. Er solle ihr klarmachen, eine Arbeit aufzunehmen und sich nicht von morgens bis abends mit ihrem Gefühlsleben zu beschäftigen.

Mopsa Sternheim hatte ihre Ausbildung in Dresden abgebrochen, danach hospitierte sie in Köln bei Hartung und Pilartz, ihre Entwürfe wurden gelobt, aber auch hier fehlte ihr die notwendige Disziplin, um das Handwerk wirklich zu erlernen und die Arbeit durchzuhalten. Von einer »regelmässigen Arbeit«[52], so Thea Sternheim in ihrem nächsten Brief an Benn vom 16. August 1926, könne man bei Mopsa nicht reden. Für den Beruf als Ausstatterin habe sie Talent, außerdem liebe sie die Theateratmosphäre.[53] Für ihren Mann sei es, trotz aller gegenwärtigen Schwierigkeit, ein leichtes, ihr eine geeignete Arbeit zu verschaffen – sie müsse nur wollen.

Carl Sternheim hat seine Tochter immer wieder aufgefordert und ermuntert, Projekte in Angriff zu nehmen und sich nicht hängen zu lassen. Am 21. März 1925 schreibt er ihr: »Was ist eigentlich mit Dir, Du Herbariumsgeschöpf, Du getrocknete Pflanze? Lebst dich an einem der brennendsten Centren Europas und fängst selbst da keinen Funken. Bist Du 60 oder 20 Jahr, geht Dein junger Elan in die Cafehausgespräche oder wohin verpuffst Du Dein Leben? In Cigaretten?«[54] Die Ermahnungen zur Disziplin, wiederholen sich in jedem Brief, auch im Frühjahr 1926, als sie sich gerade in Benn verliebte. Carl Sternheim schickte ihr zu dieser Zeit eine lange Epistel: »Wir wollen nichts, als daß Du an die Arbeit gehst, die Du Dir selbst gewählt hast, und daß wir den Weg und die Ziele, Früchte dieser Arbeit sehen. Wir sahen bisher nur eine maaßlose Arroganz, die für einen Michelangelo gereicht hätte – sonst nichts.«[55]

In dieser Zeit beendete Carl Sternheim sein Lustspiel »Die Schule von Uznach oder Neue Sachlichkeit«, das er Gottfried Benn widmete. Die Uraufführung fand am 21. September 1926 am Deutschen Schauspielhaus in Hamburg statt. Mopsa Sternheim, von Benn verstoßen, nahm sich ein Herz und schickte ihrem Vater Entwürfe zum Bühnenbild. Allerdings, wie aus einem Brief Carl Sternheims hervorgeht[56], viel zu spät, sodass er sie weder durchsehen noch genehmigen konnte. Zum Ärger des Vaters holte seine Tochter die Zustimmung nicht ein und realisierte ihren Entwurf in Hamburg und anschließend auch in Köln und Mannheim, ohne ihn überhaupt zu fragen. In der »Vossischen Zeitung« lobte ein Kritiker die »hübschen und talentvollen« Bühnenbilder der Hamburger Aufführung[57], der Vater aber war, trotz aller »Hübschheit«, die man den Entwürfen seiner Tochter attestierte, von so viel Eigenmächtigkeit doch einigermaßen enttäuscht.[58]

Es seien »Wochen voll Hysterie und Übernervosität« gewesen, schreibt Mopsa Sternheim unterdessen an ihre Mutter, nun aber sei alles vorbei, das Geschehene tue ihr »masslos leid, es war so sinnlos, so überflüssig … «[59] Im Januar 1927 schickt sie einen Brief, den die Mutter als besonders aufrichtig und hoffnungsvoll empfindet: »Ich arbeite an ein Paar neuen Holzschnitten, mache meinen Film, zeichne Akt und Portrait, schreibe krankhaft viel Tagebuch, lese, Du meine Liebe, es geht mir so viel besser als letztes Jahr. Kein Mann mehr, der in meinem Leben eine bedeutende Rolle spielt […].«[60]

Mopsa Sternheim lebte zu dieser Zeit in Berlin mit der Tänzerin, Schauspielerin und Journalistin Ruth Landshoff zusammen, eine Nichte des Verlegers Samuel Fischer, die mit ihrem Esprit und ihrer atemberaubenden Vitalität die kulturelle Szene in Erstaunen versetzte. Sie begeisterte sich für die Schauspielerei, bekam schon früh Rollen im Film, 1922 war sie in Murnaus »Nosferatu« zu sehen, und 1926 stand sie in Sternheims »Schule von Uznach« auf der Bühne. Als sie Mopsa Sternheim kennenlernte, arbeitete die ein Jahr jüngere Ruth Landshoff als Reporterin und Kolumnistin für den Ullstein Verlag, veröffentlichte in der »Berliner Illustrierten Zeitung«, in der »Dame« und im »Querschnitt«. Sie war, wie Mopsa Sternheim, die Tochter reicher Eltern, hatte viel Freiraum und nutzte ihn. So arbeitete sie in dieser Zeit auch an einem Roman, der 1930 bei Rowohlt erschien: »Die Vielen und der Eine« – sie schildert darin das bewegte Leben einer deutschen Reporterin in New York. Ruth Landshoff war eine ungeheuer schöne, eine fotogene und selbstbewusste Frau, die den Stil der neuen Zeit verkörperte: kurze Haare, Zigarette im Mund, am Lenkrad eines Cabriolets oder, so wurde sie von Harry Graf Kessler gesehen, im Smoking mit Hornbrille, wie ein Junge aussehend. Sie führte ein bewegtes Leben, hatte viele amouröse Abenteuer, verlor aber, im Unterschied zu Mopsa Sternheim, nie die Bodenhaftung. Drogenexzesse waren ihr fremd. Ende der zwanziger Jahre entschlossen sich beide, zusammenzuleben, eine Art Ehe zu führen. Sehr lange währte das Projekt nicht, es zeigten sich beträchtliche Differenzen in der Lebensauffassung. Die Drogenabhängigkeit Mopsa Sternheims, ihr zuweilen desolater Lebenswandel, ihre Stimmungsschwankungen, ihre Sympathien für die Linken und Kommunisten – das alles stieß Ruth Landshoff mehr und mehr ab. Anfang der dreißiger Jahre löste man die Lebens- und Wohngemeinschaft auf, ohne sich ganz aus den Augen zu verlieren.

Vielleicht spielte bei der Trennung auch die obsessive Liebe zu Benn eine Rolle, die Mopsa Sternheim noch immer nicht losließ. Bis zum »Wahnsinn«, schreibt sie unter dem Datum vom 27. Juni 1952, habe sie Benn geliebt, er sei aber eine »uneinnehmbare Festung« gewesen, »die Negation an sich«.[61] Mopsa Sternheim wollte die »uneinnehmbare Festung« erobern, Benn, wie sie im Weiteren sagt, mit ihrer Liebe »in Brand stecken«. Ein Manöver, das nicht gelang. Und sie fragt sich im Tagebuch immer wieder, warum sie mit ihrer Liebe, ihrem Angriff, gescheitert ist. »Ich war ZU jung. 10 Jahre später hätte ich länger durchgehalten, wäre weniger der Panik erlegen. Doch für die Zwanzigjährige war es zu schwer. Alle anderen waren – meinerseits béguins oder Zärtlichkeiten. Zauberhafte Zärtlichkeiten – doch nie mehr das Gefühl, den prädestinierten Partner vor mir zu haben. Drollig ist, dass ich in all den Wochen – Monaten – mit Benn wohl NIE, persönlich, zu einem sexuellen Genuss gekommen bin.«[62]

Mopsa Sternheim betrauert – hier wie auch an vielen anderen Stellen – den Verlust eines Liebesobjekts, das, wie es scheint, durch nichts und niemanden zu ersetzen ist, es gibt für sie kein neues Liebesobjekt, das in irgendeiner Weise dem verlorenen Objekt entsprechen könnte. Sigmund Freud hat diese Reaktion auf einen Verlust als Melancholie beschrieben. Viele Phänomene und Mechanismen, die Freud hervorhebt, sind auch bei Mopsa Sternheim zu beobachten. Bekanntlich parallelisiert Freud Trauer und Melancholie, beides sind Versuche, sich von einem geliebten, aber verlorenen Objekt abzulösen. Zwischen beiden Verarbeitungsformen sieht Freud eine enge Verwandtschaft, die tiefe, »schmerzliche Verstimmung«, die »Aufhebung des Interesses für die Außenwelt«, der »Verlust der Liebesfähigkeit«, die »Hemmung jeder Leistung«, das alles sind Reaktionen, die in beiden Fällen auftreten. In einem einzigen Punkt aber würde sich die Melancholie von der Trauer unterscheiden, in der »Störung des Selbstgefühls«[63]. Wer zur Melancholie neigt, der überhöht das Objekt und setzt gleichzeitig das eigene Ich herab, ja, er traktiert das eigene Ich mit Vorwürfen und Beschimpfungen. Jede Schwäche, jeder Fehler wird dem eigenen Ich angelastet. Hinter der hemmungslosen Ich-Kritik versteckt sich aber, so Freud, eine Kritik am verlorenen Objekt, das ambivalent wahrgenommen wird: Einerseits wird es geliebt; andererseits zieht es Hass und Aggressionen auf sich, weil es verloren, nicht mehr da ist und man es nicht mehr lieben kann. Bemerkenswert an der Melancholie ist, dass die ursprüngliche Feindseligkeit gegen das Objekt zu einem innerpsychischen Konflikt wird, der Hass wird zum Selbsthass, das Ich zum »Ersatzobjekt«[64], wie am Fall von Mopsa Sternheim zu sehen ist, identifiziert sich das Subjekt mit dem geliebten, verlorenen Objekt und wendet sich mit seiner Wut und seinem Hass gegen das eigene Ich, das unterminiert und herabgesetzt wird. Das Ich wird so behandelt, wie man das verlorene Objekt eigentlich behandeln möchte. Es sind Menschen, die, so Freud, viel klagen, aber diese »*Klagen* sind *Anklagen*«[65], Anklagen, weil man sich zurückgesetzt, enttäuscht, gekränkt fühlt. Der zur Melancholie Disponierte wendet seine negativen Energien nicht nach außen, wo sie eigentlich hingehören würden, sondern nach innen. »Auf diese Weise«, schreibt Freud, hat sich »der Objektverlust in einen Ichverlust verwandelt.«[66]

Warum aber gelingt es dem Subjekt nicht, sich von dem verlorenen Objekt zu lösen und die Wendung gegen das eigene Ich zu stoppen? Freud meint, eine Loslösung würde immer dann nicht gelingen, wenn die »Objektwahl auf narzißtischer Grundlage«[67] erfolgt sei. In einem solchen Fall wird die »narzißtische Identifizierung mit dem Objekt […] zum Ersatz der Liebesbesetzung, was den Erfolg hat, daß die Liebesbeziehung trotz des Konflikts mit der geliebten Person nicht aufgegeben werden muß.«[68] Mopsa Sternheim kann zwar das Objekt aufgeben und, notgedrungen, auf Benn verzichten, nicht aber auf ihre »Liebe zum Objekt«[69], an die sie sich ein Leben lang gebunden fühlt. Sie rettet ihre Liebe durch eine Regression in den Narzissmus. Auf dieser Grundlage kann sie nach dem Zweiten Weltkrieg den gewendeten Benn kritisieren und gleichzeitig an ihrer Identifizierung festhalten – darauf wird noch zurückzukommen sein.

Was Benn angeht, so hatte er einen Schlussstrich gezogen – einen Schlussstrich gegenüber Mopsa, nicht aber gegenüber Thea Sternheim. Noch im November 1931, kurz bevor die Sternheims Berlin verlassen und in Paris eine Wohnung nehmen werden, berichtet Thea Sternheim von einem abendlichen Besuch Benns. Man

kommt ins Gespräch, die Situation wird intimer. Irgendwann dreht
Benn das Lampenlicht aus, »wundert sich, dass ich so ganz allein
lebe, fragt, was mir der Katholizismus in sexueller Hinsicht ge-
statte«.[70] Ein unmoralisches Angebot – nicht unwichtig die Frage
nach dem Katholizismus. Thea Sternheim hatte sich in den letzten
Jahren immer stärker religiösen Fragen zugewandt und dabei auch
den Rat des Dominikanerpaters Franziskus Stratmann gesucht, den
sie in Glaubensfragen hoch schätzte und auf den sie hörte. Benn
wusste das, er kannte ihren Wunsch, ein sittliches und religiös
orientiertes Leben zu führen, das machte sie nicht uninteressant,
im Gegenteil, Benn intensivierte seine Avancen.

DIE GROSSE GEREIZTHEIT

Verachte nur Vernunft und Wissenschaft,
Des Menschen allerhöchste Kraft,
Laß nur in Blend- und Zauberwerken
Dich von dem Lügengeist bestärken,
So hab ich dich schon unbedingt –
Mephistopheles, in: Goethes *Faust* (Studierzimmer)

»Verfehlte Sache, blamable Situation. [...] Decken Sie es bitte mit dem Schweigen der Freundschaft zu,«[1] schreibt Benn, noch sichtlich erregt, am 7. März 1930 an Thea Sternheim. Am Abend zuvor lief im Radio das Gespräch zwischen Benn und Johannes R. Becher über »Dichtung an sich« – eine halbe Stunde, von 20 bis 20 Uhr 30. Benn hatte sich viel vorgenommen, er wollte grundsätzlich seine Position zum Stellenwert des Dichterischen beschreiben und dabei seine Lesefrüchte aus Geschichte, Evolutionstheorie und Philosophie präsentieren. Zu diesem Zweck hatte er sich reichlich Notizen gemacht, auf Nietzsche, Dschinghis Kahn, Hobbes, vor allem aber auch auf Hegel wollte er verweisen, weil der Marxist Becher sicher ein Hegel-Verehrer war. Es galt, den Kontrahenten mit den eigenen Waffen zu schlagen und aus der Reserve zu locken. Alles war bis ins Einzelne vorbereitet, mit Becher hatte er zuvor abgesprochen, wie und mit welchen Stichworten man die unterschiedlichen Auffassungen darstellen und begründen wollte. Becher aber, so schreibt es Benn an Thea Sternheim, hätte sich nicht an die getroffenen Absprachen gehalten, »er war nicht zu bewegen, bestimmte schärfere Formulierungen zu bringen«.[2] Daraufhin wollte Benn aufstehen und gehen, des Geldes wegen und um einen Skandal zu vermeiden, sei er aber denn doch geblieben und habe gute Miene zum bösen Spiel gemacht. Nun, wie dem auch sei. Fakt ist, ein Streitgespräch kam nicht zustande. Die beiden Dichter trugen zwei, in Inhalt und Ton, unterschiedliche Stellungnahmen vor.

Aufgefordert, seine Position zu erläutern, beschrieb Becher im Plauderton, wie er sich vom »reinen Dichter« zum »Klassenmenschen« entwickelt habe.[3] Der Dichter, so sein Plädoyer, dürfe sich nicht der Zeit entziehen, er sei aufgefordert, sich mit seinem Werk der Gegenwart zu stellen. Es gebe »für den Dichter keinen Sprung über die Aufgaben der Zeit hinweg in die Ewigkeit.«[4] Dichtung sei zeitbedingt und agiere nicht im luftleeren Raum, sie sei eingelassen in eine »Geschichte von Klassenkämpfen«: »es gibt kein Darüber, es gibt kein Heraus.«[5]

Ganz anders Benn. Er ging auf seine eigene Entwicklung nicht ein und setzte zu einem geistesgeschichtlichen Exkurs an, gespickt mit vielen sprachlichen Aperçus wollte er zeigen, dass es keinen Fortschritt, keinen Sinn in der Geschichte gibt. Klassen und Kapitalismus gab es schon immer: »Schaurige Welt, kapitalistische Welt, seit Ägypten den Weihrauchhandel monopolisierte und babylonische Bankiers die Geldgeschäfte begannen.« Immer dasselbe Lied in der Weltgeschichte: »Die Unteren wollen hoch und die Oberen wollen nicht herunter.«[6] Die Hörer werden sich einigermaßen gewundert haben, denn in Benns Stellungnahme ist von Dichtung nur ganz kurz am Schluss die Rede. Was der Dichter sagen wollte, blieb unklar. Während Becher konkret blieb, verheddderte sich Benn bei der Montage seiner, aus vielen Versatzstücken zusammengebastelten, Weltanschauung und kam, in der Kürze der Zeit, gar nicht mehr zum Thema, zur »Dichtung an sich«.

Wer Benn kannte, der konnte sich natürlich seinen Teil denken, aber selbst Leute, die eine gewisse Sympathie mit dem Dichter empfanden, wussten mit dieser Rede nicht viel anzufangen. Thea Sternheim hörte das »Rededuell Becher – Benn« bei den Pfemferts – begeistert war auch sie nicht, sie schob es aber auf die knappe Sendezeit und auf das Medium Radio, das für eine so komplexe Fragestellung vielleicht nicht der geeignete Ort sei. Die Pfemferts, »die beide kluge und auf künstlerische Eindrücke reagierende Menschen sind«, wie Thea Sternheim bemerkte, reagierten jedoch ganz anders und stellten sich auf die Seite Bechers.[7]

Benn war sich der Unzulänglichkeit seiner Stellungnahme bewusst: »Nächstes Mal besser; aber nicht mehr am Radio, peinliches Milieu!«[8], so im oben zitierten Brief an Thea Sternheim. Zu die-

sem Zeitpunkt war sein Aufsatz »Zur Problematik des Dichterischen«, der im April in der »Neuen Rundschau« erschien, schon
im Druck. Um sich dem Publikum verständlich zu machen, war das
für ihn ein angenehmeres »Milieu«. Nichtsdestotrotz ließ ihn das
verpatzte Radiogespräch nicht ruhen. Gleich nach der Sendung
schrieb er den Rundfunkdialog »Können Dichter die Welt ändern?«. Zwei Sprecher kommen darin vor ›A‹ und ›B‹. ›B‹ wie
Benn, aber ›A‹? Man hat über den Diskussionspartner gerätselt.[9]
Die wahrscheinliche Lösung ist die, dass ›A‹ Becher sein soll – der
von Benn konstruierte Becher.[10] In diesem fiktionalen Gespräch
zeigt Benn, wie er sich am 6. März im Rundfunk seinen Auftritt gedacht hatte. Im Juni 1930 wurde der Text in der »Literarischen
Welt« veröffentlicht, gewissermaßen als flankierende Maßnahme
zum Aufsatz »Zur Problematik des Dichterischen«. Im Dialog
wollte Benn seine Position dem Publikum noch einmal pointiert
zur Kenntnis bringen und sich gleichzeitig als jemand präsentieren, der durchaus mit dem neuen Medium Radio umzugehen wisse.
      Zurück zum Aufsatz: Benn geht von einem Gegensatz zwischen
Dichter und Schriftsteller aus. Schriftsteller, das ist für ihn der
Literat, der sich am Puls der Zeit bewegt, ein Kind, geboren aus der
Zivilisation.[11] Der Dichter steht außerhalb der Zivilisation, er ist
durch eine »Kluft« vom »Zivilisationsschotter«[12] getrennt. Das
Dichterische sei, so Benn, mit dem »archaischen« verbunden, es
wurzele tiefer, tiefer als die Literatur. Benn spricht deshalb auch
von einer »biologischen« Theorie des Dichterischen, die er von
der »soziologischen« unterscheidet. Die soziologische Theorie
misst alles am »Zivilisationstyp«, am »durchschnittlichen Typ«[13].
Dahinter steht, »was man summarisch als Aufklärung ansieht«[14],
eine epochale Wende, die ihr höchstes Ziel darin sieht, eine Gesellschaft frei von Leid und reich an Genüssen zu schaffen. Ein wesentliches Mittel dazu seien die Wissenschaften, doch was immer der
Forscher an neuen Kenntnissen und Entdeckungen hervorbringe,
es währe nicht lange, es sei schnell wieder überholt. Wissenschaft
vermöge die Gesellschaft nicht zu orientieren, sie könne keine
überzeitlichen Zwecke formulieren und sei in der Moderne zum

Spezialistentum verkommen, das für den Alltag der Menschen kaum noch Relevanz habe. Demgegenüber verkörpere der Dichter eine andere Art der Erfahrung, eine Erfahrung, die über die Zeit hinausgehe und allen historischen Kategorien entrückt sei. Während alles sich verändere, sei Dichtung das Unveränderliche schlechthin, das letzte Stück archaischer Natur, das in »vorbewußten Sphären« des »Körpers«[15] angesiedelt sei.

Im Rundfunkdialog zieht Benn die Grenze noch etwas schärfer: Der Schriftsteller gehöre zur anderen Seite, zu den »Technikern und Kriegern«, zu jenen profanen Menschen, »die die Welt realistisch empfinden«[16]. Zu dieser anderen Seite gehöre aber vor allem auch der »Gegenspieler des Dichters«[17], der Wissenschaftler – Benns Feindbild schlechthin, er sei ein Erfüllungsgehilfe der Zivilisation. Wahrheit im emphatischen Sinn sei ihm fremd, er habe sich dem zweckrationalen Denken unterworfen und sei der Ideologie des Fortschritts anheimgefallen. Der Dichter repräsentiere demgegenüber die überzeitlichen Werte, die sich von Entwicklung, Fortschritt, Mode abheben, eine Welt, in der es noch Festigkeit und Kontinuität gebe. Seine Werke seien der Zeit enthoben, sie sind, so Benn, »phänomenal, historisch unwirksam, praktisch folgenlos«.[18] Sprach Benn zuvor vom »Körper«, so spricht er jetzt von der »Substanz«.[19] Der Dichter sei eingelassen, verbunden mit der Substanz, durch die er die Fähigkeit besitze, »das Grauen zu bannen und die Opfer zu versöhnen.«[20] Mit anderen Worten, der Dichter agiert nicht auf der Oberfläche der Gesellschaft, er gehört nicht zur *happy few*, unterzeichnet keine »Aufrufe gegen die Notstände der Zeit« und sitzt nicht »beim Bankett neben dem Minister [...], die Nelke im Frack und fünf Weingläser am Gedeck«[21], er steht, unbedingt und absolut, außerhalb aller Zeitgenossenschaft, ist das klare Weltauge, das in schöpferischer Melancholie das große Ganze betrachtet.

Benns Auffassung von der Sphäre des Dichterischen als »etwas Anti-Gesellschaftliches«[22] war so originell nicht. So dachte man damals zum Beispiel auch im George-Kreis, so dachten Rudolf Borchardt, Hugo von Hofmannsthal und viele andere. Scharf versuchte man den Dichter vom Schriftsteller, vor allem aber vom Gelehrten zu trennen. Die Dichtung, so Wolf Lepenies, wurde als »ein Urphänomen« angesehen, und die Dichter, so meinte man, schufen »das einzig Unzerstörbare, was die Welt hervorbrachte; sie schufen ein Werk, das der Intelligenz nicht zugänglich war.«[23] Dem Dichter kam deshalb auch als »Seismograph seiner Zeit«[24] eine besondere Position und Dignität zu. Vor allem im George-Kreis träumte man den Traum vom »Dichter als Führer«. In einer Zeit, in der man die Politik und die Politiker verachtete, in der man sich gleichwohl nach Führung sehnte, glaubte man im Dichter eine charismatische Figur zu erkennen, die sich über eine seelenlose Zivilisation erhebt und die Menschen in eine heroische Epoche führt.

Nun, Benn wollte kein Führer sein, er sah den Dichter in der stolzen Rolle des Außenseiters, einer, der in einsamen Akten, souverän und autonom, ein Werk schafft, das der Auflösung und dem Verfall entgegensteht.[25]

Man kann Benns Positionen in der späten Weimarer Republik nicht unabhängig vom Nationalsozialismus betrachten, zumal er sich in der Anfangsphase der ›Machtergreifung‹ aktiv zum »neuen Staat« bekannt hat. Spätestens in den 1930 veröffentlichten Texten hätte man die Gefahr erkennen können, die in dieser Position liegt. Benn war gewiss kein Mitläufer, kein Verirrter, der aus Versehen einen falschen Weg eingeschlagen hat. Unschwer lassen sich zwischen Benns Auffassung eines zeit- und gegenwartsenthobenen Kunstwerks und Hitlers Rede vom Ewigkeitswert der Kunst viele Parallelen entdecken. In seinen Kulturreden aus den dreißiger Jahren plädiert Hitler für eine Kunst, die nicht der Zeit und der Mode folgt, sondern überhistorische Gültigkeit beansprucht. Die Kunst – die wahre Kunst – ist für ihn keine geistige Angelegenheit, sie hat keine Botschaft, keinen Stil, und es braucht auch keine Theorie, keine Kunstkritik, um sie zu erklären.[26] Kunst ist keine Aussage, die man so oder so interpretieren kann, über das wahre Kunstwerk muss nicht diskutiert werden, es fordert, über die eigene Epoche hinaus, Anerkennung. Wenn Benn Kunst als ein Phänomen *sui generis* bestimmt, das jenseits aller Diskurse liegt, dann hätte ihm

Hitler lebhaft zugestimmt. Und noch in einem anderen, ganz wesentlichen, Punkt sind sie einer Meinung, in der Anbindung der Kunst an den Körper. Das Biologische ist das Letztgültige, das über den Ewigkeitswert der Kunst entscheidet. Für Hitler ist es die Rasse, die die Wahrheit der Kunst verbürgt. »Rassentheorie und Kunsttheorie« greifen, wie es Boris Groys gezeigt hat, ineinander, sie bilden eine »unauflösbare Einheit«[27]. Die Bindung der Kunst an die Rasse verbürgt ihre geschichtliche Autonomie. Auch Benn betont die zentrale Rolle des Körpers: »Der Körper«, so Benn, »ist der letzte Zwang und die Tiefe der Notwendigkeit, er trägt die Ahnung, er träumt den Traum.«[28] Der Dichter spricht nicht von der Rasse, aber seine Worte sind verräterisch, er spricht von den ›dunklen‹ Gründen, den »Mysterien«, dem »hyperämisch sich entladende[n] Ich«, der »archaische[n] Masse«.[29]

Klaus Mann hat 1930, in eben dem Jahr, als Benn diese Texte schrieb, ein Porträt des Dichters gezeichnet, in dem er, hellsichtig und ahnungsvoll, die Punkte benennt, mit denen Benn zum Brückenbauer für die Nationalsozialisten wurde: »Der Dichter ist revolutionär, gegen die Mitte. Sein Haß gegen das juste milieu, das Bürgerliche, die ›Demokratie‹ wird zum Krampf, zur Ekstase; der Begriff des ›Fortschritts‹ zum roten Tuch, der Entwicklungsgedanke zur ›proletischsten Idee des Abendlandes‹. Unstillbar sein Heimweh, sein Durst nach Menschheitsepochen, die tragisch und entfernt von der Idee des Fortschritts waren. [...] Trostlos sucht er hinter der Maske einer glatten Gegenwart das wahre Antlitz des Lebens, ›dunkel und wundenvoll‹.«[30] So zutreffend viele Charakterisierungen Klaus Manns sind, in einer Hinsicht muss man ihm widersprechen. Sein Benn-Porträt kulminiert im Bild eines »radikal vereinsamten, tragisch isolierten Ichs«[31]. Mit unverhohlener Sympathie und Anerkennung spricht er über einen Mann voll von »Bitterkeit«[32], der, allein und auf sich gestellt, schreibt und kaum mehr auf Antworten wartet.

Zweifellos, so hat Benn sich geriert, so wollte er gesehen werden, als einsamer Rufer in der Wüste, als Schmerzensmann, der unter einer Gegenwart leidet, die ihm zu klein und vor allem zu profan war, die nichts Heroisches und Tragisches mehr hatte, in der Massen- und Durchschnittsmenschen leben, die nur Behaglichkeit wollen. Benn, der melancholische, der resignierte Dichter, der isoliert ist und gezwungen war, sich selbst zu isolieren. Das war die Rolle, die er in der Öffentlichkeit spielte. Seine Stimmungslage aber war zuweilen doch eine andere, und gewann diese Stimmung die Oberhand, dann konnte er sich nicht zurückhalten, dann präsentierte sich Benn durchaus polemisch und kämpferisch. Egon Erwin Kisch, der ihn als Aristokraten und Snob tituliert hatte, weist er mit einer Schimpfkanonade in die Schranken. Kisch vertrete »den Typ unfundierten Rum- und Mitläufers, des wichtigtuerischen Meinungsäußerers, des feuilletonistischen Stoffbesprengers, des Verschleuderers des Worts, des Schmocks und Schwätzers«.[33]

Die Angriffe von der politisch linken Seite und Benns Gegenangriffe – so sah es schon Klaus Mann und so sieht es auch heute noch der Benn-Forscher Holger Hof – hätten den Dichter »sukzessive aus dem linken Lager [...], in dem er bis jetzt zu Hause war«, herausgeführt und schließlich »in politische Verstrickungen«[34] gebracht. Benn ein politisch Linker, der (kurzfristig) in das Lager der Rechten wechselte, eine Mesalliance, die dann schnell aufgelöst wurde? – Kann man das so sehen?

Tatsache ist, dass Benn sich frühzeitig gegen die Weimarer Republik, gegen die normativen Gehalte der Demokratie positionierte. Er wetterte gegen den Parlamentarismus und die politischen Parteien, gegen Bürokratie und Wissenschaft, gegen die Macht der Medien und die Journalisten, gegen Marxismus und Kommunismus, gegen die »junge deutsche Literatur«, die mit Schlagworten wie »Tempo, Jazz, Kino, Übersee«[35] arbeitete. Benn – da folgten ihm freilich auch viele Linke – sah die Weimarer Gesellschaft von einer kulturellen Überfremdung durch den amerikanischen Geist bedroht: »Ich persönlich«, so ließ er sich vernehmen, »bin gegen Amerikanismus. In bin der Meinung, daß die Philosophie des rein utilitaristischen Denkens, des Optimismus *a tout prix*, des ›*keep smiling*‹, des dauernden Grinsens auf den Zähnen, dem abendländischen Menschen und seiner Geschichte nicht gemäß ist.«[36] Er plädierte für eine Kulturhygiene, die zu »reinen Typen« führt, die aus dem »inneren Selbst«[37] leben. Sicher, mit seinem Unbehagen stand er nicht allein, aber ›links‹ – wenn der Begriff noch irgendetwas bedeuten soll – war das nicht.

Benn war Ende der zwanziger Jahre keineswegs resigniert, wie Klaus Mann meinte, er war, das zeigen seine Texte, kämpferisch und entschlossen. Er wollte heraus aus den »Banalitäten und Ermüdbarkeiten«[38], heraus aus der »induktiven Epoche«[39] mit ihrem zweckrationalen Denken, er sehnte sich nach wirklicher Erfahrung und nach Größe. In die Politiker hatte er kein Vertrauen, sie reden nur und handeln nicht, kennen nur den Kompromiss, den kleinsten gemeinsamen Nenner. Benn setzte auf die Kunst als radikales Pendant zur Politik: »sie allein, nicht die Politik, ist ohne Kompromiß, sie allein, nicht die Politik, reicht bis in jene seelischen Schichten hinein, in denen die wirklichen Verwandlungen der menschlichen Gesellschaft sich vollziehen, die Verwandlungen des Stils und der Gesinnung.«[40] Offenbar stellte er sich eine Art Kulturrevolution vor, die im Namen der Kunst alles ergreift und mit sich zieht – eine Macht, die keinen Widerspruch zulässt, die nicht einfach Gehorsam fordert, sondern tief in die Seele geht und das Leben verwandelt. Das weist auf seine Anfänge zurück. Der Expressionismus war ja eine Revolte des Lebens gegen die Zwänge der Gesellschaft – eine Revolte, die im Zeichen einer Kunst stand, die, im wörtlichen Sinn, aufs Ganze zielte. Man träumte von einer neuen Menschenart, von der Befreiung zu neuer Gemeinschaft, von der endgültigen Überwindung des verhassten Bourgeois. Diese Träume schienen mit der Niederlage im Ersten Weltkrieg ausgeträumt, nun standen sie plötzlich wieder auf der Tagesordnung, und Benn saß in den Startlöchern: »es beginnt eine neue Welt«[41], frohlockte er 1933. Die alte Welt, die Demokratie, sie stürzte gerade zusammen.

Von Benns Freunden und Bekannten gab es einige, die seine Entwicklung mit kritischer Sympathie betrachteten, wie zum Beispiel Klaus Mann; es gab andere, wie Pfemfert und den »Aktions«-Kreis, die sich schon gleich nach dem Ersten Weltkrieg von ihm abgewandt hatten, und es gab die treuen Benn-Verehrer, die sich so leicht nicht erschüttern ließen. Dazu gehörte Thea Sternheim. Am 13. Mai 1930 schreibt sie in ihr Tagebuch: »Zum Abend Benns Aufsatz in der Aprilnummer der Rundschau. Da weis ich, warum ich Benn liebe. Welche Pracht seine Sprache!«[42]

Bei dem Aufsatz handelt es sich um den Essay »Zur Problematik des Dichterischen«, wir haben oben daraus zitiert. Der Text, meint Holger Hof, sei »ein Rundumschlag«[43], angemessener wäre es vielleicht, von einem antiaufklärerischen Pamphlet zu reden, das den Wissenschafts- und Fortschrittsglauben im Besonderen und ganz allgemein die moderne Zivilisation aufs Korn nimmt. Benn polemisierte gegen die Vernunft und träumte von einer Wiederbelebung des Archaischen, das sich aufbäumen wird und »seinen Rachen aufreißen gegen diese Zivilisationshorden«[44]. Der Dichter spricht als Künder einer Endzeit, die er ersehnt und erhofft.

Thea Sternheim sah das offenbar alles nicht, sie sah – es ist für den heutigen Leser nur schwer nachzuvollziehen – vor allem die Sprache. Von ihr war sie fasziniert und berauscht, die Sprache, sie hatte eine auratische Dimension, in ihr wurde etwas lebendig, von dem sie sich ergriffen und eingenommen fühlte, der Inhalt kam ihr gar nicht zu Bewusstsein, er zählte nicht, gehörte zur profanen Welt. Diese unkritische Haltung gegenüber den Texten Benns, wir haben darauf hingewiesen, änderte sich erst nach dem Zweiten Weltkrieg. In dieser Zeit nahm sie den Inhalt wahr, betrachtete so manche Aussagen mit Distanz, aber auf den Sprachmagier Benn ließ sie gleichwohl auch jetzt nichts kommen. Der Dichter, der sich gerade anschickte, sein Leben neu zu justieren, konnte offenbar schreiben, was er wollte, die Sprache blieb für sie ein Ereignis. Als sie 1950 das »Doppelleben« liest, versucht sie feinsäuberlich die beiden Seiten zu trennen, das Buch, notiert sie, sei stilistisch prachtvoll, inhaltlich aber oft fragwürdig.[45] In der Zeit vor 1933 kam ihr der Inhalt gar nicht zu Bewusstsein. In den Tagebuchnotaten ist immer nur von der wunderbaren Sprache die Rede. Egal, was ihr Benn schickte, ob Gedichte, Prosa oder persönliche Briefe – Thea Sternheim ist elektrisiert von den neuen Worten, die sie geradezu in Ekstase versetzen. Und dieser Rausch ist so stark und nachhaltig, dass sie Benns politische Radikalisierung in der Weimarer Republik gar nicht wahrnimmt. Kein einziges Wort der Kritik, nicht die leiseste Andeutung einer Differenz. Dies ist umso bemerkenswerter, weil sie ansonsten für die Radikalisierung und Polarisierung der Gesellschaft durchaus einen Blick hatte. Sie äußerte sich kritisch über die Notverordnungen, und wie Linke und Rechte die Panik in der Bevölkerung für ihre Absichten zu nutzen versuchten. Sie schrieb über die Weltwirtschaftskrise, über die Verarmung und die Massenproteste, über das Chaos auf den Straßen, über den wachsenden Antisemitismus und die nationalsozialistischen Aufmärsche, über die zunehmende Gewalt und Unfreiheit. »Europa – vorzüglich Deutschland in der Nachfolge Italiens und Russlands eine Gefängniszelle par excellence. Der Bürokrat als Aufpasser, der Kleinbürger als Anwender der Gesetze«[46], notiert sie am 11. Dezember 1931 in ihr Tagebuch. Thea Sternheim war orientiert, sie nahm die sich zuspitzende gesellschaftliche Situation kritisch wahr, aber Benn genoss offenbar Immunität, was immer er schrieb, im Hause Sternheim war ihm der Beifall sicher.

Seit Mitte der zwanziger Jahre wurde Thea Sternheim mehr und mehr auch von der Person Benn verzaubert, sie wurde umworben, und sie ließ es sich gerne gefallen, er machte ihr Komplimente, bewunderte ihr Aussehen und ihre elegante Kleidung, sorgte sich um ihre Gesundheit. Im Frühjahr 1928, als Thea Sternheim erkältet war, kam Benn sogleich, saß an ihrem Bett: »Horcht mich ab. Pflegt mich. Wir sprechen vertraut, tief freundschaftlich.«[47]

Thea Sternheim hatte sich im Dezember 1927 von ihrem Mann scheiden lassen, vorausgegangen war ein von Carl Sternheim provozierter Eklat an ihrem vierundvierzigsten Geburtstag. Das war aber nur der letzte Auslöser, schon lange hatte sich die Trennung abgezeichnet, die ständigen außerehelichen Beziehungen ihres Mannes, seine Nervenzusammenbrüche, hatten sie in den letzten Jahren zermürbt. Der dauernde Streit um die Erziehung der Kinder tat ein übriges. Dazu kam, was für sie gewichtiger war, dass der Künstler Carl Sternheim seinen Zenit überschritten hatte. Es ging ihr nicht nur um Erfolg oder Misserfolg, die künstlerische Richtung, die ihr Mann nach dem Krieg eingeschlagen hatte, war ihr suspekt. Die Stücke, schreibt sie im September 1919 ins Tagebuch, seien »nur Proklamation und Geräusch«[48]. Sie fühlte sich von seinem auftrumpfenden Wesen abgestoßen, von seiner Besserwisserei, seiner Rolle als Praeceptor Germaniae, die er sich nun zudiktiert hatte. Die Entfremdung war total und die Trennung eigentlich überfällig. Dass Thea Sternheim so lange an dieser Ehe festhielt und zu keiner Entscheidung fähig war, hat wohl damit zu tun, dass sie im Grunde die Selbstständigkeit fürchtete. Allein gelebt hatte sie noch nie, immer war da ein Mann an ihrer Seite, ein Mann, für den sie leben wollte. Ihre Tochter Mopsa schreibt um diese Zeit in ihr Tagebuch: »9/10 aller Frauen sind Masochisten!!! Liegt es nicht daran, dass sie nie direkt wirken, sondern immer durch den Mann als Mittler?«[49]

So schnell die Scheidung vollzogen war, so lange dauerten die Auseinandersetzungen um das Vermögen und die Kunstsammlung. Zu verschenken gab es nichts mehr, durch den Ersten Weltkrieg und die Inflationszeit waren die finanziellen Rücklagen deutlich geringer geworden. Ein entscheidender Einschnitt sollte aber noch kommen: Die Weltwirtschaftskrise, eingeläutet mit dem Börsenkrach im Oktober 1929, ließ das Vermögen beträchtlich zusammenschrumpfen. Um größere Ausgaben zu bestreiten, mussten jetzt immer mal wieder Stücke aus der Kunstsammlung verkauft werden. Im Zweiten Weltkrieg konnten sich Mutter und Tochter nur durch den Verkauf der geliebten Gemälde über Wasser halten. Von dem einstigen Millionenerbe blieb am Ende nicht viel übrig.

Nach der Scheidung wohnte Thea Sternheim in Berlin, das Haus in Uttwil übernahm ihr geschiedener Mann, er lebte dort mit der einundzwanzigjährigen Pamela Wedekind zusammen, die gerade ihr Verlöbnis mit Klaus Mann beendet hatte. Im Dezember 1928 brach bei Carl Sternheim als Folge seiner Syphilis-Erkrankung die progressive Paralyse aus, die zu Lähmungen und Wahnsinnsanfällen führte. Die Krankheit verlief in früheren Zeiten tödlich, erst nach dem Ersten Weltkrieg hatte man Therapien gegen die Gehirninfektion entwickelt, die zumindest eine partielle Heilung möglich machten. Sternheim kam zunächst in das Sanatorium Bellevue nach Kreuzlingen, im Juni 1929 wurde er ins Westend-Sanatorium nach Berlin überführt. Von der schweren Erkrankung erholte er sich sukzessive. Zu verdanken war das vor allem Thea Sternheim, die während dieser Zeit den Kontakt hielt, ihn betreute und ihm, nachdem sich sein Zustand gebessert hatte, eine Wohnung vermittelte. Im April 1930 heiratete Carl Sternheim Pamela Wedekind und zog nach Brüssel.

Die Auflösung der Ehe war für Thea Sternheim ein Akt der Befreiung – und offenbar wirkte sie auch auf ihre Umwelt befreit und gelöst: »Benn meint«, notiert sie unter dem 26. Dezember 1927, »ich sei nicht wiedererkennbar, so zu meinem Vorteil verändert sähe ich aus. Dasselbe sagt Franz [Pfemfert]. Dasselbe sagen mir jetzt alle Leute. Ja, es ist wirklich etwas ganz anders in mir geworden.«[50] Jetzt, wo sie in Berlin wohnte, wurde der Kontakt zu Benn enger, man kam sich näher, und Thea Sternheim fühlte sich durch die Avancen des Dichters gehoben und beglückt: »Abends kommt Benn zu mir«, notiert sie am 17. Oktober 1929. »Tiefe Freundschaftlichkeit. Eigentlich ist alles, was Benn mir an diesem Abend sagt, von klirrender Präzision und daher sauber und loyal.«[51] Lange Zeit gab es Irritationen, war sie sich nicht ganz über den Menschen Benn im Klaren, in diesen Jahren aber waren alle Zweifel verschwunden. Sie liebte Benn, freilich war und blieb es eine platonische Liebe. Gleichwohl, die Mechanismen des Verliebtseins unterscheiden sich nicht. Folgen wir Freud, dann ist in der Verliebtheit das Realitätsprinzip außer Kraft gesetzt, anstelle des Erkennens steht das Verkennen. Das geliebte Objekt wird überschätzt und idealisiert. Für die Realität hat das liebende Ich keinen Blick mehr, es ist, so Freud, in seiner Wahrnehmungsfähigkeit eingeschränkt und ›geschädigt‹. Thea Sternheim sah Benn mit den Augen einer Verliebten. Das »Unbehagen«, das sie zuvor verspürt hatte, »ist«, wie sie schreibt, »vollkommen beseitigt«.[52] Charakterzüge, die ihr lange Zeit Schwierigkeiten bereitet hatten, die sie nicht einordnen konnte, wie Benns Mystifikationen und sein Einsamkeitsbedürfnis, werden nun unter positiven Vorzeichen wahrgenommen: »Dieser Mann [...] gehört zu den wenigen Menschen, die ein inneres Leben führen. [...] Ihm wird es von Tag zu Tag schwerer, seine wahren Gefühle zu zeigen.«[53] Für sie war Benn anders als alle anderen, anders als seine Zeitgenossen, jedes Wort, das er sagte, hatte Tiefe und Gewicht. Aus seinem Mund, so sah es Thea Sternheim, kam nichts Oberflächliches, nichts Anstößiges. Um nicht den Kopf zu verlieren, definierte sie Grenzen, die sie in der Beziehung zu Benn nicht überschreiten wollte: Sie »möchte von Benn nicht in den Arm genommen werden«[54], aber sie brauchte seine Sympathie, sie brauchte ihn als Mann, als intimen Gesprächspartner.

»Vertrauen um Vertrauen«, schreibt sie unter dem 9. März 1929 in ihr Tagebuch. »Ich erzähle ihm alles von Karl. Er spricht sich vor mir über die vor einigen Wochen passierte Katastrophe [aus], den Selbstmord der mit ihm verbundenen Schauspielerin, von dem ich durch vages Geschwätz und den Zeitungen hörte.«[55] Es handelte sich um die Schauspielerin Lili Breda, die seit Anfang 1927 Benns Geliebte war. Sie sprang am 1. Februar 1929 aus dem fünften Stock auf die Straße. Folgen wir Benns Darstellung, dann hat sie ihn vorher angerufen und mitgeteilt, dass sie aus dem Fenster springen wird. Als er »im Auto anraste, lag sie zertrümmert auf der Strasse.« Für Benn war klar: »Ihr Tod war eine Demonstration gegen mich.«[56] Sie hätte es darauf angelegt, ihn vor Freunden und Bekannten bloßzustellen, ihn als »Scheusal« zu brandmarken. Dabei hatte er sie, so bekundete er, monatlich mit fünfhundert Mark unterstützt. »Aber sie wollte mich heiraten«, erzählte er Thea Sternheim. »Ihre fixe Idee war es, versorgt sein zu wollen. Ausserdem war sie masslos eifersüchtig. Besuchte ich meine Tochter Nele, schrie sie mich an, ›du willst doch nur anderweitig herumhuren!‹«[57] Lili Breda war eine nicht sehr erfolgreiche Schauspielerin, die nach dem Ersten Weltkrieg in einigen Filmen auftrat. Auf der Bühne war sie jedoch höchst selten zu sehen. Zumeist erhielt sie kleinere Rollen. Finanziell war sie von Benn abhängig. Im Herbst 1928 kündigte Benn die Beziehung, die ihm zu anstrengend geworden war, auf. Wahrscheinlich hat er um diese Zeit auch seine monatlichen Zahlungen eingestellt. Für Lili Breda war das zweifellos ein Desaster, sie hatte kein Engagement in Aussicht und war mit Benn im Streit auseinandergegangen. Benn erzählte die Geschichte vom Selbstmord seiner Geliebten nicht nur Thea Sternheim, er schrieb einige Tage zuvor einen Brief an Gertrud Zenzes und schilderte ihr den Fall etwas anders: »Es war viel zwischen uns, aber immer wieder liebten wir uns sehr sanft und alles verzeihend. Natürlich starb sie an oder durch mich, wie man sagt. Sie war mir nicht gewachsen als Ganzes oder vielmehr: sie wollte mir in Dingen u. an Stellen gewachsen oder über sein, wo sie es nicht konnte u. als Frau nicht zu sein brauchte. […] Sie hing an mir wie ein Kind, ich war eben alles für sie, u. das ist so unüberwindlich schmerzlich für mich, daß sie so an mir hing u. garnichts außer mir mehr hatte u. ich sie doch nicht retten u. ihr ihre Verzweiflung lindern konnte. […] Sie fehlt mir so sehr und nie kann ich vergessen, wie sie bei jenem letzten Telefongespräch, mit dem sie Abschied nahm, so schluchzte, so unendlich schluchzte, das war das letzte, was ich von ihr hörte.«[58] Zwei Dinge fallen auf: Der Ton ist verständnisvoller, nachdenklicher, was auch damit zusammenhängen kann, dass Thea Sternheim das Gespräch nach ihrer Erinnerung im Tagebuch wiedergibt. Bemerkenswerter aber ist, dass sich Benn gegenüber Thea Sternheim in der Opferrolle darstellt, als jemand, der von einer eifersüchtigen Geliebten verfolgt wird, die Selbstmord begeht, um ihn in der Öffentlichkeit bloßzustellen. Auf die Frage Thea Sternheims, warum er sich weiter in Liebesabenteuer stürzt, wenn er doch so bedrückt ist und sich schuldig fühlt; antwortet Benn: »›Ich kann ohne das nicht leben. […] Wie bringen Sie es eigentlich fertig, ohne das zu leben?‹«[59]

Thea Sternheim brach das Gespräch daraufhin ab. Die Frage war ihr zu intim. Anders als Benn aber lebte sie »ohne das« sehr viel zufriedener und glücklicher – Sie liebte die Männer über alles, Frauen kommen bei ihr oft ganz schlecht weg –, ihr Begehren richtete sich auf den Mann, den sie in der Regel für geistvoller hielt und der, durch seine Schönheit und Körperlichkeit, einen hohen Reiz auf sie ausübte, aber sie wollte keinen sexuellen Kontakt. In ihren beiden Ehen, vor allem in ihrer Ehe mit Carl Sternheim, hatte sie die Sexualität als eine Zumutung erfahren, als einen Akt der »brutalen Erregung«[60]. Wenn sie im Tagebuch über den Beischlaf berichtet, dann hat das nichts mit Lust zu tun, sondern mit einer Prozedur, die man irgendwie über sich ergehen lassen muss, um danach wieder in Ruhe leben zu können. Dass es mit einem anderen Mann anders sein könnte, daran glaubte sie nur sehr bedingt. Die sexuelle Aggression hing für sie mit dem männlichen Geschlecht zusammen, sie kam in unterschiedlicher Weise beim Mann zum Ausdruck, gehörte aber prinzipiell zu seiner Natur. Im Tagebuch spricht sie auch von der »Vertiertheit der Männer«[61]. So sehr sie sich nach Intimität und Vertrautheit sehnte, so sehr schloss sie für die Zukunft eine sexuelle Beziehung zu einem Mann aus. Vielleicht war es nicht ganz zufällig, dass es zumeist homosexuelle Männer waren, die nun in ihr Leben traten, Männer, von denen sie sich angezogen und verstanden fühlte, denen sie, ohne irgendwelche Ängste, Nähe gewähren konnte.

Als sie im Januar 1927 André Gide kennenlernt, ist das für sie die Erfüllung eines langgehegten Wunsches, sie verehrte den Dichter schon seit vielen Jahren, es war zugleich aber auch, wie sich herausstellen sollte, der Eintritt in einen Kreis von Künstlern und Literaten, die für lange Zeit ihr Leben prägen werden. Dass Thea Sternheim neun Monate später die Scheidung einreichte und sich von ihrem alten Leben verabschiedete, daran hatte Gide – und was an Freundschaften und Kontakten daraus folgte – einen beträchtlichen Anteil. Die Begegnung mit Gide machte ihr deutlich, dass es Menschen, bedeutende Menschen, gibt, die ihr Rückhalt geben können, von denen sie gemocht und wahrgenommen wird.

Gide war damals ein berühmter Mann, ein Schriftsteller von europäischem Rang. Mit dem 1902 erschienenen Roman »Der Immoralist« begann sein Aufstieg, er hatte Erfolg, lebte in einem Pariser Vorort in einer großen Villa. Zusammen mit befreundeten Literaten gründete er eine eigene Zeitschrift, »La Nouvelle Revue française«, und wenig später auch ein eigenes Verlagshaus, das der schon bald einflussreiche Verleger Gaston Gallimard leitete. Im

literarischen Betrieb Frankreichs hatte Gide nicht nur einen Namen, er war eine Institution. Als 1925 sein Roman »Die Falsch-
münzer« erschien, war das der internationale Durchbruch. Gide
galt jetzt als einer der Schriftsteller der ästhetischen Moderne. Thea
Sternheim war von dem Buch, das immer wieder mit dem »Ulys-
ses« verglichen wurde, hingerissen. Als sie es zum dritten Mal gelesen hatte, schreibt sie: »Die Wirkung lässt nicht nur nicht nach,
die Wirkung vertieft sich. Es ist das zeitgenössische Buch par excellence.«[62] Thea Sternheim warb für den Roman bei Freunden
und Bekannten, auch bei Gottfried Benn, dem sie ein Exemplar des
Buches schenkte. Sie lobt Gide in den höchsten Tönen und sieht
in ihm den überragenden Intellektuellen der Epoche, er schreibe
»ohne Schnoddrigkeit, ohne Pathos, ohne Anlehnung an Partei
oder Kult, ohne Betonung von Ethik weitumfassende Menschlichkeit«[63].

Das erste Treffen mit dem sechsundfünfzigjährigen Gide verlief
jedoch, gemessen an den hochgesteckten Erwartungen Thea Sternheims, eher enttäuschend und ernüchternd: »Das also ist der von
mir so sehr verehrte Dichter, sage ich mir, als ein reichlich ver-
brauchter, keineswegs schön aussehender Mann, eine Mischung
zwischen Einstein und Blei mit leicht chinesischem Typus auf mich
zutritt.«[64] Ihr fällt während des Gesprächs Carl Sternheim ein, geistig gibt es da zwar keine Verbindung, aber es taucht ein Eindruck
auf, der auf fatale Weise das Bild des Dichters überlagert: »ich wit-
tere auch hier, wenn auch unendlich vergeistigt und geschmackvoll
abgebogen eine Tendenz, die mir in anderer Fassung aus den Männern meiner Generation so schrecklich entgegenkam: die Sucht
des alternden Mannes nach dem noch kindhaften Geschöpf, Mangel an Keuschheit und Verantwortung.«[65] Thea Sternheim wird
bewusst, dass der von ihr so verehrte Dichter nicht nur der Verfas-
ser großartiger Literatur ist, sondern auch Bücher geschrieben hat,
die ihr suspekt sind und die sie anstößig findet, wie das Traktat
»Corydon«, in dem sich Gide nicht nur zu seiner Homosexualität
bekennt, sondern zur Päderastie, die er, gegen alle bürgerliche Moral, als die einzig wahre Liebe feiert. Die Schrift wurde zuerst 1911

in Auszügen und anschließend in mehreren Privatdrucken veröffentlicht, 1920 erschien sie dann als vollständige Ausgabe. Flan-
kiert wurde das offene Plädoyer für die Knabenliebe von Gides Autobiographie »Stirb und werde«, die 1926, also kurz bevor Thea
Sternheim mit dem Dichter zusammentraf, in einer definitiven
Ausgabe auf den Buchmarkt kam. Gide beschreibt darin seine pu-
ritanische Erziehung und wie er schließlich seine Homosexualität
entdeckte – es ist der Versuch einer aufrichtigen Selbsterforschung.
Er stellt sich als ein Mensch dar, der im Zwiespalt lebte und mit
einer christlichen Moral konfrontiert war, die »zu einer tiefen Verwirrung«[66] seines ganzen Wesens geführt habe. Als er sich seines
homosexuellen Begehrens bewusst wurde, war das für ihn ein »zur
Welt«[67] kommen. Für Gide hatten diese Schriften einen zentralen
Stellenwert, sie waren ein Akt der seelischen Befreiung und wurden in der literarischen Öffentlichkeit als radikaler Versuch anerkannt, aufrichtig und wahrhaftig zu sein.

Thea Sternheim waren diese skandalisierten Schriften eher un-
angenehm, aber, wie sie feststellen musste, gehörten sie offenbar,
wie sein Puritanismus, der ihm anhaftete und nicht zu eskamotie-
ren war, zu seiner Persönlichkeit. Das alles stieß sie ab, dazu kamen
einige »Äusserlichkeiten«: »den kahlen Kopf, ein Büschelchen
Haar, das aus seinem Nasenloch wächst, ein schlaues braunes un-
erhört lebhaftes Auge, vor allem die seinerseits mindestens fünf-
mal gemachte Erwähnung seines Outsidertums.«[68]

Mit diesen, mehr als zwiespältigen, Eindrücken beginnt eine
lebenslange Freundschaft – ein bemerkenswerter Anfang, ein Anfang, der schon bald einer schwärmerischen Zuneigung Platz
machte. Jeder Brief, der von Gide kommt, wird im Tagebuch ausgiebig gewürdigt, wobei es nicht lediglich um den Inhalt geht. »Alles gefällt mir an Gides Briefen: Papier, Handschrift, die Direkt-
heit des Ausdrucks, eine fast kindliche spontane Lebendigkeit.
Welch ein Glück würde es für mich sein, ihm nützlich, ihm vielleicht
angenehm sein zu können!«[69] Sie übersetzt Gides Drama »Saul«,
korrespondiert darüber mit dem Dichter, und immer wieder kommt
es in den nächsten Jahren zu gegenseitigen Besuchen. Am 4. No-

vember ist sie Gast in Gides Villa. Der Dichter, »mit einem Halstuch um den Hals, […] nimmt meine Hand, hält meine Hand, überschüttet mich zwei Stunden lang mit der mit subtiler Geistigkeit durchsetzten Wärme des Herzens, dass ich im wahren Sinn des Wortes in Glück schwelge.«[70] Das Distanzbedürfnis, das Thea Sternheim gegenüber Benn hat, bei Gide ist es nicht vorhanden, da wünscht sie sich Nähe und Berührungen. »Ach, wie wohl tut es meinem Herzen, wenn Gide meine Hand hält, mit meinem Tuch spielt, den Arm um mich legt. […] Dabei findet, ich sähe um Jahre verjüngt aus.«[71] Arm in Arm gehen sie in Berlin spazieren, Hände haltend sitzen sie im Auto nebeneinander. »Alles geht nun schon so vor sich, als ob ich Gide seit Jahren kennte, still, einfach vertrauensvoll«, schreibt sie unter dem 26. Januar 1928 in ihr Tagebuch.

Im persönlichen Umgang strahlte Gide etwas aus, was sich auch in vielen seiner Bücher mitteilt, Lebensfreude, angesichts des Elends dieser Welt verlor er nie den Glauben und die Hoffnung auf Veränderung. Er neigte nicht zur Melancholie und brauchte die Geselligkeit, den Austausch mit anderen Menschen. Gide kam immer in Begleitung, war immer von vielen jungen Leuten umgeben, ein Kreis von Literaten und Künstlern, von denen sich Thea Sternheim verstanden fühlte, die ihr sympathisch waren. Zu diesem Kreis gehörte auch ein zweiundzwanzigjähriger Belgier, der sich am 22. Oktober 1929 mit einer Empfehlung Gides bei ihr vorstellte: Herman de Cunsel, ein angehender Maler, zu dieser Zeit liebäugelte er auch damit, Schriftsteller zu werden – er wird in den folgenden Jahren zum vertrauten Freund und Gefährten.

Thea Sternheim mochte beide, Benn und Gide, aber die größere Nähe verspürte sie letztlich bei dem Franzosen; »dieser Mann«, so schreibt sie unter dem 16. Mai 1930, ist »imstande meine sonst so verhaltene, etwas schreckhafte Natur im wahrsten Sinne des Wortes flüssig zu machen«.[72] Wenn sie mit ihm spricht, dann ist es wie bei einer »guten Beichte«, sie kann »aufrichtig« alles, was sie bedrückt, erzählen.[73] Das beruhte auf Gegenseitigkeit. »Ich bilde mir sogar ein«, so Thea Sternheim, »dass er nicht allen Leuten das von sich sagt, was er mir sagt.«[74] Von Benn wollte sie nicht in den

219

Arm genommen werden, schon gar nicht wollte sie mit ihm Händchen halten, das kam für sie nicht in Frage, da gab es zu viele Hintergedanken. Darum stießen vertrauliche Gespräche, schnell an eine Grenze. Bei Gide war das alles anders, zärtliche Berührungen waren zärtliche Berührungen, und nichts weiter. In Gesprächen musste man sich nicht verstellen, sich nicht produzieren, man konnte sich so geben, wie man ist. Dazu kam, dass Gide, anders als Benn, ein Schriftsteller von europäischem Format war, eine Persönlichkeit, die politisch dachte, die sich einmischte und auch über gesellschaftlichen Einfluss verfügte. Die Nähe zu Gide, sie verlieh Thea Sternheims Leben einen lange nicht gekannten Glanz.

Benn oder Gide? Das war nicht die Frage, sie suchte zu beiden eine Beziehung. Ihr war natürlich bewusst, dass es sich um zwei ganz unterschiedliche Charaktere handelte, die beide den Anspruch erhoben, in ihrer Singularität und Einzigartigkeit wahrgenommen zu werden, aber irgendwie hatte sie immer die Idee, beide zusammenzubringen, den weltläufigen Gide und den Eigenbrötler Benn. Im Juli 1931 war Gide in Berlin, er ging mit ihr die »Saul«-Übersetzung durch, und der Dichter fand dafür so viele lobende Worte, dass sich Thea Sternheim im Glücksrausch befand. Jetzt oder nie! Sie nahm Gide mit, und sie machten gemeinsam einen Besuch bei Gottfried Benn. Unter dem 8. Juli notiert sie: »Benn schiesst, als ich mit Gide eintrete, das Blut in den Kopf; dieser sich sonst so mühsam exteriorisierende Deutsche öffnet, um dem Franzosen die Hände zu schütteln, mit großer Geste die Arme. Diese Begegnung erschüttert mich geradezu. Gerührt steh ich beiseite dabei.«[75] War Benn wirklich so gerührt, so begeistert von dem französischen Kollegen, dem *Homme de lettres*, dem Weltmann Gide? Zweifel sind da angebracht. Kurz darauf lädt sie Benn zum Abendessen ein, auch einige französische Freunde Thea Sternheims sind geladen. Benn schrieb ab und schickte an die »verehrte Freundin« zur Aufklärung seines Verhaltens eine Epistel: »Gesellige Veranstaltungen, gemeinsamer Meinungsaustausch, Geben und Nehmen sind mir fremd. Ihre Freunde in Ehren; aber es sind nicht die meinen, ihre Worte kein Gewinn und seelische Erneuerung für mich. Es *zittert* immer noch in mir nach, dass Sie neulich, *ohne* es zu sagen, fremde Leute den Abend einladen wollten, welche Gewalttat von Ihnen. Ich reise morgen für 10 Tage fort. Ich hätte Ihnen manches über Ihre französischen Freunde zu sagen. Ich las Gide >Stirb und werde<. Finden Sie das schön?«[76]

Die »französischen Freunde« – sie waren Benn hochgradig suspekt. Mit der Erwähnung von Gides Autobiographie spielte er auf die Libertinage an, auf die Homosexualität, die ihm widerwärtig und unappetitlich war. Es war ein Wink mit dem Zaunspfahl. Dass Thea Sternheim, die sich Mitte der zwanziger Jahre immer stärker der katholischen Religion und den von den Franziskanern vertretenen Lebensauffassungen zugewandt hatte, sich in Gesellschaft dieser Leute präsentierte, darin sah Benn einen Affront. Sie, die sich, ihm gegenüber, immer so sittenstreng gegeben hatte und jede körperliche Berührung vermied, Hände haltend mit Gide! – Benns Eitelkeit war verletzt. Aber der Riss ging tiefer, und er hatte nicht nur mit Thea Sternheim zu tun. Was diese »französischen Freunde« repräsentierten, ihre ganze Einstellung zum Leben, das war nicht seine Welt. Er verachtete ihren Hedonismus, ihre Extrovertiertheit, ihren Sinn für Geselligkeit und Amüsement. Mit dem Verweis auf Gides Autobiographie war das nicht zu erledigen, das war nur ein besonders eklatanter Fall, der das verwerfliche, degoutante dieser Gesinnung in krasser Weise offenbarte. Da genügte ein kommentarloser Hinweis: »Finden Sie das schön?«

Für Benn ging es um Grundsätzliches, um das Grundtrennende in den Lebensanschauungen. Diese eigentliche Differenz kam bereits beim frühen Gide zum Ausdruck. Nur war das, was der französische Dichter dort sagte, nicht so leicht angreifbar, das waren durchaus populäre Gedanken, eine Art Lebenskunst. In seiner 1897 veröffentlichten Schrift »Uns nährt die Erde« verkündet der französische Intellektuelle die Botschaft von Lust und Daseinsfreude. Gide, der sich in dem Buch kritisch mit seiner puritanischen Erziehung auseinandersetzte, stellte Moral, religiöse Gebote und gesellschaftliche Konventionen in Frage und plädierte für eine freie Entfaltung des Individuums. Nicht Verbote und Einschränkungen

»Schön zu sein war, ist, bleibt
der einzige Wunsch meines Lebens.
Schön in jeder Beziehung.«
Mopsa Sternheim in Paris,
Anfang der dreißiger Jahre

sollten den Menschen leiten, sondern das Streben nach Genuss und
Lebensfülle. Selbsterforschung und Selbstbefreiung waren für Gide
nicht zu trennen. Von solchen Lebensanschauungen wollte Benn
nichts wissen, sie standen seinen Auffassungen diametral entgegen. Er schwärmte, zumindest nach außen, von der »Kälte des
Denkens«, von »Nüchternheit« und »Härte«.[77] Er glaubte an das
»große Gesetz«, das über den Menschen steht, an den formenden
Geist und an die Überwindung des modernen Individualismus.
Von der Sehnsucht nach dem Süden, die er in den Rönne-Novellen formuliert hatte, hatte er sich längst verabschiedet, das war nicht
mehr seine Welt, darin sah er jetzt ein Zeichen von Décadence.

Die »französischen Freunde« verkörperten sie geradezu, sie
standen für den Niedergang, den Verfall, den »Zusammenbruch
der Epoche«[78]. Und Thea Sternheim, so sah er es wohl, geriet in
dieser Zeit mehr und mehr in Gefahr, in den Sog dieser Weltanschauung zu geraten. Gide war für ihn ein Gegenspieler, Repräsentant einer Kultur des *laissez faire*, in der menschliche Größe und
Tragik keinen Platz mehr hatten. Aus Frankreich, schreibt er wenig
später, kam mal ein »großer Geist«, »jetzt kommt aus ihm Europas Ende«.[79] Der Hass auf die Décadence, der auch Selbsthass war,
ist für Benn in diesen Jahren ein wesentlicher Beweggrund seines

Handelns und Verhaltens. Wenn er 1933 Klaus Mann und die politischen Emigranten beschimpfte, dann zielte er auf deren vermeintlich dekadente Gesinnungen.

Auch die Sternheims blieben davon nicht ausgenommen. Sie zelebrierten in ihrem Lebensstil nicht nur die Décadence, sie waren für ihn Repräsentanten dieser Geistesrichtung. Zeitweise ließ er sich freilich davon faszinieren, nun aber, wo für ihn das große Reinemachen begonnen hatte, erkannte er diese Gesinnung als Gefahr und bekämpfte sie.

Die Spätzeit der Weimarer Republik sah Benn als Zeit der Zersetzung, er sprach von einem »Auflösungsmilieu«, religiöse, gesellschaftliche und kulturelle Bindungen verlören ihre Bedeutung, überall zeige sich das »Auflösende und das Entgleitende«.[80] In den ›Sternheims‹ hatte er quasi das beste Beispiel vor Augen: Carl Sternheim an den Spätfolgen der Syphilis erkrankt, Thea Sternheim auf der Seite der im Niedergang begriffenen französischen Kultur und die Kinder, haltlos Getriebene, dem Nihilismus anheimgegebene Existenzen, die keinen Sinn mehr kannten und sich keiner Idee verpflichtet fühlten. Zu ihrer geistigen Obdachlosigkeit kam ihre Unfähigkeit, auf eigenen Füßen zu stehen. Für Benn litten Klaus und Mopsa an einer »kosmisch unkausale[n] Arbeitsaversion«[81]. Damit traf er sich durchaus mit der Meinung Thea Sternheims. Die Kinder, so schreibt sie unter dem 16. März 1928 in ihr Tagebuch, »rasen wie zügellose Pferde einem Abgrund entgegen«.[82] Vor allem Mopsa sei ohne Widerstand. Was die Mutter schon einige Zeit befürchtete, bestätigte sich im Dezember 1928, Mopsa nahm seit einiger Zeit Eukodal, ein Analgetikum, das dem Morphin ähnlich ist und eine euphorisierende, aufputschende Wirkung hat. Im Juni 1927 hatte sie einen Motorradunfall gehabt, war ins Krankenhaus nach Münsterlingen gekommen, und dort hatte man ihr Eukodal gegen die starken Schmerzen verabreicht. Davon kam sie nicht mehr los. Kein Einzelfall. Eukodal wurde in den zwanziger Jahren als relativ unbedenklich angesehen. Erst 1990 nahm man das Präparat wegen des hohen Sucht- und Missbrauchspotentials vom Markt. Obgleich Mopsa Sternheim sich der

Gefahren bewusst war, nahm sie Eukodal nun auch in Phasen der Niedergeschlagenheit.

Sie beschreibt ihre Erfahrungen mit der Droge im Tagebuch: »Opium – wieder eine Nacht, Vorsicht! Es ist nicht etwa der ›rausch‹ der anzieht, sondern das Ausgeschaltetsein – wenn das Haus brennte, man würde keinen Finger rühren. Die Beine sind schwer, man ist herrlich hilflos und wunschlos glücklich. Zärtlich und impotent – ich glaube auf Tage. Man träumt nicht in Sätzen, in Bildern – sondern – oh wie schwer zu sagen: – im Tastsinn, man fühlt Körper und Geist an sich ausgeschält, unabhängig von Zeit, nur gebunden, zum Anfang, an die Horizontale, auf der man liegt, später ganz losgelöst, doch rund, doch in Form. Und so wenig mitteilsam, es ist der unsentimentalste, der absoluteste Zustand, den ich kenne.«[83] Sobald aber die Wirkung nachlässt, fällt sie zurück in ihre depressive Stimmung: »Tage gibt es, da wacht man morgens aus einem schrecklichen Traum auf mit zuckendem Herzen, da verwundet einen jede Kleinigkeit bis auf den letzten Nerv. Vibrierend vor Schmerz bei jeder Berührung nimmt alles gigantische Proportionen an.«[84] Sie fühlt sich von einem Leben umgeben, das nur Verletzungen für sie bereithält, ein Leben, aus dem man nicht heraus kann, das man zu Ende leben muss. Ihrem eigenen Ich entfremdet, träumt sie davon, zumindest für sich selbst eine Andere zu sein, doch nicht einmal das gelingt ihr. Sie spielt Komödie, das, was sie zeigt und zur Anschauung bringt, ist nicht das, was sie empfindet. Ihr Ich ist eine Pose, die sie erfindet, um sich selbst zu verstecken.

Manches, was sie in diesen Jahren schreibt, notiert sie in Phasen des Entzugs, es sind abgrundtief negative Gedanken, die sich immer wieder auch um Sterben und Tod drehen. Die Flucht in ›künstliche Paradiese‹ erscheint ihr in dieser Zeit als der einzig gangbare Weg, die Dinge nicht so nah an sich herankommen zu lassen. »Die gute Droge. Sie macht alles sanft und unwichtig. Diese paar Körnchen im Wasser und schon ist alles gut.«[85] Mit Drogen experimentierten um diese Zeit auch Klaus Mann und seine Schwester Erika, vielleicht wurden sie von Mopsa Sternheim dazu angeregt, die ziemlich offen über ihre Erfahrungen

Carl Rudolf von Ripper,
Anfang der dreißiger Jahre

sprach. Viel wahrscheinlicher ist jedoch, dass Mopsa Sternheims Freund Rudolf von Ripper eine zentrale Rolle bei der Verbreitung der Drogen im Freundeskreis gespielt hat.

1928 hatte Mopsa Sternheim den österreichischen Maler und Graphiker, der an der Düsseldorfer Kunstakademie studiert hatte, kennengelernt und sich schon bald heftig in ihn verliebt. Wie das Tagebuch zeigt, glaubte sie in Ripper endlich den richtigen Mann gefunden zu haben, er war charmant, äußerst selbstbewusst und ein politisch denkender Mensch, der die Nationalsozialisten schon früh als Gefahr erkannte. Als Künstler schuf er ganz eigenwillige Bildwelten, die von den Surrealisten beeinflusst waren. In den dreißiger Jahren entstanden viele politisch-zeitkritische Werke. Bekannt wurde er mit seinem 1939 gemalten Bild, das Hitler an einer Art Todesorgel zeigt, es war eine Reaktion auf das »Time Magazin«, das Hitler zum Mann des Jahres 1938 erklärt und mit einem entsprechenden Titelbild gewürdigt hatte. Ripper hielt dagegen und demaskierte die Nazis als Verführer und brutale Gewaltherrscher. Mopsa Sternheim schätzte an Ripper seine Konsequenz und Ernsthaftigkeit, sobald er malt, schreibt sie im Tagebuch, ist er »voll fast ängstlicher Verantwortung«.[86] Er nahm Drogen, kam aber damit offenbar besser zurecht als Mopsa Sternheim, die immer mehr

225

»Die gute Droge. Sie macht
alles sanft und unwichtig.
Diese paar Körnchen im
Wasser und schon ist alles gut.«
Mopsa Sternheim, Ende
der zwanziger Jahre

und immer häufiger Rauschgift konsumierte und von einer Krise
in die nächste schlitterte. 1929 war sie schwanger, vielleicht von
Ripper. Im Tagebuch schweigt sie sich darüber aus. Ein Kind in dieser Situation – das will sie auf keinen Fall. »Es heisst jetzt Geld besorgen, einen guten Arzt finden und dies Wesen umbringen mit all
den zuckenden und blutenden Gefühlen mit denen es empfangen
würde.«[87]

Im Januar 1928, noch bevor sie Ripper kennenlernte, traf Mopsa
Sternheim in Berlin den französischen Schriftsteller René Crevel,
den sie sofort ins Herz schloss und als ein ihr innig verwandtes Ich
erkannte. Von Crevel waren damals viele fasziniert. Klaus Mann
war schon seit 1926 mit ihm befreundet: »er war vielleicht der
charmebegnadetste Mensch, den ich je gekannt habe!«, schreibt
er im »Wendepunkt«. Ein »Element des Tragisch-Wilden, ein Einschlag von desperater Ungebärdigkeit«[88] sei ihm eigen gewesen.
Crevel war ein impulsiver, aufrührerischer Geist, der die Bourgeoisie hasste, die er vor allem durch seine Mutter verkörpert sah. Intellektuell stand er den Surrealisten nah. Sein Lehrmeister war André Breton, ihn verehrte er über alles.

Der homosexuelle Crevel litt an einer Lungentuberkulose und
konsultierte in Berlin einen Spezialisten. Zu Therapien hielt er sich

immer wieder auch in Schweizer Sanatorien auf. Sein wunderbarer, 1929 erschienener Roman »Seid ihr verrückt?« spielt unter anderem in den »Zauberberg«-Welten, aber auch in Berlin, wo der Held, ein Herr Seelenweh, das sagenumwobene Sexualwissenschaftliche Institut des Dr. Optimus Cerf-Mayer (alias Magnus Hirschfeld) besucht. In Berlin studierte Crevel/Seelenweh aber auch das Nachtleben. Und dabei fiel ihm eine junge Dame ins Auge, »eine niemals ermüdete Spaziergängerin«, die die »ungeheure Nacht« liebt, und mit der er bis in die Morgendämmerungen hinein die Hauptstadt erforschte.[89] Damit war wohl Mopsa Sternheim gemeint, eine Frau, von der sich auch Crevel sofort angezogen fühlte, die Gedanken aussprach, die er auch dachte, die seinen Hass und seine Liebe teilte. In ihr glaubte er jene Nadja zu erkennen, von der sein Übervater Breton in der ein Jahr zuvor erschienenen gleichnamigen Erzählung berichtet. Auf einem Spaziergang in Paris begegnete Breton eines Tages einer jungen Frau, die ihn sogleich in den Bann zieht, die ihm auf eigenartige Weise vertraut erscheint. Nadja, die ›umherirrende Seele‹, ist das begabte Medium, das mit ihrem intuitiven Wissen in Kontakt mit der Welt des Wunderbaren und Unbewussten steht. Breton hatte seine Freunde dazu aufgefordert, wie er auf die Straße zu gehen und eine solche Frau zu suchen.

René Crevel – ca. 1934.
»Er war der Beste«, so Mopsa
Sternheim über den
geliebten Freund

Gottfried Benn als Trauzeuge
Mopsa Sternheims, 1929
(Foto: Thea Sternheim)

Crevel, könnte man vermuten, folgte seinem Meister und hätte gern aus Mopsa Sternheim seine ›Nadja‹ gemacht. Aber anders als Breton in seiner Erzählung, versuchte er Mopsa Sternheim, die ›umherirrende Seele‹, festzuhalten, auf sie einzuwirken. Er wollte sie von den Drogen wegbringen und am liebsten möchte er sie heiraten. Im Januar 1929 machte er ihr einen Antrag, beide, so sein Vorschlag, könnten zusammenleben und gleichzeitig andere Liebesbeziehungen haben.

Mopsa Sternheim war zwischen Crevel und von Ripper hin- und hergerissen. Tatsächlich planten die drei im Sommer 1929 eine gemeinsame Beziehung. Von Ripper sollte Mopsa Sternheim heiraten, und Crevel sollte als »Dritter im Bunde« aufgenommen werden. Aus der *Ménage-à-trois* wurde nichts – aber aus der Hochzeit. Am 17. Dezember 1929 heirateten Mopsa Sternheim und Rudolf von Ripper, der Trauzeuge war Gottfried Benn. Thea Sternheim hat ihn fotografiert: skeptisch wendet er den Blick vom Betrachter ab, die Pupillen sind ganz nach außen gerichtet. Er wirkt alles andere als gelassen, er scheint eher seine Erregung zurückzuhalten; seine Krawatte ist fest um den Hals gezurrt, das Einstecktuch ganz aus der Form geraten. Dass diese Ehe nicht lange halten würde, lag für ihn auf der Hand.

In den nächsten zwei Jahren geriet Mopsa Sternheim immer tiefer in den Strudel ihrer Drogenabhängigkeit: Im April 1930 wäre sie fast an einer Überdosis gestorben, mit schweren Halluzinationen wurde sie in eine Klinik in Lugano eingeliefert. Die Mutter hatte den Kontakt so ziemlich abgebrochen, sie weigerte sich, dem Paar weiter Geld zu geben. Von Ripper wandte sich an Flechtheim und bat um Hilfe, auch Benn wurde angesprochen, man hoffte, von ihm Eukodal zu bekommen. Im Dezember machte das Paar eine Entziehungskur im Berliner Westendsanatorium – nicht der erste und nicht der letzte Versuch, um von den Drogen loszukommen. Unter dem 25. Dezember 1930 schreibt Mopsa Sternheim in ihr Tagebuch: »Ich fünfundzwanzig Jahre alt und habe es fertiggebracht mich so zu ruinieren, dass ich jetzt hier liege und kaum schreiben kann. Wann wird die nächste Entziehungskur kommen?«[90]

Benn stand in dieser Zeit außerhalb und über den Dingen, er sah die Haltlosigkeit der modernen Individualität als Phänomen einer Gesellschaft, die alle Kontinuitäten auflöste und die Menschen von ihren »Hintergründen«[91] trennte – sie zu vereinzelten Einzelnen machte – damit verwirkliche sich, so meinte er, das Programm einer von ihm heftig kritisierten Aufklärung, und dem wollte er etwas entgegensetzen. Als er Anfang 1930 das Ehepaar Hindemith kennenlernte, bekam er dazu die Möglichkeit. Der Komponist Paul Hindemith lud ihn ein, einen Text für ein Oratorium zu schreiben. Benn sah die Möglichkeit, eine Idee zu realisieren, die ihn schon lange bewegte. Unter dem Titel »Das Unaufhörliche« wollte er die Beziehung des Menschen zum Schicksalhaften wieder in Erinnerung rufen. In einer Zeit des »extremen Individualismus«[92], in der Verfall und Auflösung herrschen, könne Wandel und Erneuerung nur durch ein »tragisches Weltgefühl«[93] entstehen, und kein anderer als der Dichter sei dazu berufen, dieses Gefühl in den Menschen hervorzurufen. Am 21. November 1931 wurde das Oratorium unter der Leitung Otto Klemperers in der Berliner Philharmonie uraufgeführt, nicht gerade ein Publikumserfolg. Benn jedoch hatte Feuer gefangen, eine Zeitlang glaubte er wohl, auf diese Weise seine Ideen besser verbreiten zu können als mit Dichtung und Prosa. Noch während der Arbeit an »Das Unaufhörliche« machte er Hindemith neue Vorschläge: »Die weiße Rasse« sollte das nächste Projekt heißen, auch eine »Rönne«-Oper schwebte ihm vor. Aus alledem wurde nichts. Benn musste das nicht lange betrauern, er kam um diese Zeit in seinem angestammten Beruf als Dichter zu öffentlicher Anerkennung und Ehren. Im Januar 1932 wurde er zum Mitglied der Preußischen Akademie der Künste, Abteilung für Dichtkunst gewählt. Darauf hatte er lange gehofft und gewartet, das war die Aufnahme in den erlauchten Kreis der großen Geister. Der Außenseiter stand plötzlich im Mittelpunkt, er gehörte zu den Arrivierten, freilich wollte er davon nichts wissen, immer noch fühlte er sich antibürgerlich, auch wenn er jetzt in Frack und in feinen Anzügen auftrat. An Gertrud Hindemith schrieb er im März 1932, er werde eine Antrittsrede halten, bei der den Zuhörern die »Spucke«[94] wegbliebe. Er wollte ein wenig provozieren und gleichzeitig den literarisch Gebildeten in universalgeschichtlicher Perspektive eine neue Weltsicht bieten, eine Weltsicht, die sich schon von den Begriffen und der Herangehensweise vom zeitgeistigen Denken der Literaten unterschied. Vor allem eins lag ihm am Herzen, bei aller Lust an der Polemik, die Rede musste so konzipiert sein, dass man sie nicht zerpflücken und zum Gegenstand einer Kontroverse machen konnte. Ein Jahr zuvor hatte Benn mit einer Rede bei einem Festbankett zum 60. Geburtstag Heinrich Manns nicht nur Zustimmung geerntet. Er feierte Heinrich Mann als Ästheten, sein politisches Engagement erwähnte er mit keinem Wort, das rief Verwunderung und zum Teil Ablehnung hervor. Benn sah sich gezwungen, eine Rechtfertigung zu schreiben. Das sollte ihm nun, bei seiner großen Rede vor der Akademie, nicht noch einmal passieren. Am 5. April 1932 war es so weit. In seinem Präludium machte er ein paar launige Bemerkungen und zitierte am Ende seiner Einleitung mit großer Verve seinen Lieblingsspruch: »Das Leben währt vierundzwanzig Stunden, und wenn es hoch kommt, war es eine Kongestion.«[95] Schmunzeln unter den Zuhörern – man kann es sich vorstellen. Dann aber präsentierte sich der Dichter in einer Rolle, die er so noch nicht eingenommen hatte, er trat als Künder und Prophet auf.

Es beginnt mit dem Satz: »Eine neue Cerebralisationsstufe scheint sich vorzubereiten, eine frigidere, kältere.« Benn beklagt wortreich einen um sich greifenden »Realitätszerfall«[96]. Aus den »alten Realitäten« sind »imaginäre Größen« geworden, »dynamische Phantome«, der Staat, wie die Macht überhaupt, sind nicht mehr sichtbar und »substantiell gar nicht mehr zu fassen.«[97] Der Realitätszerfall vollzieht sich auf einer »breiten Basis«, die »Kurve des Mannes sinkt zurück«, Unfruchtbarkeit und eine allgemeine »Frigidisierung«[98] droht. Nachdem Benn mit vielen philosophischen und universalgeschichtlichen Versatzstücken das Bild einer aus den Fugen geratenen Zeit skizziert hat, kommt er am Schluss seiner Rede auf das Rettende: Der »nicht mehr aufzuhaltende Realitätszerfall« sei nicht das Ende, sondern nur die Vorbereitung einer neuen Welt und Wirklichkeit: »ein radikaler Vorstoß der alten noch substantiellen Schichten«[99] würde die verbrauchte, abgenutzte Zivilisation überwinden und eine neue Epoche heraufziehen lassen. Benn musste darauf nicht mehr lange warten: Ein Jahr später war die empathisch beschworene neue Epoche da. Allerdings waren es nicht die »alten noch substantiellen Schichten«, die den Vorstoß wagten, sondern – zu seiner Überraschung – eine Jugendbewegung, die nun von Aufbruch, einer neuen Ära, von Erneuerung und Wiedergeburt sprach.

Benn stand Anfang der dreißiger Jahre auf dem Höhepunkt seiner Karriere, er wurde von den Zelebritäten hofiert und genoss hohe Anerkennung unter den Kollegen. Sicher, nicht alle mochten ihn. Ricarda Huch sprach sich vor der Wahl Benns in die Akademie in einem Brief an Oskar Loerke, den Sekretär der Sektion für Dichtkunst, entschieden gegen Benn aus: »Es giebt viel Ekelhaftes im Leben; aber man ist nicht deshalb ein Dichter, weil man viele Ekelhaftigkeiten aneinanderreiht.«[100] Das tat Benn nicht weh, hinter ihm standen Alfred Döblin, Heinrich und Thomas Mann und viele andere. Benn war aufgenommen in die Geisteselite, anerkannt, er spürte Genugtuung, fühlte sich gehoben, seine Worte hat-

»Süßer kleiner Mor, [...] Du bist die Nabelschnur, die mich mit der Erde verbindet, sonst bin ich abnorm u. atme durch Kiemen.« Gottfried Benn über Elinor Büller

ten jetzt Gewicht, Presse und Rundfunk nahmen Notiz von seinen Auftritten, luden ihn zu Interviews ein und wollten von ihm Statements haben.

Auch privat lief es bestens. Nach dem Selbstmord seiner Geliebten und den dunklen Andeutungen, die er über seinen persönlichen Zustand gemacht hatte, muss es überraschen, wie schnell Benn wieder zur alten Form zurückfand. Bereits auf der Beerdigung Lili Bredas traf er Elinor Büller, eine Schauspieler-Kollegin, die nun zu seinem »süßen Morchen« wird, eine zärtliche Geliebte, die ihn pflegte und hegte. Ein Jahr später wird das Glück komplett, mit Tilly Wedekind lernt er eine Frau kennen, von der er sich erotisch stark angezogen fühlt. Über die nächsten Jahre führt Benn eine Doppelliebe. In einem Brief an Oelze behauptet Benn, die Damen wüssten nichts voneinander, und er habe das Vergnügen, die »irdische« (Tilly Wedekind) und die »himmlische« (Elinor Büller) Liebe auskosten zu können. Man mag es kaum glauben, schließlich wohnten die beiden Damen in Berlin gar nicht weit voneinander entfernt, beide waren Schauspielerinnen, verkehrten in ähnlichen Kreisen, gingen mit Benn in Restaurants, zu Ausstellungen und Veranstaltungen, besuchten ihn mit Vorliebe in seinen Praxis- und Wohnräumen in der Belle-Alliance-Straße. Dass sie nichts voneinander wussten, gehörte wohl zum Spiel, das beide über Jahre mitspielten. Lieber teilte man sich den Geliebten, als ihn womöglich ganz zu verlieren. Und Benn fand nicht nur erotische Erfüllung, er konnte sich zumindest in der Illusion wiegen, der große Regisseur zu sein, der die Fäden in der Hand hielt und alles fest im Griff hatte – die Frauen und die heraufziehende neue Zeit.

DER DENKER AUF DER BÜHNE

»Alle bewunderten ihn. Er gehörte zur Macht. Er war ihres Schimmers teilhaftig – solange der Schimmer hielt.«[1] Das schreibt Klaus Mann in seinem 1936 erschienenen Roman »Mephisto« über seinen Protagonisten Hendrik Höfgen, alias Gustaf Gründgens. Höfgen, ein Mann, der aus einem ›linken‹ Milieu kam, große Ideen hatte, revolutionäres Theater machen wollte, eigentlich aber nur an sein Ego dachte und in Wirklichkeit keine Grundsätze hatte, ein Komödiant und Spieler, der sich spät, aber nicht zu spät mit dem Nationalsozialismus arrangierte, aufstieg und zum Star wurde; ein Opportunist, ein Karrierist – die Geschichte ist bekannt. Bekannt ist auch, dass sich Klaus Mann dagegen wehrte, dass sein Werk als Schlüsselroman eingestuft wurde. Gleich nach Erscheinen beteuerte er, es seien keine Porträts, sondern Typen, die er in seinem Buch schildern würde. Das geschah, wie man weiß, aus taktischen Gründen, Verleger und Autor befürchteten einen Prozess, der dann auch kam, wenngleich drei Jahrzehnte später. 1966 wurde die Verbreitung des Romans in der Bundesrepublik Deutschland untersagt, man stellte den Persönlichkeitsschutz über die Freiheit der Kunst, außerdem, so hieß es in der Urteilsbegründung, hätte die »deutsche Öffentlichkeit« kein Interesse daran, ein »falsches Bild« über die kulturellen Verhältnisse in den dreißiger Jahren aus der »Sicht eines Emigranten« zu erhalten – dieses Urteil wurde zwei Jahre später höchstrichterlich bestätigt.

Als das Werk im Exilverlag Querido in Amsterdam herauskam, wusste nahezu jeder orientierte Leser, wer sich hinter den Hauptfiguren verbarg. Natürlich wusste das auch Benn: »Er ist faustdick Schlüsselroman«, schreibt er am 7. Februar 1937 an seine Geliebte

Elinor Büller: »alle Personen sind sofort zu erkennen [...]. Ich komme auch vor, wenigstens soll ich es wohl sein.«[2] In der Tat, ein Dichter Benjamin Pelz spielt im Roman eine Rolle, der überdeutlich die Charakterzüge Benns trägt, wenn er auch, was sein Aussehen angeht, mit einigen Retuschen versehen wurde: »Der Dichter Pelz [...], für dessen höchst anspruchsvolle, schwer begreifbare, auf dunkle Art hinreißende Lyrik junge Menschen, die nun größtenteils in der Verbannung saßen, sich bis zur Verzückung begeistert hatten – Benjamin Pelz, ein kleiner gedrungener Mann, mit sanften, blauen und kalten Augen, hängenden Wangen und einem dicken, grausam lüsternen Mund, erklärte in intimer Unterhaltung, daß er den Nationalsozialismus liebe, weil dieser eine Zivilisation, deren mechanische Ordnung unerträglich geworden war, ganz und gar vernichten werde, weil er zum Abgrund führe, den Geruch des Todes habe und unermeßliche Schmerzen ausschütten werde über den Erdteil, der im Begriff gewesen sei, halb zur tadellos organisierten Fabrik, halb zum Sanatorium für Schwächlinge zu entarten.«[3] Als Benn den Roman zugeschickt bekam, befand sich der Dichter schon in der ›inneren Emigration‹, er hatte sich als Heeressanitätsoffizier reaktivieren lassen und lebte abseits der Reichshauptstadt in Hannover. Klaus Mann hatte das Exemplar mit einer Widmung versehen: »die Du verlassen/sie atmen noch« – zwei Zeilen aus der Schlussstrophe des Benn Gedichts »Wie lange noch«. Bevor er überhaupt einen Blick in das Buch geworfen hatte, äußert er in einem Brief an Elinor Büller vom 6. Februar bereits die Vermutung, dass es »geistig« wohl »nicht scharf« genug sein wird: »Es bleibt wohl Kolportage.«[4] Einen Tag später hat er »große Partien« gelesen, und alle seine Annahmen haben sich bestätigt: »Geistig alles sehr schwach, kritisch resultatlos.«[5] In diesem Tenor schreibt er am selben Tag auch an Oelze über seine gerade beendete »Mephisto«-Lektüre: »Nein, die Emigranten sehn die Lage falsch, beziehn sie noch viel zu sehr u. viel mehr als wir selbst auf ihr eigenes Ich, kommen zu keinem Resultat, sehn die Schnittflächen der Welten, das Kampffeld garnicht.«[6] Von Emigranten will Benn sich nicht belehren lassen. Emigranten sind Menschen, die für ihn nicht satisfaktionsfähig sind und die die Dinge, über die sie schreiben, eigentlich nicht beurteilen können. Wirklich »sehn u. darstellen«, heißt es in einem Brief an Elinor Büller vom 22. Februar 1937, kann nur der »Innnerlandsbewohner«, derjenige, »der hierblieb«.[7] Das hatte er schon 1933 gesagt, und das bekräftigte er vier Jahre später. Seine harsche »Antwort an die literarischen Emigranten«, wir werden auf sie zurückkommen, war keineswegs ein Ausrutscher – er hatte nichts zurückzunehmen. Im Gegenteil, er blickte selbstbewusst und mit sich im Reinen auf die Jahre zurück, als er als Denker auf der Bühne stand.

Die Bühne, das waren Zeitungen und Zeitschriften, das war aber vor allem das Radio. Benn trat in der legendären Berliner »Funk-Stunde« auf. Die »Funk-Stunde« war der erste Hörfunksender Deutschlands. 1923 nahm der Sender seinen Betrieb auf und strahlte sein Programm von Berlin bis in den norddeutschen Raum aus. 1934 wurde aus der »Funk-Stunde« der »Reichssender-Berlin«. Fast alle leitenden Mitarbeiter mussten den Sender verlassen. Unter ihnen auch der Schriftsteller Edlef Köppen, der seit 1925 beim Sender war und von 1929 an die literarische Abteilung leitete. Er hatte sich für Benn in diesen Jahren besonders stark gemacht. Köppen war auch Lektor des Gustav Kiepenheuer Verlages, in dem die Werke Benns erschienen. Auf Köppens Initiative hin gab es schon 1925 in der »Funk-Stunde« Benn-Gedichte zu hören, und 1927 sprach der Dichter selbst ins Mikrofon. Als ein Jahr später der Schriftsteller Klabund starb, hielt Benn auf den Freund und Kollegen eine Totenrede, die in der »Funk-Stunde« gesendet und auch auf Schallplatte aufgenommen wurde. Die Sendungen der literarischen Abteilung entwickelten sich zu einer Institution. Heinrich Mann und Else Lasker-Schüler lasen aus ihren Werken. Alfred Kerr gründete eine radiophone »Dichterschule« mit Alfred Wolfenstein, Max Herrmann-Neiße, Walter Mehring und vielen anderen. Carl Zuckmayer improvisierte vor dem Mikrofon, Walter Benjamin trat in den Jahren 1929 bis 1932 regelmäßig in der »Jugendstunde« auf und las Texte für junge Hörer, und – eine der Sternstunden – die von Alfred Döblin miterarbeitete Hörspielfassung seines Romans »Berlin Alexanderplatz«. Die Beliebtheit der Sendungen nahm ständig zu, das Interesse wuchs, und das Programmangebot wurde immer vielfältiger. Einen Höhepunkt verzeichnete man 1930 – es war auch das Jahr, in dem Benn einige bedeutsame Auftritte in der »Funk-Stunde« hatte. Im März, wir haben es erwähnt, diskutierte er auf Einladung von Edlef Köppen mit Johannes R. Becher über »Dichtung an sich«. Im September hielt er einen Vortrag über »Genie und Gesundheit«, und einen Monat später referierte er über das Thema »Der Aufbau der Persönlichkeit«.

In den beiden Vorträgen zeigte sich Benn im Habitus eines universalgebildeten Privatgelehrten, der sich in der Medizin- und Evolutionsgeschichte ebenso gut auskennt wie in der Geschichtsphilosophie und Geisteswissenschaft, ein Mann, der über stupende Kenntnisse verfügt und mit neuesten Forschungsergebnissen aufwarten konnte. Benn jongliert mit Begriffen und Theorien und macht deutlich, dass er sich mit anderen Dingen als die ›normalen‹ Poeten und Literaten beschäftigt. Nach dem ersten Eindruck handelt es sich um hochaggregierte Texte. Für den, der sich in der Materie nicht auskannte – und wer kannte sich da schon aus? –, waren sie nicht leicht zugänglich, insbesondere für Literaturenthusiasten war das harte Kost: Abschreckend und faszinierend zugleich – eben ›typisch Benn‹. Und der Dichter war in den Tagen und Wochen der Vorbereitung in seinem Element, er betrieb eifrig Quellenstudium, es sollte ein großer Wurf werden.

Am 28. September 1930 teilte er Thea Sternheim mit, dass er leider seine Verabredung nicht einhalten könne. »Da ich Freitag wieder Radio habe, eigentlich nicht wollte u. abgesagt hatte, da ich die Zeit 6^{40} abends unpassend fand, aber mich nun doch habe erweichen lassen u. nun sehr en retard bin. Hören Sie vielleicht zu, ich entwickle eine kühne Hypothese, eine ›Geologie des Ich‹, ziemlich haarsträubend.«[8] Eine »Geologie des Ich«, so hieß der Untertitel zum Vortrag »Der Aufbau der Persönlichkeit«. Ob Thea Sternheim den Vortrag gehört hat? Gelesen hat sie ihn damals sicher, er erschien im Novemberheft der »Neuen Rundschau«,

»Ob Ihr reizenden Frauen
klug, gescheit oder weise seid,
ist ja nicht so wichtig.«
Gottfried Benn an Tilly Wedekind,
30. Juli 1935

reagiert aber hat sie darauf nicht. Sicherlich war sie, wie viele damals, verblüfft und erschlagen von den überbordenden Kenntnissen, die Benn in diesem Vortrag ausbreitete. Was hatte er nicht alles gelesen? C. G. Jung, Sigmund Freud, Hans Driesch, Edgar Dacqué, Kurt Breysig, Arthur Kornfeld, Wilhelm Johannsen, Ernst Kretschmer und viele andere, die im Text eine Rolle spielen und als Eideshelfer für seine These vom Aufbau der Persönlichkeit nach »geologischen Prinzipien« herbeizitiert werden. Kein Wunder, dass Benn in der Vorbereitungsphase auf Tauchstation ging und immer wieder Termine absagte.

Nicht nur seine alte Freundin Thea Sternheim war von seinem Rückzug betroffen, auch Elinor Büller und Tilly Wedekind bekamen den Druck zu spüren, unter dem Benn 1930 stand. Er wollte sich als origineller Kopf erweisen und hatte kaum noch für anderes Zeit, auch für die Liebe nicht. Tilly Wedekind, die den Dichter leidenschaftlich umwarb und immer wieder Vorschläge für ein Treffen machte, ließ sich nicht so leicht vertrösten, sie blieb hartnäckig, rief an und telegrafierte, schickte Briefe und auch schon einmal eine Karte – letzteres mochte Benn gar nicht, zumal, wenn darauf »persönliche Sachen« standen und der Absender kenntlich war.[9] Außerdem wurde er nicht gern von Frauen in die Defensive gedrängt,

238

er reagierte zunehmend gereizt und unwirsch auf die Nachfragen des lieben »Tillychen«: »Sie müssen das Telegrafieren u. all das Stürmische lassen.«[10]

Benn fordert Verständnis für seine Situation, seine Projekte, seine Arbeitsbelastung und seine persönlichen Bedürfnisse. Als sich die Appelle und Bitten häufen, schreibt er am 8. Juli: »Aber nun kommt eine Bitte: bitte, liebste Tilly, erwarten Sie mich die allernächsten Tage nicht. Bitten Sie mich nicht zu kommen oder daß wir uns sehn. Ich bin zu abgespannt, ich muß ein paar Tage ganz ruhig vor mich hinleben.«[11] Er werde sich schon wieder melden, in der Zwischenzeit solle sie ihre »Wohnung in Ordnung« bringen und »schön spazieren« fahren. Tilly Wedekind hatte den Führerschein gemacht und sich ein Opel-Kabriolett gekauft, damit chauffierte sie auch Benn gelegentlich durch die Stadt und ins Grüne. Tage später meldete sich der Dichter für ein paar Tage ab und fuhr zu seiner Tochter nach Dänemark. »Es geht leidlich«, meldet er am 14. Juli. »Die Ruhe ist gut. Ich denke Ihrer häufig u. grüße Sie herzlich. Bald hören Sie mehr.«[12] Das einzige, was Tilly Wedekind noch hörte, war ein Telegramm vom 18. Juli: »herzliche grüße bin montag zurück.«[13]

Lange währte die Zweisamkeit nicht, zumal auch Elinor Büller auf ihn wartete. Benn war immer noch im Druck und hatte zu arbeiten. Da kam es ihm gelegen, dass Tilly Wedekind den Sommer, fern von Berlin, in ihrer Wohnung in Starnberg verbrachte. Benn schreibt ihr am 12. August: »Hier giebt es nichts Neues. Sehr still, Geschäft sowohl wie alles Private. Arbeite sehr, lese 1000 Bücher, da ich am 5. 9. wieder hier im Radio Vortrag halte über schwieriges Thema: >die schöpferische Persönlichkeit<. Das muß einerseits Bennsch sein u. andererseits allgemeinverständlich für Portiers u. Postboten, den Rundfunkstammtisch.«[14] Gemeint ist der Vortrag »Genie und Gesundheit«, der bereits am 3. September in der »Funk-Stunde« gesendet wurde. Benn war nervös, er hatte das verunglückte Radiogespräch mit Johannes R. Becher noch gut in Erinnerung, aber bei einem Vortrag hatte er alles in der Hand. Sein Vorteil war: er verfügte über eine angenehme Stimme, die im Radio ruhig und überzeugend herüberkam. Oelze beschreibt sie als

»dunkel, immer leise, fast monoton, was den preußischen Akzent mit dem entfernten Echo des Militärischen noch befremdlicher machte; niemals drückte sie Pathos oder Erregung aus.«[15]

Der Auftritt in der »Funk-Stunde« verlief glänzend, der Vortrag erwies sich als das richtige Format für Benn. Aufgekratzt und in bester Stimmung meldete er sich bei Tilly Wedekind: »Mein Rundfunkvortrag am 3. war ein Bombenerfolg. Tausend Leute haben angerufen u. geschrieben u. gute Kritiken. Hier sind welche, für Tilly auf dem Lande!«[16] Triumphierend legte er dem Brief zahlreiche Zeitungsartikel bei: Die »Berliner Börsen-Zeitung«, das »Berliner Tageblatt«, der »Vorwärts«, »12 Uhr Mittag«, »Vossische Zeitung« und »BZ« – sie alle berichteten über Benns Radiorede. Eine solche Reaktion hatte er nicht erwartet – mit seiner Dichtung hatte er immer nur ein sehr begrenztes Publikum erreicht, nun stand er vor dem Mikrofon und – bleiben wir bei Benns Wortwahl – ›Tausende‹ hörten zu. Die charismatische Figur des Redners, der ein Publikum begeistert, der mit seiner Rede Macht ausübt, das war ein klassischer Topos, der in der politischen Kultur der Weimarer Republik eine zentrale Rolle spielte. Die wichtigen politischen Äußerungen Benns in dieser Zeit waren Reden, insbesondere Reden, die er ins Mikrofon sprach und die im Rundfunk übertragen wurden. Diese Auftritte hat er offenbar als faszinierend empfunden, im Radio zu sprechen, das hatte für ihn Gewicht und bedeutete ihm viel. In der »Dorischen Welt« schreibt er, der Redner »will Wirkung, ist Gegenwart, macht geltend«, will vor allem durch Sprache und Rhetorik bezaubern.[17]

Im Radiovortrag »Genie und Gesundheit« tritt Benn wieder einmal gegen den Zeitgeist und seine Repräsentanten an, gegen die, die mit ihren »Talenten und Machtmitteln den Begriff des Durchschnitts, der Norm und des Allgemeinen« zur Geltung bringen, die alles gleich machen und nivellieren wollen. Neuerdings, so Benn, sollen nicht »nur die Rohstoffe, die Nahrungsmittel, das Kapital und die Vergnügungen« allen gemeinsam zugänglich sein, sondern auch die »Begabung«, jeder, so wird behauptet, verfüge über Begabung oder könne sie erlangen.[18] Dem sei aber nicht so, geniale Leistungen seien immer nur das Werk von Ausnahme-individuen, die nach herkömmlichen Vorstellungen nicht >gesund<, nicht >normal< seien. Das hatte bereits Cesare Lombroso in seiner berühmten Schrift »Genie und Irrsinn« gesagt, und Benn konnte auf weitere Untersuchungen verweisen, auf das umfangreiche Kompendium von Wilhelm Lange-Eichbaum über »Genie – Irrsinn und Ruhm« und das ein Jahr zuvor erschienene, von ihm sehr geschätzte Buch von Ernst Kretschmer »Geniale Menschen«. Sie alle sahen Entartung, Erbfaktoren, psychopathologische Komponenten, im weitesten Sinn biologische Bedingungen als Voraussetzung und Wesensbestandteil von Genialität. Während viele Forscher eine »Parallelität« zwischen »geistigen Spannungen« und »körperlichen Anomalien« behaupten, geht Benn sogar noch einen Schritt weiter, sie seien schlichtweg identisch, behauptet er. »Das >le style cèst l'homme< des achtzehnten Jahrhunderts, verwandelt sich unter dem Einfluss der Konstitutions- und Typenforschung der letzten Jahrzehnte in ein >le style c'est le corps«.[19] Kurzum, die Biologie ist das regulative Sinnschema, das über Begabung und Genie entscheidet. Benn beruft sich dabei auf die Untersuchungen Kretschmers und deutet gleichzeitig Größeres an, er spricht von Züchtung und Rasse, von einer Schöpfung, in die man eingreifen kann.[20]

1930 ist Benn auf dem Weg, am Horizont zeichnet sich bereits sein berühmt-berüchtigter Aufsatz »Züchtung« ab, der zuerst im Juni 1933 in der »Berliner Börsen-Zeitung« erscheint und der dann den Schlussakkord zum Sammelband »Der neue Staat und die Intellektuellen« bildet. Es kann also keine Rede davon sein, dass er die Ideen von Zucht und Züchtung unter dem Druck der Verhältnisse entwickelt. Im Übrigen sieht sich Benn selbst mit diesen Gedanken in einer Kontinuität, der neue »biologische Typus«, das ist der zur greifbaren Wirklichkeit gewordene Traum vom »neuen Menschen«, von dem die expressionistische Bewegung einst träumte.[21]

In seinem nächsten Radiovortrag über den »Aufbau der Persönlichkeit« nimmt er den Faden aus dem ersten Vortrag wieder auf und geht noch einen Schritt weiter. Lange Zeit hätte man das Gehirn als zentrale Steuerungseinheit des Menschen, als alleinigen Träger des Bewusstseins, angesehen. Um 1900 sei eine »Gegenströmung« entstanden, »eine totalistische Strömung«, die nicht mehr »das zerrebrale, sondern das körperliche Gepräge der Persönlichkeit« [22] in den Mittelpunkt gestellt hätte – und zwar über den ganzen Körper verteilte komplexe Einheiten. Die Persönlichkeit werde vom vegetativen Nervensystem, insbesondere aber vom Blutdrüsensystem bestimmt. Damit im Zusammenhang stehend, zitiert Benn ziemlich groteske Beispiele aus der Literatur, die er aber durchaus ernst zu nehmen scheint. Napoleons »unersättliche Energie« [23] und große Genialität sei im Zusammenhang mit einer vergrößerten Schilddrüse zu sehen. Vor allem in der Rassenkunde seien die Drüsen von allergrößter Bedeutung. »Besonderheiten der Schilddrüse sollen den Mongolentyp, der Nebenniere den Negertyp bedingen, und Entartung von Rassen führt man auf Schädigungen der inneren Sekretion zurück.« [24] Benn wägt nicht ab, er argumentiert nicht mit der Vorsicht eines Wissenschaftlers, er spitzt zu und verschärft die Argumentation: Das Blutdrüsensystem stehe nicht in irgendeiner Beziehung zur Persönlichkeit, es trage die Persönlichkeit. Dazu kämen allerdings noch erbbiologische Faktoren, die im Blutdrüsensystem und im Hirnstamm zu verorten seien. Man habe sogar festgestellt, dass sich die entsprechenden Gehirnteile vergrößern können: »Untersuchungen an deutschen Schülern bestätigen diesen Zusammenhang: der durchschnittliche Schädelumfang und damit die Gehirngröße bei Schülern der höheren Schulen war größer als bei denen auf niederen Schulen«.[25] Es ist offensichtlich, Benn hatte sich 1930 tief in die Rassenkunde eingelesen, er zitiert die absurdesten Geschichten und sympathisiert mit dem damals populären Ideologen Hans F. K. Günther. Dass es in diesem Vortrag, wie Helmuth Lethen meint, »noch recht akademisch« [26] zugeht, davon kann keine Rede sein, das Akademische ist nicht mehr als eine Camouflage für eine Botschaft, die eindeutiger nicht sein kann, der neue Mensch ist möglich. »Es ist vorhanden, es ist immer bereit«,[27] so Benn im raunenden Ton des

Aufbruchs. Und er sieht »ein rauschhaft starkes dionysisches Welt-gefühl«[28] emporsteigen. Benn vertrat ja die These, dass es noch ur-sprüngliche, von der Zivilisation unberührte Schichten im Men-schen gäbe; und da kamen ihm natürlich Freud und C. G. Jung recht. Beide haben, in einer je anderen Version, die These von ei-ner »Massenpsyche« bzw. von einem »kollektiven Unbewussten« aufgestellt. Dabei soll es sich um einen Teil der Psyche handeln, der außerhalb der bewussten, persönlichen Erfahrung steht und in dem sich Reste früherer Entwicklungsstufen erhalten haben. Freud spricht von der »archaischen Erbschaft«, dem »Erleben der Ah-nen«, das der Mensch vor jeder Erfahrung mit auf die Welt bringt. Im Denken Jungs gewinnt das archaische Erbe eine erweiterte und ausgezeichnete Bedeutung, die Persönlichkeit wurzelt in arche-typischen Erlebnissen, in Urbildern, die mächtiger sind als die be-wussten, individuellen Bilder. Die »ursprüngliche Unbewußtheit« enthält Kräfte, die der Vernünftigkeit des Kulturmenschen entge-genstehen, Kräfte, die sich im Traum und in psychopathologischen Phänomenen artikulieren. Benn nimmt diesen Gedanken auf und spricht von der archaischen Welt, die sich in »Traum und Rausch«, aber auch in der Schizophrenie und in Wahnvorstellungen, Bahn bricht. Mit viel Pathos weist Benn auf die dunklen Gründe einer unter der Oberfläche wirkenden Kraft hin und variiert den oben zitierten Satz: »Es ist immer vorhanden und immer bereit.«[29] In der »biologischen Welt« und in den »archaischen Tiefenschich-ten« sei das Potenzial der Erneuerung, der Wiedergeburt, zu fin-den. Benn sagt es deutlich: »nicht aus dieser Welt« kommt die Rettung, diese Welt, mit ihrem Rationalismus, ihrem Versiche-rungsdenken und ihrer Versorgungsmentalität, ist restlos am Ende, Rettung kommt aus »früheren Welten«[30], aus den Triebwelten, aus denen das neue Ich geformt werden muss.

Man fragt sich nach dem Status der beiden Texte.[31] Wer spricht hier? Der Dichter, der Mediziner oder schon der Künder und Pro-phet einer neuen Welt und Wirklichkeit? Benn selbst erhebt in den beiden Vorträgen zweifellos einen wissenschaftlichen Anspruch, er benutzt gewisse akademische Formen, zieht Quellen heran, nennt Autorennamen und Werktitel, setzt Anführungszeichen. Aber es handelt sich tatsächlich um eine Collage, die Benn aus seinen Lektüren, aus Exzerpten und den Ideen, die ihm während des Collagierens kamen, zusammengefügt hat. Passagenweise hat er Texte wortwörtlich aus Büchern übernommen.[32] Mopsa Sternheim hat das Verfahren mit dem schönen Satz umschrieben: »Er lebt poetisch aus gestapelter Ware.«[33] Freilich löst sich Benn auch von der Wissenschaftsprosa, nämlich immer da, wo es um die Formulierung seines Weltgefühls geht, das zwischen Apokalypse und Aufbruch schwankt. So landet er am Schluss des Vortrags wieder beim Großhirn und gerät über die Zukunft des Menschen ins Fabulieren: »Heißt vielleicht die neue Wahrheit, daß dieser Körper, der schon großartigere Persönlichkeitsspannungen als die unsere trug [...] auch dieses Großhirn einst zu seinen Runen nehmen wird, wenn es müde ist oder neue Katastrophen den Planeten überziehen? Daß er noch in den Bann neuer Leitorgane treten wird; daß er diese Persönlichkeit wieder zum Hirnstamm zurückholen wird, wenn neue Spezialisierungen beginnen?«[34] Das war, eingekleidet in dunklen Andeutungen, reine Rhetorik. Wie der Essay zeigt, glaubte Benn nicht an das Großhirn, er ließ nichts gelten außer der Biologie und dem Körper. Doch mit der Spekulation über neue »Leitorgane« zeigte er sich scheinbar offen für alle Denkmöglichkeiten – und als Denker wollte er auftreten, nicht als Propagandist einer Idee. So konnte Benn mit einem Fragezeichen und einigen raunenden Begriffen vom »letzten Kampf« und vom »große[n] Gesetz«[35] enden.

Benn, so hat es Hans Magnus Enzensberger einmal gesagt, wollte als »Denker« ernst genommen werden. »Er neigte zum Pathos der Präzision und nannte sich gern einen ›Intellektualisten‹.«[36] Das sei eine Pose gewesen, von der sich, so Enzensberger, Leser und Kritiker blenden ließen. Nicht unerwähnt sollte dabei bleiben, dass es diese Pose des Denkers war, mit der er sich Anfang der dreißiger Jahre in der öffentlichen Diskussion Legitimität verschaffte. Benn spricht, wie er 1933 in »Der neue Staat und die Intellektuellen« sagt, »im Namen des Gedankens«.[37] Nicht von ungefähr kommt in dieser propagandistischen Rede immer wieder der Begriff des Denkens und des Denkenden vor. Der geschichtlich Denkende, so Benn, macht sich frei von den »kläglichen Gedanke[n]«[38] der liberalen Intellektuellen, er steht auf der Seite einer »neue[n] Art von Intelligenz«[39]. Es ist also die Pose des Denkers, mit der er hier auf die Bühne tritt, nicht die des Dichters. Seit 1927 hatte er keine nennenswerten Gedichte mehr veröffentlicht, er war als Lyriker nahezu verstummt. Erst im August 1933 meldet er sich wieder, der raunende Ton ist noch derselbe, aber der Inhalt hat sich unter der »veränderten geschichtlichen Lage«, von der Benn so gerne spricht, gewandelt: »Dennoch die Schwerter halten«:

> Der soziologische Nenner,
> der hinter Jahrtausenden schlief,
> heißt: ein paar große Männer
> und die litten tief.
>
> Heißt: ein paar schweigende Stunden
> im Sils-Maria-Wind,
> Erfüllung ist schwer von Wunden,
> wenn es Erfüllungen sind.[40]

Männerpathos, das Benn so sehr liebte, heute wieder geschätzt in der »Identitären Bewegung«, die das Gedicht zum Weckruf einer neuen Generation auserkoren hat.

Während sich Benn den Träumen seiner Jugend hingab, wird Thea Sternheim, die diese Visionen einst teilte und mitbeförderte, von Albträumen heimgesucht: »Welchem Chaos [...] steuern wir entgegen?«[41], schreibt sie unter dem 8. Dezember 1930 in ihr Tagebuch. Sie berichtet von Krawallen rund um den Berliner Nollendorfplatz, als im Mozartsaal der Lewis Milestone-Film »Im Westen nichts Neues« nach dem Roman von Erich Maria Remarque gezeigt wurde.

Es ging nicht nur um den Kampf gegen die pazifistische Botschaft des Films, es ging darum, den Repräsentanten aus Staat und

Kultur zu zeigen, wer das Sagen hat. Mit Argwohn hatten die Nazis die Premiere am 4. Dezember beobachtet: Preußens Innenminister Severing kam und gleich drei ehemalige Reichskanzler: Philipp Scheidemann, Wilhelm Marx und Hermann Müller. Ganz zu schweigen von der kulturellen Prominenz: der Verleger Willi Münzenberg, Alfred Döblin, Carl Zuckmayer, Egon Erwin Kisch und George Grosz. Die Premiere verlief ohne Störungen – das Publikum verließ ergriffen den Saal. Tags darauf aber musste die Vorstellung unterbrochen werden. Man hatte gegen die 1500 Randalierer, die ab da jeden Abend mit Geschrei, Stinkbomben und weißen Mäusen Rabatz machten, gerade einmal 16 Polizisten aufgeboten, erst spät kam Verstärkung, die Sache war ein Desaster. Der Staat wich zurück. Das zeigte sich in den nächsten Tagen auch daran, dass die Prüfstelle, die zunächst keine Einwände gegen eine Aufführung hatte, nach der Anrufung einer höheren Instanz zu einem ganz anderen Urteil kam, nun sah man im Film eine »Gefährdung des deutschen Ansehens«, weil er die schmachvolle Niederlage im Ersten Weltkrieg zum Thema machte. »Im Westen nichts Neues« wurde erst einmal verboten, ab 1931 durfte der Film nur noch gekürzt und zensiert gezeigt werden.[42] Goebbels jubelte, ein Sieg auf der ganzen Linie.

Thea Sternheim hatte dieses Zurückweichen kommen sehen. Der mit ihr befreundete jüdische Galerist Alfred Flechtheim, der sie am 8. Dezember besuchte, war außer sich »über die am Nollendorfplatz stattfindenden Menschenansammlungen«. Er empörte sich jedoch keineswegs über den Krawall der Nazis und ihre Schlägertrupps, er verurteilte vielmehr die Aufführung des Films: »Man soll die Leute nicht reizen! Den Film absetzen!«[43] Noch in Anwesenheit von Thea Sternheim rief er den Filmproduzenten Guido Bagier an, er möge sich doch bei den entsprechenden Stellen für eine Absetzung stark machen. Thea Sternheim konnte darüber nur den Kopf schütteln: »Wieder denke ich wie letzthin bei Schusters: Sind die Juden so feige, werden Pogrome stattfinden. Ihre Verbürgerlichung hat sie wahrhaftig für jeden Dienst an der Freiheit unfähig gemacht.«[44]

Detailliert und hellsichtig kommentierte Thea Sternheim im Tagebuch die politischen Ereignisse. Sie fühlte sich um diese Zeit von vielen privaten Krisen und Auseinandersetzungen befreit – und das schärfte ihren Blick für die Außenwelt. Außerdem hatte sie Freunde gewonnen, die ihr den Rücken stärkten: die belebende Beziehung zu André Gide und die sich rasch vertiefende Freundschaft zu Herman de Cunsel, nicht zu vergessen der enge Kontakt zu dem Dominikanerpater Franziskus Maria Stratmann, den sie regelmäßig aufsuchte und den sie in allen lebenspraktischen und seelsorgerischen Fragen konsultierte.

Es fällt auf, dass sich ihre Wahrnehmung 1930 merklich veränderte, die Notizen über die gesellschaftliche Situation in Deutschland nehmen nicht nur einen größeren Raum ein, sie zeigen auch, dass der Nationalsozialismus, abseits der großen Aufmärsche und Veranstaltungen, zu einer unübersehbaren Realität geworden war, die im Alltag der Menschen zunehmend eine Rolle spielte. So schreibt Thea Sternheim über die »Unverfrorenheit der nationalsozialistischen Zeitungshändler« auf dem Leipziger Platz[45], von einem »rüden Artikel gegen den ›Juden Flechtheim‹ im ›Völkischen Beobachter‹«[46], von den »trüben Machenschaften« Wilhelm Fricks, des ersten Ministers der NSDAP, der 1930 in Thüringen Staatsminister für Inneres und Volksbildung wurde und sogleich dem Rasseforscher Hans F. K. Günther einen Lehrstuhl verschaffte und den Film »Im Westen nichts Neues« verbieten ließ – noch bevor die Prüfstelle überhaupt ein Urteil gefällt hatte.[47] Thea Sternheim schreibt von den »teutonische[n] Jubelstürmen« anlässlich der Rheinlandräumung von alliierten Truppen, Jubelstürme, die sie an 1914 erinnerten.[48] Sie berichtet von ihrem Besuch in München, wo die Nazis gerade das »Braune Haus«, ein Adelspalais, gekauft hatten, um es als NSDAP-Parteizentrale auszubauen: »Hier wundert man sich schon gar nicht mehr beim Vorbeigehen auf der Hitlervilla die Hakenkreuzfahne wehen zu sehen. Das ist hier bereits an der Tagesordnung.«[49] Unter dem 14. Oktober 1930 berichtet sie von nationalsozialistischen »Rowdys«, die zum Tag der Reichtagseröffnung in der Berliner Innenstadt »Schaufenster der jüdischen Geschäfte demolieren«[50] und am 3. Dezember vom aufsehenerregenden Prozess gegen George Grosz und seinen Verleger Wieland Herzfelde wegen Gotteslästerung.[51] Es ging um die berühmte Grosz-Zeichnung »Christus mit der Gasmaske«, mit den Titelworten »Maul halten und weiterdienen«. Der Prozess ereignete sich vor dem Aufstieg der Nazis, er ging über drei Instanzen von 1928 bis 1931. Im Dezember, als Thea Sternheim in Moabit den Prozess verfolgte, wurden die beiden Angeklagten freigesprochen, in der Revision am 5. November 1931 wurde zwar der Freispruch bestätigt, das Gericht verfügte aber, die Druckplatten unbrauchbar zu machen und die Blätter zu vernichten. Von der Kunstfreiheit konnte schon in dieser Zeit nicht mehr die Rede sein – George Grosz war sich dessen bewusst, er verließ Deutschland 1932 und nahm einen Lehrauftrag in New York an.

Ein entscheidender Einschnitt für Thea Sternheim waren die Reichstagswahlen am 14. September 1930. Am Tag darauf notiert sie: »Ein Ruck nach rechts war zu erwarten, aber nicht dieses Fazit!«[52] Es folgt ein Zeitungsartikel mit den Wahlergebnissen. Die NSDAP hatte quasi aus dem Stand 18,3 Prozent erzielt, noch 1928 lag sie bei 2,6 Prozent, die Partei konnte ihre Sitze fast verneunfachen. Ein in der Geschichte des deutschen Parlamentarismus bis dahin einmaliger Wahlerfolg, der vor allem dadurch zustande kam, dass viele Nichtwähler an die Urnen gingen, die Wahlbeteiligung betrug 82%. Die bürgerlichen Schichten liefen in Scharen zur Protestpartei NSDAP über. Erschreckend war auch die Tatsache, dass es besonders viele junge Wähler waren, die der Partei ihre Stimme gaben. Bei den meisten Menschen jüdischer Abstammung aus ihrem Bekannten- und Freundeskreis nimmt Thea Sternheim von nun an eine tiefe Verunsicherung wahr.

Ihre Notate zeigen zwar die sich zuspitzende politische Situation, aber auch noch etwas anderes: »Abends mit Franz Pfemfert und Dr Schäfer in den Tonfilm ›2 Herzen im ¾ Takt‹. Später ins Kaffee Lisan«, notiert sie unter dem 1. Juli 1930.[53] Thea Sternheim war eine passionierte Kinogängerin, die nicht gern allein, sondern – wann immer möglich – lieber in Gesellschaft ins Kino ging.

Wenn Gide zu Besuch kam, stand immer ein Kinobesuch auf dem Programm. Im Juli 1931 ging sie in den neuen Fritz Lang-Film »M – Eine Stadt sucht einen Mörder«. Und Gide war, wie Thea Sternheim bemerkt, »vom ersten Bild bis zum Schluss fieberhaft gespannt. Jeden Satz, der gesprochen wird, will er übersetzt haben.«[54] Kinobesuche mit Benn gab es offenbar nicht. Dabei hatte sich Benns Held Rönne ja gegen eine Reise nach Antwerpen und für einen Kinobesuch entschieden. Aber war das überhaupt ein Kino?: »Er sah die Straße entlang und fand wohin. Einrauschte er in die Dämmerung eines Kinos, in das Unbewußte des Parterres [...] Er war eingetreten in den Film, in die scheidende Geste, in die mythische Wucht.«[55] Das Kino als Resonanzraum des Unbewussten, hier findet Rönne, dem die Sprache nichts mehr sagt, zu sich, hier entdeckt er, momenthaft, sein verborgenes Ich.

Ein Kinobesuch mit Benn wäre für Thea Sternheim nichts gewesen, sie war weniger am Höhlenraum und am kinematografischen Phantasma der bewegten Bilder als an realen Filmen interessiert. Sie kannte die Filme der großen Regisseure: Georg Wilhelm Pabst, Erich von Stroheim, Friedrich Wilhelm Murnau und den erwähnten Fritz Lang. Besonders zogen sie politische Filme an. Als am 16. August 1930 der Dreyfus-Film von Richard Oswald im Berliner Gloriapalast Premiere hatte, saß Thea Sternheim im Publikum. Vom Aufkommen der Nationalsozialisten fühlte sich Oswald herausgefordert, er griff die Dreyfus-Geschichte auf und inszenierte sie vor dem aktuellen Hintergrund, um vor den Gefahren des Antisemitismus zu warnen. Der »Völkische Beobachter« attackierte den Film heftig und zielte vor allem auch auf Fritz Kortner, der die Hauptrolle spielte. Thea Sternheim war aber auch dem unterhaltsamen Genre nicht abgeneigt. Am 2. September ging sie in den gerade ins Kino gekommenen Film: »Die grosse Sehnsucht« – »ein jedes Maass übersteigender deutscher Kitschfilm«, das wusste sie vorher, gleichwohl, sie ging ins Kino und amüsierte sich: »Spät bis Mitternacht bei Mierke.«[56] Spaß machten ihr die Filme Charlie Chaplins und Buster Keatons. Eine tiefe Zuneigung hegte sie für die kleinen poetischen Komödien René Clairs.

Und vielleicht war es ein René Clair-Film, der in Thea Sternheim die Überlegung reifen ließ, Berlin zu verlassen und nach Paris zu ziehen. Am 21. August 1930 sah sie den gerade in die Kinos gekommenen Clair-Film »Sous les toits de Paris« (»Unter den Dächern von Paris«): »eine bezaubernd süsse atmosphärische Angelegenheit«[57], schreibt sie in ihr Tagebuch. »Manchmal ist dieser Film wie ein Bilderbuch von Masereel und auch die hier vorgebrachten Gefühle sind Gefühle aus Frans Gedankenwelt. Wie später das Publikum Beifall rast, füllt sich mein Herz mit Zufriedenheit über solche Verständigung. Meine Liebe für Frankreich.«[58]

Clairs Film ist eine wunderbare, poetische Liebeserklärung an Paris. In pittoresken Bildern von den Gassen und Hinterhöfen, den Mansardenwohnungen und kleinen Bistros, erzählt er die bewegende Geschichte des Straßensängers Albert und der schönen Pola. Thea Sternheim ist so begeistert, dass sie sich tags darauf den Film gleich noch einmal anschaut – auch ihrem Dienstmädchen Frieda schenkt sie eine Kinokarte. Und wieder ist sie begeistert und gerührt, vor allem von Albert Préjan, der den Straßensänger Albert spielt und dessen Lied wie ein rotes Band den Film durchzieht. Wieder denkt sie an Frankreich, an Paris. Und es vergeht gerade einmal eine Woche, da sitzt sie erneut im René Clair-Film: »Ich ging eigentlich hin, um ihn Pfemferts zu zeigen, aber gleich reisst mich Manuskript und Leistung so unbedingt hin, dass ich mich wie beim erstenmal entzückt jedes Widerstands begebe, mich von der mir so vertrauten Atmosphäre schaukeln lasse. Ach, meine grössten Freuden hat mir Frankreich gegeben!«[59] Die poetischen Bilder René Clairs wirkten auf Thea Sternheim suggestiv und magisch. Faszinierend war aber gewiss auch, dass Clair in seinem Film einen Kosmos vorstellt, eine abgeschlossene Welt, in der es Armut und Missgunst gibt, aber, unter der Oberfläche, viel Menschlichkeit und tiefe Gefühle. Albert liebt die hübsche Pola, als sie in Not ist, bietet er ihr seine kleine Wohnung an und überlässt ihr sein Bett, er nutzt die Situation nicht aus und schläft selbst auf dem Fußboden. Darin lag eine Zartheit, die Thea Sternheim über alles liebte, sie kannte Paris, und sie kannte solche reizenden Viertel, es gab diese

Straßen und Cafés, diese charmante Welt im Kleinen, in der die Träume der Menschen ihren Platz hatten und in der die Atmosphäre noch nicht so verhetzt war wie in Berlin.

Um den Jahreswechsel 1930/31 ist Thea Sternheim wieder einmal in Paris und besucht unter anderem ihren Sohn Klaus, der seit einiger Zeit in der Stadt lebte und ganz begeistert von der Atmosphäre war. Am 21. August 1930 – es war jener Tag, als sie den Clair-Film das erste Mal sah – hatte ihr Klaus geschrieben, dass er in Berlin nicht mehr leben wolle: »In der Tat scheint mir Deutschland mehr als irgend ein anderes Land von einem bösen Omen der Aussichtslosigkeit betroffen.«[60] Das war genau ihre Meinung, doch einen Entschluss, wo und wie sie in Zukunft leben wollte, hatte sie noch nicht gefasst. Und es blieb, folgt man dem Tagebuch, noch lange eine offene Frage. Vor allem ihr Sohn hat sie immer wieder ermuntert, nach Paris zu ziehen, so auch bei ihrem Besuch im April 1931.[61] Für Paris sprach auch die Nähe zu Gide, insbesondere aber zu Herman de Cunsel, der in Brüssel lebte.

Trotzdem war die Entscheidung nicht ganz einfach. Die existenzielle Verunsicherung war in dieser Zeit groß. Wie viele Menschen blickte auch Thea Sternheim 1931 auf eine sich immer weiter zuspitzende ökonomische Situation. Im Sommer kam es zu einer der größten Finanzkrisen der Geschichte – größer und in ihrer Wirkung nachhaltiger als die uns getroffene Krise von 2008. In kurzer Zeit brachen die Banken zusammen, das internationale Finanzsystem stand am Abgrund. »Panik allenthalben«[62], schreibt Thea Sternheim in ihr Tagebuch.

Nichtsdestotrotz ist am 8. November 1931 offenbar eine Art Vorentscheidung gefallen. Die letzten Wochen und Monate haben sie in ihrer Stimmung gegen dieses Land und sein »national tollwütiges Geschlecht«[63] bestätigt. Es gibt nichts, was sie mehr hält. Sie will in diesem Land, schreibt sie, ihre Hütten abbauen.[64] Zum Jahreswechsel ist sie wieder in Paris und wieder diskutieren Mutter und Sohn über einen Umzug. »Die Möglichkeit dazu«, schreibt sie in ihr Tagebuch, »ist mir noch nicht recht klar, wenn ich auch fühle, dass es fast meine Pflicht wäre.«[65] Im Februar 1932 weiß sie mit Bestimmtheit, sie wird Berlin verlassen: »Ich suche in mir meine augenblickliche Lage festzustellen. Möchte ich dies Leben, wie ich es hier in Berlin führe, weiterführen? Um keinen Preis!«[66] Sie geht ihre Freunde und Bekannten durch, keiner ist darunter, der etwas Überraschendes, etwas wirklich Neues sagt, sie kennt ihre Antworten, ihre Anspielungen, jedes Argument hat sie hundertmal gehört. Und jeder versteckt sich hinter irgendwelchen Geistesgrößen. Alles, so erscheint es ihr, ist im Ritual erstarrt, die Beziehungen haben sich überlebt. Doch immer noch fragt sie sich: »Zieht es mich […] mit Klaus in Paris zu sein?«[67] Auch Benn greift am Jahresende 1931 in den Entscheidungsprozess ein. Er schreibt der in Paris weilenden Thea Sternheim einen launigen Brief: »In Paris möchte ich nicht mehr leben. Dies Volk fängt an, widerwärtig zu werden –, *alle* Völker, aber dies besonders.«[68] Ein Kommentar, der Thea Sternheim hätte zu denken geben müssen. Benns Ressentiments gegen Frankreich nahmen in dieser Zeit zu.

Die Arbeit am Oratorium lag gerade hinter ihm, er beschäftigte sich, wir haben es erwähnt, mit einem neuen Projekt »Die weiße Rasse«, und soeben hatte er seinen Goethe-Aufsatz zum 100. Todestag des Dichters abgeschlossen, ein Aufsatz, in dem er noch einmal die großen Leistungen des ›Olympiers‹ auf naturwissenschaftlichem Gebiet feierte und zugleich ›Goethe‹ verabschiedete. Die »ungetrennte Existenz«[69], das Ideal der Ganzheit und des Universellen, sie hatten sich, wie Benn meinte, überlebt, sie waren in der Moderne nicht mehr möglich – in ›Goethe‹ sah er einen antiquierten Lebensentwurf, der einer anderen Epoche angehörte. Der moderne Mensch – und er zählte sich dazu – hatte es mit anderen Problemen zu tun, dem Werteverlust und einem um sich greifenden Nihilismus, dem, so dachte Benn um die Jahreswende, müsse man etwas entgegensetzen. Und er erinnerte sich an die große geistige Epoche Deutschlands, an das 17. und 18. Jahrhundert, groß sei diese Zeit gewesen, weil sie sich »in einem geschlossenen geistigen Raum vollzog«[70]. Spätestens mit Goethes Tod hätte dann die »Auflösung« und die Zersetzung begonnen. Das menschliche Leben verlor nun alle Spannung, weder zum »Jenseits« noch zu einem »außermenschlichen Sein« fühlte man sich hingezogen. Der Mensch strebte nicht mehr nach Größe, sondern nach dem Durchschnitt. Das waren Gedanken, die er dann in seinem Aufsatz »Der Nihilismus – und seine Überwindung« näher ausführte. Benn wollte nicht nur wohlfeile Zivilisationskritik bieten, er wollte ein positives Konzept propagieren. Zur Überwindung des Nihilismus sei nur der höhere Mensch in der Lage, der neue biologische Typus, der von den »bionegativen Werte[n]«[71] >befreit< sei. Und Benn ließ keinen Zweifel daran, dass dieser Typus in Deutschland entstehen würde. Der Tradition und den verlorenen Werten sollte man nicht länger nachweinen, sondern sich auf die »konstruktiven Kräfte des Geistes« beziehen, um »eine für Deutschland ganz neue Moral und Metaphysik der Form«[72] zu schaffen. Darin sah er Deutschlands Mission. Die anderen »Völker«, die für die Zivilisation und das Projekt der Aufklärung standen, waren ihm – der Aufsatz macht es deutlich – »widerwärtig«. Der Text erschien in der Zeitschrift »Der Vorstoß. Wochenschrift für die deutsche Zukunft« – ein Organ der Jungkonservativen und Rechten.

Kannte Thea Sternheim diesen Aufsatz? Dann hätte sie wissen müssen, in welche Richtung Benn in dieser Zeit ging. Wahrscheinlich aber kannte sie ihn nicht, denn der Aufsatz erschien im Sommer 1932 – da hatte sie sich schon von Benn und von Berlin verabschiedet, lebte in Paris und machte gerade eine große Reise durch Spanien. Doch in den Jahren zuvor stand sie mit Benn in einem regelmäßigen und, wie sie im Tagebuch betont, sehr vertrauten Gesprächskontakt. Benn kam nicht nur häufig zu Besuch – Thea Sternheim verzeichnet auch zahlreiche, lange Telefongespräche in ihrem Tagebuch. Dass Benn über seine radikalen Ideen zur Wiedergeburt einer deutschen Nation bei diesen Gelegenheiten nicht gesprochen haben soll, ist eher unwahrscheinlich. Wahrscheinlicher ist, dass Thea Sternheim diese Ideen nicht so recht wahrgenommen hat, weil sie aus Benns Mund kamen, aus dem, wie sie es sah, nur geistig hochstehende Gedanken kamen, die noch dazu »immer einen zärtlichen Unterton«[73] hatten. In Gesellschaft hingegen bemerkte sie an Benn eine zum Teil »entfesselte Eitelkeit«, die auf sie »grotesk« wirkte, aber, »was das Geistige betrifft«, so empfindet sie seine Beiträge als außerordentlich niveauvoll. »Ob er nun Goethe, Gide oder die Unzulänglichkeit der Zeit in der wir zu leben verdammt sind, beurteilt.«[74] Benn ist über jeden Zweifel erhaben. Als er ihr im November 1931 sein Oratorium schickt, sieht sie darin ein »über den Zeiten«[75] stehendes Werk. Mit Liebe und ihrer großen Faszination deckt sie alles Negative, alle Widersprüchlichkeiten, zu – sobald Benn auf der Bildfläche erscheint, geht ihr jeder kritischer Sinn verloren. So wie sie sich im Kino in Bilder eines René Clair-Films verliert, so geht es ihr auch mit Benn: Sie ist ›gefesselt‹, die körperliche Distanz, die Thea Sternheim zu ihm einnimmt, befestigt die Faszination, den Zauber, der durch Nähe und Intimität nicht aufrechtzuerhalten gewesen wäre.

Ostern 1932 packte Thea Sternheim in Berlin ihre Koffer, Benn hielt sich in Dänemark bei seiner Tochter auf. Zu einer Begegnung kam es, folgt man dem Tagebuch, vor der Abreise nicht mehr, es ist nur noch ein Anruf Benns vom 29. Januar verzeichnet. Unter dem 31. März notiert Thea Sternheim: »Ankunft in Paris um ein Uhr. Ich wohne im Hôtel Atala.«[76] Die mit Klaus Sternheim befreundete Mahaut de Chabannes hatte ihr das Hotel empfohlen. Bis zum Umzug in eine eigene Wohnung, im Oktober 1933, wird sie hier logieren.

Gleich nach ihrer Ankunft in Paris schickt sie Benn eine Karte, ohne eine Reaktion zu erhalten. Sie schickt noch eine, diesmal mit den Unterschriften Mopsas und Klaus'. Benn ließ sich Zeit. Am 16. April schreibt er einen Brief an Thea Sternheim, der in Form und Inhalt eine Art Vorübung ist für jene berühmt-berüchtigte »Antwort an die literarischen Emigranten«, die Benn ein Jahr später im Radio verlesen wird: »jemand, der Deutschland verlässt, nur weil es ihm schlecht geht oder weil der Betreffende fürchtet, dass es ihm darin schlecht gehen könnte, oder einfach, weil er es sich leisten kann«, so jemand kann »natürlich von denen, die es sich nicht leisten können u zurückbleiben müssen und auch *aus Charakter* zurückbleiben würden, nicht mehr mit derselben Freundschaft u. Sympathie betrachtet werden […] wie vorher«[77]. Da aber

Thea Sternheim »so überaus nett« gewesen sei und Benn ihr »menschlich u. allgemein viel zu danken habe«, will er auf die Karten antworten und sich bedanken. Mit dieser Einleitung, schreibt er, hätte er sein »Ressentiment« abstoßen wollen, doch wer gedacht hätte, nun schlägt Benn einen freundlichen Ton an, sieht sich getäuscht: »Sicher befinden Sie sich sehr wohl in dem romantischen und katholischen Milieu u. sowohl Ihr Formsinn wie Ihr transzendenter Hang werden zur Befriedigung kommen, auch die Nähe zu Brüssel u. die Berührung mit der belgisch-wallonischen Jugend wird das ihre tun.«[78] Das war auf den vierundzwanzigjährigen Herman de Cunsel gemünzt, den Benn nicht ausstehen konnte – was auf Gegenseitigkeit beruhte. Herman de Cunsel machte sich einen Spaß daraus, Benn zu imitieren, natürlich nur, wenn er allein mit Thea Sternheim war, die darüber herzlich lachen konnte. In Benns Brief geht es sarkastisch weiter: »Was kann ich Ihnen von hier erzählen, was Ihnen von unserem bescheidenen u. beschränkten Leben, was von unserem kalten Frühling, das noch auf Ihr Interesse zählen könnte! Wenig oder nichts! Sie werden auch gewiss verschont bleiben wollen von allem, was dies barbarische Land betrifft.«[79] Natürlich darf auch ein Seitenhieb auf ihre ›missratenen‹ Kinder nicht fehlen – womit kann man Thea Sternheim mehr treffen? Um 10^{50} hat Benn bei Mopsa angerufen, »aber sie schlief noch u. war nicht zu sprechen. Glückliche, schlummerfrohe Jugend!«[80] Am Ende des Briefes weist er noch auf seinen Goethe-Aufsatz in der »Neuen Rundschau« hin, nicht zur Information, sondern um sich über Thea Sternheims religiöse Neigung und ihre Sympathie für die französische Literatur lustig zu machen: »[...] Sie lieben ja nicht Goethe, sondern Thomas von Aquino u. die modernen kleinen Franzosen.«[81] War damit das Band zwischen Benn und Thea Sternheim zerschnitten? Keineswegs!

Berlin – Paris

Der Sommer 1932 war ein Jahrhundertsommer, alles stöhnte unter der großen Hitze. »Paris erstickt in der Glut«[1], notiert Thea Sternheim am 20. August in ihr Tagebuch, da ist sie gerade von einer achtwöchigen Reise mit ihrem Sohn Klaus und seiner Freundin Mahaut durch Portugal und Spanien zurück. Ihr Zimmer im Hotel Atala hatte sie für diese Zeit aufgegeben. Nun ist im Hotel keine kühle und komfortable Unterkunft mehr zu haben. »Unter dem Dach, wo ich unterkomme, liegt man wie unter der Sonne. Aber wenn der Abend fällt, muss dieser Ausblick schön sein.«[2] Drei Tage später schreibt sie erleichtert von den kühlen Luftmassen »über der tief aufatmenden Stadt«.[3] Sie schreibt vor allem aber auch von ihrer »Angst vor den Ereignissen in Deutschland«, die die »Dimension einer Psychose« annehmen. »Man stürzt sich auf jede frischgedruckte Zeitung um auf dem Laufenden zu bleiben [...].«[4]

Angstvoll blickten im Sommer 1932 von Paris aus nicht nur die Deutschen auf ihr Land, angstvoll blickten auch die Franzosen auf Deutschland. Harry Graf Kessler, der sich ebenfalls im August in der französischen Hauptstadt aufhielt, berichtet davon, dass in der öffentlichen Wahrnehmung die französische Politik ganz in den Hintergrund getreten sei. Der Durchschnittsfranzose sei über die deutsche Innenpolitik besser informiert als über seine eigene. »Die Franzosen haben offenbar ein Gefühl, als ob sich in ihrer nächsten Nachbarschaft ein Vulkan aufgetan hätte, dessen Ausbruch jeden Augenblick ihre Felder und Städte verwüsten könnte und dessen kleinste Regungen sie daher mit Staunen und Angst verfolgen. Ein Naturereignis, dem sie fast hilflos gegenüberstehen.«[5] Deutschland sei in diesen Tagen so etwas wie der »internationale Star« geworden, auf den die Franzosen »aus einer Mischung von Furcht, Nichtverstehen, widerwilliger Bewunderung« schauen. Diesen Platz in der »französischen Phantasie« hätte nach dem Ersten Weltkrieg Russland innegehabt, er sei jetzt auf Deutschland übergegangen. »Der Franzose hat sich von der Bühne ins Parkett begeben, von wo aus er das deutsche Drama mit angsterfüllter Spannung verfolgt. Er empfindet die Ohnmacht des Zuschauers vor einer antiken, etwas zu blutrünstigen, etwas widerlichen Tragödie, die ihn zugleich abstößt und anzieht.«[6]

Thea Sternheim gehört nicht zu denen, die glauben, dass der Erfolg der Nationalsozialisten in Deutschland nur von kurzer Dauer sein werde und sie bald zurückkehren könne, vielmehr richtet sie sich auf eine lange Zeit in Paris ein und betrachtet die Stadt nun aus einer neuen Perspektive, als jemand, der hier nicht zu Besuch ist, sondern hier leben will. Sie betrachtet Paris also noch einmal mit neuen Augen und geht in diesem Spätsommer fast jeden Tag durch die Stadt. Unter dem 31. August schreibt sie: »Zum Abend aufs linke Seineufer. In der Rue des Beaux Arts komme ich ans Hotel d'Alsace. Da starb verarmt und vereinsamt, ein Opfer der Pharisäer seiner Zeit, Oscar Wilde. Ach wie die Trauer seiner melancholischen Abende sich in die Mauern dieses schweigenden Hauses eingefressen hat. Die Trauer kann nicht verziehen, steht in der Luft, klagt stöhnt, ein Einzelton in der furchtbaren Harmonie des Seufzens, der diese Stadt umspannt.«[7] Am 4. September läuft sie mit Mopsa durch den Montmartre: »Dörfische Eindrücke mischen sich mit typischen Kleinstadtbildern, an anderen Stellen ist dieser sonderbare Stadtteil wiederum ein Badeort. Immer aber dominiert die Note einer bescheidenen Behaglichkeit, die ja sozusagen die entscheidendste Note dieser liebenswürdigen Stadt ist.«[8] Im Kontrast dazu stehen die Ereignisse in Deutschland, in den Aufzeichnungen rangieren sie zumeist an erster Stelle. An diesem Tag, am 4. September, berichtet sie vom Reichsfrontsoldatentag auf dem Tempelhofer Feld, dem großen Paradeplatz in Berlin.

180 000 Soldaten des »Stahlhelms« nahmen daran teil und leis-

teten den Treueschwur. Eine martialische Veranstaltung, zu der diesmal auch prominente Politiker aus dem bürgerlichen Lager kamen, wie der Reichskanzler Franz von Papen.

Thea Sternheim liest kopfschüttelnd die Zeitung und betrachtet die Pressefotos: »Die Hohenzollernprinzen mischen sich unter die Generale. Man sieht sogar Fahnen mit Trauerflor behangen. Ja, die Lust zur vorbereitenden Menschenzerfleischung scheint eben eine dem Manne ganz besonders anhaftende Eigenschaft zu sein.«[9] Mit Abscheu kommentiert sie die »nie endenwollenden Hiobsbotschaften aus Deutschland«[10]. So sicher sie sich hier in der Ferne fühlt, Ruhe findet sie nicht. Sobald sie auf die Nazis und Hitler zu sprechen kommt, wird ihr Ton aggressiver und wütender: »der giftsäende Adolf«, der »die bestialischsten Exzesse seiner Horden deckt.«[11] Was Hitler und die Nazis anging, da gibt es für sie kein Pardon, da legt sie alle Zurückhaltung ab. ›Nazi‹, das war für sie ein bestimmter Menschentypus, den sie schon von Weitem, an seinem Äußeren und seinem Benehmen, zu erkennen glaubt, ein Typus, gegen den sie abgrundtiefe Aversionen hat und einen regelrechten Ekel verspürt. Als sie im Oktober 1932 noch einmal München besuchte, fallen ihr überall die abstoßenden Physiognomien auf: »Furchtbarer Eindruck des bis auf den letzten Platz besetzten Kaffee Luitpolds, in dem tierisch aussehende, zum grössten Teil mit nationalsozialistischen Abzeichen behangene stiernackige Menschen sitzen und Kuchen mit Schlagrahm vertilgen. Spielt das Orchester einen Militärmarsch auf, brüllt die Horde Begeisterung.«[12] Ganz ähnliche Eindrücke hat sie, als sie sich ein knappes Jahr später in Wien aufhält. »Hier artet alles in Devotion aus. Der Bückling ist an der Tagesordnung. ›Küss die Hand, meine Gnädigste, ergebenster Diener‹ … wie das mir widersteht! Und dann die vielen Menschen, die Hitler und Dollfuss gleichen! Auf allzuvielen Gesichtern der Ausdruck stumpfester Resignation, eine Hammelherde auf spärlich tragenden Weideplätzen.« Da überkommt sie Heimweh nach der »intellektuellen Physiognomie des Parisers«[13].

An diesem Blick ändert sich auch nach dem Zweiten Weltkrieg nichts, als es angeblich keine Nazis mehr gab, sah Thea Sternheim sie noch überall herumlaufen. Als sie 1952 in Berlin ihren Roman »Sackgassen« vorstellt, es ist ihr erster Besuch im Nachkriegsdeutschland, geht sie am Abend, mit Freunden und Bekannten ins Renaissance-Theater. Das »Publikum«, notiert sie, »durchaus spiessbürgerlich, Physiognomieen ringsum, wie ich sie vom Hochkommen des Hitlerregimes in der Erinnerung habe«[14]. Aufatmen, als sie das Theater endlich verlassen kann – noch größeres Aufatmen, als sie wieder in Paris ist.

Für Thea Sternheim lag der Nationalsozialismus oder »Wotanismus«, wie sie ihn auch nannte, nicht nur in der deutschen Seele beschlossen, auch in der körperlichen Erscheinung wurde er manifest. Schon Ende der zwanziger Jahre bemerkte sie, dass es immer mehr Deutsche gab, die so aussahen wie Hitler oder, zumindest, eine gewisse Ähnlichkeit mit ihm hatten. Im öffentlichen Raum konnte man ihnen nicht mehr entgehen, eine ganze Nation veränderte ihr Gesicht, schminkte sich um in Teutonisch-Barbarisch. Hitler und die deutsche Nation waren für sie nur zwei Seiten einer Medaille. Die »deutsche Nation«, so schreibt sie am 15. Oktober 1933 in ihr Tagebuch, hat »in Hitler den ihr gebührenden Sachwalter gefunden.«[15] Das »teutonische Grauen« habe ausnahmslos alle erfasst, ein »ganzes Volk« reihe sich »dem Veitstanz der absoluten Entmenschung« ein.[16] Als sie am 11. Mai in Paris von den Bücherverbrennungen in Deutschland liest, bemerkt sie trocken: »Seltsam, warum sind immer die Symbole der deutschen Verblödung der mittelalterlichen Zwangsvorstellung entnommen?«[17]

Mopsa Sternheim nahm mit Verwunderung die Veränderungen an ihrer Mutter wahr. Im September 1932 sagte sie zu ihr: »In meiner Erinnerung lebst Du als das Non plus ultra an Sanftmut. Deine Sanftmut war unbeschreiblich. Jetzt machst Du einen entschlossenen, harten, hin und wieder reichlich maskulinen Eindruck.«[18] Diese Veränderungen hatten auch für Mopsa Sternheim Konsequenzen, mit Toleranz, das machte ihr die Mutter in diesen Wochen und Monaten nachdrücklich klar, konnte sie nicht mehr rechnen. Die Mutter wollte ihr die monatliche Rente nur unter der Bedingung weiter zahlen, dass sie zuvor einwilligte, sich von den

Drogen fernzuhalten und ihr Leben zu ändern, ansonsten hätte sie »nicht mehr den geringsten Zuschuss zu erwarten«[19]. Mutter und Tochter fanden innerlich nicht zueinander, aber die ›harte Linie‹ hatte doch einen gewissen Erfolg: Mopsa Sternheim passte sich zumindest etwas mehr den Lebensverhältnissen der Mutter an. Dazu kam, dass sie in Paris neue Freunde fand und sich mehr und mehr für Politik zu interessieren begann. So arbeitete sie 1933 in Paris am »Braunbuch über Reichstagsbrand und Hitlerterror« mit. In dieser Zeit verfasste sie auch politisch-soziologische Essays, die sie offenbar veröffentlichen wollte. Im November 1932 entstand der Aufsatz »Der anticharitative Mensch«, aus dem wir oben schon zitiert haben. Sie stellt darin die These auf, dass in der Zeit nach dem Ersten Weltkrieg, in den »harten Jahren der Krise«, ein neuer Typ entstanden wäre, der nun an den Schaltstellen von Wirtschaft und Politik steht, sie nannte ihn »den anticharitativen Typ«. In der Gesellschaft der zwanziger Jahre hätte sich der Begriff Caritas überlebt: »Nächstenliebe, Wille zum Verständnis, Freigiebigkeit, Hingabe, Vergebung, Mitleid« – all das hätte kaum mehr eine Bedeutung, ja, das Caritative würde heutzutage eher negativ beurteilt. Und zwar aus dem einzigen Grund, so Mopsa Sternheim, weil es der Macht hinderlich sei. »Heute […] gilt es als unmoralisch, als minderwertig empfindsam zu sein. Mitgefühl zu zeigen, wer es hat verbirgt es ängstlich.«[20] Der Nationalsozialismus hätte daraus eine Staatsmoral gemacht, Ziel sei der »unrührbare Mensch«. In Hitler sah sie nicht den Reaktionär, sondern einen Modernisierer, der mit dem ›anticaritativen Typ‹ eine Moral begründen wollte, die seinen Zwecken diente, einer Moral der Unempfindlichkeit.

Ein Thema wird Mopsa Sternheim in den nächsten Jahren im Tagebuch immer wieder aufgreifen, die Beziehung zwischen Individuum und Kollektiv in kapitalistischen und sozialistischen Gesellschaften. Ein anderes Thema, das sie umtrieb, ist die Faszinationskraft, die totalitäre Ideologien auf die Menschen ausüben. Aus diesem Themenspektrum entstanden einzelne Artikel, die sie im »Manchester Guardian« veröffentlichte.

Seit Anfang der dreißiger Jahre entwickelte sie auch Ideen zu einem Roman mit dem Arbeitstitel »Vivian«, in dem sie ihre Beziehung zu Benn darstellen wollte. Ein *work in progress*, an dem sie immer wieder arbeiten wird, ohne allerdings zu einem wirklichen Abschluss zu kommen. Das Konzept änderte sich offenbar, sie nannte den Roman später »Im Zeichen der Spinne«.

Trotz aller Anregungen und Veränderungen, die das Leben in Paris mit sich brachte – Mopsa Sternheim schaffte es nicht, Kontinuität in ihr Leben zu bringen. »Ich erlebe in der Phantasie alles vorher«, schreibt sie an ihre Mutter, »so intensiv und so schön, dass ich zur Ausführung keinen Elan mehr finde. In meiner Phantasie war ich Ausstattungschef, Regisseur, der grösste Romancier, Märtyrer, Mönch (Verzeihung, ich wollte ›Nonne‹ sagen), Krösus und freiwilliger Bettler, grande Cocotte und züchtigste Jungfrau – das alles bin ich mit unheimlicher Intensität von abends 11 Uhr bis spät morgens, wenn ich einschlafe, in meinem Bettchen. Beim Aufstehen aber ist es kalt und grau und es kostet mich einen regelrechten Kampf täglich, um überhaupt an der Realität wieder teilzunehmen.«[21] Immer wieder zweifelte sie an ihrem eigenen Ich, sie kam sich sinnlos vor, nicht zugehörig zu dieser Welt, das unterschied sie von ihrer Mutter, die sich ihrer Existenz immer bewusst war.

Im Herbst 1932 bricht Thea Sternheim, wir haben es erwähnt, zu einer Abschiedsreise nach Deutschland auf, zuerst nach München, dann nach Berlin. Am 15. Oktober trifft sie Benn. In ihrem Tagebuch schreibt sie »Beziehung und Abwehr in einem. Aber Abwehr aus Rassegründen, aus Religion, auch Geschmack.«[22] Thea Sternheim bringt damit die Ambivalenz, die von Anfang an die Beziehung zu Benn prägte, auf den Begriff, es war immer Anziehung und Abstoßung, Bewunderung und Abscheu.

Ganz ähnliche Empfindungen spielen bei Mopsa Sternheim eine Rolle. Als sie im Winter in Berlin ist, schreibt sie an ihre Mutter, Benn sei »nachgerade liebevoll«, sie müsse alles tun, damit sie nicht wieder auf ihn »hereinfalle«, denn tatsächlich sei er »böse und dick und scheusslich«.[23] Bei Thea Sternheim ist von Ambivalenz beim Abschied von Benn am 26. Oktober nichts mehr zu spüren. In den »gewollt geschmacklosen, melancholischen Räumen« entsteht eine »tief freundschaftliche, fast zärtliche Atmosphäre«, von einer »freudigen Verwirrung« ist die Rede. »Nichts Rührenderes, als wenn Benns schwere Fäuste Zärtlichkeit zu gestalten suchen. Plötzlich weiss er alles aus meinem Leben, scheint jede Regung des Herzens mitfühlend zu begreifen.«[24] Alles ist wieder wie früher – die freundschaftlichen Gefühle, die Vertrautheit und die Zuneigung, sie sind, nach einer Phase der Irritation, wieder da. Thea Sternheim fährt entspannt und beruhigt über Brüssel nach Paris zurück.

Mitte November erreicht sie, gesendet von einem Berliner Buchhändler, Benns Aufsatz »Der Nihilismus – und seine Überwindung«. In einem Brief schreibt Benn am 19. November, er habe ihr die Sache nicht geschickt, weil sie »ja nichts Besonderes ist«.[25] Ob das der wirkliche Grund war, wo er ihr doch vorher so gut wie alles geschickt hat? In dem Aufsatz aus der rechtsradikalen Zeitung »Der Vorstoß« trat Benn – wir haben daraus zitiert – als Mediziner auf, der sich um die Arterhaltung sorgte und die Rasse von den »bionegativen Werten« reinigen wollte, nur so könne der neue Typus, der höhere Mensch, entstehen. Die krude Biologie von Zucht und Züchtung wird ein wenig mit ›Nietzsche‹ verziert, der als vermeintlicher Ahnherr dieses Programms in die Pflicht genommen wurde. Dass Nietzsche nicht biologisch dachte, hatte keine Bedeutung für Benn. Es geht ihm um Höheres, um Deutschland, er will den Verfall aufhalten, das »Degenerative«[26] im Volkskörper ›ausmerzen‹. Danach – »*nach* dem Nihilismus« – wird »eine neue ethische Realität«[27] entstehen.

Zum Zeitpunkt der Veröffentlichung des Aufsatzes waren die Nazis noch nicht an der Macht, sie hatten 1932 sogar einige Rückschläge zu verzeichnen. Hitler konnte sich bei der Reichspräsidentenwahl im Frühjahr nicht gegen Hindenburg durchsetzen, bei den beiden Reichstagswahlen im Juli und November etablierte sich die NSDAP jedoch, trotz einiger Verluste bei der Wahl im November, als stärkste Kraft im Parteienspektrum. Mit seinem Aufsatz hatte sich Benn den zukünftigen Machthabern empfohlen. Benn war im

Vorteil, dass er sich als Mediziner und Denker präsentieren konnte, seine Profession als Literat, Künstler und Intellektueller – alles negativ besetzte Begriffe zu dieser Zeit – hielt er geschickt im Hintergrund.

Thea Sternheim nahm die Maske ernst, die er sich aufsetzte, und las Nietzsche, das heißt, eigentlich las sie nicht Nietzsche, sondern das aus Versatzstücken seiner Philosophie postum kompilierte Buch »Der Wille zur Macht« – ein tendenziöses Machwerk. Gleichwohl, Thea Sternheim meinte es gut, sie wollte »einen Ausflug in die geistige Heimat Gottfried Benns unternehmen.«[28] Ein enttäuschender Ausflug, wie sie feststellen musste: »Die Landschaft ist nicht besonders reizvoll«.[29] Sie hat doch beträchtliche Zweifel an der »aesthetischen Zweckmässigkeit des Herrenmenschen«[30], vor allem, wenn sie an den heutigen Typus denkt: »In Deutschland der wildgewordene Malermeister. In Russland Stalin. Mussolini in Italien. […] Plötzlich wünsche ich mir Voltaire, unter allen Menschen Voltaire zur Feststellung der gigantischen Blamage herbei.«[31]

Am 30. Januar wurde Hitler durch Reichspräsident Paul von Hindenburg zum Reichskanzler ernannt. Thea Sternheim machte in der Stadt Besorgungen, als die Abendzeitungen die Ernennung verkünden. »Steigende Erregung auch in Paris«, notiert sie. »Diese geistige Erniedrigung fehlt noch zu allen voraufgegangenen. Sie fehlte noch! Ich gehe heim. Erbreche.«[32]

Und Benn? Benn stand in Bereitschaft. Auf die Rundfrage der »Literarischen Welt« zum Weihnachtsfest, ob »Friede auf Erden« noch eine zeitgemäße Forderung sei, antwortete er klar und eindeutig: »Nein, auch nicht unter dem Weihnachtsbaum kann ich mir einreden, daß die Geschichte sich demokratisch gibt, daß sie ein anderes Sein hat als ihre Wirklichkeit, andere Methoden als die der Macht und der Gewalt, anderes Gericht über die Völker als Entfaltung oder Untergang.«[33] Die Nationalsozialisten nannten es später »Sieg oder Untergang«. Von diesem Denken, diesem Geschichtsbild, fühlte sich Benn magisch angezogen, immer gibt es für ihn nur Sein oder Nichtsein, in den Worten, die er Rönne in den Mund legt: »Aufstieg oder Vernichtung«[34]. Benn, wir werden darauf zurückkommen, teilte die Todesmystik der Nazis, wie sie war er erfüllt vom »Rausch der Katastrophe«, von Destruktionsenergien und »Götterdämmerungen«[35]. Die Abgründe und Untergangsstimmungen waren ihm vielleicht wichtiger als das Neue, dass der nationalsozialistische Staat versprach. Elinor Büller nannte es die große »Sehnsucht nach Tragik«[36], die Benn gehabt hätte. Er suchte förmlich nach dem Tragischen, denn er glaubte, nur durch Tragik könnte sich der Mensch wandeln und erheben. Im Brief an Gertrud Zenzes vom 24. Februar 1929, in dem er vom Selbstmord seiner Geliebten Lili Breda berichtet, merkt er zum Schluss an: »Wenn ich dies alles überwinde, wird irgendein neuer Mensch aus mir, ich fühle es, ich weiß noch nicht welcher Art.«[37]

Auf den ersten Blick scheint das von ihm so sehr geliebte, tragische Weltgefühl nicht ganz zu den Dingen zu passen, mit denen er sich in den Monaten nach der Machtübertragung beschäftigte. Als aktives Mitglied der ehrwürdigen Preußischen Akademie der Künste, Abteilung für Dichtkunst, nahm er an endlosen Sitzungen teil, wälzte Akten, formulierte Anträge, konferierte mit den politischen Entscheidungsträgern. Das hört sich nicht nach Tragik an – auf den ersten Blick! Schaut man sich die Geschichte aber näher an, dann sind einige wichtige Bedingungen des Tragischen durchaus vorhanden. Im Mittelpunkt der klassischen Tragödie steht bekanntlich ein unlösbarer Konflikt, der zum Untergang führt, in der Regel zum Untergang des tragischen Helden. In diesem Fall zum Untergang der Akademie, die am Ende des Dramas nur noch als leere Hülse weiter existierte. Jede Tragödie, so fordert es Aristoteles in seiner »Poetik«, ist auf die Steigerung der Affekte angelegt, die im Schauspiel ausagiert werden, denn am Ende soll ja die seelische Reinigung, die Katharsis, stehen. Entscheidend für die Wirkung der Tragödie sei dabei, so Aristoteles, die Fallhöhe des tragischen Helden, die wiederum hänge von der gesellschaftlichen Position und dem sozialen Ansehen ab. In diesem Punkt ist die Tragödie um die Preußische Akademie der Künste, Abteilung Dichtkunst, kaum zu übertreffen, die führenden Geister der Republik waren hier versammelt: Heinrich Mann, Thomas Mann, Alfred

Döblin, Ricarda Huch, Käthe Kollwitz, Rudolf Pannwitz, René Schickele, Jakob Wassermann, Georg Kaiser, Franz Werfel, Ludwig Fulda, Leonhard Frank – und, nicht zu vergessen, der vor einem Jahr erst aufgenommene Gottfried Benn. Und Benn spielte nicht irgendeine Nebenrolle, von März bis Juni – in einer Phase, als die Akademie den neuen Verhältnissen angepasst oder, besser gesagt, abgewickelt wurde – war er kommissarischer Vorsitzender.

Im Februar, nach der Ernennung Hitlers zum Reichskanzler, diskutierte man in der Sektion über die richtige Haltung zur neuen politischen Führung. Um die Unabhängigkeit der Akademie zu retten, plädierten einige dafür, nicht gleich die Konfrontation zu suchen und taktisch vorzugehen. Andere, dazu gehörte der Vorsitzende der Sektion, Heinrich Mann, sprachen sich gegen jegliche Konzessionen aus. Zusammen mit Käthe Kollwitz unterstützte Heinrich Mann den Aufruf zur Bildung einer Einheitsfront von SPD und KPD für die Reichstagswahl am 5. März. In letzter Minute sollten alle politischen Kräfte mobilisiert werden, um den Nationalsozialismus zu verhindern. Dass die Akademie in der bisherigen Konstellation im neuen Staat keinen Platz haben würde, war jedem klar. Die Frage war eigentlich nur, wie lange sie überleben und noch Widerstand leisten konnte.

Der Preußische Kultusminister Rust drohte mit der sofortigen Schließung, wenn Heinrich Mann und Käthe Kollwitz nicht sogleich die Akademie verlassen würden. Käthe Kollwitz trat freiwillig aus – Heinrich Mann wurde vom Präsidenten der Akademie Max von Schillings zur Aufgabe seiner Mitgliedschaft genötigt, anderenfalls, so machte er ihm klar, würden die neuen Machthaber die ganze Akademie auflösen – und das wolle er ja wohl nicht verantworten. Überdies hätten sich viele Mitglieder für ein eher taktisches Vorgehen ausgesprochen. Heinrich Mann zog sich daraufhin zurück und trat aus der Akademie aus.

Das Vorgehen gegen Heinrich Mann wurde in der Presse weitgehend positiv aufgenommen, viele Zeitungen frohlockten, endlich war man den politisch unbequemen Schriftsteller los. Einhellig war man der Meinung, dass dies nur der Anfang sei, dass nun das >Aufräumen< beginnen werde. Unter dem 20. Februar 1933 schreibt Thea Sternheim: »Gegen Abend zur Stadt. Die deutschen Zeitungen mit Berichten von Terror und Bürgerkrieg. Heinrich Mann aus der Akademie verwiesen. Ich höre noch nicht, dass Benn ihm auf dem Fusse gefolgt ist.«[38]

Benn, der 1913 in einem Essay seine Bewunderung für Heinrich Mann ausgedrückt und die Nähe, ja die Freundschaft zu dem großen Kollegen gesucht hatte, platzierte sich nun auf der anderen Seite und argumentierte formal-juristisch. Heinrich Mann hätte sich mit seiner öffentlichen Unterstützung der Einheitsfront unstatthaft und illoyal gegenüber der Regierung verhalten und dabei leichtfertig die Existenz der Akademie aufs Spiel gesetzt. Was die Akademie anging, so sah sich Benn in der Rolle des Retters, er wollte die ehrwürdige Institution – koste es, was es wolle – erhalten und sie den neuen Verhältnissen in Staat und Gesellschaft anpassen. Außerdem gab es für ihn keinen Grund, sich, wie Heinrich Mann, gegen den neuen Staat zu stellen, ganz im Gegenteil, er begrüßte ihn und war davon überzeugt, dass nun der Aufbruch und die geschichtliche Wende da sei. Am 27. Februar mokiert er sich in einem Brief an seinen Freund Egmont Seyerlen über all jene, die im Nationalsozialismus nur eine »Episode« sehen, die über kurz oder lang vorbei sei. »Was für Kinder! Was für Taube! Die Revolution ist da und *die Geschichte spricht*. Wer das nicht sieht, ist schwachsinnig. Nie wird der Individualismus in der alten Form, nie der alte ehrliche Sozialismus wiederkehren. Dies ist eine neue Epoche des geschichtlichen Seins, über ihren Wert oder Unwert zu reden ist läppisch, sie ist *da*. Und wenn sie nach zwei Jahrzehnten vorüber ist, hinterläßt sie eine andere Menschheit, ein anderes Volk.«[39] Ein privater Brief, könnte man sagen, da spricht man anders als in der Öffentlichkeit. Außerdem: Benn zeigt sich ja nur als Realist (»die Geschichte spricht«), er sagt sogar, dass in dieser Situation über den »Wert und Unwert« gar nicht zu reden sei. Und die Prognose, dass der Nationalsozialismus »eine andere Menschheit, ein anderes Volk« hinterlassen würde, hat sich ja im Übrigen als nicht ganz falsch erwiesen – freilich nicht so, wie es Benn vielleicht erwartet hatte. Doch der Brief täuscht über Benns Rolle hinweg. In Wirklichkeit gab er sich in den Briefen, die er zu dieser Zeit schrieb, eher nachdenklich und abwägend. Vor seiner Rundfunkrede über den neuen Staat schreibt er an seinen Freund Carl Werckshagen: »Die Sache ist schwierig. Auf Finessen lass ich mich nicht ein. Mir liegt daran, zunächst mal öffentlich zu zeigen, daß ein Intellektueller, der Zeit seines Lebens auf Klasse gehalten hat, trotzdem zum neuen Staat positiv stehen kann, stehen *muß*. Schmerzlich ist natürlich die Absage u. Trennung in Bezug auf alte ›liberale‹ Werte u. Personen. Aber das Gesetz der Geschichte ist so völlig klar, m. E., daß kein Zögern möglich ist. *Alle* müssen den Staat stützen, unser aller Leben u. Existenz hängt davon ab.«[40] Für Benn stehen die politischen Zwecke im Vordergrund, Differenzierungen sind nicht gefragt, eindeutige Bekenntnisse sind gefordert. Doch der Dichter belässt es nicht bei wohlgesetzten Worten, nicht die Geschichte lässt er sprechen, es spricht aus ihm. Gewaltphantasien, von denen er schon immer beherrscht war, sie können sich nun entladen und finden ein Ventil. Im Vorwort zum Sammelband »Der neue Staat und die Intellektuellen« heißt es: »Was vernichtet werden soll, ist, um es noch einmal ganz banal auszudrücken, der Intellektualismus und die in ihm verwurzelte Zivilisation.«[41]

Wer heute Ähnliches wie Benn formulieren würde, geriete, mit guten Gründen, in den Verdacht der Gewaltverherrlichung. Benns Position war aber schon damals radikal, und er sah sich, wie wir wissen, nicht ungern als Radikaler, dabei bezog er sich auf seine expressionistischen Anfänge. Der Kampf gegen die verhasste Bourgeoisie und ihren Liberalismus, er stand, wie Benn meinte, 1933 wieder auf der Tagesordnung. Natürlich noch einiges mehr, die Nazis waren nicht nur antibürgerlich und antikapitalistisch, sie waren auch antisemitisch. Auf Benns Beziehung zum Judentum werden wir im nächsten Kapitel noch zu sprechen kommen, eines lässt sich aber schon jetzt sagen, er war offenbar bereit, mitzuziehen und diese Gesinnung zu unterstützen, zumindest aber hat er sie nicht in Frage gestellt. Nicht von ungefähr spricht Benn von »Intellektualismus« und »Zivilisation«, es waren Begriffe, mit denen das

Judentum in besonderer Weise in Verbindung gebracht wurde, der Jude stand für den »Intellektualismus«, der in der deutschen Tradition von der Geistigkeit unterschieden wurde, er stand für die verachtete Zivilisation, die in Deutschland traditionell einen Gegensatz zur Kultur bildete. Erst nach seiner Demission hat Benn den »Intellektualismus« für sich reklamiert.[42] Im Diskurs der Nationalsozialisten wurde der Begriff abwertend gebraucht – und so benutzte ihn Anfang der dreißiger Jahre auch Benn. Wer in dieser Zeit von »Intellektualismus« und »Zivilisation« sprach, der sprach auch von den Juden, man musste den Namen gar nicht mehr aussprechen, die assoziative Verbindung war längst in den Köpfen vorhanden. Benns Redeweise von der ›Vernichtung‹, sie war um 1910, als die Avantgarde die Sprache des Hasses pflegte, noch eine Attitüde, ein Gestus, jetzt aber war daraus blutiger Ernst geworden. Als Benn das formulierte – daran sei erinnert – waren die ersten Konzentrationslager bereits errichtet: Anfang März 1933 im thüringischen Nohra, knapp zwei Wochen später das Konzentrationslager Dachau, ganz in der Nähe der Isarmetropole, und noch im selben Monat folgte, nördlich von Berlin, das KZ Oranienburg.

Zurück zur Akademie. Benn wurde auf der Sitzung der Sektion am 13. März zum kommissarischen Vorsitzenden ernannt und ging gleich in die Offensive, er legte eine von ihm verfasste Erklärung vor, mit der die Mitglieder ihre Loyalität zum neuen Staat bekräftigen sollten. In Zukunft sollte es den Mitgliedern verboten sein, sich gegen die Regierung politisch zu betätigen. Mehr noch – sie sollten sich verpflichten, an den »nationalen kulturellen Aufgaben im Sinn der veränderten geschichtlichen Lage« mitzuarbeiten. Das ging weit über eine einfache Loyalitätsbekundung hinaus – gefordert wurde die aktive Mitarbeit der Künstler im neuen Staat. Die Erklärung war bündig mit Ja oder Nein zu beantworten.[43] Mit diesem Bekenntnis zum neuen Staat, so versuchte Benn es den Mitgliedern schmackhaft zu machen, könne man den Bestand der Akademie sichern. Freilich – es war von vornherein klar, dass in dieser ›neuen‹ Akademie nur noch arische Mitglieder einen Platz haben könnten. Sich als Jude zur Loyalität gegenüber diesem Staat zu verpflichten, war expressis verbis nicht möglich, schon gar nicht konnte man als Jude an den »nationalen kulturellen Aufgaben« mitarbeiten. Das alles wusste auch Benn. Viele jüdische Mitglieder zogen sich freiwillig zurück, wie Alfred Döblin, der signalisierte, dass er keine Belastung für die Akademie sein wolle und seine Mitgliedschaft aufgebe. Andere wie Ricarda Huch, René Schickele, Jakob Wassermann und Rudolf Pannwitz votierten mit Nein. Thomas Mann wies die ganze Erklärung zurück, in der »gewünschten Form« sei er nicht bereit, die Frage zu beantworten, er trete darum mit sofortiger Wirkung aus der Akademie aus.[44] Aber eine Mehrheit stimmte mit Ja. Die Spaltung der Akademie war vollzogen.

Benn betrieb mit seiner Vorlage die >Selbstreinigung< der Akademie. Der Staat hatte überhaupt noch nicht eingegriffen, es gab Drohungen, aber formal-juristisch waren die Möglichkeiten begrenzt. Der Kultusminister konnte keine Mitglieder aus der Akademie werfen. Wie der Fall Heinrich Mann zeigte, handelten die Akteure – an der Spitze Benn und von Schillings – im vorauseilenden Gehorsam. Als Benn seine Erklärung verfasste, war das »Gesetz zur Wiederherstellung des Berufsbeamtentums«, das es erlaubte, missliebige Beamte, insbesondere Beamte nichtarischer Herkunft, aus dem Dienst zu entfernen, in Vorbereitung. Bereits seit Anfang März 1933, also noch vor Inkrafttreten des Gesetzes am 7. April, wurden bereits Richter, Staatsanwälte, Lehrer aus dem Dienst entfernt. Zwangsbeurlaubungen und Hausverbote wurden ausgesprochen. Im April wurde das Gesetz auch für die Akademie übernommen und entsprechend angewandt.

Unter Benns Vorsitz setzte eine Säuberungswelle ein, Mitglieder nichtarischer Herkunft mussten die Akademie verlassen. Auf dem Höhepunkt der >Säuberungen< hielt Benn am 22. April seine Rundfunkrede zum Thema »Der neue Staat und die Intellektuellen«.

Gleich eingangs wirft er den Intellektuellen vor, den neuen Staat abzulehnen und zu bekämpfen. Den revolutionären Marxismus habe man begeistert begrüßt, nicht jedoch »die Revolution vom Nationalen her«[45]. Benn wendet sich gegen den Internationalismus und die überkommenen Humanitätsideale, er preist den Machtstaat, den nationalen Staat, und sieht ihn als Garanten für das höhere Menschentum. Der autoritäre Machtstaat sei nun da und mit ihm, so Benns Hoffnung, kommt der neue Typus. Die Revolution gehe freilich nicht ohne Reibungen und Opfer ab, wie der Dichter einräumt, es werden »gewisse Gesellschaftsverhältnisse verschoben, gewisse erste Ränge leer gefegt«[46]. Zweifellos, damit waren ›Säuberungen‹ gemeint – und Benn zeigt dafür nicht nur Verständnis, er hält sie für absolut erforderlich, denn diese Gesellschaft benötige wieder »Maßstäbe«, benötige »Joch und neues Gesetz«[47]. Schließlich gehe es um eine »neue anthropologische Qualität«[48] und selbstredend auch um eine »neue Art von Intelligenz«[49]. Der Zweck heiligt die Mittel. »Meinungsfreiheit«, »Gedankenfreiheit«[50] – das gehört für Benn zum überkommenen bürgerlichen Denken, ein Denken, das im neuen Staat keinen Platz mehr hat. Am Ende seiner Rede ruft er die Jugend auf, sich vom Kapitalismus abzuwenden, nicht mehr nach einer Villa oder einem Mercedes zu streben, sich nicht weiter mit Worten aufzuhalten, sondern den neuen Staat aufzubauen.[51]

Hinter dieser Rede, so meint Thomas Anz, stecke das wiederbelebte Aufbruchspathos des Expressionismus. »Die Revolution der expressionistischen Moderne findet, so führt es Benn mehr oder weniger explizit aus, in der nationalsozialistischen Revolution ihre geschichtliche Realisierung.«[52] In der Expressionismusdebatte 1937/1938 wurde von den emigrierten, linken Schriftstellern genau dieser Zusammenhang zwischen Expressionismus und Nationalsozialismus aufgegriffen. Für Georg Lukács und Alfred Kurella war es der Geist des Expressionismus, der quasi zwangsläufig zu Nationalsozialismus und Faschismus geführt hätte. Erst in der Rückschau ließ sich erkennen, dass der Expressionismus eine »zersetzende« Ideologie gewesen wäre, die den Boden bereitet hätte für den Ungeist der Epoche, den Irrationalismus. So ähnlich sah man es auch auf der politisch rechten Seite, bei denen, die im nationalsozialistischen Lager den Expressionismus kritisierten. In der Debatte machte man Benn zum exemplarischen Fall, er sei nicht zufällig, sondern geradezu folgerichtig bei den Nationalsozialisten gelandet. Nun gingen nicht alle, man sieht es an Thea Sternheim, die von einer neuen Ära und einem neuen Menschen träumten, den Weg Benns. Der Traum der Avantgarde wurde auf sehr unterschiedliche Weise geträumt. Nicht alle waren wie Benn vom Totalitären fasziniert. Was aber seine damaligen Kritiker nicht sehen wollten, war, dass Benn sich einen eigenen Expressionismus zusammengebastelt hatte. Er machte gerade das stark, was seine Kritiker am Expressionismus verurteilten, die zersetzende Kraft gegenüber einer saturierten bürgerlichen Welt, die mit einer Sehnsucht nach neuer Gemeinschaft einherging. Was das anging, so sah sich Benn in einer Kontinuität, er musste sein Weltbild nicht neu ausrichten, er musste es nur wiederbeleben. Die Parallelen lagen für ihn auf der Hand. Dass seine alte Freundin Thea Sternheim nicht sah, dass der gemeinsame Jugendtraum in der nationalsozialistischen Revolution Wirklichkeit zu werden versprach, quittierte er mit Unverständnis. Thea Sternheim wiederum verstand Benn nicht mehr. Als sie 1917 von der neuen »Aera« sprach, von der »Überwindung des bourgeois«, hatte auch sie an eine neue Epoche und an einen ›neuen Menschen‹ gedacht, aber, ganz anders als Benn, hatte sie ein von allen externen Zwängen befreites Leben im Blick, sie dachte an Brüderlichkeit und Gewaltlosigkeit, an eine Überwindung der existenziellen Heimatlosigkeit – in der neuen »Aera« sollte das »Geistige« und »Schöpferische« herrschen. Der Nationalsozialismus war dem, wie sie meinte, in allem entgegengesetzt. Benn habe sich verrannt. Sie nahm ihn plötzlich als einen anderen wahr.

Als sie im März 1933 noch einmal nach Berlin reist, um finanzielle Dinge zu regeln, telefoniert sie mit Benn. Seine Stimme ist ihr fremd geworden, die »Feierlichkeit seiner Aussprüche«[53] irritiert sie, der »Korporalston«[54] erschreckt sie – sie will das alles nicht hören und beendet das Gespräch. Drei Tage später macht sie einen erneuten Versuch, sie telefoniert noch einmal mit Benn: Auch diesmal redet er wie ein Nazi, kurzentschlossen legt sie den Hörer auf. Das war das zumindest vorläufige Ende der Beziehung – sechzehn Jahre später, im Sommer 1949, kam es zu einer bemerkenswerten Wiederaufnahme des Kontakts, die man nachdem, was sich in den dreißiger Jahren zwischen den beiden abspielte, kaum für möglich gehalten hätte.

Als Thea Sternheim im April 1933 wieder in Paris zurück ist, im Hotel Atala sitzt und Tagebuch schreibt, da fällt ihr »plötzlich des jungen Benn zweideutiges Verhalten während der deutschen Besetzung in Belgien ein«.[55] Da fällt ihr ein, dass er schon damals auf der Seite des Militärs, der nationalen Sache stand, dass er alles andere als ein Kriegsgegner war, am Überfall auf Belgien teilnahm und ihn verteidigte. Natürlich fällt ihr auch die Cavell-Geschichte wieder ein, die Emphase, mit der Benn an jenem Abend im Februar 1917 die Gewalt rechtfertigte, gegen den Liberalismus und die bürgerliche Humanität polemisierte. »Nein, die Weltgeschichte ist nicht der Boden des Glücks und die Pfosten des Pantheon sind mit Blut bestrichen derer, die handeln und dann leiden, wie das Gesetz des Lebens es befiehlt.«[56] Das hatte er 1928 in seinem Artikel zum Fall »Cavell« geschrieben, und so ähnlich hatte er es wohl schon 1917 formuliert – die Nazis waren davon derartig begeistert, dass sie den Artikel gleich zweimal abdruckten: 1936 und 1938.

Je mehr Thea Sternheim 1933 über Benn und ihre langjährige Freundschaft nachdachte, desto mehr hatte sie das Gefühl, einer Täuschung aufgesessen zu sein – und diese Täuschung ging nicht von Benn aus. Sie selbst hatte Gemeinsamkeiten unterstellt, die gar nicht vorhanden waren, sie hatte sich blenden lassen von seinem Charme und seiner Sprache. Sie hatte Benn, das wurde ihr jetzt bewusst, wie die anderen Frauen in seinen Größen- und Omnipotenzphantasien bestärkt, die er nun auslebte. In ihrem Tagebuch schreibt sie vom Ekel, der sie immer wieder heimsucht: »Man hat das Bedürfnis sich fortwährend die Hände zu waschen, jede Erinnerung auszukotzen. Mein Gott, man ist schon durch die frühere Sympathie zu solchem Abhub beschmutzt!«[57]

Benns Position war alles andere als eine Verirrung, er sah in den Nationalsozialisten keine ungeistigen Banausen, er schätzte ihren Sinn für Schönheit, für den »großen Stil«, der aus »Heroismus und Tragik« hervorgeht.[58] Hocherfreut war er von dem Stellenwert, den die Kunst im neuen Staat einnehmen sollte. »Daß Maß an Interesse, das die Führung des neuen Deutschland den Fragen der Kunst entgegenbringt, ist außerordentlich«,[59] schreibt er 1933 – und Benn meinte das nicht ironisch. Schließlich hatte sich Hitler selbst in seinen Kulturreden an die Spitze gesetzt und das unbedingte Eintreten der Politik für die Kunst gefordert. Selbst in Zeiten der politischen und wirtschaftlichen Not, in Zeiten, in denen es um »Sein oder Nichtsein«, um »Leben und Tod«[60] geht, dürfe man die Kunst nicht vernachlässigen. Hitler war sich sicher, auch wenn alles untergeht, die Kunst wird bleiben, sie ist das Unzerstörbare, sie verkörpert die »tiefste Wesenskraft eines Volkes«[61].

So, wie das kunstsinnige Bürgertum, so sah sich auch Benn endlich in seiner Sorge um die Kunst ernst genommen. Und der neue Mensch, das befreite Leben – darin sah er ein genuines Projekt der Nationalsozialisten. Der neue Staat schafft dazu die Voraussetzungen. Benn hat in der »Dorischen Welt« den Prozess beschrieben, die Utopie ausgemalt, die für ihn nun konkret zu werden begann: »der Staat, die Macht reinigt das Individuum, filtert seine Reizbarkeit, macht es kubisch, schafft ihm Fläche, macht es kunstfähig.« Nur könne die Macht nicht in Kunst übergehen, »die Kunst bleibt für sich die einsame hohe Welt«.[62] Darin haben viele Interpreten einen Vorbehalt gesehen, ein Abrücken von der Doktrin der Nazis. Davon kann aber nicht die Rede sein. Boris Groys hat auf die »Doppelbewegung« in Hitlers Kunstauffassung aufmerksam gemacht, einerseits geht es ihm durchaus um eine »Instrumentalisierung der Kunst für Zwecke der Politik«; andererseits aber soll die Politik eben auch für die »Zwecke der Kunst«[63] instrumentalisiert werden. Und die »Zwecke der Kunst«, so wie sie Hitler sieht, gehen über die lebende Generation hinaus, sie gehen insbesondere über die Politik hinaus, die immer nur gegenwartsbezogen sein kann. »Für Hitler ist die Kunst keine geistige, intellektuelle, politische oder kulturelle Angelegenheit. Die Kunst hat keinen Sinn, keine Botschaft, keine Lehre – und braucht deswegen auch keinen Stil, keine Theorie, keine Erklärung, keinen Diskurs.«[64] Die ›wahre‹ Kunst steht außerhalb der Geschichte, sie ist auch nicht mit der

Politik oder der Kultur identisch, sie steht jenseits des Vergäng-
lichen, sie ist autonom. Nur in einem Punkt ist sie abhängig: von
der Reinheit der Rasse. Genauso, wie es Benn beschreibt, kann nur
die Reinheit der Rasse das Individuum »kunstfähig« machen und
zur >wahren< Kunst führen. Ist das Individuum >rein<, gewinnt
auch die Kunst Ewigkeitswert.

Benns Vorstellungen hatten – seine dorische Welt macht es deutlich – mit Demokratie nichts zu tun. Demokratisch waren aber auch
die Visionen der expressionistischen und futuristischen Avantgarde
um 1910 nicht gewesen. Man wollte die Gesellschaft zum Gesamt-
kunstwerk gestalten und dachte in Kategorien des Heils und der
Erlösung, der Apokalypse und des Neuanfangs. Das Feindbild war
der verhasste Bürger, ihn galt es zu bekämpfen und zu vernichten.
Gewaltphantasien waren ein wesentliches Element der Avantgarde,
die ein positives Verhältnis zu Kampf und Krieg hatte. Gegen eine
saturierte Gesellschaft galt es, Lebensintensität wiederzugewinnen
und die lag jenseits der tradierten und etablierten Strukturen von
Politik und Wissenschaft. Hinter Benns antidemokratischer Einstellung stand ein Weltbild, das er sich früh zurechtgelegt und nie
in Frage gestellt hatte – so konnte er ungerührt an seine Anfänge
wieder anknüpfen. Wer, wie der Germanist Jan Bürger, von »Ver-
fehlungen«[65] Benns spricht, hat die Tragweite nicht verstanden.
Hier geht es nicht um einen moralischen Fehltritt, ein Vergehen,
oder um »Hitlerei«[66], hier geht es um eine Weltanschauung, in der
individuelle Freiheitsrechte und die Werte der Aufklärung keinen
Platz haben. Errungenschaften, die Benn zeitlebens bekämpfte und
verhöhnte.

1933 glaubte er, am Ziel seiner Wünsche zu sein, dieses Volk, so
schreibt er in seinem Aufsatz »Züchtung«, will »kein Glück mehr
[…], sondern seine Züchtung«. Und die Frage, was man züchten
soll, beantwortet Benn mit dem Satz: »*Gehirne* muß man züchten,
große Gehirne, die Deutschland verteidigen, Gehirne mit Eckzäh-
nen, Gebiß aus Donnerkeil.«[67] Eine literarisch-künstlerische Bildung ist für den neuen Typus nur hinderlich, er muss »kämpfen«
können, »das lernt er nicht aus Märchen, Spukgeschichten, Min-

nesang, das lernt er unter Pfeilen, unter Feinden, aus Gedanken«.[68] Kurzum, die geistige Bildung ist redundant, sie spielt für den neuen Menschen keine Rolle. Doch sind die positiven Momente bei der Züchtung, wie Benn eingestehen muss, schwer zu bestimmen, »verhältnismäßig einfach« sei es mit den negativen Momenten, »wovon sich das Volk entlasten muß, um einer geschlossenen Zukunft entgegenzugehen.«[69] Die Gedanken zur Rassenhygiene hatte Benn zuerst 1932 in dem oben zitierten Aufsatz über »Nihilismus« entwickelt. Hintergrund war der in diesem Jahr von Eugenikern des preußischen Gesundheitsamtes vorgelegte Entwurf eines Gesetzes zur Erb- und Rassengesundheit. Auf diesem Entwurf basierte das im Juli 1933 erlassene »Gesetz zur Verhütung erbkranken Nachwuchses«, es wurde allerdings in wesentlichen Punkten verschärft. In direktem Zusammenhang mit dem kurze Zeit später verkündeten Gesetz steht Benns Aufsatz über »Züchtung«, der am 25. Juni 1933 in der »Berliner Börsen-Zeitung« erschien. Vergleicht man die beiden Aufsätze von 1932 und 1933, dann wird deutlich, dass Benn nach der Machtübernahme einen völlig anderen, sehr viel aggressiveren Ton anschlägt.

Die »Reinigung des Volkskörpers«[70] hatte für Benn oberste Priorität, so wie die ›Reinigung‹ der Akademie, die am 5. Mai 1933 zu einem vorläufigen Abschluss kam: Nachdem die Mitglieder jüdischer Herkunft aus der Akademie entfernt worden waren, nahmen die vom Ministerium bestimmten völkischen Schriftsteller ihre Plätze ein. Unter ihnen Erwin Guido Kolbenheyer, Hans Friedrich Blunck und Hanns Johst, der am 7. Juni den Vorsitz übernahm, ein alter Bekannter von Benn, mit dem er sich nun anfreundete. Benn selbst sah seine Aufgabe als erfüllt an und machte sich nun im Dienst des neuen Staates als Redner und Essayist einen Namen.

Doch bevor er sein hohes Amt niederlegen konnte, war er mit einer privaten Angelegenheit beschäftigt, die ihn in höchste Aufregung versetzte – der berühmte Brief Klaus Manns, der, aus Südfrankreich abgeschickt, am 11. Mai in Berlin eintraf. Im Tagebuch schreibt Klaus Mann, er hätte einen »polemischen Brief« an Gottfried Benn geschrieben.[71] Aber war es wirklich eine Polemik? Der

Benn-Biograph Joachim Dyck sieht das so, und um die harsche öffentliche Antwort des Dichters auf den Brief zu erklären, rückt er die Geschichte in ein anderes Licht, indem er Details aus der schillernden Biographie Klaus Manns anführt, die die Reaktion Benns verständlich machen soll. Dyck erzählt, dass Klaus Mann am Abend des 13. März 1933 luxuriös im Schlafwagen Deutschland verlassen hätte und zunächst zu seinem Freund Bonzo nach Paris gereist sei.[72] In den nächsten Tagen habe er sich dort mit seinen Schriftstellerfreunden getroffen. Für Klaus Mann sei die ganze Emigration »zuerst einmal […] Tapetenwechsel mit abenteuerlichem Einschlag«[73] gewesen. Er kannte sich aus, war viel gereist und überall zu Hause – die Emigration gehörte gewissermaßen zu seinem Lebensstil. In den nächsten Wochen habe sich der verwöhnte Sohn in Sanary-sur-Mer aufgehalten, wo René Schickele und Lion Feuchtwanger wohnten, im Nachbarort Bandol residierten die Eltern. Thomas Mann wird herbeizitiert, der sich im Tagebuch über das unkomfortable Haus beschwert. In diesem, von Dyck noch weiter ausgeschmückten dekadenten Ambiente Südfrankreichs wurde jener berühmte Brief verfasst – verfasst, das kommt für Dyck erschwerend hinzu, von einem »Siebenundzwanzigjährigen«[74], der ein »extravagantes Leben«[75] führte. Benn selbst hat im März 1950 in einem Rundfunkgespräch mit Peter de Mendelssohn ganz ähnlich argumentiert: Der Emigrant Mendelssohn sei ja in einer »glücklichen Lage« gewesen, privilegiert, von Jugend an viel im Ausland, mehrsprachig aufgewachsen, zu Hause in Paris, New York und London. Da war es leicht zu emigrieren! – aber »ein deutscher Mensch«, der hätte all diese Möglichkeiten nicht gehabt, der hätte arbeiten und Geld verdienen müssen.[76] Der 1908 in München geborene Peter de Mendelssohn war also für Benn kein »deutscher Mensch«, ebenso wie Klaus Mann: das sind Weltbürger, die sowieso irgendwie immer in der Emigration leben. Für Dyck ist Benns Reaktion, sein Hass auf die privilegierten Emigranten, nur zu verständlich.

Nun ist jemand, der Deutschland mit dem Schlafwagen verlässt und ein extravagantes Leben führt, ja nicht schon von vornherein als Kritiker diskreditiert. Auch ist, kommen wir zurück, Klaus Manns Brief keineswegs eindeutig als eine Polemik zu lesen, es ist eher der Brief eines Zurückgewiesenen, eines Enttäuschten, der an die Autorität, die er lange Zeit verehrt hat, nicht mehr glauben kann und sich im trauernden Bewusstsein abwendet. »In welcher Gesellschaft befinden Sie sich dort?«, fragt Klaus Mann. »Was konnte Sie dahin bringen, Ihren Namen, der uns Inbegriff des höchsten Niveaus und einer geradezu fanatischen Reinheit gewesen ist, denen zur Verfügung zu stellen, deren Niveaulosigkeit absolut beispiellos in der europäischen Geschichte ist und von deren moralischer Unreinheit sich die Welt mit Abscheu abwendet?«[77] Ist das Polemik? Klaus Mann bringt sogar Verständnis auf für Benns Kritik an den Linken in den zwanziger Jahren. Aus »Antipathie« hätte sich Benn in einen »grimmigen IRRATIONALISMUS«[78] gerettet, das hätte ihn beunruhigt, und darin hätte er eine Gefahr gesehen. Möglicherweise, so Klaus Mann, sei es ja einfach so, dass Benn sich über viele Kollegen geärgert habe und in die rechte Ecke gedrängt worden sei. Klaus Mann hatte Manieren, und so ist auch der Schluss des Briefes höflich und mit Hochachtung formuliert: »Ich habe zu Ihnen geredet, ohne daß Sie mich gefragt hatten; das ist ungehörig, ich muß noch einmal um Entschuldigung bitten. Aber Sie sollen wissen, daß Sie für mich – und einige andere – zu den sehr Wenigen gehören, die wir keinesfalls an die ›andere Seite‹ verlieren möchten.«[79] Dennoch, der oben schon zitierte Satz soll Benn bedeuten, dass er sich zu entscheiden hat, auf welcher Seite er steht.

Die Antwort Benns richtete sich – im Plural – »an die literarischen Emigranten«, also nicht an Klaus Mann persönlich. Aber für Eingeweihte war er unmissverständlich gemeint und er wird im Text implizit auch immer wieder angesprochen. Im eigentlichen Sinn war es kein öffentlicher Brief, sondern ein Manifest, mit dem ein deutlicher Trennungsstrich zwischen den Intellektuellen, die im Lande geblieben sind, und den Emigranten gezogen wird. Benn veröffentlichte den Text nicht in irgendeiner Zeitschrift, er las das Manifest am 24. Mai 1933 im Rundfunk vor, einen Tag später erschien der Text dann in der Morgenausgabe der »Deutschen Allgemeinen Zeitung«.

Benn war es, der von Anfang an einen polemischen Ton anschlägt: »Sie schreiben mir einen Brief aus der Nähe von Marseille. In den kleinen Badeorten am Golf de Lyon, in den Hotels von Zürich, Prag und Paris, schreiben Sie, säßen jetzt als Flüchtlinge die jungen Deutschen, die mich und meine Bücher einst so sehr verehrten.«[80] Emigranten, das sind für Benn diejenigen, die am Mittelmeer oder in den Hotels der europäischen Großstädte sitzen und die sich in die inneren Angelegenheiten eines Volkes einmischen, zu dem sie nicht mehr gehören, für Benn haben sie jedes Recht verwirkt. »Da sitzen sie also in ihren Badeorten und stellen uns zur Rede, weil wir mitarbeiten am Neubau eines Staates«[81]. Am Schluss seiner Antwort wendet sich Benn gegen »Großstadt, Industrialismus, Intellektualismus« und bekennt sich mit viel Pathos zum Völkischen und zu Blut und Boden. »Volk ist viel! Meine geistige und wirtschaftliche Existenz, meine Sprache, mein Leben, meine menschlichen Beziehungen, die ganze Summe meines Gehirns danke ich doch in erster Linie diesem Volke. [...] Und da ich auf dem Land und bei den Herden groß wurde, weiß ich auch noch, was Heimat ist.«[82] Der nie weit- und vielgereiste Benn, der den Süden und die europäischen Großstädte zumeist nur vom Hörensagen kannte, der nicht Englisch sprechen konnte und immer nur in Berlin und Hannover gelebt hatte, kam sich offenbar etwas provinziell vor und fühlte sich von den Weltbürgern herausgefordert. Benn artikulierte das Unbehagen in der Moderne, das für ihn und seine Generation von Anfang an prägend war. Die moderne Technik und die großstädtische Zivilisation, wie sie sich um 1910 herausgebildet hatte, wurde ja vielfach ambivalent wahrgenommen – faszinierend und zugleich bedrohlich, ja geradezu apokalyptisch. Der Untergang der Städte, die symbolhaft für die Zivilisation standen, wurde in rauschhaften Szenarien thematisiert und geradezu zelebriert. Man ließ sich von den Reizen der Großstadt inspirieren, feierte die Reklame, das elektrische Licht und die Ästhetik des Kinos, aber anders als der italienische Futurismus stand die expressionistische Bewegung in Deutschland dem zivilisatorischen Fortschritt kritisch gegenüber. Er löste Gefühle von Ohmacht und Weltangst aus. In Benns Bild des Emigranten wird diese Angst noch einmal beschworen, er steht für das Fremde, Wurzellose, er repräsentiert die tief verachtete dekadente Welt. Das Mittelmeer, der Süden, die Farbe blau – alles das sind für Benn jetzt Synonyme einer Dekadenz, einer im Niedergang befindlichen bourgeoisen Welt, die erstarrt, geistig entleert und gänzlich spannungslos geworden ist. Der Emigrant ist für Benn ein Bourgeois, ein Typus, den er verächtlich findet, von dem er sich aber auch, wir werden es im nächsten Kapitel sehen, zuweilen magisch angezogen fühlt.

DES MANNES DUNKLE WEGE

Sie soll in den zwanziger Jahren eine der schönsten Frauen Frankfurts gewesen sein. Auf dem Porträt, das Max Beckmann 1924 von ihr malte, wirkt sie allerdings melancholisch, still und ruhig, etwas Sanftmütiges und Zartfühlendes geht von dem Bildnis aus: Käthe von Porada, die Sammlerin, Mäzenin und Vertraute Beckmanns.

Als Benn sie knapp zehn Jahre später traf, erlebte er sie ganz anders: »Chère chère Madame«, ruft er in einem Brief an sie vom 6. Juli 1933 aus, und er weiß vor Begeisterung kaum an sich zu halten: »Welche von den vier Frauen v[on] P[orada] hat mir eigentlich am besten gefallen, einmal war sie kindlich, einmal überlegen, einmal hatte sie mehr sanfte u. geschwungene Linien, weichen Ausdruck, stillen Haaransatz –, manchmal leuchtendere, führendere Züge, ich werde es Ihnen einmal sagen, was mir am besten gefallen hat.«[1] Käthe von Porada war gerade nach Paris zurückgekehrt – und Benn, nach den vergangenen Tagen im Juni, noch immer wie im Rausch: »Sie reizendes Geschöpf, manchmal, wenn ich Sie mir vorstelle, finde ich Sie selten bezaubernd. Warum laufen Sie eigentlich frei herum?«[2]

Käthe von Porada arbeitete als Journalistin in der französischen Metropole und schrieb für die »Frankfurter Zeitung«. Heinrich Simon, der Verleger und Leiter der Zeitung, hatte sie 1928 nach Paris geschickt, sie sollte über die neuesten Modetrends schreiben. Mit Heinrich Simon und seiner Frau Irma war sie schon seit Jahren befreundet. Zum Freundeskreis der Verlegerfamilie gehörte auch Max Beckmann, der, ebenso wie Käthe von Porada, zeitweise an den ›Freitagstischen‹ des Ehepaars teilnahm.

Die 1891 geborene Käthe von Porada kam aus einer wohlhaben-

Bildnis Käthe von Porada,
1924, von Max Beckmann

den großbürgerlichen Familie. Ihr Vater, Ernst Magnus, war Direktor der Nationalbank für Deutschland. Schon im Elternhaus kam sie mit berühmten Schriftstellern und Künstlern in Kontakt. Arthur Schnitzler, Gerhart Hauptmann und Hugo von Hofmannsthal kamen zu Leseabenden und Geselligkeiten. Ihr Vater war nicht nur ein erfolgreicher Geschäftsmann, er war auch ein großer Literaturliebhaber, der eine bedeutende Büchersammlung besaß. 1911 hei-

Käthe von Porada am Steuer, auf dem Rücksitz: Max Beckmann und seine zweite Ehefrau Mathilde (Quappi)

ratete sie den aus Krakau stammenden Großindustriellen Alfred Rappaport Edler von Porada. Sie lebte mit ihm in Wien und auf dem Familiengut bei Mariazell. Das Paar hatte zwei Töchter, Edith, eine später bekannte Orientalistin und Archäologin, und Hildegard. Die Ehe war nicht sehr glücklich. Käthe von Porada ließ sich scheiden und ging Anfang der zwanziger Jahre eigene Wege. Sie versuchte zu schreiben und sammelte moderne Kunst. Besonders hatte es ihr Max Beckmann angetan, von dem sie zahlreiche Bilder kaufte. Sie wurde zur engen Freundin des Künstlers und war eine der wichtigen Frauengestalten um Beckmann, der bekanntlich einen ganzen Frauen-Hofstaat um sich versammelte. Auf dem berühmten Gemälde »Großes Frauenbild« (1935) hat er die fünf Damen seines Herzens, inklusive des eigenen Blicks im Spiegel, verewigt, fünf Frauen, die sich so nie begegnet sind, aber die er so zusammen sehen wollte – Käthe von Porada steht links im Hintergrund, schmal, androgyn wirkend und etwas holzschnittartig gezeichnet.

Über viele Jahrzehnte hielt sie dem Künstler die Treue, sie stand ihm in allen Notlagen zur Seite, förderte ihn, genoss aber auch das mondäne Leben in der Kunstszene. Wie man weiß, liebte sie es, teure und originelle Geschenke zu machen. Einmal überreichte sie Beckmann einen Papageien, und zur Hochzeit schenkte sie einen extravaganten gelben Opel. Auf einem Foto aus dem Jahr 1925 sieht man Käthe von Porada mit modischem Hut am Steuer sitzen, auf dem Rücksitz, Beckmann mit seiner zweiten Ehefrau Mathilde, genannt Quappi.

Von Zeit zu Zeit kam Käthe von Porada nach Berlin, um hier, wie sie schreibt, »etwas Geld auszugeben, das nicht nach Frankreich überwiesen werden konnte«.[3] 1933 erzählt sie in Paris dem mit ihr befreundeten Ehepaar Eugene und Maria Jolas von der bevorstehenden Reise. Der Schriftsteller Jolas gab mit Elliot Paul das avantgardistische Literaturmagazin »transition« heraus, in dem viele wichtige Vertreter der modernen Literatur veröffentlichten: James Joyce, André Breton, Paul Eluard, Ernest Hemingway und aus Deutschland, neben Else Lasker-Schüler, auch Gottfried Benn. Im Kreis um Jolas hatte man mit Verwunderung registriert, dass Benn nicht, wie viele andere deutsche Schriftsteller, das Land verlassen hatte, ja, man erzählte sich, dass er sogar Sympathien für die neuen Machthaber bekundet hätte. Käthe von Porada erhielt den Auftrag, doch einmal bei Benn vorbeizuschauen, um sich ein Bild zu machen und zu sehen, ob diese Gerüchte stimmten. Ein interessanter Auftrag, sie hatte von dem skurrilen Dichter gehört, der schwer verständliche Lyrik schrieb und als frei praktizierender Arzt tätig war.

Die erste Begegnung mit Benn im Sommer 1933 fand in der Praxis am Schluss der Sprechstunde statt. »Er trat ein im weißen Ärztekittel.«[4] Käthe von Porada fühlte sich sogleich an James Joyce erinnert, den sie ein paar Mal bei kleinen Veranstaltungen im Kreis der Pariser Freunde erlebt hatte: »Wenn er den Raum betrat, breitete sich augenblicklich die Schwere einer unsagbaren Trauer über uns aus, die so stark von seiner Person ausging, daß wir uns widerstandslos hineingezogen fühlten, wie >imprägniert< von dieser lastenden Trostlosigkeit.«[5] Einen ähnlichen Eindruck machte Benn auf sie, auch er strahlte eine »tiefe Melancholie« aus, nur, wie sie feststellte, sehr viel beherrschter als der irische Dichter, er präsentierte sich nicht hilflos und in zerquälter Manier, er trat vielmehr in der »Meisterschaft eines Siegenden«[6] auf.

283

Käthe von Porada berichtete Benn von den Pariser Literaten, die er nicht persönlich kannte. Man kam ins Gespräch. Benn fand offenbar sofort Gefallen an der zweiundvierzigjährigen Frau, die charmant und überaus lebendig auf ihn wirkte. Er fragte nach ihren persönlichen Verhältnissen – und Käthe von Porada erzählte von ihrem Elternhaus, den Literaten, mit denen man Umgang pflegte, von der Mutter, die vor ihrer Heirat als Schauspielerin gearbeitet hatte, natürlich auch von ihren beiden Töchtern und ihrem geschiedenen Mann. Darüber hinaus erwähnte sie ihre Beziehung zu dem Maler Max Beckmann. Während ihres Aufenthalts versuchte sie ein Treffen zwischen Benn und Beckmann zu arrangieren, weil sie dachte, zwei so große Künstler müssten sich doch unbedingt persönlich kennenlernen und sich austauschen. Ein Termin war verabredet, ein Treffpunkt festgelegt. Im letzten Moment aber sagte Benn ab – ein ›Schnupfen‹.

Noch vor ihrer Rückreise schickte ihr Benn am 4. Juli 1933 einen Brief mit einigen Veröffentlichungen: »damit Sie nicht mit zu schlechten Eindrücken von mir abreisen, sende ich Ihnen hier noch etwas Mildgewordenes und Kosmisches, aber wollen Sie sicher sein, auch das Böse u. Grausame gehört zu ›des Mannes dunklem Weg‹.«[7] Benn machte keine weiteren Angaben, und da sich die Briefe Käthe von Poradas nicht erhalten haben, wissen wir nicht, was er schickte. Sicher war es etwas ›Literarisches‹ und eher Unverfängliches, nichts aus der neueren Produktion. Gleichzeitig aber wies er mit der Wendung von »des Mannes dunklem Weg« auf seine Anfänge und auf die Kontinuität seines Schaffens hin. Die Wendung stammt aus dem titellosen Gedicht V aus der 1913 erschienenen Sammlung »Söhne«. Ein Gedicht, das innerhalb des Zyklus eine ganz zentrale Rolle spielt,[8] denn es thematisiert das Bennsche Programm: Abkehr von der romantischen Sicht der Welt und Hinwendung zu einer emotionslosen, entmystifizierenden Betrachtung der Wirklichkeit. Benn stellt nicht einfach zwei mögliche Sichtweisen vor, sondern zwei gegensätzliche Wege, die auch – und das ist der springende Punkt – den Gegensatz zwischen Mann und Frau markieren.

V.

Vor einem Kornfeld sagte einer:
Die Treue und Märchenhaftigkeit der Kornblumen
ist ein hübsches Malmotiv für Damen.
Da lobe ich mir den tiefen Alt des Mohns.
Da denkt man an Blutfladen und Menstruation.
An Not, Röcheln, Hungern und Verrecken –
Kurz: an des Mannes dunklen Weg.[9]

Diese Welt, gab er Käthe von Porada zu verstehen, ist meine Welt,
es ist der dunkle Weg des Mannes, des Künstlers, der in einer Realität lebt, die der Frau verschlossen ist: »Vergessen Sie überhaupt
nicht, wie einsam alle diese Dinge sind, wie schwer erkauft«[10], heißt
es im Anschluss an die oben zitierte Briefstelle. Die »Damen« seien
nicht an Geschichte interessiert, sie verklären mit ihrem Blick die
Welt und lassen auch in der Kunst nur das Schöne und Unverfäng-
liche gelten, sie berühren nur die Oberfläche – das ist ihre Welt und
Wirklichkeit. So sah er auch Käthe von Porada, die sich in Berlin
›schöne Sachen‹ kaufte. Für die Benn – wir wissen es – durchaus
empfänglich war, für die er sich sogar brennend interessierte und
die er geradezu fetischisierte. Am 9. Juli schreibt er ihr: »Denke oft
an Sie, gnädige Frau, werfe oft einen Blick in Ihr Gesicht, kürzlich
fiel mir ein, daß ich gar nicht wußte, was für *Schuhe* Sie eigentlich
trugen, sonst weiß ich alles.«[11] Käthe von Porada hatte Geschmack,
sie hatte Sinn für Ästhetik und Stil. Sie repräsentierte für ihn diese
feminine Welt, die »Märchenhaftigkeit der Kornblumen«, die ihm
in Gestalt dieser Frau auf fast bedrohliche Weise nahekamen. In
einem Brief vom 12. Juli belehrt Benn sie, dass »etwas Überindivi-
duelles« in der Architektur nur durch »Heroismus« und »Tragik«
entstehen kann, sie allein seien Basis und Bedingung für einen
»großen Stil«[12]. Offenbar hatten sich die beiden schon mehrfach
über Benns Lieblingsthema unterhalten, denn im Brief heißt es,
»wieder« sind wir »beim Thema«. Doch sogleich fällt Benn sich
ins Wort: »Aber das ist kein Thema für Damen mit Optimismus,
Geheimzeichen, Armen, Gläubigkeit, dauerndem Kleiderwechsel,

weißem Hutfutter, allen diesen zauberhaften Dingen, die der Mann so liebt, wenn die Frau danach ist.«[13] Und Käthe von Porada war »danach«, sie liebte es, sich extravagant und nach der neuesten Mode zu kleiden.

Benn hatte zu dieser Zeit zwei Geliebte, Tilly Wedekind und Elinor Büller, zwei Schauspielerinnen, mit denen er sich durchaus sehen lassen konnte, die sich auch elegant zu kleiden wussten. Gleichwohl gehörte Käthe von Porada zu einer anderen Klasse, das war echtes Großbürgertum, absolut stilsicher und fest im Bewusstsein des eigenen Werts. Gegenüber so viel souveräner Weiblichkeit fühlte sich der Dichter machtlos und, im positiven Sinn, überwältigt: »Wie Sie in mein Leben eingedrungen sind, Teuerste!«[14], schreibt er ihr am 19. September.

Irritiert nimmt er wahr, dass auch sie ihn in der Zeit ihres Zusammenseins im Juni genau beobachtet hatte, seine Stimme, sein Aussehen; selbst seine nachlässige Kleidung ist ihr nicht entgangen; sie erinnert ihn an den beschmutzten Kragen seines Sommerpaletots – Benn zeigt sich betroffen und versucht, sich mit Humor aus der Affäre zu ziehen: »Ich las kürzlich im Hausfrauenblatt, daß man so was mit Kaffeesatz wieder heil bekommt –, ich werde es versuchen.«[15] Auch wegen seiner Wohnung, die schon Thea Sternheim mit Schaudern, aber wohl kommentarlos, beäugte, gerät er in die Defensive: »Diese miese Wohnung hier ist gar nicht billig, ich könnte für die Miete woanders viel komfortabler wohnen, aber sie *entspricht* mir mehr als eine gepflegte u. mondäne. Dieser ganze Betrieb hier hängt über mir wie das Haus über der Schnecke, ich könnte es nicht abwerfen ohne lädiert zu werden.«[16] Käthe von Porada hatte Benn wohl vorgeschlagen, sich anders einzurichten oder eine andere Wohnung zu nehmen, etwas Eleganz in sein Leben zu bringen, um seine künstlerische Existenz zu »unterbrechen«. Benn wies ein solches Ansinnen harsch zurück: »In eine Kurfürstendammwohnung ziehen, Auto u. Modearzt – mein Gott, welche mediokre Perspektive! Was für ein Gehirn kann sich das vorstellen für mich! Das klingt nach Untermensch«[17] Und bei dieser Gelegenheit hatte Käthe von Porada offenbar auch gefragt, ob er nicht eine

Stellung bei der Partei hätte und zur Elite gehören würde. Benn ist aufgebracht: »Alles [...] Quatsch.« Er habe »keine Stellung bei der Partei«, freilich »*könnte*« er sie haben, aber das sei eine andere Frage. Er führe doch nur »diese äußerlich so schwierige Existenz«, um sich »auf die innere Wirklichkeit«[18] zurückziehen zu können.

Käthe von Porada berührte wunde Punkte, artikulierte Einsprüche und Bedenken und stellte, was zuvor keine Frau gewagt hätte, seinen festgezurrten Lebensstil in Frage. Benn fühlte sich in der Defensive und musste, was ihm gar nicht gefiel, über sein Privatleben reden, das heißt, er sah sich genötigt, es zu legitimieren, sich zu verteidigen.

Für Dezember hatte Käthe von Porada einen erneuten Berlin-Besuch angekündigt. Kurz vor ihrer Reise gibt er der »Liebsten Kati« noch zu verstehen: »Ich mag über all diese Dinge nicht weiter schreiben. Sie rühren zu sehr an wirklich tiefe Dinge, menschliche, anthropologische, untröstliche Dinge über das Verhältnis von Rang u. Macht, Geist und Geschichte. Lassen wir das im Augenblick. Wenn Sie hier sind, werden wir uns darüber unterhalten.«[19] Benn war sich wohl bewusst, dass die Sommerromanze passé war und im Berliner Winter keine Fortsetzung der Liebelei stattfinden würde. So nah man sich im Juni gekommen war, so schnell Käthe von Porada dem Dichter den Kopf verdreht hatte, sobald »Chère Madame« Berlin den Rücken gekehrt hatte, häuften sich die Missverständnisse.

In den Briefen Benns gibt es den faszinierten Blick auf diese Frau, die ihn, wie es scheint, ziemlich aus dem Gleichgewicht brachte, es gibt aber auch massive Ressentiments gegen Käthe von Porada und ihren Lebensstil. Ihre Kleider, ihre Hüte und ihre Schuhe, das alles zog ihn an und stieß ihn gleichzeitig ab. Vor allem, wenn er sich die mondäne Welt vorstellte, in der diese Frau verkehrte, wie sie sich dort, von den Männern umschwärmt, inszenierte. Am 21. Juli fragt er sie »Wo verleben Sie die schönen Sommerabende? Ich frage nicht: mit wem. Wo? Ach, meine sind trostlos, unvorstellbar isoliert nach allen Seiten.«[20] Man muss es sich vorstellen, Benn war in diesem Sommer okkupiert wie selten zuvor, er hielt Rundfunkreden, bereitete Artikel und Vorträge vor, besprach sich mit seinen politischen Freunden, hatte Termine in der Akademie, praktizierte weiterhin als Arzt und *last not least* waren da noch zwei Geliebte, die mit Aufmerksamkeit bedacht werden wollten. Zuweilen zog Benn vor lauter Verpflichtungen die Notbremse – »war 2 Tage krank. Nahrungsmittelvergiftung, lag im Bett, war elend«, schreibt er an Tilly Wedekind. »Gott schützt meine Tugend durch Vergiftung –, sie wäre auch so nicht gefährdet gewesen!«[21] In diesen turbulenten Wochen und Monaten war Benns Regiekunst gefragt.

Käthe von Porada gegenüber spielte er den einsamen Dichter, der allein in seinem Kämmerlein saß und, wie er ihr schreibt, »zu einem neuen Gedicht, einer neuen lyrischen Strophe« durchzustoßen versucht.[22] Im Übrigen wartete Benn gespannt auf Antwort, wo die Dame denn ihre »schönen Sommerabende« verbringt. Schon vorher hatte sie geschrieben, sie würde bald Paris verlassen und ans Meer fahren. Benn wollte es genau wissen, und er bekam postwendend Bescheid, sie wird ans Mittelmeer, in den italienischen Badeort Forte-die-Marmi reisen. Wie er im nächsten Brief schreibt, ist er »ganz verdüstert«, weil sie »in die unbekannte wilde Welt« fortgeht.[23] In Paris, so hatte er ihr zu verstehen gegeben, da könne er sie sehen, aber am Mittelmeer »wird es schwierig sein, es ist so grell da, blendet die Augen, auch so heiß, u Sie entschwinden in einer Wolke von Engländern u. Autogeräusch«.[24] Beiläufig schreibt Benn, dass er am 27. Juli eine Totenrede auf Max von Schillings, den verstorbenen Präsidenten der Preußischen Akademie der Künste halten müsse. »Werde es Ihnen schicken.«[25] Noch am 2. August phantasiert Benn mit ein paar holprig gereimten Zeilen über das rote Kleid der Angebeteten vor malerischer Kulisse: »ein solches Kleid an solchem Meer,/das macht was her,/ein solches Rot vor solchem Blau:/exakte Frau!« Er wünscht ihr »viel Vergnügen, alle Genüsse vom und am Meer!«[26] Kurz darauf erreichte ihn ein Brief der Freundin, der ihn ziemlich aus der Fassung brachte. Käthe von Porada nahm sich die Freiheit seine »Totenrede auf Max von Schillings« zu kritisieren.

Was gab es daran auszusetzen? Benn hatte eine Trauerrede ganz im Sinne des neuen Staates gehalten. Der Totenkult war bekanntlich eines der wichtigsten Rituale der Nationalsozialisten, es ging dabei nicht nur um die Ehre, die dem Toten erwiesen werden sollte, sondern um die Stärkung der Gemeinschaft. Dazu musste dem Toten ein Vermächtnis zugeordnet werden, das die Lebenden verpflichtet. In diesem Sinn war Benns Totenrede vorbildlich. Am Anfang der Rede schwärmt er vom Geist der Einheit und Gemeinschaft, von der »deutsche[n] Bewegung«, die sich »hochgekämpft« hat und »uns nun alle« trägt, »eine politische Bewegung«, die »von einem neuen deutschen Menschen«[27] träumt. Er spricht von einer »Revolution«. Das Dichterische würde in diesem Staat nun mit dem »gleichen Ernst« behandelt wie das Wirtschaftliche und Materielle. Der schöpferische Mensch sei nur einem verpflichtet, »dem mütterlichen Stamm, dem Volk«[28]. Nach diesem Präludium kommt die entscheidende Wende in der Totenrede. Benn fragt, wie die Zurückbleibenden sich dem Toten verpflichten können, er erinnert an Max von Schillings Musik zu Aeschylos' »Orestie«. Und mit Aeschylos hatte Benn das Vermächtnis gefunden: Aeschylos, der hochgeehrte Dichter, der aber vom Volk nicht als Dichter, sondern als Kämpfer und Krieger gefeiert werden wollte. Nach dem Willen Aeschylos' sollte auf seinem Grabstein stehen, dass er bei Marathon gegen die Perser gekämpft hat, was er geschrieben und gedichtet hatte, davon sollte nichts erwähnt werden. Seinen Ruhm als Krieger schätzte er höher ein als seine Verdienste als Dichter. »Wieder ist Marathon«, ruft Benn am Ende seiner Rede aus, »wieder Gesetz, das das Vaterland befahl.«[29]

Wir schreiben das Jahr 1933, bis zum Kriegsbeginn sind es noch sechs Jahre. Benn greift in seiner Rhetorik weit voraus, er trommelt schon einmal: »Wieder ist Marathon«. Käthe von Porada konnte und wollte die Lobpreisung des Krieges nicht akzeptieren, insbesondere wohl auch deshalb, weil sie einen Angriff auf die Kunst enthielt. Benn wies den Intellektuellen ihren Platz zu, sie hatten sich als Krieger zu bewähren, darin lag ihre Berufung, und damit allein konnten sie Ehre erlangen. Wirklichen Ruhm gibt es nur im

Kampf und im Krieg – der intellektuelle Ruhm gilt dagegen nichts. Von solchen Losungen wandte sich Käthe von Porada offenbar mit Grausen ab. Benn jedoch nahm nichts zurück und ging – bleiben wir bei der Rhetorik des Dichters – zum Gegenangriff über. In der Anrede ist nun nicht mehr von der »Liebsten Kati« die Rede, sondern von der »Gnädigen Frau«: »Verlassen Sie doch diesen larmoyanten bürgerlichen Pazifismus! Eine Frau wie Sie! Eine richtige Frau!«[30], schreibt er ihr am 5. August. Benn bringt jetzt zur Sprache, was neben der Faszination immer auch da war, die Aversion gegen die luxuriöse Lbensart und die Verachtung einer Gesellschaft, die nichts mit Schicksal und Krieg zu tun haben will, die nach dem Lustprinzip lebt, die nichts riskieren möchte. Ein Wort stand dabei im Zentrum: *Mittelmeer*: Die ganze Geschichte muss ihm wie ein Déjà-vu vorgekommen sein, sie erinnerte ihn an die literarischen Emigranten, an Klaus Mann, und auch an den Brief, den er im Frühjahr 1932 Thea Sternheim in ihr Hotel nach Paris geschrieben hatte – *Mittelmeer*, das war für ihn das Synonym für den dekadenten Lebensstil einer großbürgerlichen Klasse, der eine nur schwer kontrollierbare Hassliebe in ihm erzeugte. »Ihr Ideal von Mann«, schrieb er Käthe von Porada, »löst wohl Kreuzworträtsel u. fährt eine Luxusjacht am Lido, ah, lassen Sie mich überhaupt mit Ihrem warmen Meer da ungeschoren, diese Bläue, diese ewige Ansichtskarte, dieser ölige Mittelmeergent u. zum Lunch die Krabben u. Oliven, diese ganzen fettigen Couleurs, diese verlogene dolce far niente, wo keiner mehr weiß, wovon er seiner Stiebel besohlen soll, das alles *war* einmal, long long ago, die Mittelmeerkulturen wird auch kein Valéry mehr aufwecken, er schon gar nicht.«[31] Just zu dieser Zeit hatte man in Nizza ein »Centre Universitaire Méditerranéen« gegründet, an dessen Spitze stand der Dichter Paul Valéry, seine Visionen vom Mittelmeer als dem eigentlichen Kulturraum Europas waren Benn zutiefst verdächtig. Valéry setzte sich für eine Überwindung des nationalen Denkens in Europa ein, das immer nur zu Krieg und Gewalt geführt habe. Im Zentrum einer zukünftigen europäischen Einheit müsse die Kultur stehen, sie sei das Verbindende zwischen den Völkern und habe den Ruf Europas begründet. Es seien die Dichter, Baumeister und Gelehrte, die Europa in der Welt Geltung verschafft hätten. Sie seien die Exponenten des europäischen Geistes – und dieser Geist wirke über alle nationalen Grenzen hinweg, in den Menschen, es sind die Kräfte einer europäischen Psyche, die Valéry freilegen will. Der europäische Mensch versammelt einzigartige Eigenschaften, er verbindet Phantasie mit logischer Strenge, er ist skeptisch, aber nicht pessimistisch oder resignativ. Valéry erinnert an das gemeinsame Erbe, an das römische Recht und das antike Griechenland. In einer Zeit, in der das Nationale Konjunktur hatte, proklamierte er die europäische Identität. Für Benn war das antiquiertes Denken, das völlig an den geschichtlichen Realitäten vorbeigeht. Er hielt dagegen und propagierte das »Artbewußtsein« des nordischen Menschen, er allein habe die Welt geprägt und die höhere Kultur geschaffen. Schon zuvor hatte er Valéry als kapriziösen Dichter und als altmodischen Verwalter von »Seelenrestbestände[n]«[32] bezeichnet. »Keine Mittelmeeruniversität in Nizza, es gibt nur noch Nord-Europa u. das Kolonialreich in Nordafrika.«[33]

Damit aber nicht genug, Benn hielt sich auch bei Käthe von Poradas Freund und Vertrauten Max Beckmann nicht zurück. Im April 1933 hatte man den Künstler fristlos an der Frankfurter Städelschule entlassen, der Beckmann-Saal im Kronprinzenpalais wurde im Juli auf Anweisung der Nationalsozialisten geräumt, eine in Vorbereitung befindliche Ausstellung in Erfurt musste abgesagt werden. Beckmanns Bilder wurden als »Verfallskunst« gebrandmarkt, einige seiner Schüler verfolgt. Kurz bevor am 19. Juli 1937 die Gemälde Beckmanns in der berühmt-berüchtigten Ausstellung »Entartete Kunst« am Pranger standen, war Beckmann mit seiner Frau nach Amsterdam emigriert. Benn, der freilich ›nur‹ die Ereignisse von 1933 kennen konnte – aber die waren ja schon schlimm genug, fand an den Maßnahmen des Staates gegen den Künstler nichts zu kritisieren. Erbärmlich fand er die in seinen Augen verweichlichte Haltung Beckmanns, für die er nur Spott und Hohn übrig hatte: »Ach, der gute Junge, es muß alles schön glatt gehen, alles klappen, das sind Helden u. Kämpfer! Der Kampf muß *loh-*

nend sein, von vornherein *garantiert*, kein Fehlschlag in der Abendstunde, womöglich bei der Allianz versichert, Genie gegen Fehlschlag versichert, Genie gegen Untergang versichert«[34]. Zuletzt noch die Bitte, sie solle ihm ein Foto schicken, wo nur »SIE« drauf ist, »*nur Sie* u. was aus Ihrem Leben […], alles andere ist Dreck«[35].

Dass Erstaunliche ist, dass Käthe von Porada hierauf den Kontakt nicht sofort abbrach, zumal von Benn keine Entschuldigung kam, sondern zunächst nur eine kleine Anmerkung: »Über den letzten Brief von mir sind Sie sicher entsetzt: Zu wild, zu nordisch.«[36] Dann spricht er von seinem »romanischen Blut«, das er als mütterliche Erbschaft besitze und aufgrund dessen er eigentlich andere Auffassungen vertreten müsste. Das waren Versuche, die Wogen ein wenig zu glätten. Auch ein paar Verse aus dem Fundus seiner pathetischen Erbauungslyrik streute er zur Besänftigung ein: »Du mußt dir alles geben,/Götter geben dir nicht./Gib dir das leise Verschweben/unter Rosen u. Licht«. Immerhin, es hat leidlich funktioniert, Käthe von Porada schrieb vorerst weiter Briefe, offensichtlich aber mit einiger Distanz. Benn freilich gab sich betont locker: »Hier geht's so so la la«, schreibt er ihr am 24. August. »Habe ein paar Aufsätze verfertigt für Zeitschriften, die gut zahlen, läppisches Zeug. Was man so jetzt will.«[37] Es waren unter anderem seine Gedanken über Zucht und Züchtung, die er überall zu verbreiten suchte. Dass er diese Artikel angeblich nur des Geldes wegen schrieb, ist ihm nicht abzunehmen.

Der Riss war nicht mehr zu kitten. Anfang September schreibt er vom »Benn Defaitismus«[38], der aus dem letzten Brief der ›lieben gnädigen Frau‹ spricht. Im Übrigen aber wimmle ihr Schreiben »von Irrtümern«. Dass sich das Klima auf die Mentalität und die Natur eines Volkes auswirke, könne ja wohl nicht wahr sein: »Das Klima von München ist scheußlich, aber läge es, nämlich alles, am Klima, würden die Schweden u. Engländer noch greulicher sein als ein gewisses Volk. Es liegt nicht am Klima.« Kurzum: Es liegt an der starken Natur, an der Rasse. Und wieder kommt Benn auf den Süden und den Hedonismus zu sprechen, auf die »reine Heiterkeit als Lebensgrund«, auf die sich offenbar Käthe von Porada bezieht – das alles sei ein »Traum« und hätte eigentlich mit Europa nichts zu tun: »Europa ist der Erdteil der Abgründe u der Schatten, denken Sie doch, daß im hellsten Griechenland Prometheus an den Felsen mußte u. *wie* er litt! Gnädige Frau, Ihr Optimismus, Ihr ewig zur Schau getragener Drang zur Helle u. Harmonie ist: österreichisch. Das bedeutet: nicht sehr zwingend. Oder weiblich; das bedeutet: sehr charmant.«[39]

Wie lassen sich die Anwürfe gegen Käthe von Porada, ihren Lebensstil und ihre Weltsicht erklären? Diese Frau hatte Geschmack, das bewunderte Benn, sie hatte aber vor allem auch Geld – und, das machte das Bild in gewisser Weise komplett, sie war eine Jüdin. In den Briefen war das kein Thema. Aber war es wirklich so unerheblich für Benn, in einer Zeit, in der das »jüdische Finanzkapital« zum Kampfbegriff wurde und Käthe von Poradas jüdischer Vater Bankier war, gar Direktor der Nationalbank, war es so unerheblich, dass der mit ihr befreundete Verleger Heinrich Simon Jude war? Und Beckmann, der kein Jude war, wurde schon Anfang der dreißiger Jahre von der Presse als »Judenknecht« beschimpft. Zu bedenken ist auch Benns persönliche Situation in diesen Wochen und Monaten. In seinen Essays und Reden, wir haben sie ausführlich zitiert, bezeichnet er sich gern als »Arier«[40], spricht er von einem neuen »biologischen Typus«, einem deutschen Menschen, er spricht von der »Reinigung des Volkskörpers« und von »bionegativen Werten«, die man »ausmerzen« müsse. Das alles in einer Zeit, in der er sich in einer Liaison mit einer reichen Jüdin befand. Sollte ihre jüdische Identität ohne alle Bedeutung für ihn gewesen sein? Zumal in dieser Zeit erste Angriffe gegen seine Person und seine expressionistische Vergangenheit aufkamen, die dann im Herbst öffentlich wurden. Am 21. Oktober 1933 schreibt er Käthe von Porada: »ich hatte Krach«[41] – da hatte er die Vorwürfe, die der Balladendichter und Kollege in der Akademie, Börries Freiherr von Münchhausen, gegen ihn erhob, schwarz auf weiß gelesen. Münchhausen bezichtigte Benn in seinem Aufsatz »Die neue Dichtung« der Rädelsführerschaft in der expressionistischen Bewegung, in der Juden den Ton angegeben hätten und in der alles

Deutsche verunglimpft worden sei. Benn habe aber nicht nur Umgang mit Juden gehabt, er selbst sei ein Jude. Benn hat diese Anschuldigung, ein Jude zu sein, als eine der schlimmsten Beleidigungen empfunden. Wie man weiß, wollte er sich sogar mit Münchhausen deswegen duellieren. In der Tat konnte eine Anschuldigung, wie sie Münchhausen erhob, schlimme Folgen haben. Benn war besorgt um seinen Ruf wie um seine Existenz – davon wird noch zu sprechen sein.

Wie aber stand es mit Käthe von Porada, einer Frau mit Geld und erotischen Reizen, verlockend, verführerisch – so zeichneten damals die Propagandisten des Antisemitismus das Bild der gefährlichen Jüdin, die den arischen Mann verzaubert. Glaubt man der Forschung, dann war Benn von solchen Klischees und Vorurteilen völlig ungerührt. Es fällt jedoch auf, dass Benn, als er 1929 seine Lieblingsbücher aufzählt, an prominenter Stelle Otto Weiningers »Geschlecht und Charakter« nennt. Ein Buch, so Benn, das er immer wieder liest, das ihn überallhin begleitet und mit dem er altert.[42] Weininger, der Antifeminist und der Antisemit, brachte ›Frau und Jude‹ zusammen und entwickelte daraus ein bedrohliches Phantasma, das die Identität des arischen Mannes aufs Äußerste gefährde. Bei Weininger konnte Benn lesen, dass Juden und Frauen keinen Sinn für Sittlichkeit haben, dass sie die Wirklichkeit verneinen, keine Tragik und keinen Heroismus kennen: »Was dem Weibe wie dem Juden vielmehr durchaus abgeht, das ist *Größe*, Größe in irgend welcher Hinsicht.«[43] Der Jude und die Frauen denken mehr oder weniger kollektivistisch und haben kein »Verhältnis zur Idee des Staates«[44], sie sind im eigentlichen Sinn »staatsfremd«[45]. Das erklärt sich für Weininger »aus dem Mangel des intelligiblen Ich«[46]. Bei Weininger konnte Benn lesen, dass für Frauen und Juden »die beweglichen Güter« eine außerordentlich wichtige Rolle spielen, sie seien gleichermaßen vom Geld fasziniert. Sie lieben den Reichtum, die »Protzerei«, so Weininger, »deren Objekte die Loge im Theater oder die modernen Gemälde«[47] sind. In Weiningers fulminanter Streitschrift standen bekanntlich die antifeministischen Aspekte zunächst im Vordergrund, erst in der um drei Kapitel erweiterten Buchfassung seiner Doktorarbeit verstärken sich seine antisemitischen Ressentiments.

Ob sich auch hinter Benns Antifeminismus antisemitische Ressentiments verbargen, darüber lässt sich nur spekulieren. Dass er für die Nazis und ihre Sicht auf das Judentum ein gewisses Verständnis aufbrachte, zeigt ein Brief, den er am 23. September 1933, also genau um diese Zeit, an seine frühere Geliebte Gertrud Zenzes schrieb, die in den USA lebte und den Antisemitismus in Deutschland heftig kritisierte: »Was nun das Judenproblem angeht, an dem Sie vielleicht besonders leiden und das Nordamerika mit seinem unvergleichlichen Rassenmischmasch natürlich ganz fremd ist, so sehen Sie das sicher auch ganz falsch. Denken Sie einmal, unter den Berliner Ärzten waren 85% Juden, den Rechtsanwälten 75%. In den journalistischen und Theaterbetrieben auch ungefähr 80%. Es ist doch vollkommen selbstverständlich, dass dieser Zustand eines Tages als unmöglich angesehen wurde.«[48] Mit anderen Worten, es musste gehandelt werden. Benn hielt die Maßnahmen von Seiten des Staates für unumgänglich und zeigte Verständnis für das »Judenproblem«. Das kommt auch in anderen brieflichen Äußerungen zum Ausdruck. An Elinor Büller schreibt er am 11. Juni 1935: »Auch Oelze erzählte, in U. S. A. *nur* Juden. Um Roosevelt *nur* Juden. Der Brain-Trust – *nur* Juden.«[49] Der Jude hat den Staat in der Hand, die Schaltstellen der Macht werden von ihm unterwandert, dahinter steckt das populäre Bild von der »jüdischen Weltverschwörung«, das Benn offenbar in dieser Zeit teilte. In einer Zeit, es wurde oben darauf hingewiesen, als die ersten Konzentrationslager bereits errichtet waren. Hat Benn von alledem nichts gewusst? Thea Sternheim schreibt schon am 28. Juli 1933 von der »Zwangsanstalt Deutschland« und fragt: »Was geht in den Konzentrations-, den Arbeitslagern vor?«[50]

Dass Benn dem »Judenproblem« Verständnis entgegenbrachte, lässt sich auch an seinem im November 1933 veröffentlichten Essay »Bekenntnis zum Expressionismus« ablesen. Benn zählt die hervorragenden Vertreter in der Dichtung des Expressionismus auf, Heym, Stramm, Georg Kaiser … Däubler, Stadler – alles »reine

Deutsche«[51], wie er betont. Die jüdische Dichterin Else Lasker-Schüler – fürwahr eine herausragende Vertreterin des Expressionismus – hat er einfach unter den Tisch fallen lassen, ebenso seinen Freund, den Juden Carl Einstein.[52] Benn hatte verstanden und präsentierte einen von Juden gereinigten Expressionismus, ja nicht nur das, er spricht von den »biologische[n] Minusvarianten«, von Menschen mit »moralische[n] Defekte[n]«[53], die der Bewegung geschadet hätten. Benn versuchte jetzt, eine Grenze zu ziehen und seine Vergangenheit zu reinigen. Er sprach von den »Guten« und den »echten Expressionisten«[54]. Nur den ›Guten‹ und den ›Echten‹ gilt sein »Bekenntnis« – und zu denen zählt Benn nicht nur die Literaten aus dem berühmten expressionistischen Jahrzehnt, sondern nahezu die gesamte klassische Literatur, soweit es sich jedenfalls um »reine« deutsche Schriftsteller handelt. Auch Goethe sei, das würden unzählige Stellen im zweiten Teil des »Faust« belegen, in gewissen Teilen Expressionist gewesen, natürlich auch Nietzsche und Hölderlin, die man ja im neuen Staat besonders verehrte. Expressionisten, das seien alle die gewesen, die sich gegen den kapitalistischen Begriff der Wirklichkeit gestellt hätten, es seien Erleuchtete, Gläubige, die mit der Inbrunst von Heiligen für eine neue Wirklichkeit eintraten.[55] An Käthe von Porada schreibt er am 7. November 1933, sie möge den Text gleich an Kokoschka weiterleiten: »Der Aufsatz erregt hier das allergrößte Aufsehen. Er ist ja auch grundlegend. Er hat mich viel innere Leistung gekostet.«[56]

Der Aufsatz »Bekenntnis zum Expressionismus« war der Anfang einer Reihe von Texten, die, liest man sie mit dem Wissen von Benns Scheitern im nationalsozialistischen Machtgefüge, zunächst wie Verteidigungsschriften erscheinen. Im Hintergrund steht immer Börries von Münchhausen, den Benn selbst – und die Forschung ist ihm darin zum Teil gefolgt – als dämonische Figur stilisierte, die ihn immer und überall »mit seinen Narrheiten und seinem Hass«[57] verfolgt und ihn letztlich zum Rückzug, zur sogenannten inneren Emigration gezwungen habe. Ein Balladendichter, der intrigant war und nicht ohne Einfluss, aber ansonsten kein besonderes Renommee hatte, stürzt den anerkannten Lyriker und

Propagandisten des nationalsozialistischen Aufbruchs Gottfried Benn vom Sockel. Darin lag eine gewisse Tragik, denn beide waren inhaltlich gar nicht so weit auseinander: Einig waren sie sich in der Forderung nach einer Reinheit der Rasse, nach Züchtung und einem unvermischten Deutschtum. Anders als Benn war Münchhausen jedoch schon in den dreißiger Jahren ein aggressiver Antisemit. Wollte Benn die Rasse vom ›Bionegativen‹ reinigen, so verkörperte für Münchhausen vor allem der Jude das ›Bionegative‹, von dem sich das Deutschtum befreien muss.

Die Anschuldigungen hätten unter den damaligen Verhältnissen schnell eine andere Tragweite gewinnen *können*. Aber das war zunächst nicht der Fall. Benn hatte sich im neuen Staat viele Verdienste erworben, und er hatte sich eindeutig zu diesem Staat bekannt. Außerdem war er gut vernetzt. Hanns Johst unterstützte ihn, und Hans Friedrich Blunck lobte ganz ausdrücklich seinen Aufsatz »Bekenntnis zum Expressionismus«. Die »Deutsche Zukunft«, die den Aufsatz am 5. November veröffentlichte, versah ihn mit der redaktionellen Bemerkung: »Gottfried Benn, der Dichter der Morgue, dessen energische Auseinandersetzung mit den Emigranten noch in bester Erinnerung ist, sendet uns das nachstehende mutige Bekenntnis zum Expressionismus, das wesentlich zur Klärung der Unterhaltungen über das Problem beitragen wird.«[58] Man stand Gottfried Benn mit großer Sympathie gegenüber und hatte auch gegen sein Bekenntnis zum Expressionismus nichts einzuwenden. Bevor der Expressionismus 1937 als ›entartet‹ stigmatisiert wurde, diskutierte man die Kunstrichtung durchaus kontrovers in den Reihen der Nationalsozialisten; darauf spielte Benn in seinem Aufsatz eingangs an. Gern wird in diesem Zusammenhang auf Goebbels verwiesen, der in seinem 1929 veröffentlichten Roman »Michael« den Expressionismus als Sinnbild des modernen Menschen beschrieben hat. Expressionismus galt ihm als Methode, die Welt von »innen heraus« zu gestalten. Was Goebbels jedoch in seinem Held zum Ausdruck bringen wollte, hatte mit Expressionismus wenig zu tun, es ging um Selbstmächtigkeit und Selbsterzeugung, um die Beherrschung dämonisch innerer Kräfte. Auf

Goebbels wird auch immer wieder verwiesen, weil er bestimmte Vertreter des Expressionismus wie Ernst Barlach, Ernst Heckel, Emil Nolde, Karl Schmidt-Rotluff in den neuen Staat integrieren wollte, dann aber angeblich von seinem Gegenspieler Alfred Rosenberg ausgebremst wurde. Die Geschichte, die in diesem Zusammenhang kolportiert wird, ist eine mit vielen ungesicherten Behauptungen ausgeschmückte Anekdote. Ob und inwieweit Goebbels wirklich Sympathien für den Expressionismus gehabt hat, ist strittig, unstrittig ist, dass er schon Mitte der dreißiger Jahre mit äußerster Konsequenz gegen die Kunst der Avantgarde vorging und eine entscheidende Rolle beim Zustandekommen der Ausstellung »Entartete Kunst« spielte.

Gleichwohl, als Benn im Herbst 1933 seinen Expressionismus-Aufsatz veröffentlichte, war das, was zur nationalsozialistischen Weltanschauung gehörte und was nicht, noch keineswegs eindeutig festgelegt. Gerade in der Kunst gab es »Spielräume«, die Benn dann auch einklagte. Man hat Benns Essay zum Expressionismus vor allem als Rechtfertigungs- und Verteidigungsschrift gelesen, damit aber wird man ihm nicht gerecht. Die Nazis wollten eine Kunst, die aus der ›deutschen Seele‹ entsprungen ist, die außerhalb aller Moden steht und die sich nicht gemein gemacht hat mit der in ihren Augen abgewirtschafteten Zivilisation, der bürgerlichen Gesellschaft. Genau diese Bedingungen, das macht Benn in seiner Schrift deutlich, erfüllte der »echte« Expressionismus, er sei als »Gegenkunst«[59] entstanden; entstanden, wie er am Schluss sagt, aus »Deutschlands gläubigem Blut«.[60] Der Aufsatz war kein Rückzugsgefecht, er war der Versuch, im neuen Staat einen Platz zu finden und sich programmatisch zu profilieren. Darum benutzt er den Begriff ›Bekenntnis‹, in dem ja eine doppelte Bedeutung steckt, einerseits das öffentliche Eingeständnis und das Sichbekennen; andererseits – für Benn sehr viel wichtiger – das Eintreten für etwas. Sichbekennen und Eintreten – das ist der Modus, mit dem er sich nun in seinen Essays präsentiert.

Dabei zog er sich keineswegs in seine Klause zurück, er spielte weiterhin in der Öffentlichkeit eine Rolle. Auch wenn dabei nicht immer alles nach Wunsch lief, so wurde im September 1933 eine im Rundfunk angesetzte Lesung mit Gedichten abgesetzt, was Benn nicht gefiel, aber auch nicht weiter beunruhigte. »Ich bin sehr froh darüber«, schreibt er an Käthe von Porada, »es gehört wirklich nicht ins Aufbauprogramm.«[61]

Als die Nationalsozialisten das PEN-Zentrum auflösten und am 8. Januar 1934 mit der »Union nationaler Schriftsteller« eine Nachfolge-Organisation gründeten, stand Benn plötzlich und unerwartet an der Spitze. Das heißt, nicht ganz, er wurde zum Vizepräsidenten der »Union« und sein Freund Johst wurde zum Präsidenten des neuen Verbandes bestimmt. Die Sache zeigte, mit Benn war zu rechnen. Wie man weiß, ging es bei der Verteilung der Posten nicht mit rechten Dingen zu, denn der Dichter beteuerte hinterher, er sei gar nicht gefragt worden. Offenbar haben seine Kollegen und Mitstreiter einfach angenommen, dass er mit dieser herausgehobenen Position einverstanden sei. Natürlich protestierte Benn, man hätte ihn wenigstens einweihen können, außerdem passte ihm einiges an dem Verband nicht, aber er trat nicht zurück und behielt sein Amt.

Am 29. März 1934 begrüßte er in seiner Funktion als Vizepräsident auf einem Bankett des neuen Schriftstellerverbandes die aus Rom angereiste »Exzellenz Marinetti«. Aug in Aug stand er seinem großen Vorbild gegenüber, und natürlich war er voll des Dankes und des Lobes. Er erinnert Marinetti an seine früheren Reisen nach Berlin, nun aber sei alles anders, denn das »neue Reich« sei da und »der Führer, den wir alle ausnahmslos bewundern«[62], hat auch die Schriftsteller aufgefordert, am großen Werk mitzuarbeiten. Benn konnte sich nicht enthalten, den immer etwas großspurig daherkommenden Marinetti auf den neuen, den preußischen Stil aufmerksam zu machen, der jetzt hier in Deutschland herrsche – und er zitierte die berühmte Maxime des Grafen Schlieffen: »›Viel leisten, wenig hervortreten, mehr sein als scheinen‹ – eine Maxime, die sich neben allen Männermaximen romanischer und slawischer Völker wird behaupten können«[63], so Benn stolz und nicht ohne Hintersinn. Die neue deutsche Kunst, sie war nicht präsentabel, im Grunde gar nicht vorhanden, aber, gab er dem Gast zu verstehen, man arbeite und wolle auch gar nicht glänzen, das sei eben nicht die deutsche Art.

Wovon Benn träumte, das wird in dieser Rede manifest: Er sah in Marinettis Futurismus den Geburtshelfer der faschistischen Bewegung: Marinetti und Mussolini – das war für ihn ein Tandem, die Verbindung von Kunst und Macht. Freilich musste es eine Kunst sein, die, so Benn, »dem Feuer der Schlachten und dem Angriff der Helden nicht widersprach«.[64] Kunst sei »radikaler« als die Politik, sie sei »ohne Kompromiß« und reiche deshalb bis in die »seelischen Schichten«[65] hinein. Mit der tradierten, völkischen Kunst, die von Teilen der Nationalsozialisten propagiert wurde, war in seinen Augen kein Staat zu machen. Von der Kunst – von >seiner< Kunst konnten sich die Nationalsozialisten dagegen einiges versprechen.

Kunst und Macht, das war sein Thema – Die bürgerlichen Eliten wollten den Barbaren zähmen, ihn kultivieren und in die >richtige< Richtung dirigieren. Hatte sich Benn auch so etwas gedacht? Man weiß es nicht. Auf jeden Fall war die Chance dahin – und er bedauerte es ausdrücklich. »Wir hier«, so Benn, »hatten nicht das Glück, den Schritt von der Kunst in den Rausch der Geschichte zu tun.«[66]

Benn präsentierte sich unbeeindruckt und kämpferisch, sein innerer Zustand aber war ein anderer. Münchhausen hatte sich, kurz bevor er die Marinetti-Rede hielt, geweigert, in den neuen Schriftstellerverband einzutreten, solange der >Jude Benn< an der Spitze steht. Das hatte er dem Schriftführer kundgetan, der wiederum hatte sogleich Benn informiert. Gespielt wurde mit offenen Karten. Es war vorerst nicht zu erwarten, dass Benn jemand in den Rücken fallen würde. Im Grunde hätte ihn darum die ganze Sache nicht weiter anfechten müssen, wenn er nicht selber geglaubt hätte, dass an den Vorwürfen vielleicht etwas dran sein könnte. Es gab jedenfalls einige Indizien, die ihn beunruhigten und die er so leichthin nicht entkräften konnte. Am 25. April 1934 schreibt er an Oelze und bittet ihn um Hilfe. Oelze, der des Öfteren in England war und gute Beziehungen zu dem Land hatte, solle doch einmal nachforschen, ob der Name >Benn<, der in Deutschland selten sei, in England aber häufiger vorkomme, ob diese Benns in England »Juden oder Arier« seien.[67] Benn betont zwar: Münchhausen sei »bestimmt närrisch und seine Argumente sind es ebenso«.[68] Er wolle nur sichergehen, also war er sich offenbar nicht sicher. Münchhausen habe, so teilt er Oelze mit, unter anderem eben darauf verwiesen, dass sein Name nicht deutsch sei, sondern in einer jüdischen Verwandtschaftsbeziehung stehe. Weiter hätte er auf >Benns< Aussehen verwiesen, seine »tragische Grundhaltung«, das sei die »typische Grundhaltung des jüdischen Mischlings«[69] und natürlich auch auf seine Gedichte, die er als typisch jüdisch qualifizierte. Das alles sei »Unsinn«[70], schreibt er Oelze. Doch die Geschichte mit dem Namen würde ihn schon interessieren, denn der Name >Benn< sei »ja in der Tat kein deutsches Wort«. Wie Benn berichtet, hatte er in der Angelegenheit bereits den Ordinarius für orientalische Sprachen konsultiert, der ihm erklärt hätte, die Ableitung seines Namens vom »hebräischen Ben« sei »absolut ausgeschlossen«. Nichtsdestotrotz: Benn fand keine Ruhe. Er erforschte den Familienstammbaum und ging der Etymologie des Wortes Benn nach, das früher, wie er festgestellt habe, »Fenn« geheißen habe. Der Name >Benn< sei nichts weiter als ein Umlaut von Fenn, und Fenn wiederum komme von Fischen. >Benn< steht also, wie er Oelze auseinandersetzt, für eine Berufsbezeichnung, eine Tätigkeit, das Fischen. Mit einer jüdischen Verwandtschaftsbeziehung habe der Name nichts zu tun. Die Sache, so könnte man meinen, ist damit für Benn erklärt und erledigt. Doch auch mit dieser Aufklärung gibt er sich nicht zufrieden. Wie es der Zufall will, hat er offenbar irgendwann bei Kempinski die Weinkarte zur Hand genommen, und gleich auf der ersten Seite entdeckt er den Namen »>Dürkheimer Benn<«. Waren die Benns vielleicht nicht Fischer, sondern Winzer? Auf jeden Fall scheint der Name in der Rheinpfalz etwas anderes zu bedeuten. Benn schrieb sogleich an das Weinhaus, wandte sich an die »Deutsche Wein-Zeitung« und bat schließlich den Bürgermeister von Dürkheim um Hilfe. Der Dichter hatte Erfolg, >Benn<, so wurde ihm beschieden, bezeichne eine Höhenlage.[71] Damit wäre der Fall geklärt – könnte man meinen. Aber der konsultierte Sprachforscher war anderer Meinung und hatte auf den keltischen Ursprung des Namens und damit auf England verwiesen.

Am Ende des Briefes steht noch ein Postskriptum: »Meine Papiere sind vom Rasseamt alle geprüft, ich bin natürlich *reiner* Arier.«[72] Das waren Fakten, die Benn ins Feld führen konnte – aber was sind in einem solchen Fall schon Fakten? Am 12. April schreibt er seinem Kontrahenten einen persönlichen Brief und teilt ihm mit: »Ich bin absolut arisch, kein Tropfen nichtarischen Blutes ist in mir.« Und er verweist auf seinen Stammbaum, auf seine Herkunft aus einer »alten norddeutschen Theologenfamilie«.[73] Sicherheitshalber fügt er noch hinzu: auch seine verstorbene Frau sei »rein arisch«[74] gewesen. Benn zog den Kreis weit, freilich war von seinen Geliebten nicht die Rede. Möglicherweise wollte er diese Seite seiner Existenz doch lieber nicht ausbreiten, da für Münchhausen, das sollte man bedenken, ein wesentliches Kriterium in seinen Anschuldigungen das Fehlen von »Zucht und Sitte« war. Die ›gefährlichen‹ Expressionisten, zu denen er Benn zählte, verfügten darüber nicht, sie waren »Snobs«, die dem »Laster« verfallen waren – verkommene Individuen. Benn wusste, was gemeint war, aber er ging darauf nicht ein. Für ihn stand der Vorwurf, Jude zu sein im Zentrum; auch den Juden stellte man sich ja als ›triebhaft‹ vor. Und insoweit wiederum kam alles zusammen.

Ein anderes Indiz, das Benn zu denken gab, war die »tragische Grundhaltung«. Benn hatte sich ausgiebig mit Ernst Kretschmers Forschungen über die Beziehung von Körperbau und Charakter beschäftigt und die verschiedenen Einteilungen studiert: Leptosomer Typ, Athletischer Typ und Pyknischer Typ. Neigte er in jungen Jahren eher zum leptosomen Typus (lang gewachsen, schlanker Körperbau, wenig Unterhautfettgewebe), so hatte sich in den mittleren Jahren der pyknische Typ durchgesetzt: Mittelgroß, gedrungener Körperbau: »ein weiches Gesicht auf kurzem massivem Hals zwischen den Schultern sitzend; ein staatlicher Fettbauch wächst aus dem unten sich verbreiternden, tiefen, gewölbten Brust-

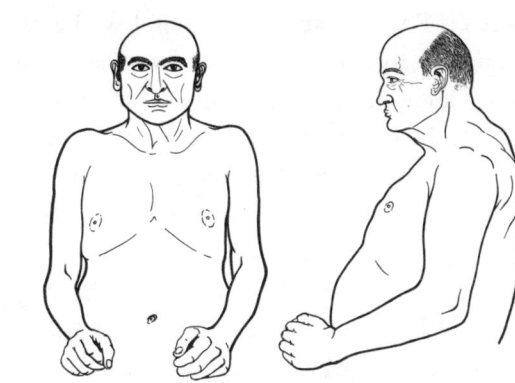

Pyknischer Typ (schematisch).
Aus: Ernst Kretschmer: Körperbau und Charakter

korb heraus.«[75] Pyknische Männer haben Glatze bzw. Halbglatze. Der Mensch mit pyknischen Körperbau – auch das traf auf Benn – neigt zu Melancholie und Depression.[76]

Münchhausen brachte dies alles mit dem Juden in Verbindung – das war natürlich in Benns Augen »Unsinn«. Kretschmers Forschungen über Körperbau und seelische Anlagen waren für Benn jedoch keineswegs Unsinn, genauso wie die Bedeutung der Vererbung und der Erbmasse, auf die Kretschmer hinwies. Und ein springender Punkt in Benns »Erbmasse« war, die »Mischung«. Seine Mutter, die aus der französischen Schweiz stammte, hatte »romanisches Blut«[77], sein Vater germanisches. Wie Benn dann 1934 in seiner autobiographischen Skizze »Lebensweg eines Intellektualisten« schreibt, vereinigten sich in der Ehe seiner Eltern beide Komponenten: »das Germanische und das Romanische«[78]. Daraus entstand, wie Benn nachdrücklich betont, »eine Mischung, aber es entstanden keine Mischlinge, eine Kreuzung, aber keine Bastarde, auf jeden Fall entstand eine arische Mischung«[79]. Von einem ›jüdischen Mischling‹ hatte Münchhausen, gesprochen. Nach der Definition des Reichsbürgergesetzes stammten ›jüdische Mischlinge‹ von einem oder zwei ›volljüdischen‹ Großeltern ab, hatten ansonsten aber keine Verbindung zum Judentum. Mischungen an sich, darauf verweist Benn, seien nicht negativ zu werten.

Das sah freilich die Rassentheorie, die Arthur de Gobineau Mitte des 19. Jahrhunderts formulierte, ganz anders. Die Reinheit der Rassen war für Gobineau das höchste Gebot, er warnte vor Mischungen. Und Gobineau war für die Nationalsozialisten keineswegs veraltet, insbesondere Alfred Rosenberg und seine Anhänger gehörten zu denjenigen, die vor Mischungen warnten und sich am Idealbild einer reinen arischen Urrasse orientierten. Gobineaus Schüler Houston Stewart Chamberlain, der zum Spiritus Rector der Nationalsozialisten wurde, war dagegen der Auffassung, dass eine starke, arische Rasse nur durch Mischung entstehen könne. Er formulierte schon um 1900 das Konzept von Zucht und Züchtung, das Benn dann popularisierte. Bei Chamberlain kam es freilich auf die Komponenten an, die er ausgiebig diskutierte. Eine Vermischung mit dem Judentum stellte für ihn die größte Gefahr dar und er malte sie in drastischen Bildern aus. Eine Gefahr war der Jude für Chamberlain vor allem auch deshalb, weil er ihn als »kuenstliches Produkt« sah. Er stellte die These auf, »dass man Jude sein kann ohne Jude zu sein, und das man nicht ›Jude‹ zu sein braucht weil man einer ist.«[80] Er löste das ›Jüdisch-Sein‹ von der Religionszugehörigkeit – die Gefahr läge tiefer, meinte Chamberlain. Der jüdische »Rassengeist« sei eine fluktuierende Größe, der Juden wie Nicht-Juden befallen könne. Das war für Chamberlain die wirkliche Bedrohung der Moderne. Die Anschuldigung, ›Jude‹ zu sein, bekam damit eine weitergehende Bedeutung, die Benn mit dem Verweis auf die Religionszugehörigkeit nicht einfach wegdisputieren konnte. Entscheidend war für Benn der Begriff »Kreuzung« und »Mischung«. Wenn er in dieser Hinsicht Klarheit schaffen konnte, war er nicht nur legitimiert, er hatte das erreicht, was nach Sigmund Freud ein unmögliches Unterfangen war, die »biographische Wahrheit«. Benn nahm sich also die Eltern vor und betrachtete sie nach dem Modell der »Kretschmerschen Konstitutionslehre«: »mein Vater körperlich leptosom: streng, hager; meine Mutter pyknisch, alpin untersetzt.«[81] Er erspart uns keine Einzelheit, und am Ende steht die »arische Mischung« in der Gestalt von Gottfried Benn.

Anfang der dreißiger Jahre wurde über die »Mischung« von Rassen heiß diskutiert – Benn befand sich damit nicht auf einem Nebengleis, im Gegenteil, er war mitten im Zentrum und entwarf mit dem »Lebensweg eines Intellektualisten« gewissermaßen eine Modell-Autobiographie, in der nichts verborgen bleibt und alles enthüllt wird.

Als Thea Sternheim im November 1934 diese Ausführungen las, verstand sie die Welt nicht mehr: »Wie peinlich die Biographie!« Was war bloß in Benn gefahren? Sie sah darin eine »Anbiederung mit dem augenblicklich regierenden System.«[82] Nun, wir wissen, dass Benn diese »Anbiederung« in seiner 1949 veröffentlichten Autobiographie mit der ihm eigenen Konsequenz fortsetzte. Der erste Teil dieser Autobiographie ist der »Lebensweg eines Intellektualisten«, und er beginnt mit dem 1934 konzipierten Abschnitt »Die Erbmasse«.

Die glücklichste Zeit
meines Lebens

Mit ihr konnte er über alles reden, sie war seine »himmlische Liebe«: Elinor Büller, das liebe »Morchen«. Fast, ja fast wäre sie »Elinor Benn« geworden, der Probeabzug einer Visitenkarte war schon fertig. Irgendetwas kam jedoch dazwischen. Was das war, darüber lässt sich ebenso wenig etwas sagen, wie über den genauen Zeitpunkt. In Frage kommen nur die Anfangsjahre ihrer Beziehung. Spätestens, als Benn in die Reichswehr eintrat und nach Hannover abkommandiert wurde, im März 1935, war die Möglichkeit fürs Erste verpasst. Für einen aktiven Heeressanitätsoffizier galt es als unstatthaft, eine geschiedene Frau zu heiraten – und Elinor Büller war schon drei Mal geschieden, aus der zweiten Ehe hatte sie eine Tochter.

Wie die Notizen Elinor Büllers zeigen,[1] war Benn Anfang der dreißiger Jahre häufig bei ihr zu Gast, er kam zum Essen, sogar zu Weihnachten und Silvester. Es hatte etwas von ›Familie‹, die Tochter nannte Benn »Väterli«. Und Benn seinerseits stellte Elinor Büller seinen Freunden vor. Mit dem Ehepaar Hindemith machten die beiden sonntags Ausflüge in den Grunewald. Nach der räumlichen Trennung, im Frühjahr 1935, gingen viele Briefe hin und her – wobei, bis auf zwei Ausnahmen, nur die Briefe Benns erhalten geblieben sind. Man schrieb sich nahezu jeden Tag, blieb einmal die Post aus, führte das sogleich zu Reklamationen: »Mein lieber kleiner Mor, was treibst Du Finsteres, daß ich heute keinen Brief bekommen habe?«[2]

Benn war neugierig, insbesondere, wenn es um weibliche Mode und Accessoires ging: »Schreibe, was Du für Schuhe gekauft hast! *Wo, zu welchem Preis!* Schwarz oder braun oder Zugstiefel oder was.«[3] Mit lapidaren Antworten gab er sich nicht zufrieden, er wollte Details wissen. Im nächsten Brief heißt es: »Die neuen Schuh will ich genau beschrieben haben!«[4] Einmal schreibt sie zwei Tage nicht, dann kam eine kurze Mitteilung, sie habe nichts erlebt, was ihn interessieren könnte: »Du hast nichts erlebt, was mich interessieren könnte, Morchen, Du weißt, daß u. wie sehr mich *alles* interessiert, was Du treibst.«[5] Er fragte nach ihren Kleidern und Kostümen, nach ihrem Parfum (»Liebe starke Parfüms«[6]). Man unterhielt sich über Filme und Bücher, über Hitlers Rede im Rundfunk, über das Wirtschaftschaos und Benns Uniform: »Ungewohnt, kann ich Dir sagen! Und der Säbel will noch nicht so recht, wie er soll.«[7]

Elinor Büller teilte alles mit Benn, schickte ihm regelmäßig Kuchen und Blumen, erinnerte ihn daran, wann und wie er die Azalee zu gießen habe. Und wenn er nach Berlin zu Besuch kam, wurde er beköstigt und verwöhnt. Gerührt bedankte sich Benn am 1. Juli 1935: »Mein süßer lieber Mor, es war so schön bei Dir u. ich danke Dir tausendmal für Pflege u Mühe. Es ist *nur* schön bei *Dir*, u ich komme bald wieder u. Du bist mein einziger Mitmensch, liebes Morchen.«[8] Immer wieder gab ihr Benn zu verstehen, dass sie die Einzige ist in seinem Leben: »Lieber Mor, bist mein einzig geliebtes Wesen, auf das ich nicht verzichten kann. Sei gewiß.«[9]

Die einzige, es wurde oben schon gesagt, war Elinor Büller nicht. Benn hatte zur selben Zeit mit Tilly Wedekind eine Liebesbeziehung. Auch sie schickte ihm Kuchen, Kaffee und Blumen – zumeist Veilchen und Rosen. Auch von ihr wollte er alles wissen: »Was wird an dem reizenden blauen Kostüm repariert? War doch ein sehr schickes Stück, hatte u. habe es sehr gern.«[10] Auch mit ihr plauderte er über seinen Alltag, nicht ganz so ausführlich und im Ton etwas salopper und ironischer. Überhaupt fällt auf, dass das »Liebe Tillerchen« sich offenbar nicht so zur Verehrung eignete und nicht mit Liebesschwüren bedacht wurde. Die Formel von dem ›einzig geliebten Wesen‹ findet sich in der Korrespondenz mit Tilly Wedekind nicht. Von ›Liebe‹ ist eigentlich nur in einer sehr abgeschwächten Form die Rede: »Du bist ein reizender Mensch u. eine entzückende Frau. Das ist eine Liebeserklärung u. nicht aus schlechtem Gewissen u ähnlichem, sondern vom Blauen herab, aus heiterem Himmel.«[11] Benn machte ihr immer wieder Komplimente, die sich auf ihr angenehmes Äußeres beziehen, es sind Liebenswürdigkeiten, die zuweilen etwas aufgesetzt und gekünstelt wirken: »Du bist die süßeste u. beste u. schickste Frau, die es giebt. Sei sehr geküßt u. umarmt!«[12]

Tilly Wedekind war von Anfang an misstrauisch, überhaupt dann, wenn Benn Termine nicht einhalten konnte oder umständliche Erklärungen abgab. Ostern 1935 wollte sie den Geliebten in Hannover besuchen, doch als die Anfrage kam, hatte Benn bereits mit Elinor Büller einen Besuch abgesprochen. Er war in Nöten. Am 17. April teilte er Tilly Wedekind mit, dass er sich auf ihr Kommen freue, »ziemlich sicher« habe er jedoch Dienst, Genaueres erfahre er morgen. Er brauchte Bedenkzeit. Am nächsten Tag schreibt er: »Kleine Tilly, also Ostern bin ich angebunden weniger durch Dienst als durch persönliche Beziehungen.« Und nun erzählt Benn die Geschichte von einem Vorgesetzten, dem er verpflichtet sei, »ein tadelloser Kerl«, der nächste Woche versetzt werde, und zum Abschied habe er ihn zu einer Autotour nach Hildesheim eingeladen, eine Einladung, die er »natürlich annehmen muß.«[13] Zumal er unbedingt Hildesheim kennenlernen möchte, das ja zu seinem »>Dienstbereich<« gehören würde. Dass »liebe Tillerchen« solle doch besser nach Ostern kommen. Eine ziemlich unglaubwürdige Geschichte, das war Tilly Wedekind sofort klar. Postwendend schrieb sie einen leider nicht erhaltenen Brief, der wohl ein paar deftige Anmerkungen enthielt. Immer würde sie an dem, was er schreibt, zweifeln, so Benn in seiner Antwort. Freudestrahlend greift er aber den Vorschlag auf, den Tilly Wedekind offenbar gemacht hatte, er solle, wie er geschrieben habe, die Fahrt mit dem Vorgesetzten am ersten Feiertag machen, und sie käme dann am Ostermontag. Genau an diesem Tag wollte Elinor Büller wieder abfahren – alles lief bestens: Früh am Morgen stieg Elinor Büller in Hannover in den Zug, um 9:21 kam sie in Berlin Zoo an, und um 9:30 stieg Tilly Wedekind am Zoo ein und fuhr mit dem Zug nach

Hannover. Noch am selben Tag schreibt Benn an Elinor Büller: »Mein lieber süßer Mor, nachdem Dein Zug fort war, war ich schrecklich traurig u. verlassen u. trottete Vollgas Weg nach Hause.« Später am Morgen sei er dann zu Knickmeyer gegangen, »saß am selben Tisch wie Freitag mit Dir, wo wir Himmel u. Erde aßen, saß da bis 9[21], wo Du am Zoo ankommen mußtest, ging dann heim schlafen«.[14]

Anders als im Fall Elinor Büllers machte Benn seiner Geliebten Tilly Wedekind von Anfang an keine Hoffnungen, mit ihr eine feste Beziehung eingehen oder sie sogar heiraten zu wollen. Für sein Leben, so schreibt er ihr im Dezember 1935, brauche er keine Frau: »das ist meine Natur [...]. Natur des Mannes«.[15] Tilly Wedekind war jedoch nur bedingt bereit, sich danach zu richten. Immer wieder kam es zu Verstimmungen und immer wieder versicherte Benn der Geliebten, sie sei einzigartig, bezaubernd und schön, »aber der Weg, den ich gehe, den gehe ich allein, ohne mich zu eröffnen, u. ohne Frau«.[16]

Bis Januar 1937 hält Benn die Doppelliebe aufrecht, dann informiert er beide Damen, dass er sich in den letzten Wochen und Monaten »eine kleine Vertraute herangezogen« habe, »die«, so im Brief an Tilly Wedekind vom 1. Januar »in freien Stunden für mich schreibt, arbeitet, sich um meine Sachen etwas kümmert. [...] Ach, es ist keine Leidenschaft u. keine Sache des Glücks! Reiner Ordnungssinn; Bedürfnis nach etwas Gespräch u. Nähe«.[17] Ganz ähnlich formuliert es Benn im Brief an Elinor Büller vom 10. Januar. Er informiert sie noch, dass die »kleine Vertraute« viel jünger sei, »knapp 30 Jahre«, und nicht »die Spur hübsch«, schreibt allerdings »200 Silben, perfekte Maschinenschreiberin«.[18] Im Sinne »*unserer* Generation, nicht gebildet« – »ungeheuer, bescheiden, anspruchslos«. Vor allem aber werde diese Frau, so Benn, »nie im entferntesten, in mein Leben einzugreifen versuchen, rührt an keine Bezirke, in die ich sie nicht haben will«. Die Beziehung zu Elinor Büller will er gleichwohl weiterführen, sie »steht außer jeder Diskussion«. Sie solle, ja müsse ihm schreiben, dass sie »einverstanden« sei.[19]

Auch Tilly Wedekind versichert er, dass sie nicht ersetzbar sei, keine andere Frau könne sie verdrängen. Er will die Freundschaft erhalten, aber die Liebesbeziehung nicht weiterführen. Überhaupt fasst sich Benn im Fall Tilly Wedekinds doch relativ kurz und kommt ohne große Umschweife schnell zur Sache. Der zehn Tage später geschriebene Brief an Elinor Büller ist sehr viel länger und bedurfte offenbar einiger Überlegungen. Zwei Tage vorher, am 8. Januar, kündigt Benn mit einigen kryptischen Bemerkungen einen ausführlichen Brief an. Am 10. Januar nimmt er dann einen langen Anlauf, sie sei der einzige Mensch, der ihn kenne und der »tiefere Blicke« in »mein Inneres« – doch da korrigiert sich Benn sogleich und schreibt, in »meine Organisation, meinen Ablauf getan hat«[20]. Bei ihrem letzten Besuch sei es jedoch zu einem »Ausbruch« ihres Inneren gekommen, der ihn erschüttert und auf große »Lücken« in ihrer Beziehung aufmerksam gemacht habe. So sehr er die menschliche Bindung zu ihr schätze, erotisch hätte die Beziehung keinen Reiz mehr für ihn. »Ich bin ja nicht impotent. Man wildert ja doch im Grunde unaufhörlich danach herum, sucht sich was bei Kröpcke, sucht sich was beim Schwoof, findet allerdings nichts in dieser Saustadt oder nimmt sich was Mieses, plänkelt daran herum, läßt es wieder sitzen, schafft sich Schwierigkeiten besser gesagt: Langweiligkeit.«[21]

Elinor Büller hat am 14. März einen Brief an Benn geschrieben, in dem sie ihre Sicht der Dinge darstellt. Sie spricht von Benns Ichsucht, seinen »erotischen Anwandlungen«[22], seinen »temporären Lieblosigkeiten«[23], seiner Art, sich über sie und ihr Leben hinwegzusetzen. Der Brief dokumentiert ihre Enttäuschung über einen Mann, der ihr immer wieder Hoffnung gemacht hat und ihr noch vor Kurzem signalisierte, er wolle mit ihr zusammenleben, sobald über seine Versetzung aus Hannover entschieden sei. Elinor Büller hat den Brief in ein Kuvert gesteckt, aber nie abgeschickt. Bis Juni 1937 gingen noch ein paar Briefe hin und her, dann brach Benn, kurz bevor er sich nach Berlin versetzen ließ, die Beziehung ab. Für Elinor Büller fiel die Aufkündigung der langjährigen Liebesbeziehung in eine Zeit, in der sie als Schauspielerin kaum

Engagements bekam. Benn wusste von ihren Schwierigkeiten, schickte ihr für Einkäufe und Fahrkarten »Zehrgeld«. Nach der Trennung hörte sie mit der Schauspielerei ganz auf und hielt sich mit dem Schreiben von Theaterstücken und Unterhaltungsliteratur notdürftig über Wasser. Dass Benn sie die ganze Zeit mit Tilly Wedekind betrogen hatte, davon erfuhr die 1944 verstorbene Elinor Büller offenbar nichts. Tilly Wedekind hat, wie sie versicherte, erst 1966 davon erfahren, aus dem von Paul Raabe und Max Niedermayer herausgegebenen Band »Den Traum alleine tragen«. In dem Buch waren Briefe von ihr und von Elinor Büller abgedruckt. Mit dem Abstand so vieler Jahre konnte sie souverän darüber hinweggehen. In ihren Memoiren »Lulu. Die Rolle meines Lebens« schrieb sie: »Oh, diese Männer! Aber sollte ich noch nachträglich eifersüchtig sein?«[24]

Am 22. Januar 1938 heiratete Benn in Berlin seine »kleine Vertraute« Herta von Wedemeyer. In einem Brief an Oelze vom 23. Januar nennt er sie seinen »Pagen« und schreibt zur Begründung der Eheschließung: »Soll ich nun hier ein Dienstmädchen nehmen, das nichts zu tun hat, oder eine Aufwartung, die stiehlt, u. daneben wieder die 2–3 Freundinnen, die doch auch alle geheiratet werden wollen, – da sagte ich mir, ich kombiniere das lieber alles u. nehme mir eine Frau, die gesellschaftlich sicher ist u. ausserdem arbeiten kann u. die – 21 Jahre jünger, – zu erziehen mir sogar Freude macht u. der dieser elende Staat sogar noch Pension zahlen muss, wen ich tot bin«[25]. War das ernst gemeint? – oder, wie man heute sagen würde, ›nur‹ »Männergerede«. Benn liebte diese schon damals unkorrekte Redeweise eines ›Machos‹, mit der er den distinguierten Kaufmann Oelze ein wenig erschrecken, ein wenig brüskieren konnte. Ein Scherz war es gleichwohl nicht: Dass dahinter eine gewisse Realität stand, zeigt sich auch an anderen Briefen. An seinen Freund Erich Reiss schreibt er, »Frauen müßten Kaninchen sein, dann wären sie anders organisiert wie wir [...] – und alles wäre in Ordnung. Leider aber sind sie keine Kaninchen, sondern eine Art Menschen, wenigstens in Europa u USA.«[26]

Als Thea Sternheim in Paris die Heiratsanzeige zu Gesicht bekam, war sie entsetzt. Nicht aufgrund der Tatsache, dass Benn geheiratet hatte, sondern vom Text der Anzeige, da war – es stach sofort ins Auge – vom Schwiegervater Adolph von Wedemeyer die Rede, der »auf dem Felde der Ehre« gefallene Hauptmann »im Kaiser Franz-Garde-Grenadier-Regiment Nr. 2«[27]. Nach allem, was »zwischen 1914 u. 18« passiert ist, wie kann da »ein logisch denkender Mensch« noch »vom ›Feld der Ehre‹ reden?«[28] Freilich, es passte für Thea Sternheim ins Bild. »Es ist manchmal so, als ob ich keinen einzigen lebenden Deutschen in die Vorstellung, die ich von einem anständigen Menschen habe, hinüberretten sollte.«[29] Dass man Heiratsanzeigen im nationalsozialistischen Deutschland so aufsetzte, war eine Sache, eine andere war, dass er, der vermeintlich doch so intelligente Benn, sich derart den Gepflogenheiten anpasste und selbst in solchen Dingen keine Spur von Distanz erkennen ließ – es war und blieb für sie enttäuschend.

Benn hatte sich im Herbst 1934 für einen, wie er Oelze schrieb, »Milieuwechsel«[30] entschieden und seine Reaktivierung in die Reichswehr beantragt. Das hätte nicht allein wirtschaftliche Gründe, er fühle sich »vor allem geistig« erschöpft und leer. Die Rückkehr in die Reichswehr definierte Benn von Anfang an als Phase einer kreativ-schöpferischen Regeneration, nicht als Rückzug, sondern als Flucht nach vorn wollte er seine Entscheidung verstanden wissen. »Ich muß geistig weiterkommen«,[31] schreibt er im Oktober 1934 an Elinor Büller, zu einer Zeit, als er die Möglichkeit einer solchen Veränderung ventilierte. Und Benn erinnerte sich natürlich an seine glorreichen Jahre in Brüssel. Was hatte er dort nicht alles geschrieben! Unter anderem die inzwischen legendären Stücke aus dem Prosazyklus »Gehirne« – das war sein Durchbruch.

Kurz bevor er den Entschluss fasste, wieder in die Reichswehr einzutreten, schrieb er an seiner Autobiographie »Lebensweg eines Intellektualisten«. Im zweiten Abschnitt, gleich nach der »Erbmasse«, erinnert er sich an seine Anfänge, an die Zeit als Militärarzt: »das Jahr 1915/16 in Brüssel war enorm, da entstand Rönne, der Arzt, der Flagellant der Einzeldinge.«[32] Passagenweise zitiert er in der Autobiographie aus den Rönne-Novellen. Es war ein Wiederaufleben der geliebten Prosa, die er auch für sich selbst in stiller Andacht noch einmal Revue passieren ließ, insbesondere aber war es auch ein Wiederaufleben des ›Dichters Benn‹, von dem in den zurückliegenden Jahren nichts oder kaum mehr etwas zu hören und zu lesen war. Die Zeit in Brüssel wurde für ihn jetzt zu einer einzigen großen Erinnerung, zum Ort einer geistigen Frischzellenkur. Es spricht viel dafür, dass Benn genau in dieser Situation über eine Reaktivierung in der Reichswehr nachdachte. Benn glaubte ganz entschieden an die Wiederholung, an die Wiederkehr.[33]

Die Zeit sollte wieder »enorm« werden – Benn wollte wieder »enorm« werden. Lange hatte er sich so gefühlt, als ob er im Vorzimmer der Macht säße. Doch von den großen Machthabern hatte ihn niemand gerufen. Ja, er musste es sich gefallen lassen, von einem mediokren Balladendichter als Jude beschimpft zu werden. In dieser Situation hatte er eigentlich einen Aufschrei gegen den Verleumder erwartet, aber der blieb aus. Selbst seine Freunde, Johst und Blunck, erfahren im politischen Taktieren, rieten zur Vorsicht und zum Abwarten. Dabei hatte er doch alles getan, was man tun konnte. Benn hatte sich in Reden und Rundfunkbeiträgen werbewirksam für die nationalsozialistische Kulturrevolution stark gemacht – und er war sich auch nicht zu schade dafür gewesen, in einem Rundumschlag die Literatur der europäischen Moderne zu verunglimpfen. Das »Börsenblatt« hatte im Dezember 1933 die Buchhändler ermahnt, nicht weiter »volksfremdes Schrifttum« zu verkaufen und ihre Aufgabe im neuen Staat zu erfüllen. Im Januar startete die Zeitschrift dazu eine Umfrage unter deutschen Dichtern und Schriftstellern: »Hat der deutsche Buchhandel versagt?« – Auch Benn nahm Stellung, und zwar in polemischer und drastischer Weise. Die ganze ausländische Literatur der letzten Jahrzehnte trage, so Benn, einen »absterbenden Charakter«[34]: *Galsworthy* sei eine »kapitalistische Fregatte, über dessen Familientragödien heute bereits die Backfische lachen«, *Lawrence* sei ein »Erotiker mit Tannenduft, der die Dämonien des Menschen immer an die verkehrten Organe ansetzt«, *Joyce* hätte nur immer

»eine literarische Methode« ›heruntergeklappert‹, oder »den alten *Gide*, der frühere ist bewundernswert, aber jetzt auf der einen Seite ein calvinistischer Puritaner und auf der andern ein pedantischer Exhibitionist; *Valéry*, der es noch genauso mit ›den Sinnen‹ und ›dem Geist‹ hat wie Pascal, eine rein gesellschaftliche Arabeske, ein Nachzügler, der sich in der sublimsten Weise empfindet und sich und uns in der ernstesten langweilt«[35] – und so weiter, eine Dichterbeschimpfung par excellence, mit der sich Benn, wie es Thea Sternheim 1933 ausdrückte, als »Reklamechef«[36] des neuen Staates empfahl.

Benns eigene Veröffentlichungen erschienen im zeitgemäßen Gewand. Als »Der neue Staat und die Intellektuellen« herauskam, prangte darauf die Buchbinde: ›Gottfried Benns Bekenntnis zum neuen Staat‹. Kritik gab es kaum. Der Sammelband »Kunst und Macht« wurde einhellig gelobt, insbesondere Benns Bekenntnis zum Expressionismus. Hier und da gab es aus dem Kreis der Rezensenten ein paar Bedenken und Anmerkungen. Doch eine negative Kritik ist zu dieser Zeit nirgendwo erschienen – im Gegenteil, man bedachte Benns Veröffentlichungen mit einiger Aufmerksamkeit, und er blieb weiter im Radio präsent. Im Mai 1934 durfte Benn sich in einer Gesprächsrunde zum »Mythos, einst und jetzt« äußern – im Hintergrund stand Rosenbergs berühmt-berüchtigtes Buch »Der Mythus des 20. Jahrhunderts«.

Dessen ungeachtet fühlte sich Benn, wie schon so oft, nicht richtig erkannt, nicht richtig anerkannt. Der »Schritt von der Kunst in den Rausch der Geschichte«, er war bereit, ihn zu tun, nur war er eben nicht Marinetti und ›sein‹ Manifest »Der Staat und die Intellektuellen«, konnte es mit dem »Futuristischen Manifest« bei Weitem nicht aufnehmen. Benn verbreitete darin Aufbruchstimmung, die er seiner expressionistischen Vergangenheit entlehnte, aber dem Text fehlte jegliche Verve und Radikalität, von einer Vision ganz zu schweigen.

Noch ein anderer Umstand machte sich in dieser Zeit bei Benn negativ bemerkbar. So sehr er für die preußischen Tugenden und das Heroische schwärmte, für jemanden, der oben ›mitmischen‹

wollte, fehlte es ihm an strategischem Denken und taktischem Ge-
schick, aber auch an Durchsetzungsvermögen und Härte. Das hatte
sich schon in Brüssel gezeigt, wo er es in keiner Dienststelle lange
ausgehalten hatte, mit jedem Vorgesetzten war er über Kreuz, und
noch vor Kriegsende durfte er die Armee verlassen und kehrte nach
Berlin zurück – das zeigte sich aber auch 1933 in der Debatte um
die Akademie und zuletzt in den Auseinandersetzungen in der
»Union nationaler Schriftsteller«. Benn bekleidete Leitungsfunk-
tionen, stand an vorderster Front, wenn jedoch die Dinge nicht so
liefen, wie er sich das vorgestellt hatte, zog er sich zurück.

Er konnte schlecht mit Kritik und Widerspruch umgehen. 1934
war er besonders dünnhäutig und voller Ressentiments. Wie er
Tilly Wedekind berichtet, bekam er des Öfteren anonym Post zu-
gesandt, Benn vermutete »von Juden u. Linksleuten«[37], die ihn be-
schimpften – auch das mag ihn dazu bewogen haben, über einen
»Milieuwechsel« nachzudenken. Am 18. November 1934, da war
vermutlich der Entschluss, sich reaktivieren zu lassen, bereits gefallen, schreibt er an Oelze: »Möglich, dass ich hier alles hinter mir
lasse: Wohnung, Praxis, Berlin u. in die Reichswehr zurückkehre,
man hat mir von da eine ganz günstige Offerte gemacht.« So könne
er »*alle* Verbindungen lösen«, auch die zur Akademie. »*Raus* aus
allem« – und die Reichswehr, sei für ihn, wie er hinzusetzt, »die
aristokratische Form der Emigrierung!«[38] Er war, man spürt es, der
ganzen Geschichten, in die er sich verstrickt hatte, überdrüssig und
wollte endlich wieder hinter seinen geliebten Mauern »aus Kühle
u. Abgeschlossenheit«[39] verschwinden. Als er sich ein knappes halbes Jahr später aus Hannover meldete, fühlte er sich schon sehr viel
wohler. An Elinor Büller schreibt er: »Das Ausland verhöhnt mich,
weil ich Nazi u. Rassist bin, u. die Nazis, weil ich undeutsch, for-
malistisch u intellektuell bin.«[40] Das war genau die Position, die er
suchte: der Unverstandene, der nirgendwo dazugehört.

Insoweit war er in Hannover am richtigen Platz. Wie in Brüssel,
so verfügte er auch hier über einige Bewegungsfreiheit. Er hatte in
der Regel sechs Stunden Dienst – da blieb noch genug Zeit zum
Schreiben und Sich-Amüsieren. »Berlin lockt mich gar nicht, als

Ganzes u. Stadt«, versichert er Tilly Wedekind drei Wochen nach seiner Ankunft in Hannover. »Was soll ich da, ohne Wohnung, Arbeit etc. Trifft man Bekannte, nur das Hin- u. Hergequatsche, völlig sinnlos.«[41] In einem Schreiben an Oelze spricht er davon, dass die Atmosphäre hier »beinahe bequem« und »mir keineswegs unsympathisch« ist. Die Tage seien durch einen Begriff charakterisiert, den er »kannte, aber vergessen« hätte: »*Dienst*. Diese keineswegs unmenschliche, aber kalte Atmosphäre des Unpersönlichen, des Sachlichen an sich: so ist es befohlen u. so muss es unbedingt u. unverzüglich geschehn.«[42] In den nächsten Wochen betreibt er eine Selbstisolation, liest keine Zeitung, hält sich von allem fern. »*Allgemeine* Fragen gleiten allmählich von mir ab.«[43] Um die Welt zu ertragen, schreibt Benn im August 1936 an Oelze, müsse man weit zurückgehen. Das sei nur dem Künstler und dem Mönch gegeben.[44]

Benn schrieb nun wieder Gedichte, die ersten erschienen im Dezember 1935. Und die nächsten waren bereits in Vorbereitung. Sein Verlag, die Deutsche Verlags-Anstalt, plante zu seinem 50. Geburtstag, am 2. Mai 1936, eine Auswahl mit alten und neuen Gedichten zu veröffentlichen. Eine Prosaarbeit war auch in Vorbereitung: »Weinhaus Wolf« – der Name bezog sich auf eine Lokalität in Hannover, in der Benn verkehrte und seine Beobachtungen machte. Politisch äußerte er sich nur in Briefen, es waren launige Anmerkungen, Bonmots, die er sich nun, abseits des Weltgetriebes, erlauben konnte, freilich musste er mit allzu freimütigen Äußerungen vorsichtig sein.

Gleich nach Veröffentlichung seines Gedichtbandes erschien am 7. Mai 1936 in der SS-Zeitung »Das Schwarze Korps« ein Artikel, der vom »Völkischen Beobachter« nachgedruckt wurde, und in dem besonders Benns frühe Gedichte als obszön und als »Ferkelei« kritisiert wurden. Angegriffen wurde auch der Verlag, der im Jahr 1936 solche Dinge zu veröffentlichen wagt. Benn war alarmiert, zumal zwei Wochen später ein weiterer diffamierender Artikel in der Nazi-Presse erschien. Er befürchtete schon, unehrenhaft aus der Armee entlassen zu werden, und schaltete die Dienststelle ein, bat seinen Freund Hanns Johst um Beistand und wandte sich auch hilfesuchend an die Akademie. Die Geschichte ging schließlich gut aus. Der Verlag druckte bei der zweiten Auflage die kritisierten Gedichte nicht mehr ab und damit war die Sache eigentlich erledigt. Folgenreicher war eine Polemik Wolfgang Willrichs in seiner diffamierenden Schrift »Säuberung des Kunsttempels«, die schließlich im März 1938 zu Benns Ausschluss aus der Reichsschrifttumskammer führte und damit zum Publikationsverbot. Benn war das im Grunde nicht so wichtig, er hatte sogar überlegt, freiwillig auszutreten, um endlich allen Ärger los zu sein, wichtig war ihm nur, dass er seine Stelle im Militär nicht verlor – was schließlich auch gelang.

Als ihm das Verbot erteilt wurde, wohnte Benn schon wieder in Berlin. Das Leben in Hannover war ihm zu spießig, dazu kam ein neuer Vorgesetzter, mit dem er sich nicht verstand. Ende 1936 beantragte er seine Versetzung in die Reichshauptstadt, und im Sommer des kommenden Jahres konnte er dort eine Stelle als Sanitätsoffizier antreten. Ab Januar 1938 wohnte er zusammen mit seiner Frau Herta in einer Vierzimmer-Wohnung in der Bozener Straße, in der er sich auch eine Praxis einrichtete, die er zunächst für private Behandlungen nutzen wollte. Damit hatte Benn sich wieder in der ihm vertrauten Stadt etabliert und einen Mittelpunkt gefunden. Von den Angriffen gegen ihn blieb nicht viel zurück. Benn hielt sich an das Publikationsverbot und wurde in regelmäßigen Abständen befördert. 1941 wurde ihm sogar eine bessere Stelle offeriert, die ihm mehr freie Zeit zum Schreiben ließ. Er produzierte gewissermaßen auf Halde, jetzt in der festen Überzeugung, dass der Nationalsozialismus über kurz oder lang ein Ende finden werde und er eine neue Karriere starten könne. Die fertigen Manuskripte schickte er zur Aufbewahrung an seinen Freund Oelze. Im norddeutschen Raum, glaubte er, waren sie sicherer. In Berlin kam es schon im Sommer 1940 zu ersten Luftangriffen. 1943 spitzte sich die Situation zu, die Bombardements weiteten sich aus. Benns Dienststelle wurde daraufhin in die Mark Brandenburg, nach Landsberg (Warthe) verlegt. Ein Glücksfall für den Dichter.

Im August 1949, als er wieder Kontakt mit Thea Sternheim aufnahm, berichtet er ihr über sein Leben in Landsberg: »ich nahm
meine Frau mit, verschaffte ihr eine Stelle als Tippdame, wir wohnten in einer herrlichen Kaserne hoch über der Stadt, bekamen
Essen […], zu tun war nichts mehr, ich hatte soviel Zeit wie nie in
meinem Leben, las schrieb, – eigentlich waren diese anderthalb
Jahre die ruhigste und glücklichste Zeit meines Lebens.«[45]

Ich habe sie kommen sehen

Für Thea Sternheim war das alles neu, die letzten Nachrichten über Benn hatte sie von ihrer Freundin Annette Kolb erhalten, die Anfang 1946 den Romanisten Ernst Robert Curtius getroffen hatte, der über Benn berichtete, er sei anfangs, wie bekannt, begeistert gewesen, habe aber »bald seinen Irrtum eingesehen«, sei dann »verfolgt worden« und musste schließlich sogar flüchten. »In jedem Fall habe er sich tadellos gehalten.«[1]

Thea Sternheim hatte Benns Veröffentlichungen aus den dreißiger Jahren gelesen, seine Artikel und Stellungnahmen verfolgt und sich dabei immer wieder gefragt, warum sie an eine solche »Sklavenseele« ihre »Freundschaft vergeudet«[2] habe. Natürlich wurde ihr auch einiges von den Emigranten, die sie in Paris traf, zugetragen.

Der Schriftsteller Hermann Kesten erzählte ihr im April 1933, dass Benn unter dem neuen Regime Anerkennung erfahre und Karriere mache. Von ihrer Freundin Betty Flechtheim hörte sie im August 1933, dass Benn sie in Berlin besucht und sich eine Stunde mit ihrem Mann unterhalten habe. Allein die Tatsache, dass Benn es wagte, den Juden Flechtheim zu besuchen, stimmte Thea Sternheim nachdenklich – vielleicht ist er ja doch »nicht vollkommen vom Anstand des neuen Systems überzeugt«[3]. Ganz andere Nachrichten hörte sie über ihre Tochter Mopsa, die im Februar 1934 Erika Mann traf und die ihr erzählte, dass Benn mit Tilly Wedekind zusammen sei. Im Herbst 1936 hielt sich Benns Tochter Nele in Paris auf, sie besuchte die Fotografin Frieda Riess – und von ihr hörte Thea Sternheim, dass Benn vom Nationalsozialismus ›ernüchtert‹ sei. Im Februar 1938 kommt ihr dann die oben erwähnte

Heiratsanzeige zu Gesicht – aus der sie alles andere als eine Ernüchterung herausliest.

Es sind also sich widersprechende Gefühle, zwischen denen sie in diesen Jahren hin- und hergerissen ist. Als sie im April 1938 in Paris ins Kino geht und Erich von Stroheim in dem Horrorfilm »The Crime of Doctor Crespi« sieht, entdeckt sie plötzlich eine gewisse Ähnlichkeit Stroheims mit Benn, in seinen »anziehenden« als auch in seinen »abstossenden« Seiten.[4] Stroheim spielt in dem Film, der ziemlich frei auf einer Vorlage von Edgar Allan Poe basiert, einen verrückten Arzt, der sich an seinem Nebenbuhler rächt. Der Arzt, Kettenraucher, leidet unter seltsamen Stimmungsschwankungen, ein Melancholiker mit magischen Augen und viel Sinn für Ironie, ein tiefer und zugleich abgründiger Charakter.

Erinnerungen verändern sich, man kann sich nicht sicher sein, besitzt sie nie endgültig. Unmerklich setzen sich bestimmte Eindrücke und Urteile fest, andere verblassen, verlieren an Bedeutung. Was ist ›wahr‹, was ist ›falsch‹? Je mehr Zeit vergeht, desto größer wird zuweilen die Unsicherheit über das Bild, das wir uns von einem Menschen machen. Ist es nicht vielleicht doch ungerecht und einseitig? So ähnlich muss es Thea Sternheim im Mai 1942 gegangen sein. Als sie im Juli 1933 Benns Schrift »Der neue Staat und die Intellektuellen« das erste Mal las, schrie sie förmlich vor Entsetzen auf: »Das schmeckt nach Jauche. Welche Beschmutzung aus dem Untersten her.«[5] Nach knapp zehn Jahren ist sie sich nicht mehr so sicher in ihrem Urteil. Waren es vielleicht die Emotionen des Jahres 1933, ihre abgrundtiefe Enttäuschung von Benn, die ihr die Lektüre so zur Qual gemacht haben? Thea Sternheim wollte den Inhalt noch einmal prüfen, hatte aber ihr Exemplar verloren und lieh sich nun die Schrift von Frieda Riess. Abends, allein im Hause, blätterte sie gespannt in dem Bändchen – und ihr Eindruck war genauso schlimm, ja vielleicht noch fataler: »Welch ein Gebräu von Eitelkeit und plattester Missgunst gegen alles Erfolgreiche. Neid auf die Grunewaldvilla, auf geistigen Einfluss dieser eilfertige, in hymnische Form gebrachte Kotau Gottfried Benns vor dem Zeitwender. Wie er sich abmüht seine klobigen Meklenburgischen

Erich von Stroheim

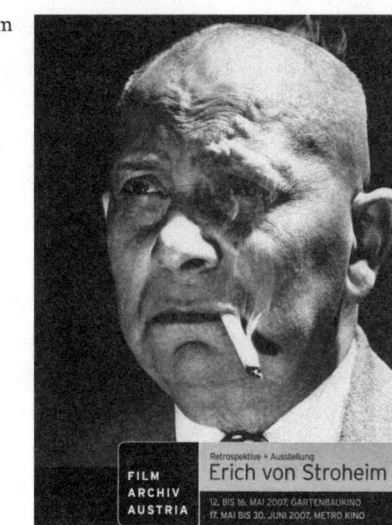

Füsse in die Fussstapfen Nietzsches zu setzen. Mit welcher an Mordlust grenzender Verantwortungslosigkeit er die von dem Braunauer ausgegebene Losung nach Züchtung und Lendenaufgürtung zum Tod in den Termopylen weitergibt.«[6]

Ekel und Wut waren wieder da und auch jene Frage, die sich 1933 gestellt hatte: »Ist der Reklamechef nicht noch widriger als der Mörder?«[7] Man muss sich den zeitgeschichtlichen Kontext in Erinnerung rufen, der die Aussagen Benns noch einmal in ein schärferes Licht rückte und der Thea Sternheims Reaktion verständlich macht: 1942 – am 20. Januar die Berliner ›Wannseekonferenz‹, auf der die ›Endlösung der Judenfrage‹ beschlossen und der Holocaust organisiert wurde; am 26. April fand in der Krolloper die letzte Reichstagssitzung statt, Hitler ließ sich trotz der militärischen Niederlage in der Schlacht um Moskau feiern und erklärte sich zum ›Obersten Gerichtsherrn aller Deutschen‹; im März wurde Lübeck, im April Rostock bombardiert, die Schlacht um Sewastopol mit Tausenden von Toten war in vollem Gange, die Schlacht um Stalingrad in Vorbereitung. »Helden« und »Opfer« hatte Benn in seiner Schrift gefordert und an die Jugend appelliert, nicht an eine Villa oder einen Mercedes zu denken, sondern sich wieder »in Gefahr zu begeben«[8].

»Auch ich habe sie kommen sehen, die Schritte ihrer Stiefel hallen in den Pariser Strassen«[9], schreibt Thea Sternheim unter dem 18. Mai 1942 in ihr Tagebuch. In den dreißiger Jahren hatte sie sich in Paris sicher gefühlt, die Stadt war für sie kein Exil, sie wollte hier leben. Im April 1933 wurde sie von dem Philosophen Bernhard Groethuysen gefragt, ob sie sehr darunter leide, im Ausland bleiben zu müssen? Thea Sternheim antwortete: »>Lieber würde ich sterben, als unter den jetzigen Umständen nach Deutschland zurückzukehren!< >Wissen Sie<«, so Groethuysen, »>dass Sie die erste Deutsche sind, die ich treffe, die nicht von Heimweh zerfressen scheint!<«[10] Nein, Heimweh hatte sie nie, sie misstraute den Deutschen und hielt sie, was totalitäre Ideologien anging, für besonders empfänglich. »Die deutsche Nation«, so schrieb sie unter dem 15. Oktober 1933 in ihr Tagebuch, habe »in Hitler den ihr gebührenden Sachwalter gefunden.«[11] Dass sie weder unterdrückt noch verführt wurden, war für Thea Sternheim ein Faktum. Allen Versuchen, man müsse zwischen den Nazis und den Deutschen unterscheiden, erteilte sie eine Absage. Das deutsche Volk, schreibt sie 1944, sei »hoffnungslos«, und sie spricht von einer »Kollektivverrohung«[12]. Auf der anderen Seite war sie keineswegs eine unkritische Frankophile, sie liebte Frankreich, die französische Lebensart und die französische Sprache, aber sie hielt Distanz zur Nation. Als die Behörden im Januar 1940 ihren Antrag auf die französische Staatsbürgerschaft ablehnten, war sie nicht besonders traurig. Sie wusste natürlich, dass sie es als Französin in diesem Land einfacher gehabt hätte, all das, was sie in den nächsten fünf Jahren erdulden musste, wäre ihr erspart geblieben. Doch mit ihrer Zuneigung zu Land und Leuten hatte die Staatsbürgerschaft nichts zu tun. Sie mochte die alten Pariser Stadtviertel, ging gern in die Restaurants und Cafés, und es verging kaum ein Abend, an dem sie sich nicht in irgendeinem kleinen Kino einen amerikanischen Film ansah. Glücklich aber fühlte sie sich oft erst wieder, wenn sie in ihren eigenen vier Wänden war.

Ein Problem war und blieb die »Haltlosigkeit der Sternheimschen Kinder«[13], Mopsa und Klaus. Beide kamen von den Drogen nicht los. Im November 1939 wurde Klaus Sternheim wegen eines Drogendelikts angeklagt, es drohte ihm eine Inhaftierung und der Verlust der Aufenthaltsgenehmigung. Im April 1940 musste er eine Entziehungskur machen. Kurze Zeit später setzte er seinen lange gehegten Plan, Europa den Rücken zu kehren und nach Mexiko auszuwandern, in die Tat um. Als er im Mai 1938 im Familienkreis von seinem Vorhaben erzählt, erwägt Thea Sternheim, mitzugehen. Sie wollte, wie sie sich ausdrückte, »dem Gefahrenkreis der Bluträuschler«[14], dem Krieg, entkommen. Denn dass der Krieg unvermeidlich kommen würde, daran hatte sie um diese Zeit nicht mehr den geringsten Zweifel. Über kurz oder lang würde Frankreich zum Schlachtfeld werden. »Aber wo wollte ich den Mut hernehmen, mit Klaus oder Mops ein neues Leben zu beginnen?«[15]

Mopsa Sternheims Zustand ist in den dreißiger Jahren labiler denn je. Wie schon so oft, versucht sie sich in einem neuen Tagebuch, Klarheit über ihr Leben zu verschaffen. Es sind Essays, die in erster Linie der Selbstverständigung, zuweilen aber auch der Selbstanklage dienen. Unter dem 19. November 1934 heißt es: »Die Disziplinlosigkeit hat in meinem Leben solch gigantische Formen angenommen, dass ich unbedingt versuchen muss, diesen Zustand zu ändern. Vielleicht ist ein Tagebuch schreiben ein geeignetes Mittel, zumindest über die Gründe dieser Disziplinlosigkeit Klarheit zu schaffen. Ein kindliches Mittel vielleicht, aber gerade deshalb für mich wirksam, weil ich überhaupt den Hauptgrund meines Versagens auf allen Gebieten in der mangelnden Grundlage erblicke.«[16] Sie beschreibt die Situation, in der sie steckt, es ist eine Art Bestandsaufnahme: »Ich werde in 3 Monaten 30 Jahre alt. Seit 5 Jahren bin ich mit Unterbrechungen, an Alkaloide gewöhnt. Ich bekomme eine Rente von 250 Francs im Monat von den ich dem Jack [Carl Rudolf von Ripper] helfen muss, das Heroin bezahlen muss ohne das ich keine 8 Stunden bleiben kann. Ich rauche am Tag mindestens 2 Pakete Zigaretten, die billigsten zu 4 Frcs 40. Ich fahre immer Taxi, weil ich es nicht fertigbringe auf einen Omnibus zu warten und weil ich seit einem Jahr ungefähr die Erstickungsangst, die mich in den Untergrundbahnen befällt, nicht mehr zu bemeistern wage. Dieses Leben nur von der ökonomischen Seite aus betrachtet mehrere Jahre durchzuführen beansprucht natürlich alle Energie, deren ich überhaupt noch fähig bin.«[17] Doch sind es, wie sie dann weiter ausführt, nicht so sehr die äußeren Umstände als ihr »Seelenzustand«, der ihr zu schaffen macht. Und dieser äußert sich in einer »absolute[n] Halt- und Ziellosigkeit«, dazu ein dauerndes »schlechtes Gewissen«[18], weil sie Zeit verschwendet und ihre Talente nicht nutzt.

Das Verhältnis zu Ripper löst sich in den dreißiger Jahren, sie hat Liebesbeziehungen zu anderen Männern – zwei sind für sie ganz wichtig geworden: Der Franzose Michel Zimmermann, der einzige Mensch, mit dem sie reden und diskutieren konnte, »der so begriffsbesessen war wie ich«[19]. 1943 hilft sie ihm, der als Jude verfolgt wird, bei der Flucht aus dem besetzten Frankreich. Der andere ist der Verleger Walter Landauer, der Ende der zwanziger Jahre zusammen mit Fritz Landshoff als Lektor im Kiepenheuer-Verlag arbeitete. 1933 flüchtete Landauer nach Amsterdam und arbeitete zusammen mit Hermann Kesten im Allert de Lange Verlag. »Der feine, grundanständige und grundgescheite, witzig-melancholische Landauer«[20], so Klaus Mann, übte auch auf Mopsa Sternheim eine starke Faszination aus. Als sie von seiner Verhaftung durch die Gestapo und seinem Tod im Dezember 1944 im Konzentrationslager Bergen-Belsen hört, ist sie tief erschüttert: »Von allen Menschen, die ich verlor ist er der, der mir im Alltäglichen am meisten fehlt. Und dessen Verlust am simpelsten WEH TUT«[21].

Thea Sternheims Beziehungen veränderten sich in den dreißiger Jahren. Sie selbst führte das auf die »fortschreitende Verwicklung ins Politische«[22] zurück. Die Politik wirkte in ihren Augen wie eine ansteckende Krankheit, mit der sich immer mehr Menschen, die ihr nahestanden, infizierten. Mopsa, von Politik ›zerfressen‹, der ihr so liebe René Crevel, »ganz politisiert«[23]. Ihr Sohn Klaus hielt sich zwar äußerlich von der Politik fern, aber die Zeitumstände hatten ihn völlig verändert. Aus »dem poetischsten, zärtlichsten aller Kinder« ist ein verhärteter Mensch geworden, »zu keinem einfachen mitmenschlichen Gefühl«[24] mehr in der Lage. Selbst ihre

Tochter Agnes blieb von dieser Entwicklung nicht verschont, sie begeisterte sich für den Kommunismus, schwärmte vom kollektiven Leben und plante mit ihrem Freund, nach Russland auszuwandern. Die junge Generation, prophezeit sie, wird »zerbrechen«, die »Dümmeren«, jene, die sich »unter dem Schlagwort ›Viva il Duce!‹ oder ›Heil Hitler‹« vereinen, »werden ihr Leben auf dem Schlachtfeld verlieren, die subtileren sich diesen Ketten entwindend, gehen an Aussichtslosigkeit, am Ekel oder bei der Flucht vor der furchtbaren Wahrheit, an der Droge zugrunde«.[25]

Klaus Mann, der in den dreißiger Jahren des Öfteren zum Mittagessen kam und, wie Thea Sternheim schreibt, »zur Familie gehört«[26], macht auf sie einen sympathischen und charmanten Eindruck, doch alle Gespräche drehen sich nur um Politik, ihr ordnet er alles unter, natürlich auch sein Schreiben. Den 1934 im Exil entstandenen Roman »Flucht in den Norden« kann sie als Literatur nicht ernst nehmen – ein »Machwerk«[27]. Von dem 1939 erschienenen Roman »Der Vulkan« ist sie mehr als enttäuscht, flott geschrieben, doch »irgendwie unappetitlich«. »Alles artet in Kaffeehausatmosphäre, Cigarettendunst, Beischlaf ohne Sinnenlust, dafür aber Heroinspritze aus.«[28] Die Figuren aus dem Roman sind dem Leben entnommen – auch Mopsa musste zum Schrecken der Mutter als Modell herhalten. Das sei kein Roman über die deutsche Emigration, sondern ein zusammengemixtes Etwas.

Die damals wie heute oft gehörte Auffassung, dass Krisenzeiten und gesellschaftliche Umbrüche die Geister beflügeln, dass sie inspirierend wirken und große Literatur hervorbringen, war in den Augen Thea Sternheims ein völliger Humbug. Was sie erlebte, war das schlichte Gegenteil. Die Literaten wurden von den ›Forderungen des Tages‹ aufgesaugt, sie büßten alle Distanz ein, dachten nicht mehr über die Gegenwart hinaus. Heinrich Mann hält sie zwar die Treue, bewundert seine aufrechte Haltung, doch in vielem, was er jetzt veröffentlicht, erkennt sie eine durchsichtige politische Tendenz. Sie bestreitet nicht die Notwendigkeit dieser Texte, nur liegen die spezifischen Möglichkeiten der Literatur für sie woanders. Mit Wehmut erinnert sie sich an den »Untertan«

und an Sternheims »Die Hose«: »Das war der Deutsche um die Jahrhundertwende!«[29]

Enttäuschend und durch die Politik völlig verändert erscheint ihr auch Frans Masereel. Seiner künstlerischen Entwicklung kann Thea Sternheim nichts mehr abgewinnen, und auf sein Eintreten für die Ideen des Kommunismus reagiert sie mit Abwehr. Sie mag davon nichts hören. Da ist ihr ein Mann wie Johannes R. Becher sehr viel lieber. Anfang 1935 kommt er einige Male zu Besuch, sie nimmt ihn als einen disziplinierten, beherrscht agierenden Menschen wahr. »Wohltuend in jedem Fall der totale Mangel an Subalternität.«[30] Becher spricht in einer Weise vom Kommunismus, dass Thea Sternheim das Gefühl hat, diese Gesellschaftsform sei vielleicht doch die »Lösung aus materiellen Nöten«.[31]

Einer der ganz wenigen, mit denen sie noch über Literatur sprechen konnte, war der Schriftsteller Julien Green: »Wie leicht wird es mir im Gegensatz zu den meisten Menschen mit ihm unter 4 Augen zusammenzusitzen. Ich sehe vorzüglich einen grossen begabten Jungen in ihm, der der Nuance den ihr gebührenden Platz einräumt […].«[32] Eine Rolle spielte dabei Greens neuerliche Hinwendung zum katholischen Glauben. Der protestantisch erzogene Green war in jungen Jahren zum katholischen Glauben konvertiert, wandte sich dann dem Buddhismus zu und kehrte in den dreißiger Jahren zurück zum Katholizismus. »Green«, so Thea Sternheim, »meint das Christentum stände erst im Anfang seiner Entwicklungsmöglichkeiten. Alles sei noch zu entdecken […] Möge er recht haben, denke ich mit tiefer Bewegung.«[33]

Mit Green sprach sie auch über Gide und sein politisches Engagement. Wie viele Intellektuelle entwickelte Gide Anfang der dreißiger Jahre große Sympathien für den Marxismus, in der Sowjetunion sah er ein Modell für die künftige Entwicklung der Menschheit. Dieses Modell galt es, gegen alle Kritik zu verteidigen, damit Nationalsozialismus und Faschismus nicht weiter an Boden gewinnen. Es galt, Partei zu ergreifen, Haltung zu zeigen und sich nicht von den reaktionären Kräften auseinanderdividieren zu lassen. Gide glaubte an die dahinter stehende Utopie einer Gesellschaft, in der Gleichheit und Freiheit herrschen sollte. Er war ein entschiedener Kritiker von Ausbeutung und Unterdrückung, das hatte er nicht zuletzt in den zwanziger Jahren mit seinen Reisen durch den Kongo und den Tschad bewiesen. Mit seinen Reiseberichten prangerte er das Elend der Eingeborenen an und rüttelte die Öffentlichkeit auf. Gide profilierte sich als eine moralische Instanz. Als es Anfang der dreißiger Jahre darum ging, den Widerstand gegen den Nationalsozialismus zu organisieren, gehörte er zu den zentralen Personen.

Thea Sternheim nimmt Gides wachsende »Verwicklung ins Politische« ambivalent wahr, einerseits gehört er für sie zu den wenigen glaubhaften und überzeugenden Repräsentanten des Widerstands, andererseits sieht sie, dass seine künstlerischen Potenzen darunter leiden und dass das politische Engagement ihn zunehmend erschöpft. Am 9. Mai 1934 schreibt sie in ihr Tagebuch: »Zum Abendessen Gide. Beim Eintritt in meine Tür wird mir klar: Wachsende Dürre. Nervosität.«[34] Nach dem Essen fahren sie gemeinsam zu einer Veranstaltung für die Befreiung Ernst Thälmanns. Für Thea Sternheim eine merkwürdige, eine abstoßende Veranstaltung: »Die Internationale wird abgesungen, Reden gehalten [...]. Wie beim Hitlergruss fliegen die Hände hoch; nur dass sich Fäuste ballen. [...] Ringsum wie bei jeder Massenveranstaltung sympathische und widrige Typen. (Auf der Tribüne der faustballende Gide, welch ein grotesker Anblick.)«[35].

Ein Jahr später nimmt sie am internationalen Schriftstellerkongress zur Verteidigung der Kultur teil. Ilja Ehrenburg, André Malraux, André Gide und viele andere hatten die Veranstaltung, die vom 21. bis 25. Juni 1935 in Paris stattfand, organisiert. Zu den Teilnehmern gehörten Literaten aus allen politischen Lagern: Tristan Tzara, Louis Aragon, Aldous Huxley, Anna Seghers, André Breton, Robert Musil und Egon Erwin Kisch.

Auch René Crevel zählte zu den Initiatoren. Drei Tage vor Eröffnung der Tagung nahm er sich das Leben. Dabei kam vieles zusammen, seine Krankheit, sein Ekel an der Welt, nicht zuletzt aber auch die politischen Grabenkämpfe innerhalb der Surrealisten, der Streit mit André Breton, an dem Crevel regelrecht zerbrach. Thea Sternheim war vom Suizid Crevels genauso schockiert wie ihre Tochter Mopsa, die im Tod ihres Freundes eine Zäsur sah: »Dienstag, 18. Juni ist René Crevel gestorben. Er hat sich umgebracht. Das ist das ENDE meiner Jugend. ALLES, was mir Leben schien, ist dort«[36], schreibt sie in ihr Tagebuch. Crevel ging ihr nicht mehr aus dem Kopf, immer wieder taucht sein Name in ihren Aufzeichnungen auf, wird er angerufen als einer, der – darin spürte sie die Gemeinsamkeit – mit dem Leben und dieser Welt zerfallen war.

Der Kongress sollte sich gegen den Nationalsozialismus und den Faschismus richten, eine Manifestation der Einheit sollte von ihm ausgehen, aber schon im Vorfeld offenbarten sich abgrundtiefe Differenzen. Vier Tage vor dem Suizid Crevels ohrfeigte Breton den russischen Schriftsteller Ilja Ehrenburg auf offener Straße, der forderte nun den Ausschluss der Surrealisten. Crevel schaltete sich in den Streit ein, er versuchte zu vermitteln, erfolglos. Auch das, so vermutete man, habe den Entschluss zum Suizid befördert.

Die großen Augenblicke auf den Kongress waren für Thea Sternheim die Auftritte Gides und Heinrich Manns. »Als Heinrich Mann […] die einleitenden Worte sprach, erhebt sich der bis auf den letzten Platz angefüllte Saal wie auf Kommando.«[37] Zwei Tage später hält Mann seine Rede zur »Verteidigung der Kultur«: »ohne Pathos, u. dennoch scharf«[38], schreibt Thea Sternheim in ihr Tagebuch. Enttäuschend verläuft für sie der Versuch, ein Gespräch zwischen Gide und Heinrich Mann zu vermitteln. Beide sind sich nicht sehr sympathisch – vor allem Gide zeigt sich außerordentlich unfreundlich. Während Gide sich absentiert, schwelgt Thea Sternheim mit Heinrich Mann in Erinnerungen, sie sprechen über Carl Sternheim und auch über Gottfried Benn.

Auf dem Kongress hatte sich Gide mit allem Nachdruck hinter die Sowjetunion gestellt. Knapp ein Jahr später, 1936, folgte er einer offiziellen Einladung des sowjetischen Schriftstellerverbandes zu einer Russlandreise. Gide wurde mit allem Pomp empfangen, man wollte ihm das Land von der besten Seite zeigen. Er wurde hofiert, durfte sogar anlässlich der Trauerfeier für Gorki in Anwesenheit Stalins auf dem Roten Platz eine Rede halten. Doch Gide ließ sich nicht blenden, er stieg kurzerhand aus dem für ihn eigens reservierten Salonwagen der sowjetischen Staatsbahnen aus und machte seine eigenen Exkursionen – und die verliefen für ihn enttäuschend, ja erschütternd. Er sieht die Armut des einfachen Volkes und das Luxusleben der Funktionäre, er empört sich über Diskriminierung, Ungleichheit und Deportationen. In seinem kurz nach der Reise veröffentlichten Bericht »Zurück aus der Sowjetunion« zieht er Bilanz, er spricht durchaus die guten Seiten an, lobt das Erziehungswesen, die Gesundheitsfürsorge, aber das Negative überwiegt – und er listet es akribisch auf. Gide kam zu dem Schluss, dass es in der Sowjetunion keine Diktatur des Proletariats geben würde, sondern die Diktatur eines Mannes – und er nannte Stalin, Hitler und Mussolini in einem Atemzug. Ein Sturm der Entrüstung brach nach der Veröffentlichung los – seine einstigen Weggefährten sagten sich von ihm los. Ob Aragon, Romain Rolland, Heinrich Mann, Brecht, Bloch oder Lukács – die versammelte linke Intelligenz fiel über ihn her und brandmarkte Gide als Verräter.

Noch im Oktober, während der Niederschrift seines Reiseberichts, konferierte Gide mit Thea Sternheim und erzählte von seinen Eindrücken: »›Der in Russland herrschende Terror ist furchtbar. Es ist derselbe Terror wie in Deutschland, wie in Italien. […] Selbstverständlich ist auch unendlich viel geleistet worden. Aber das Ganze – wir können es nicht für Frankreich gebrauchen, dürfen es, sind wir gewissenhaft, für uns nicht herbeiführen wollen. Wir haben andere Werte zu verteidigen.‹«[39] Mitte November hat Thea Sternheim das Buch in den Händen, sie liest es in einem Zug und voller Sympathie: »Zwei Stunden, in denen ich das Gefühl habe an der Schulter des Freundes zu lehnen.«[40]

Gides Reisebericht und die ein halbes Jahr später erschienene, ergänzende Schrift »Retuschen zu meinem Rußlandbuch«, die Zahlen- und Datenmaterial präsentierte, mit denen er seine Eindrücke zu belegen versuchte, war eines der großen Themen im Freundes- und Bekanntenkreis Thea Sternheims. Kaum einer, der sich nicht kritisch äußerte und sich von Gide distanzierte, wobei auch Gides sexuelle Orientierung zur Diffamierung herangezogen wurde. Unter den Kritikern war auch Frans Masereel, der, zusammen mit seiner Frau Pauline, 1935 und 1936 in der Sowjetunion war, dort mit vielen Ehren bedacht und als großer Maler und Grafiker gefeiert wurde. Von beiden Reisen kam er geradezu euphorisiert zurück, nicht die leiseste Kritik an den Verhältnisse in der Sowjetunion war von ihm zu vernehmen. Dabei fiel seine Reise in die Zeit, in der in Moskau die ersten Schauprozesse stattfanden. Ein »braver Funktionär« ist aus ihm geworden, so Thea Sternheim, »der streng nach den ausgegebenen Kommandos marschiert.«[41] Andere waren da mutiger. Franz Pfemfert, der in Karlsbad im Exil lebte und sich mit Fotoarbeiten über Wasser hielt, nahm sofort und öffentlich gegen die Prozesse Stellung und musste kurz darauf mit seiner Frau die tschechische Republik verlassen. Fünf Jahre lebten sie in Paris, dann, im Frühjahr 1941, gelang ihnen die Ausreise über Lissabon nach New York und von dort nach Mexiko.

Dass äußere Feinde zusammenschweißen, einig und stark machen, wird gern und oft behauptet, im Fall der Emigranten war das aber ganz und gar nicht der Fall. In den meisten Fragen war man sich uneins, man betonte die Differenz, vor allem die Differenz untereinander, und jeder blickte voller Neid auf die Privilegien des anderen. Irgendwie seien »alle untereinander verfeindet«, stellt Thea Sternheim fest. »Jeder spuckt vor dem anderen aus.«[42] Dabei pflegte man die sozialen Kontakte, traf sich zu allen möglichen Gelegenheiten, nicht aber, um Gemeinsamkeiten zu suchen, sondern um vorgefasste Meinungen zu bestätigen und sich abzugrenzen. Thea Sternheim machte da keine Ausnahme: »Am Sonntag bei Kurt Wolff zum Tee eingeladen. Das stösst man auf die vollversammelte deutsche Emigration: Frans Hessel u Sohn, Uhde mit seiner Schwester. Professor Haas usw. Auch Annette u Hugo Simon. Außer den sympathischen Uhdes möchte ich von den vielen Leuten niemand wiedersehen. Wie wenig Anziehungskraft übt doch der Deutsche aus. Von Sexappeal irgendwelcher Art kann wirklich keine Rede sein.«[43] So scheel man sich untereinander ansah, so scheel sahen die Franzosen auf die Emigranten, der Emigrant, ins-

besondere der jüdische Emigrant und der Kommunist, galt als suspektes Wesen, das von den Einheimischen mit Vorsicht betrachtet wurde. Eine entscheidende Rolle spielte natürlich das Geld – und in dieser Hinsicht verschärfte sich die Situation mit Kriegsbeginn 1939. »Es ist klar«, so Thea Sternheim, »dass in dem reaktionärer werdenden Frankreich die Tendenz vorherrscht, sich der unbemittelten Emigration zu entledigen. Nicht ob man Pro- oder Antihitlerianer ist scheint ausschlaggebend, sondern vielmehr, ob noch etwas Geld auszupressen ist oder nicht.«[44] Die Sternheims hatten noch immer einiges in der Hinterhand, aber das Geldvermögen schmolz zusammen, schon bald mussten immer mehr Vermögensgegenstände verkauft werden, um den Unterhalt zu bestreiten, nicht nur Bilder, sondern Teppiche, ein Smaragd, ein Elfenbeinrelief, später die Rolleiflex, und sogar die geliebte Gide-Ausgabe musste dran glauben – alles oder fast alles wurde zu Geld gemacht. Restaurant- und Kinobesuche mussten zeitweise gestrichen werden, Bucheinkäufe auf das Notwendigste begrenzt. Unter dem 8. Dezember 1940 notiert Thea Sternheim. »Ich konstatiere mit Mopsa dass uns folgendes in diesen Schauerzeiten am meisten abgeht:
Freiheit.
Heizung.
Butter und der
– amerikanische Film.«[45]

Die Freiheit stand ganz oben, das hatte auch mit der persönlichen Situation Thea Sternheims in dem zurückliegenden Jahr zu tun. Ende Mai wurde sie, wie alle in Frankreich lebenden Deutschen, inhaftiert und nach Gurs, nordöstlich der Pyrenäen, gebracht. Das Gelände war mit Stacheldraht umgeben, die Inhaftierten wurden in Holzbaracken untergebracht. 1939 war es für die republikanischen Kämpfer aus dem Spanischen Bürgerkrieg errichtet worden – Tausende kamen hier um; ab Mai 1940 wurden auf dem Gelände vor allem Emigranten aus Deutschland interniert; schließlich, ab Oktober 1940, wurde es ein Lager für Juden, die man von hier aus in die Vernichtungslager abtransportierte. Für Thea Sternheim setzten sich ihre französischen Freunde ein. Ende Juli war sie an der Ruhr erkrankt – am 11. August wurde sie freigelassen. Mopsa Sternheim war von den Internierungen nicht betroffen, durch die Heirat mit Carl Rudolf von Ripper war sie Österreicherin geworden – und nach dem »Anschluss« Österreichs galt sie als staatenlos.

Was den zweiten Punkt anging, die Heizung, so gab es zwar im Haus eine Zentralheizung, die aber wurde nur sehr selten in den Kriegsjahren betrieben. Mutter und Tochter, die in dieser Zeit zusammenwohnten, flüchteten ins Kino, um sich etwas aufzuwärmen. Gute Filme aber waren Mangelware. »Der Stumpfsinn des Dargestellten ist […] unbeschreiblich.«[46] Und die Butter? Sie wurde, Thea Sternheim listet es auf, zu einem unerschwinglichen Gut. Am 30. April 1941 notiert sie in ihr Tagebuch, dass ein Kilo Butter 90 Francs kosten, am 26. November sind es schon 150.

Zu allen äußeren Schwierigkeiten kam ein dauerndes Gefühl der Unsicherheit, der Angst. Immer wieder wurden Mutter und Tochter zur Polizei vorgeladen – jeden Monat wurde die Identitätskarte überprüft: »denn Kriegszeit«, so Thea Sternheim, »das ist für die meisten u mich Ausgeliefertsein an düstere Gewalten – ist derart, dass ich tagtäglich auf alles gefasst bin.«[47]

Am 2. Dezember 1943 verlässt Mopsa nachmittags das Haus, um etwas Butter zu besorgen. Lange wartet Thea Sternheim auf ihre Tochter, sie kommt nicht zurück. Erst am 11. Dezember erfährt sie, dass sie von der Gestapo verhaftet und in das Gefängnis Fresnes gebracht wurde. In dem berüchtigten Gefängnis wurden vor allem Widerstandskämpfer inhaftiert und gefoltert. Dass ihre Tochter sich der Résistance angeschlossen hat, weiß die Mutter nicht.

Mopsa Sternheim hat offenbar nie viel von den Tagen im Folterkeller der Gestapo erzählt. 1952 konnte sie in Klaus Manns postum erschienener Autobiographie »Der Wendepunkt« lesen, sie habe, als er sie nach dem Krieg wieder traf, immer noch lachen können, sei fröhlich gewesen, trotz aller Torturen, die sie erlebt hätte.[48] Im Tagebuch hat Mopsa Sternheim ihrem Freund Klaus Mann, der 1949 aus dem Leben geschieden war, darauf geantwortet: »Es vergeht keine Woche ohne dass ich träume, dass man mich von neuem foltert. Die Badewanne. Das Entsetzen vor den blutbesprenkelten Wänden. Doch Fatalismus und Hochmut wollen dieses unbedingt als nebensächlich gelten lassen. Nur nachts, wenn meine Kontrolle aussetzt, rächt sich die Realität. Meine Nächte sind nicht komisch. Und NACHTS HABE ICH ANGST – dieselbe primitive, tierische Angst wie DAMALS – doch selbst im Traum wird sie von meiner allgegenwärtigen Lucidität gedämpft. Und ich weiss nicht, WAS schliesslich schlimmer ist: die Angst oder die Lucidität.«[49]

Ende Januar 1944 erfährt Thea Sternheim, dass ihre Tochter nach Compiègne überstellt worden ist und nach Deutschland deportiert werden soll. Über die näheren Gründe erfährt sie ebenso wenig wie über den Ort. Erst am 8. Mai kommt ein Brief mit Mopsas Handschrift an: »>Frauenkonzentrationslager Ravensbrück bei Fürstenberg in Mecklenburg.< Realisiere alsbald: Gottfried Benns engere Heimat.«[50]

HOPPLA, WIR LEBEN! – LEBEN WIR?

Alles umsonst? ... So dreht euch weiter im Karussell,
tanzt, lacht, weint, begattet euch – viel Glück!
Ich springe ab ... O Irrsinn der Welt!
Ernst Toller: »Hoppla, wir leben!« (1927)

Der Winter 1944/45 war eisig – ein sogenannter ›Hungerwinter‹.
Hunderttausende waren auf der Flucht, überall herrschte Nah-
rungsmittelknappheit. Das ersehnte Kriegsende war nah, aber die
Stimmung war gedrückt – Unsicherheit und Angst waren vorherr-
schend. Auf Seiten der Besiegten war das nicht anders als auf Seiten der Sieger. Als Roosevelt im Januar 1945 seine vierte Amtszeit
antrat, erinnerte er noch einmal an die »vier Freiheiten«, die er in
seiner berühmten Ansprache vom 6. Januar 1941 als grundlegende
Ziele einer neuen Weltordnung proklamiert hatte: die Freiheit der
Rede, die Glaubensfreiheit, die Freiheit von Not und Mangel und
die Freiheit von Kriegsfurcht. So ermutigend sich das 1941 ange-
hört hatte, vier Jahre später, kurz vor der Konferenz in Jalta, als der
Sieg über Hitler nur noch eine Frage der Zeit war, blickte das Gros
der Menschen sorgenvoller als je zuvor in die Zukunft.

Thea Sternheim machte da keine Ausnahme – im Gegenteil:
»Was mich betrifft«, schreibt sie unter dem 9. Januar 1945 in
ihr Tagebuch, »so hat dieser zweite Weltkrieg meinen Lebenswil-
len vollkommen verlöscht, die furchtbare Ideologie des Nationalsozialismus das letzte Zugehörigkeitsgefühl zum Deutschtum
abgedrosselt.«[1] Einen Tag später denkt sie beim Wachwerden an
ihre Tochter, es ist der vierzigste Geburtstag von Mopsa Sternheim,
die noch immer im Konzentrationslager in Ravensbrück interniert
ist: »In dieser Nacht träumte ich von ihr: Sie trat in meine Wohnung ein. Sie sah klar und erholt aus, so wie sie auszusehen pflegte
wenn sie von einer Erholungsreise zurückkehrte. [...] Was bedeutet dieser Traum ausgerechnet in der Nacht ihres Geburtstags?
Vielleicht träumte ich ihn in derselben Stunde in der ich dem

Kind vor 40 Jahren das Leben gab. Das Leben wofür, das Lebens zu was?«[2]

Erst am 23. April 1945 wird Mopsa Sternheim in Ravensbrück befreit, einige Zeit später kann sie über Schweden nach Paris zurückkehren. Thea Sternheim erfährt am 12. Mai davon. Am 17. Mai kommt eine Karte, am 21. ein Brief von Mopsa, in dem sie ihre Situation schildert: Sie ist noch in Schweden mit »130 Frauen in einer Art Festhalle einquartiert, mit Weissbrot, Porridge, Milch und nochmals Milch. [...] Die Schweden sind mehr als perfekt. Aber hart ist es trotzdem, noch eingesperrt zu sein, wenn auch aus Freundlichkeit. [...] Du wirst einen Schrecken kriegen, wenn Du mich wiedersiehst, ich bin alt, aufgedunsen, hässlich etc.«.[3] Ihr Aussehen war Mopsa Sternheim sehr wichtig. Schon vor ihrer Internierung spricht sie in ihren Aufzeichnungen des Öfteren von der Bedeutung, die Schönheit und ein angenehmes Äußeres für sie haben. Als sie nach ihrer Freilassung 1945 wieder Tagebuch führt, notiert sie: »Ich leide furchtbar wenn ich – jetzt oft – hässlich aussehe. Schön zu sein war, ist, bleibt der einzige Wunsch meines Lebens. Schön in jeder Beziehung. In Ravensbrück litt ich mehr darunter hässlich zu werden als unter allem anderen. Selbst wenn ich allein bin, bin ich glücklich, sehe ich gut aus, tieftraurig, wenn ich mein elendes gefallenes Gesicht im Spiegel sehe. Ich wäre lieber schön als klug, schön als begabt.«[4]

Am 22. Juni sieht Thea Sternheim in einem Bistro einen »jungen Menschen in Uniform«: Klaus Mann, »älter und nicht schöner geworden«, wie sie feststellt. Was ihr aber vor allem Unbehagen bereitet, ist die amerikanische Uniform, die Klaus Mann trägt, der sich, wie er bekennt, ganz als Amerikaner fühlt. »Ich möchte«, so Thea Sternheim, »keine amerikanische Kluft tragen. Man kann Satan nicht durch Belzebub austreiben.«[5] Vier Tage später kommt Mopsa Sternheim mit ihrer Freundin Rosalie Georges in Paris an. Noch am Abend berichtet Mopsa ihrer Mutter von den grauenhaften Erlebnissen, dem »Sadismus der Deutschen«, der Folter, der Vergasung der Juden: »Wie soll ich all diese Furchtbarkeiten, die ich in diesem Ausmaass noch immer nicht zu glauben vermochte, meiner Vorstellung einfügen? Wie sollen wir mit diesem Fakt weiterleben?«, schreibt Thea Sternheim unter dem 26. Juni 1945 in ihr Tagebuch.[6]

In diesen Wochen und Monaten kamen viele zurück, man erzählte sich gegenseitig die Schicksale, fragte nach Freunden und Bekannten, ob sie noch leben, wo sie sind, wie es ihnen geht? Thea Sternheim dachte auch an Benn: »Was mag aus Benn geworden sein?«, so fragte sie schon im Februar 1945.[7] Im Mai wird sie von Gide gefragt, was denn mit Benn sei? Sie weiß es nicht. Anfang 1946 hört sie von Annette Kolb die bemerkenswerte Geschichte, die Curtius über den von den Nazis verfolgten Benn kolportierte – sie wurde schon erwähnt. Dass Benn sich »tadellos gehalten« habe, kann sie nicht glauben. Die ersten zuverlässigen Informationen kommen im Mai von dem Schweizer Journalisten Erhard Hürsch, der Benn in Berlin interviewte und der sich nun in Paris aufhielt. Auf Thea Sternheim machte er, was sein Äußeres angeht, nicht den besten Eindruck: »blond, stahlhart und aufgenordet, wie man das von der Hitlerjugend her kannte«.[8] Von ihm erfährt sie, dass Benn am Bayerischen Platz wohnt, wieder als Arzt praktiziert und wohl über »das Schlimmste hinwegsei«. Hürsch wusste auch, dass sich Benns Frau, die sich bei Kriegsende auf dem Land aufgehalten hätte, aus Angst vor den Russen das Leben genommen hatte. Benn habe ihm am Ende ihres Gesprächs gesagt, »dass er das Erlebte, trotz aller Furchtbarkeit, in seiner Erfahrung nicht missen möchte«.[9] Thea Sternheim ist von alledem seltsam berührt. Vor zwei Jahren, im Mai 1944, hatte sie darüber nachgedacht, wie sie zu den alten Freunden, zu Pfemfert, Masereel, Benn steht, ob sie, wenn der Krieg vorbei ist, wieder Kontakt mit ihnen aufnehmen möchte – ihre Antwort fiel damals eindeutig aus: »Nein, ich möchte keinen von ihnen wiedersehen.«[10]

Was ihr im Mai 1946 der Schweizer Journalist über Benn erzählte, war offenbar nicht dazu angetan, ihre Meinung zu ändern, denn weitere Nachforschungen stellte sie nicht an. Zwei Jahre später, im Mai 1948, während eines Italienaufenthaltes, hörte sie, dass im Schweizer Arche-Verlag ein neues Buch mit Gedichten Benns herauskommt. Nun rückte der Dichter wieder etwas mehr in den Fokus ihrer Wahrnehmung. Ihre Tochter Agnes berichtete im September, dass die »Schweizer Rundschau« Gedichte Benns abgedruckt hat. Und ein gutes halbes Jahr später, am 22. Mai 1949, kommt Annette Kolb mit dem neuen Heft der Zeitschrift »Merkur«. Darin befanden sich gleich zwei Beiträge Benns, ein Auszug aus »Roman des Phänotyp« und der »Berliner Brief«, der an die Redaktion gerichtet, aber für die Öffentlichkeit gedacht war, eine Erklärung in eigener Sache. Thea Sternheim hatte jetzt die neuen Texte Benns in der Hand und formulierte drei Tage später einen ersten Eindruck – und der fällt durchaus zwiespältig aus: Einerseits ist Benn für sie noch immer der »sublime Stilist«; andererseits kann sie ihre Verwunderung und ihre Enttäuschung nicht verbergen, dass sich seine »Denkinhalte [...] in keiner Weise gewandelt«[11] haben, wo doch in der Zwischenzeit so viel Furchtbares passiert sei.

Der Dichter kam nicht gerade günstig weg. Doch ungeachtet des zwiespältigen Eindrucks den sie hatte, beginnt sie in Paris in den Kreisen der Emigranten, um Verständnis für Benn zu werben. Wie sie in ihrem Tagebuch berichtet, waren die Emigranten, besonders die jüdischen Emigranten, verständlicherweise auf Benn nicht gut zu sprechen. Blanche Gidon, die französische Übersetzerin Joseph Roths, reagierte schroff ablehnend, als Thea Sternheim nur den Namen nannte. Kurz darauf hatte Thea Sternheim einen Traum, sie befand sich in einem Kreis jüdischer Emigranten: »Als ich ihnen von Benn spreche, schreien sie mich an. Er sei ein Nazi und verdiene gehängt zu werden.«[12]

War Thea Sternheim beeindruckt von diesen Leuten und ihren Urteilen? Überhaupt nicht. Sie stand, wie auch viele Franzosen, den jüdischen Emigranten besonders skeptisch gegenüber. Gerade wenn es um Literatur ging, fand sie viele von ihnen prätentiös und anmaßend, sie warf ihnen vor, die »deutsche Literatur nur vom jüdischen Standpunkt«[13] her zu betrachten und den Kanon der Literatur auf einige wenige Autoren zu verengen. Man schätzte die beiden Zweig, Roth, Kesten, Koestler und besonders Manès Sperber. Nicht aber Benn, er galt als *Persona non grata*. Als sie im Sommer 1949 Sperbers »Der verbrannte Dornbusch« las, der erste Teil der später berühmten Trilogie »Wie eine Träne im Ozean«, fühlte sie sich von der unbeschreiblichen »Temperamentlosigkeit«[14] gelangweilt. Gegen Benn fiel alles, was sie las, ab. Doch davon wollte keiner etwas wissen. Das brachte sie gegen Madame Gidon und gegen den mit ihr befreundeten Hermann Kesten auf, der in ihren Augen unredlich war, weil er Deutschland in Grund und Boden kritisierte, aber dort seine Geschäfte machte, seine Bücher verkaufte.[15] Was Thea Sternheim in dieser Hinsicht vorbrachte, war nicht sehr stichhaltig und höchst widersprüchlich. Es ging um etwas anderes. Für sie war Kesten der Exponent einer Polemik, die sich vor allem gegen Benn richtete, aus diesem Grund griff sie ihn an. In der Tat entwickelte sich Kesten später zum schärfsten Kritiker Benns im Nachkriegsdeutschland. Er warf ihm Opportunismus vor, sah in ihm einen Scharlatan und bezeichnete ihn als »Herold Hitlers«.

Wie man weiß, hat sich Thea Sternheim erst spät dazu entschlossen, einer Veröffentlichung ihrer Tagebücher zuzustimmen. Was jedoch die Kontaktaufnahme mit Benn nach dem Krieg angeht, so hat man den Eindruck, dass sie beim Schreiben durchaus an ein Publikum dachte, ein Publikum, dem sie erklären wollte, wie stark damals die Vorbehalte waren, wie sehr sie mit sich gekämpft, von Albträumen geplagt wurde, Kritik, Anwürfe und scheele Blicke hingenommen und schließlich doch den Schritt getan hat. Aber warum? Warum nahm sie wieder Kontakt auf, wo sie doch angeblich Benns Haltung in den dreißiger Jahren so abgrundtief hasste? Mit Freud könnte man vielleicht sagen, weil sie in der Relation zwischen Liebe und Hass befangen blieb, die eben nur scheinbare Gegensätze sind. Wird eine Liebesbeziehung abgebrochen, so Freud, »tritt nicht selten Haß an deren Stelle, woraus wir den Eindruck einer Verwandlung der Liebe in Haß empfangen«.[16] Eine Verwandlung hat aber nur äußerlich stattgefunden, Hass löst uns nicht von dem Objekt, das wir mal geliebt haben und immer noch lieben. Das zeigt sich auch bei Thea Sternheim, die ziemlich schnell wieder in ihre alte Gefühlswelt zurückfällt.

Man kann einiges an dieser Geschichte rationalisieren, aber verstehen lässt sie sich kaum. Denn der Benn, der in der Nachkriegszeit strahlend aus der Asche wieder hervortritt, hatte sich eigentlich keinen Millimeter bewegt. Alles, was Thea Sternheim in den dreißiger Jahren gegen ihn vorgebracht hatte, hätte sie auch jetzt vorbringen können. Sie tat es nicht, sie begleitete vielmehr nach Kräften den glanzvollen Wiederaufstieg des Dichters in der Nachkriegszeit und zollte ihm Beifall. Dass dabei auch eigene Interessen im Spiel waren, ist kaum zu leugnen, ohne Benns tatkräftige, aber durchaus nicht selbstlose Unterstützung, hätte Thea Sternheims Buch »Die Sackgassen« damals wohl kaum einen Verleger gefunden. Zu berücksichtigen ist sicher auch, dass Thea Sternheims Welt nach dem Krieg leerer geworden war, von einer ganzen Reihe von Freunden hatte sie sich abgewandt, andere waren tot, und zu wieder anderen hatte sie den Kontakt verloren, sie gingen eigene Wege. Besonders schmerzlich für Thea Sternheim war, dass sich das Verhältnis zu Gide abgekühlt hatte. Liest man ihre Tagebücher, dann fällt auf, dass die Annäherung an Benn mit der gleichzeitig sich verstärkenden Entfremdung zu Gide einhergeht.

Am 19. Juni 1949 schreibt Thea Sternheim an den »Merkur« und bittet um Weiterleitung eines Briefes an Benn. Sie spricht ihn als »Lieben Freund« an und drückt ihre Freude aus, nach so langer Zeit wieder etwas von ihm lesen zu können. Natürlich habe sie auch all die Jahre an ihn gedacht. Am Schluss fordert sie ihn auf, zu schreiben und von sich zu erzählen. Es muss überraschen, dass Thea Sternheim den Kontakt nach Kenntnis des »Merkurs« und des dort abgedruckten »Berliner Briefes« wieder aufgenommen hat, denn Benn zeigt sich in diesem »Brief«, mit dem er seinen Neustart initiiert, völlig unbeeindruckt von aller Kritik an seinem Verhalten in den dreißiger Jahren. In Ton und Inhalt erinnert der Text vielmehr an den Brief, den Benn 1933 an die literarischen Emigranten geschrieben hatte.[17] Wieder macht er Front gegen die dekadenten Intellektuellen, polemisiert gegen die Demokratie und die Zivilisation, wieder spricht er von dem »Volk« und dem »Abendland«, das kurz vor dem Untergang stehe und der Erneuerung und Regeneration bedürfe. In diesem Zusammenhang kommt auch die jüngste Vergangenheit zur Sprache – Benn behauptet: Nicht »an den totalitären Systemen oder SS-Verbrechen« würde das Abendland zugrunde gehen, »sondern an dem hündischen Kriechen seiner Intelligenz vor den politischen Begriffen«.[18] Ein ungeheuerlicher Satz – der noch ungeheuerlicher in einer Zeit war, in der die »Verbrechen«, von denen man im Nazi-Deutschland nichts wissen wollte, nun in ihrer ganzen Dimension sichtbar wurden. Wenn es Thea Sternheim ernst war mit ihrer Kritik an Benn, dann hätte sie spätestens an dieser Stelle, da der Dichter die Verbrechen der Nazis verniedlichte, die Sache für beendet erklären müssen. Offenbar aber hatte sie sich entschlossen, die alte Freundschaft, koste es, was es wolle, wieder aufleben zu lassen, und von diesem Entschluss ließ sie sich auch durch den »Berliner Brief« nicht abbringen.

Am 30. Juli kam der weitergeleitete Brief Thea Sternheims in Berlin an, und Benn antwortete sofort. Schwärmte von den »alten Zeiten«, erinnerte an Brüssel, an La Hulpe und an die zwanziger Jahre in Berlin. »Zu erzählen«, schreibt er ihr, »wäre zu lange u. zu schwer«[19], er würde ihr lieber seine neuen Bücher schicken, warnt sie allerdings eindringlich vor der Lektüre: »schwierige Dinge, – geradezu Sanskrit und nur für Keilschriftforscher«[20]. »Mit einem Handkuss und in alter Verehrung«, verabschiedet er sich fürs erste. Am 4. August antwortet Thea Sternheim, erzählt, wie es ihr ergangen ist: die Jahre vor und im Krieg, ihre Zeit im Konzentrationslager von Gurs, dann 1942, der Tod Carl Sternheims in Brüssel, Mopsas Deportation ins Konzentrationslager nach Ravensbrück und, der für sie schwerste Schicksalsschlag, der Tod ihres Sohnes Klaus 1946 in Mexiko. Sie erzählt auch von ihrem fast fertigen Roman »Die Sackgassen«, den sie 1917 begonnen und über all die Jahre weitergeschrieben habe. Sie fühle sich in Paris wohl, nur nach der deutschen Sprache hätte sie Heimweh.

Tags darauf kommen die von Benn angekündigten Bücher, die er in den zurückliegenden Jahren für eine Publikation vorbereitet hatte, in Paris an: »Statische Gedichte«, »Drei alte Männer«,

»Der Ptolemäer« und »Ausdruckswelt«. Thea Sternheim stürzt sich in die Lektüre: »Jede Freistunde, die ich dem Tag abzuringen vermag mit Benn. Benn bis tief in die Nacht, Benn gleich nach dem Wachwerden – ein gieriges Einschlingen von vier Büchern, zu deren Durchdringung man Monate benötigte. Denn das sind Tiefgrabungen, wie man sie hierzulande nicht gewohnt ist.«[21] Sie ist ganz euphorisiert, endlich kann sie wieder Benn lesen, und sie spart nicht mit Superlativen, spricht vom »Rauschen der Ewigkeit«, von »sublimer Hellsichtigkeit«, vom »großen Begriffsbildner«, lobt das »so gnadenvoll Formulierte«[22]. Von Distanz ist da nichts zu spüren. In ihrem nächsten Brief vom 13. August nennt sie ihre Lektüre eine »wollüstige Aneignungsorgie« und schreibt sogar von einem »Pfingstwunder«[23], das sie erleben durfte.

Einige Tage später beginnt Mopsa Sternheim, sich mit den neuen Texten, dem ›neuen Benn‹ zu beschäftigen. Da sie ihre Eintragungen im Tagebuch oft nicht datiert bzw. nur sehr nachlässig Datierungen vornimmt, lassen sich manche ihrer Bemerkungen von der Zeit her nur schwer zuordnen. Sicher ist aber, dass sie schon ziemlich bald eine kritische Haltung einnahm. Benns Texte, so schreibt sie, hätten »an Klarheit gewonnen«, aber »an Kontrapunkt verloren«. »Gerade DAS war an ihm besonders: der in ihm inhärente Zwiespalt zwischen Klarheit und Traum, das Geistige und das Religiös-Lyrische«[24].

Am 12. August schickte Benn dann einen langen Brief an Thea Sternheim und erzählte von den Jahren, in denen sie sich nicht gesehen haben, er beginnt aber nicht etwa 1933, sondern 1935, als er Berlin verließ, »um«, wie er sich ausdrückt, »jede Verbindung mit der zur Macht gekommenen Literatur«[25] zu lösen. Von der politischen Macht war nicht die Rede. Seine Zeit in der Armee stellt er als »Emigration« dar. Ab 1936 sei er Angriffen ausgesetzt gewesen, unter anderem, weil er mit Else Lasker-Schüler befreundet gewesen sei. Er erzählt von seiner Heirat »mit einer jungen Dame aus Hannover, arm, adlig, der Vater im 1. Krieg gefallen«. In Berlin sei er dann in der Wehrmacht mit einer »rein wissenschaftlichen Tätigkeit« beschäftigt gewesen. Er erzählt vom Tod seiner zweiten

Frau, die er in ein Dorf an der Elbe geschickt und die sich dann aus Angst vor den Russen umgebracht habe. Nach dem Krieg hätte er mühsam wieder Fuß gefasst, sich eine Praxis aufgebaut und, obwohl er »auf allen schwarzen Listen« stand, »die möglich waren«, habe er schließlich zwei Verlage gefunden. Was das Schreiben angeht, so gibt er sich illusionslos, er suche nicht die Öffentlichkeit, sondern publiziere »ohne Ehrgeiz, ohne Interesse«, »Ruhm u. dergl«, das sei für ihn nicht wichtig. Auch sei er nicht »sehr gesprächig«, er meide allen Kontakt und lebe still vor sich hin. Und Benn fügt, scheinbar beiläufig, noch hinzu, dass er sich ein drittes Mal verheiratet hätte, mit einer sehr jungen Frau, einer Zahnärztin, die sehr gut verdient. Er bricht dann ab und betont, »Gleichaltrigkeit« sei in seinen Jahren vielleicht »das Bessere«, und das einzig Wahre sei doch die »Gemeinschaft der Generation«[26].

Das waren warme Worte, die sich an die alte Freundin richteten, der er sich tief verbunden fühlte, und Thea Sternheim wischte allen Widerstand beiseite. In ihrem Antwortbrief schreibt sie: »Je mehr ich von Ihnen erfahre, umso mehr möchte ich wissen! Nein, Sie können es nicht nachfühlen, mit welcher Vehemenz ich alles, was Sie betrifft mitempfinde! So ungefähr wie eine ältere Schwester mit dem Schicksal eines jüngeren Bruders verwachsen sein würde.«[27] Die »ältere Schwester« lässt keine Differenz aufkommen. Was sie an Ernst Jünger kritisierte, dass er nichts zum Nazismus, zum Grauen, zur Kriegsschuld und seinen Verstrickungen sagt,[28] darüber sieht sie im Falle Benns hinweg. Sie fragte nicht, warum und wieso? Vielleicht, weil sich Benn als jemand präsentierte, der sich keiner Schuld bewusst, der mit sich im Reinen war, allen Anfeindungen getrotzt hatte und aufrecht seinen Weg gegangen war. Keine Spur von Demut, keine Zweifel. Der ›neue‹ Benn war ganz der ›alte‹. So hatte ihn Thea Sternheim im Februar 1917 im Herrenhaus von La Hulpe zuerst erlebt: Der Krieg müsse ausgekämpft werden. Milde sei in keiner Hinsicht am Platz, in dieser Weise ließ er sich damals vernehmen – stramm preußisch, überkorrekt. Auf Thea Sternheim wirkte dieser Benn damals irritierend und zugleich faszinierend, denn dazu kam sein expressionistischer Esprit, sein

›blühender Wortschatz‹, der gemeinsame Traum vom neuen Menschen, vom Aufbruch in eine neue Ära. Thea Sternheim hatte ihre Visionen längst ad acta gelegt. Nicht jedoch Benn, er hatte seinen Traum in die Gegenwart gerettet. Sicher, er gab sich illusionslos, aber das gehörte schon immer zu seiner Haltung, zu seinem Credo. Als Preuße hat man die Dinge klar und sachlich zu sehen, hat man die Lage zu erkennen und danach zu handeln, das Schlimmste ist Disziplinlosigkeit, »Schwammigkeit«[29]. Als Preuße liebt man aber auch die großen Ideen, schon der ›Alte Fritz‹, bekanntlich ein aufgeklärter Potentat, für den Geist und Macht kein Gegensatz war, predigte Härte und wollte die Welt verändern.

Nun könnte man meinen, 1948/49, als Benn sich wieder bemerkbar machte, wäre man von »großen Ideen« eigentlich geheilt gewesen. Doch Benn sieht gerade jetzt die Stunde als gekommen an, alles liegt in Trümmern, in Schutt und Asche: Tabula rasa – davon hatte man schon im Ersten Weltkrieg geträumt, darin sahen die Avantgardisten die Bedingung für einen neuen Anfang. Aus dem Untergang der Zivilisation sollte eine neue Welt entstehen – man kalkulierte mit der Apokalypse. Und Benn stellte nach dem Zweiten Weltkrieg fest: so viel Untergang war nie! »Der bisherige Mensch ist zu Ende, Biologie, Soziologie, Familie, Theologie, alles verfallen und ausgelaugt«[30], so beschreibt er den gesellschaftlichen Zustand in seiner Autobiographie, so ließ er sich aber schon zuvor im Radio vernehmen. Im Oktober 1949 ging er mit diesen Thesen an die Öffentlichkeit und entwickelte in einem gut vorbereiteten Radiogespräch seine Visionen von einem »neuen Menschen«, einer »neuen Kunst«. Mit Vergangenheitsbewältigung und Schuldfrage wollte sich Benn nicht beschäftigen, sein Blick richtete sich vorwärts auf die großen Herausforderungen der Ästhetik in einer neuen Welt. Die »Bereitschaft, den Menschen grundsätzlich zu verändern«[31], sei allenthalben vorhanden, und die Ästhetik müsse die »Verwandlung«, wie er sie nennt, »zum Ausdruck bringen«[32], ja, sie tragen und gestalten. Es ging Benn um die Zukunft, um einen neuen Stil, um ein neues Denken, ein Denken, das sich davon löst, Synthesen herzustellen und die Gegensätze nicht antastet.

Benn nannte sein Programm »Phase II« – »Phase I«, das war der Expressionismus, über den wollte er, zumindest im Moment, nicht reden. Möglicherweise hätte sich da so mancher an sein zwielichtiges »Bekenntnis zum Expressionismus« erinnert. »Phase II« war da schon zeitgemäßer und weniger durch Politik und Weltanschauung belastet – ein ahistorischer Begriff, der nach Aufbruch klingt und nicht von ungefähr auf Technisches anspielte. Benn spricht denn auch vom »Roboterstil«, von »Montagekunst«[33], Begriffe, die für eine neue Ästhetik stehen sollten, in Wirklichkeit aber ziemlich angestaubt waren. Was Benn dazu sagte, das kannte man schon vom Dadaismus, von der russischen Avantgarde oder von Döblins »Berlin Alexanderplatz« – das war mithin alles andere als neu. Was aber noch heute überrascht (oder überraschen müsste), ist die Chuzpe, mit der hier jemand, ungerührt und ohne jede kritische Distanz, vom »neuen Menschen« und von der »großen Verwandlung« träumt und dabei Gedanken aufnimmt, die er 1933 in seinem Essay »Züchtung« geäußert hatte. Die Biologie hatte natürlich ausgespielt (siehe oben), es ging jetzt darum, den Führungsanspruch der Kunst wieder zu erneuern. Denn nur der Künstler, so Benn, hat die Fähigkeit, »diesen ganzen Zerfall einer Welt, einer alten, hohen, tragischen Welt, in sich zu tragen, ihn sich aufzuerlegen, […] an den Dingen arbeiten, […], um ihnen Ausdruck zu verleihen«[34]. Der Künstler sei eo ipso der Schmerzensmann, der das Leiden der Welt »tragen« und verwandeln muss, er mache den Schmerz produktiv, bringe das Schicksal exemplarisch zum Ausdruck. Diese Rolle diktiert sich Benn jetzt zu, er ästhetisiert den Lebensweg.

Im September 1949 schrieb Benn seinen Programmentwurf »Phase II«, der 1950 im »Merkur« erschien. Dieser Text war die Grundlage für das Radiogespräch, und das Interview wiederum ging dann wenig später in die Autobiographie ein. Die Idee für das Projekt hatte Benns Verleger Max Niedermayer, er schlug vor, den 1934 veröffentlichten »Lebensweg eines Intellektualisten« mit wenigen Änderungen als Buch herauszubringen und die Autobiographie eventuell fortzusetzen. Benn wehrte zunächst ab, erklärte sich dann aber doch bereit. Auch beim »Lebensweg eines Intellektualisten« war es offenbar der Verlag, der sich die Autobiographie wünschte. Jedenfalls hat Benn auf der Titelseite eine Fußnote angebracht, die darauf aufmerksam macht, dass der Text »durch die besondere Aufforderung eines Verlages« entstanden sei. Ein geschickter Schachzug, Benn konnte so den Eindruck erwecken, nicht er, sondern der Verlag hätte Interesse an diesem Buch gehabt – die Autobiographie galt und gilt als ein etwas zwielichtiges Genre, und Benn, der gern den Glauben an die reine Dichtung nährte, ging ein wenig auf Abstand. Im Herbst 1949 aber waren es keine ästhetischen, sondern inhaltliche Bedenken, die ihn von dem Projekt zurückhielten. Er wusste sehr genau, dass er mit der Doppelbiographie eine Diskussion über seine Vergangenheit lostreten konnte, und die wollte er gerne vermeiden.

Wie wir wissen, hat Benn den »Lebensweg eines Intellektualisten« aus dem Band »Kunst und Macht« herausgetrennt und dann die Autobiographie weitergeführt. Es entstand ein kompilierter Text, eine Collage, zusammengesetzt aus unterschiedlichen Textsorten und vielen Selbstzitaten. Anfang November 1949 nimmt er die Arbeit am zweiten Teil auf, Mitte Dezember ist er im Wesentlichen fertig. Er präsentiert seine Biographie im Doppelpack, einmal 1934, dann, im zweiten Teil, die Jahre bis 1949. Und was den ersten Teil angeht, so demonstriert er dem Publikum, dass er kaum etwas ändern, kaum etwas zurücknehmen muss, dass er weder etwas zu verbergen, noch etwas zu verhüllen hat. Freilich bleibt da ein wunder Punkt, die Geschichte mit Klaus Mann – da räumte er gewisse Fehler ein und konzedierte großzügig, dass Klaus Mann damals »die Situation richtiger beurteilt, die Entwicklung genauer vorausgesehen«[35] hätte. Benn hatte dafür eine einfache Erklärung, nicht Klaus Mann, sondern er selbst sei damals der Jüngere gewesen, der »romantisch, überschwänglich, pathetisch«[36] gestimmt war – dadurch seien die Dinge in ein etwas anderes Licht gerückt worden, inhaltlich aber hätte er nichts zurückzunehmen. Dieser eigentlich heikle Punkt, erwies sich letztlich als nicht besonders schwierig, denn in der Öffentlichkeit, das kam Benn zur Hilfe, dachte man über Emigranten alles andere als positiv, besonders über literarische Emigranten, die wie Klaus Mann und Thomas Mann mit den Amerikanern gemeinsame Sache gemacht hatten. Wie man damals, nach dem Krieg, gegen Emigranten in aller Öffentlichkeit auftreten konnte, zeigt die Rundfunkdiskussion zwischen Benn und Peter de Mendelssohn nach Erscheinen der Autobiographie im März 1950. Nicht Benn geriet dabei in die Defensive, sondern Peter de Mendelssohn. Was auch daran lag, dass es Benn erlaubt war, ausführlich seine vorbereiteten Texte aus dem »Doppelleben« vorzulesen, während Peter de Mendelssohn seine Redebeiträge spontan formulieren musste. Ohne dass der Moderator Thilo Koch eingriff, übernahm Benn die Initiative, befragte seinen Kontrahenten und wollte von ihm allen Ernstes wissen, wovor man denn emigrieren sollte?[37] Und was denn so schlimm gewesen sei an der Emigration?: »Das möchte ich wissen«[38], so Benn. Und Benn bringt es fertig, es wurde schon darauf hingewiesen, sein eigenes Deutschtum herauszustellen und es Peter de Mendelssohn abzusprechen, ihn noch einmal auszugrenzen: »Sie waren zu Hause in Paris und in New York und in London, nicht wahr.«[39]

So konnte nur jemand auftreten, der davon überzeugt war, dass keine Rechtfertigung von ihm verlangt wurde. Folgt man der Erinnerung Thilo Kochs an das Rundfunkgespräch, dann gab es, von beiden Seiten, weder vor noch nach der Sendung eine freundliche Geste, man begrüßte sich »förmlich-kühl«[40], und so ging man auch auseinander. Peter de Mendelssohn ließ die Geschichte nicht los, er veröffentlichte 1953 sein vieldiskutiertes Buch »Der Geist in der Despotie. Versuche über die Möglichkeit des Intellektuellen in der totalitären Gesellschaft«. Neben Knut Hamsun, Jean Giono und Ernst Jünger widmet sich die Studie auch Gottfried Benns »Doppelleben«. »Das Verharren vor dem Unvereinbaren« ist der Essay überschrieben – Mendelssohn sieht Benn als einen hervorragenden Geist, der aber in einem Denksystem verharre, aus dem er nicht herauskomme. Wie anders sei es zu erklären, dass er 1950 einen Text von 1934 publiziert, in dem er seine »Erbmasse« hervorhebt und sich als »reinblütiger Arier« bezeichnet.

Benn konnte sich im Nachkriegsdeutschland, das zeigt der »Berliner Brief«, sogar als Opfer darstellen, als jemanden, den man aus dem literarischen Betrieb ausgeschlossen hat. Und er war der Auffassung, dass sich die literarische Öffentlichkeit, insbesondere die aus der Emigration zurückkommenden Schriftsteller, sich gegen ihn verschworen hätten. Sicher, es gab, vor allem nach dem Erscheinen des »Doppellebens«, eine zum Teil emotional geführte Debatte, bei aller Kritik wurde Benn aber zugutegehalten, dass er sich seiner Vergangenheit gestellt habe und mit seiner Autobiographie couragiert nach vorne gegangen sei. Nahezu einhellig war man der Meinung, dass Benns Haltung zum Nationalsozialismus allenfalls auf das Jahr 1933 zu beziehen sei, also eine kurzfristige »Verfehlung«, ein »Irrtum«, eine »Verblendung«, ein »einmaliges Fehlverhalten« einer ansonsten integeren Persönlichkeit war – und so wird es zum Teil noch heute gesehen.[41] Ein moralischer Fehltritt, der mit der Weltanschauung Benns nichts oder wenig zu tun hat. Der Dichter selbst hätte dem freilich lebhaft widersprochen, ganz im Gegensatz zu dem, was er über seinen Helden Rönne schrieb, glaubte er an die Kontinuität und beanspruchte für sich die »Härte des Gedankens«, die »Sicherheit im Unterscheiden« und die »Verantwortung im Urteil« – mildernde Umstände wollte er nicht.

Bei aller (gespielten) Unempfindlichkeit, die Benn an den Tag legte, er wusste und ahnte, dass sein »Doppelleben« zumindest bei den Sternheims nicht gut ankommen würde. Am 7. März 1950 schreibt er an Thea Sternheim: »Ich sende Ihnen bald wieder ein neues Buch, ob Sie zustimmen können, weiss ich nicht. Eine Art Autobiographie ›Doppelleben‹.«[42]

In Paris wartete man gespannt, viele Wochen gingen ins Land, die Autobiographie war längst erschienen, man hatte von Diskussionen gehört und Rezensionen gelesen, aber das angekündigte Buch kam nicht. Ende Juni traf es schließlich ein. Unter dem 2. Juli schreibt Thea Sternheim in ihr Tagebuch, das Buch sei stilistisch prachtvoll, aber inhaltlich fragwürdig.[43] Ein bemerkenswertes Urteil, denn das »Doppelleben« ist zwar eines der populärsten Bücher Benns, ästhetisch aber eines der schwächsten – im Grunde eine reine Montagearbeit, die Schnitte notdürftig mit ein paar überleitenden Sätzen ›verklebt‹. Als Ganzes eher ein Kuriosum als ein stilistisch durchkomponiertes Werk. Wollte Thea Sternheim mit der positiven Bemerkung retten, was dann doch nicht mehr zu retten war: Die Beziehung zu Benn, die alte Freundschaft?

Mopsa Sternheim reagierte auf das »Doppelleben« ganz anders, »aufgebracht, angewidert«[44]. Gegenüber ihrer Mutter macht sie ihrem Ärger Luft, formulierte »gnadenlos«, was sich Thea Sternheim nicht so »schroff« zu formulieren getraute. Die eigentliche Auseinandersetzung mit Benns »Doppelleben« führt Mopsa Sternheim aber in ihrem Tagebuch. Benn erfährt davon nichts. Sie schreibt ihm Briefe, aber die sind relativ belanglos. Bezeichnend ist, dass sie auf Benns Briefe immer erst nach langer Pause reagiert. In jedem ihrer Briefe präsentiert sie einen Berg von Entschuldigungen, sie war krank, verreist, mit Arbeiten überhäuft. Sich mit Benn persönlich auseinandersetzen? – es wäre über ihre Kräfte gegangen und wohl auch vergebene Liebesmühe gewesen. Im Tagebuch nimmt sich Mopsa Sternheim die neuen Werke Benns Satz für Satz vor, zitiert und paraphrasiert ihn, setzt Fragezeichen, wo Benn Behauptungen aufstellt: »›Ist der Mensch ein moralisches Wesen oder ein denkerisches, beides zusammen kann er kaum sein, und augenblicklich spricht alles dafür, dass er das letztere sei.‹?« Und nach dem Fragezeichen geht es weiter, mit einer Frage Mopsa Sternheims: »Warum eigentlich, kann er ›beides zusammen kaum sein?‹ Er ist noch mehr als das, scheint mir.«[45] Denken und Moral sollen auseinanderfallen, zwei Seiten, die nicht zusammengehören? Benn, so Mopsa Sternheim, legt sich die Sachen »frech« zurecht: »Er mogelt«, sucht »für seine mangelnde menschliche Form, für das Zweideutige seiner Person«, eine Legitimation. Sein »Doppelleben« laufe auf die Devise hinaus: »Sei schizophren – wie dein äusserliches und innerliches Sein.« Da kann sie nur mit dem Kopf schütteln und dem alten Freund zurufen: »Du sitzt in der Tinte und träumst dir was Schönes.« Seine Autobiographie sei nichts anderes als ein »Leitfaden für Opportunisten«[46]. Sie sieht ihn als geschei-

Gottfried Benn, um 1954

tert an, »seine neuen Bücher sind fast eine Negation der alten«[47] und spricht von einer »Desertion«.[48]

Für Mopsa Sternheim gab es ›zwei Benns‹, den von ihr idealisierten Benn, den sie ›abgöttisch verehrte‹[49], den sie als »Genie« und als Ereignis ihres Lebens feierte – und den ‹realen Benn›, ein zweideutiger Charakter »böse«[50], »dick, häßlich«[51].

Nach einigem Zögern hat Thea Sternheim dann allen Mut zusammengenommen und sich bei Benn für die Zusendung des »Doppellebens« bedankt. Viel zu loben fand sie jetzt nicht mehr: »Ich finde das ›Doppelleben‹ [...] enthemmter, – wilder als die vorangegangenen Bücher. Kommt dieser Eindruck daher weil Sie in einem Lebenslauf naturgemäss auch die Hitlerära erwähnen mussten [...]?«[52] Sie kritisiert nun auch vorsichtig Dinge, die ihr zuvor schon auf der Seele lagen, die sie aber gegenüber Benn nicht artikuliert hatte: »Ich verstehe auch nicht, dass Sie die Frage der Emigration als eine 1933 in keiner Weise gerechtfertigte darstellen.«[53]

Benn hat auf die Kritik nicht reagiert. Überhaupt antwortete er erst sehr spät, Ende September, aber das hing auch mit einer anderen Geschichte zusammen, einer Frauen-Geschichte, die er seinem Männer-Freund Oelze zwei Jahre später erzählt, da war die Beziehung gerade beendet. Es sei »eine der seltsamsten und gefährlichsten Affären«[54] seines Lebens gewesen. »Eine leere, ungebildete gemeine Person, die weder orthographisch schreiben, noch manierlich mit Messer u Gabel essen konnte, obschon sie Kellnerin in einem der elegantesten First-class-Etablissements des Westens hier ist.«[55] Zu diesem Zeitpunkt war er mit seiner Frau Ilse scheinbar glücklich verheiratet. Es sei ihm egal gewesen, gesteht er seinem Freund: »Ich wusste das Alles. Brachte meine Ehe bis an die äusserste Grenze der Gefährdung, war mir gleich, war bereit zu Grunde zu gehn«[56]. So schlimm wurde es nicht, er stürzte sich wenig später mit zwei sehr jungen Frauen in weitere Abenteuer, die wiederum seine Ehe an den Rand des Scheiterns brachten. Zum Hochzeitstag am 18. Dezember 1954 versichert er seiner Ehefrau: »Ich liebe Dich wie vor 8 Jahren. Ich liebe Dich noch viel mehr. Ich liebe *nur* Dich. Mir würde das Herz brechen, wenn Du mich nicht mehr liebtest. Ich bin nur Deiner.«[57] Sie blieben zusammen – bis zu Benns Tod am 7. Juli 1956.

Nachzutragen bleibt, dass Thea und Mopsa Sternheim im September 1952 noch einmal nach Berlin reisten und es zu einem Wiedersehen mit Benn kam. Anlass war die durch Benn geförderte Buchpremiere der »Sackgassen«, die im Rahmen der Berliner Festwochen stattfand. Ein schwieriges Treffen, ein Wiedersehen nach zwanzig Jahren: »Gott, wie verwittert u krumm u von den Knochen gefallen sieht man aus«[58], schreibt Benn noch während des Aufenthalts der Sternheims an Oelze. Zu einem vertrauten Gespräch zwischen Thea Sternheim und Benn kam es nicht. Die Beziehung war am Ende – und Benn hatte mit seinem »Doppelleben« ein Ausrufezeichen gesetzt.

Nachzutragen ist ferner der qualvolle Krebstod Mopsa Sternheims am 12. September 1954. In den letzten Jahren vor ihrem Tod hat sie in zahlreichen Prozessen für eine Wiedergutmachung gekämpft, eine Entschädigung für ihre Internierung in Ravensbrück wurde erst postum bewilligt. Mopsa Sternheims letzter Freund, der Kunsthistoriker Gert Schiff, hat für den Roman, an dem sie bis zuletzt gearbeitet hatte, eine Veröffentlichungsmöglichkeit gesucht.

Unter anderem hat er 1955 das Manuskript dem Rowohlt Verlag angeboten, der ihn »als interessant, aber zu fragmentarisch für eine Veröffentlichung«[59] ablehnte. Auf Bitten Schiffs hat Thea Sternheim sich noch einmal mit Benn in Verbindung gesetzt und um Unterstützung gebeten – der Brief blieb ohne Antwort. Das Manuskript ist verschollen.

Nachzutragen bleibt ferner, dass Thea Sternheim im März 1963 ihre geliebte Stadt Paris verlässt und nach Basel in die Nähe ihrer Tochter Agnes zieht. Wenige Wochen vor ihrem Tod, am 5. Juli 1971, schreibt sie in ihr Tagebuch: »Die Übersiedlung nach Basel hat mir kein Glück gebracht.«[60] Das Leben mit ihrer Tochter und ihrem Schwiegersohn war alles andere als konfliktfrei – und Basel und die Schweiz blieben ihr fremd. Große Freude machten ihr aber bis zuletzt die Kontakte mit Literaturwissenschaftlern, die sich für den Nachlass von Carl Sternheim und auch für ihre eigene Lebensgeschichte interessierten. Die größte Freude aber bereitete ihr die über vier Jahrzehnte währende Freundschaft zu dem belgischen Maler Herman de Cunsel.

ANHANG

VERZEICHNIS DER SIGLEN
UND ABKÜRZUNGEN

EuR Essays und Reden, Gottfried Benn. In der Fassung der Erst-
     drucke
N   Nachlass Dorothea Sternheim (gen. Mopsa), Deutsches Lite-
     raturarchiv in Marbach am Neckar
Ms   Manuskript
PuA Prosa und Autobiographie, Gottfried Benn. In der Fassung
     der Erstdrucke
SuS Szenen und Schriften, Gottfried Benn. In der Fassung der
     Erstdrucke
Tb   Tagebuch

ANMERKUNGEN

Einleitung

1 Tilly Wedekind: Meine Erinnerungen an Gottfried Benn, in: Benn: Den Traum alleine tragen, S. 81.
2 Tilly Wedekind, zit. n. Hof: Gottfried Benn, S. 244–245.
3 Else Lasker-Schüler: Doktor Benn, in: Expressionismus 1910–1923, S. 41.
4 Ebd.
5 Käthe von Porada: Meine Begegnung mit Gottfried Benn, in: Benn: Den Traum alleine tragen, S. 117.
6 Benn an Tilly Wedekind, Ende April 1930, S. 5.
7 Benn an Tilly Wedekind, 2.5.1930, S. 6.
8 Benn an Elinor Büller, 10. 1. 1937, S. 157.
9 Benn an Oelze, 20. 8. 1935, I, S. 60.
10 Benn an Erich Reiss, 5. 3. 1949, in: Benn: Ausgewählte Briefe, S. 138.
11 Ebd.
12 Benn: SW VII/2, Arbeitshefte, S. 238 (1949).
13 Benn: Phänotyp, in: PuA, S. 150.
14 Benn an Oelze, 26. 1. 1952, III, S. 127.
15 Benn: D-Zug, in: Gedichte, S. 35.
16 Paul de Man: Autobiographie, S. 132.
17 Benn an Koenigsmann, zit. n. Hof: Gottfried Benn, S. 109.
18 A. R. Meyer, zit. n. Hof: Gottfried Benn, S. 113.
19 Anders sieht es Werner Rübe: Provoziertes Leben, S. 56.
20 Carl Sternheim: Die Prosa Gottfried Benns, in: Expressionismus 1910–1923, S. 197.
21 Elias: Studien über die Deutschen, S. 237, 271.
22 Ebd., S. 145.
23 Ebd., S. 149.
24 Else Lasker-Schüler: Doktor Benn, in: Expressionismus 1910–1923, S. 41.
25 Benn: Die Reise, in: PuA, S. 39.
26 Benn: Gehirne, in: PuA, S. 23.
27 Carl Einstein: Der Snob, in: Werke, Bd. 1, S. 23.
28 Benn: Doppelleben, in: PuA, S. 384.

29 Klaus Mann: Der Wendepunkt, S. 251.

30 Benn: Doppelleben, in: PuA, S. 400.

31 Ebd., S. 401.

32 Benn: Antwort an die literarischen Emigranten, in: PuA, S. 297.

33 Ebd., S. 298.

34 Ebd., S. 302.

35 Benn an Gertrud Zenzes, 23. 9. 1933, zit. n. Bürger: Benns Doppelleben, S. 21.

36 Benn: Einleitung, in: Lyrik des expressionistischen Jahrzehnts, in: EuR, S. 419.

37 Ebd. S. 422.

38 Thea Sternheim: Tb., 28. 7. 1957 (CD-ROM).

39 Thea Sternheim: Tb., 30. 4. 1960, IV, S. 360.

40 Mopsa Sternheim an Rosalie George, September 1952, in: Briefwechsel und Aufzeichnungen, S. 440.

41 Mopsa Sternheim: Tb., 10. 5. 1936, N.

42 Mopsa Sternheim: Tb., 5. 7. 1950, N.

43 Freund: Der Bürger auf Probe, S. 205.

44 Benn an Thea Sternheim, 12. 8. 1949, in: Briefwechsel und Aufzeichnungen, S. 133.

45 Ebd., S. 135.

46 Thea Sternheim: Tb., 25. 1. 1917, I, S. 375.

47 Ebd.

48 Walther Rilla: Der Bürger, in: Anz/Stark (Hg.): Expressionismus, S. 172, 178.

49 Vgl. Anz: Literatur des Expressionismus, S. 78.

50 Ludwig Rubiner: Die Erneuerung, S. 315.

51 Vgl. Ehrsam: Nachwort zu Thea Sternheim: Tagebücher, V, S. 630.

52 Thea Sternheim: Tb., 28. 8. 1954, IV, S. 150.

53 Thea Sternheim: Tb., 3. 2. 1917, I, S. 377.

54 Vgl. Benn: Bekenntnis zum Expressionismus (1933) und Einleitung, in: Lyrik des expressionistischen Jahrzehnts (1955).

55 Benn: Einleitung, in: EuR, S. 417.

56 Vgl. Franz Marc: Im Fegefeuer des Krieges (Oktober 1914).

57 Benn: Einleitung, in: EuR, S. 420.

58 Ebd., S. 421.

59 Benn: Bekenntnis zum Expressionismus, in: EuR, S. 263.

60 Benn: Einleitung, in: EuR, S. 415.

61 Benn: Bekenntnis zum Expressionismus, in: EuR, S. 263.

62 Thea Sternheim: Tb., 29. 4. 1933, II, S. 498.

63 Klaus Mann: Der Wendepunkt, S. 166.

64 Mopsa Sternheim: Der anticharitative Mensch, November 1932, N.

65 Vgl. Klaus Theweleit: Buch der Könige. Orpheus ~~und~~ Eurydike (1988) und Buch der Könige. Orpheus am Machtpol (1994).

66 Bürger: Benns Doppelleben, S. 76.

67 Ebd.

68 Ebd., S. 74 ff.; ebenso Dyck: Benn in Berlin (2010) und Dyck: Berliner Affären. Gottfried Benn und die Frauen, in: Der Tagesspiegel, 22. 8. 2010.

69 Bürger: Benns Doppelleben, S. 74.

70 Ebd., S. 75.

71 Ebd.

72 Ebd., S. 74.

73 Vgl. Beatrice Wagner: Sex in der Depression kann therapeutisch wirken, in: Medical Tribune public, 2/2008, S. 19.

Spielen ist alles

1 Benn: Erinnerungen an Else Lasker-Schüler, in: EuR, S. 541.

2 Ebd.

3 Bauschinger: Else Lasker-Schüler, S. 162.

4 Thea Sternheim: Tb., 20. 3. 1916, I, S. 329.

5 Benn: Erinnerungen an Else Lasker-Schüler, in: EuR, S. 541.

6 Ebd.

7 Ebd.

8 Zum Begriff des Vagabundentums vgl. Magnus Klaue: Vom Cherubin zur Vogelscheuche. Figurationen des Vagabundentums im Werk von Else Lasker-Schüler.

9 Benn: Erinnerungen an Else Lasker-Schüler, in: EuR, S. 541.

10 Ebd.

11 Ebd.

12 Ebd., S. 542.

13 Ebd.

14 Ebd.

15 So die Charakterisierung von Thea Sternheim: Tb, 3. 2. 1917, I, S. 377.

16 Benn: Probleme der Lyrik, in: EuR, S. 506.

17 Benn an Astrid Claes, 8. 7. 1954, S. 22.

18 Benn: Erinnerungen an Else Lasker-Schüler, in: EuR, S. 542.

19 Matthias: Erinnerungen an Gottfried Benn, S. 435 f.

20 Benn: Erinnerungen an Else Lasker-Schüler, in: EuR, S. 543.

21 Lasker-Schüler: Giselheer dem Tiger, in: Die Gedichte, S. 212.

22 Lasker-Schüler: Motto, in: Die Gedichte, S. 201.

23 Lasker-Schüler an Karl Kraus, S. 39, 41.

24 Freud: Der Dichter und das Phantasieren, S. 31.

25 Ebd., S. 32.

26 Ebd., S. 34.

27 Benn: Hier ist kein Trost, in: Gedichte, S. 70.

28 Benn: Erinnerungen an Else Lasker-Schüler, in: EuR, S. 543.

29 Lasker-Schüler an Kurt Wolff, 1913, in: Kurt Wolff: Briefe eines Verlegers, S. 69.

30 Ebd., S. 68.

31 Ebd., S. 69.

32 Ebd.

33 Ebd., S. 68.

34 Lasker-Schüler: Doktor Benn, in: Expressionismus 1910–1923, S. 41.

35 Vgl. Bohrer: Ästhetik des Schreckens, S. 183.

36 Lasker-Schüler: Doktor Benn, in: Expressionismus 1910–1923, S. 41.

37 Benn: Drohungen, in: Gedichte, S. 49.

38 Benn: Gesänge, in: Gedichte, S. 47.

39 Benn: Alaska, in: Gedichte, S. 42.

40 Lasker-Schüler: Die schwarze Bhowanéh, in: Die Gedichte, S. 17.

41 Sprengel: Literatur im Kaiserreich, S. 208.

42 Vgl. Bauschinger: Else Lasker-Schüler, S. 40; Sprengel: Literatur im Kaiserreich, S. 208.

43 Freud: Abhandlungen zur Sexualtheorie, S. 64.

44 Lasker-Schüler: Briefe, zit. n. Hof: Gottfried Benn, S. 131.

45 Ebd.

46 Lasker-Schüler: Giselheer dem König, in: Die Gedichte, S. 207.

47 Lasker-Schüler: Mein Herz, S. 49.

48 Benn an Tilly Wedekind, 27. 1. 1934, S. 34.

49 Dyck: Der Zeitzeuge, S. 132.

50 Benn: Erinnerungen an Else Lasker-Schüler, in: EuR, S. 543.

51 Benn an Astrid Claes, 17. 4. 1954, S. 9.

52 Benn an Astrid Claes, 24. 4. 1954, S. 14.

53 Benn an Astrid Claes, 8. 7. 1954, S. 22.

54 Benn an Astrid Claes, 30. 7. 1954, S. 32.

55 Benn an Astrid Claes, 30. 7. 1954, S. 31.

56 Benn an Astrid Claes, 30. 7. 1954, S. 32.

57 Benn an Astrid Claes, 25. 7. 1954, S. 28.

1 Benn: Wie Miss Cavell erschossen wurde, in: EuR, S. 63.

2 Ebd., S. 64–65.

3 Ebd., S. 65.

4 Benn: Unter der Großhirnrinde, in: SW VII/1, S. 360.

5 Lethen: Der Sound der Väter, S. 113–114.

6 Ebd., S. 114.

7 Ebd., S. 115.

8 Ebd., S. 114.

9 Benn: Wie Miss Cavell erschossen wurde, in: EuR, S. 63.

10 Thea Sternheim: Tb., 3. 2. 1917, I, S. 376.

11 Thea Sternheim: Tb., 30. 1. 1917 (CD-ROM), vgl. Briefwechsel und Aufzeichnungen, S. 7.

12 Thea Sternheim: Tb., 3. 2. 1917, I, S. 377.

13 Ebd., S. 377.

14 Ebd., S. 377.

15 Thea Sternheim an Benn, 26. 3. 1926, in: Briefwechsel und Aufzeichnungen, S. 20.

16 Thea Sternheim: Tb., 19. 10. 1915, I, S. 298.

17 Ebd.

18 Ebd., 10. 11. 1915, I, S. 302.

19 Ebd., S. 377.

20 Ebd., S. 378.

21 Benn: Wie Miss Cavell erschossen wurde, in: EuR, S. 68.

22 Ebd., S. 66.

23 Ebd., S. 69.

24 Ebd.

25 Ebd., S. 68.

26 Ebd., S. 65.

27 Thea Sternheim: Tb., 3. 2. 1917, I, S. 377.

28 Benn: Wie Miss Cavell erschossen wurde, in: EuR, S. 63.

29 Ebd., S. 68.

30 Thea Sternheim: Tb., 3. 2. 1917, I, S. 378.

31 Ebd., 21. 5. 1917, I, S. 393.

1 Brief an Astrid Claes, 25. 7. 1954, S. 27.

2 Brief zit. n. Raabe: Der frühe Benn. in: Benn: Den Traum alleine tragen, S. 21 f.

3 Vgl. Meyer: Die Mär von der Musa Expressionistica, S. 15.

4 Vgl. dazu auch Schmitz: »Wilder Ekel – geiles Grauen«.

5 Kurt Hiller zit. n. Hermann Korte: Ein ›wirklicher Tiger‹ im literarischen Feld?, in: Benn Forum, Bd. 3, S. 80–81.

6 Brief an Meyer, 4. 9. 1913, zit. n. Raabe: Der frühe Benn, in: Benn: Den Traum alleine tragen, S. 18.

7 Benn an Paul Zech, 18. 5. 1913, in: Ebd., S. 17.

8 Benn an Paul Zech, 2. 9. 1913, in: Ebd., S. 18.

9 Vgl. Harold Bloom: Einflußangst. Eine Theorie der Dichtung, S. 11.

10 Mopsa Sternheim: Tb., 16. 3. 1950, N.

11 Dorothea Hahn, zit. n. Hof: Gottfried Benn, S. 172.

12 Benn an Astrid Claes, 11. 5. 1954, S. 15–16.

13 Brief an Astrid Claes, 30. 7. 1954, S. 31.

14 Raabe: Der frühe Benn, in: Benn: Den Traum alleine tragen, S. 22.

15 Ebd.

16 Ebd.

17 Vgl. Anz: Literatur des Expressionismus, S. 80 ff.

18 Benn: Ithaka, in: SuS, S. 28.

19 Thea Sternheim: Tb., 16. 12. 1917, I, S. 409.

20 Carl Sternheim: Morgenröte, in: Die Aktion, Jg. 12, 1922, H. 17/18, S. 248 f.

21 Ebd.

22 Carl Sternheim: Ulrike, Nachwort, S. 41.

23 Carl Sternheim: Prosa, in: Die Aktion, Jg. 8, 1918, S. 28–30.

24 Carl Sternheim: Kampf der Metapher!, in: Anz/Stark: Expressionismus. Manifeste und Dokumente zur deutschen Literatur 1910–1920, S. 66.

25 Carl Sternheim: Vorwort, Die Hose, 1918.

26 Thea Sternheim: Tb., 8. 8. 1919, I, S. 479.

27 Carl Sternheim: Kampf der Metapher!, in: Anz/Stark: Expressionismus. Manifeste und Dokumente zur deutschen Literatur 1910–1920, S. 66.

28 Carl Sternheim: Tabula rasa, S. 28.

29 Ball: Eröffnungs-Manifest. 1. Dada-Abend Zürich, 14. Juli 1916, in: Asholt/Fähnders (Hg.): Manifeste und Proklamationen, S. 121.

30 Huelsenbeck: En Avant Dada, S. 34.

31 Ebd., S. 35.

32 Ebd.

33 Ebd., S. 33.

34 Ebd.

35 Benn: Einleitung, in: Lyrik des expressionistischen Jahrzehnts, in: EuR, S. 414.

36 Marinetti: Gründung und Manifest des Futurismus, in: Asholt/Fähnders (Hg.): Manifeste und Proklamationen, S. 4–5.

37 Ebd., S. 3.

38 Benn: Gruß an Marinetti, in: EuR, S. 493.

39 Schröder: Gottfried Benn, S. 34.

40 Ebd., S. 19.

41 Ebd.

42 Ebd.

43 Vgl. Benn: Einleitung, in: Lyrik des expressionistischen Jahrzehnts, in: EuR, 417.

44 Benn: Bekenntnis zum Expressionismus, in: EuR, S. 267.

45 Benn: Doppelleben, in: PuA, S. 363.

46 Benn: Karandasch, in: SuS, S. 67.

47 Benn: Das moderne Ich, in: EuR, S. 41.

48 Ebd., S. 40.

49 Joachim Dyck fragt, warum man Benns Arbeiten in diesen Blättern publizierte, da er sich »weder politisch noch tagespolitisch äußerte« (Vgl. Dyck: Einführung in Leben und Werk, S. 53).

Flucht aus dem falschen Leben

1 Thea Sternheim: Tb., 3. 2. 1917, I, S. 377.

2 Ebd.

3 Tolstoi: Was ist Kunst, S. 276.

4 Ebd., S. 279.

5 Ebd., S. 277.

6 Ebd., S. 281.

7 Thea Sternheim: Tb., 13. 5. 1930, II, S. 284.

8 Ebd., 10. 7. 1912, S. 143.

9 Ebd.

10 Ebd., 21. 2. 1917, I, S. 381.

11 Ebd., 14. 2. 1917, S. 379.

12 Blei: Carl Sternheim – Der Schauspieler, in: Erzählung eines Lebens, S. 399.

13 Kessler: Das Tagebuch. Vierter Band: 1906–1914, 22. 2. 1910, S. 591.

14 Dazu und zum Genie-Kult: Schmidt: Die Geschichte des Genie-Gedankens, Bd. 2, S. 64.

15 Thea Sternheim: Erinnerungen, S. 81.

16 Ebd., S. 80.

17 Vgl. Pophanken: Auf den ersten Kennerblick hin, S. 255.

18 Vgl. Thea Sternheim: Tb., I, S. 111.

19 Carl Sternheim: Vorkriegseuropa, S. 267.

20 Zahlenangaben aus Pophanken: Auf den ersten Kennerblick, S. 258.

21 Carl Sternheim: Vorkriegseuropa, S. 266.

22 Carl Sternheim: Nachwort. Kampf der Metapher, in: Ulrike, S. 41.

23 Thea Sternheim: Tb., 22. 10. 1908, I, S. 27.

24 Ebd.

25 Ebd.

26 Ebd., S. 11. 1911, I, S. 118.

27 Carl Sternheim, zit. n. Lethen: Der Sound der Väter, S. 27.

28 Thea Sternheim: Tb., 21. 7. 1913, I, S. 178.

29 Ebd., 30. 12. 1913, I, S. 192.

30 Ebd., 10. 6. 1914, I, S. 208.

31 Ebd., 17. 1. 1917, I, S. 374.

32 Ebd., 30. 11. 1916, I, S. 369.

33 Ebd.

34 Ebd., 5. 8. 1914, I, S. 216.

35 Carl Sternheim: 1913, S. 72.

36 Thea Sternheim: Tolstoi, S. 67.

37 Ebd.

38 Ebd., S. 70.

39 Tolstoi: Patriotismus und Regierung, S. 18.

40 Ebd., S. 19.

41 Ebd., S. 20.

42 Thomas Mann: Gedanken im Kriege, S. 32.

43 Thomas Mann: Betrachtungen eines Unpolitischen, S. 31.

44 Carl Sternheim: Wie Belgien verletzt wurde, 12. August 1914, dazu: Sprengel: Geschichte der deutschsprachigen Literatur, S. 802.

45 Thea Sternheim: Tb., 17. 6. 1915, I, S. 271.

46 Ebd., 30. 6. 1915, I, S. 276.

47 Ebd., 4. 9. 1915, I, S. 291.

48 Ebd., 1. 7. 1915, I, S. 272.

49 Ebd., 11. 5. 1916, I, S. 341.

50 Ebd., S. 344.

51 Ebd., 17. 10. 1916, I S. 358.

52 Ebd.

53 Ebd., 2. 2. 1916, I, S. 319.

54 Thea Sternheim: Erinnerungen, S. 260.

55 Carl Sternheim: Nachwort. Kampf der Metapher, in: Ulrike, S. 42.

56 Benn: Zu Thea Sternheims *Sackgassen,* in: SuS, S. 277.

57 Thea Sternheim: Tb., 14. 2. 1917, I, S. 379.

58 Benn: Zu Thea Sternheims *Sackgassen,* in: SuS, S. 279.

59 Ebd.

60 Ebd., S. 280–281.

61 Benn: Doppelleben, in: PuA, S. 454.

62 Thea Sternheim: Anna, in: Chronik, 1. Bd., S. 158.

63 Ebd., S. 103.

64 Ebd., S. 98.

65 Ebd., S. 112.

66 Ebd., S. 120.

67 Ebd., S. 136.

68 Ebd., S. 154.

69 Ebd., S. 158.

70 Ebd., S. 159.

71 Thea Sternheim: Tb., 8. 6. 1917, I, S. 394.

Mythos Brüssel

 1 Hausenstein: Brüssel, S. 203.

 2 George Grosz: Ein kleines Ja und ein großes Nein, S. 189.

 3 Thea Sternheim: Tb., 18. 3. 16, I, S. 329.

 4 Thea Sternheim: Tb., 16. 4. 1916, I, S. 337.

 5 Thea Sternheim: Tb., 13. 4. 1916 (CD-ROM).

 6 Ebd., Tb., 16. 4. 1916, I, S. 337.

 7 Hausenstein: Brüssel, S. 209.

 8 Ebd., S. 195.

 9 Ebd., S. 196f.

10 Ebd., S. 197.

11 Ebd., S. 203.

12 Ebd.

13 Ebd., S. 195.

14 Thea Sternheim: Tb., 22. 6. 1916, I, S. 344.

15 Benn: Wie Miss Cavell erschossen wurde, in: EuR, S. 65.

16 Ebd.

17 Flake: In Brüssel, S. 367.

18 Ebd., S. 376.

19 Ebd., S. 309.

20 Benn an Oelze, 11. 4. 1942, I, S. 311.

21 Benn an Meyer, 27.7.1914, in: Benn: Den Traum alleine tragen, S. 22.

22 Benn an Oelze, 29.6.1938, I, S. 195.

23 Ebd.

24 Zu dieser Einteilung vgl. Benn an Astrid Claes, 25.7.1954, S. 28.

25 Benn an Oelze, 11.4.1942, I, S. 311.

26 Ebd.

27 Benn: Epilog, in: PuA, S. 251.

28 Benn: 1956, in: PuA, S. 489.

29 Hausenstein: Für die Kunst, zit. n. Anz: Literatur des Expressionismus, S. 137.

30 Benn: Ithaka, in: SuS, S. 26f.

31 Ebd., S. 25f.

32 Vgl. Grimm: Im Auge des Hurrikans. Brüssel 1916, S. 121–137; Lethen: Der Sound der Väter, S. 15ff.

33 Benn: Doppelleben, in: PuA, S. 368.

34 Benn: Heinrich Mann. Ein Untergang, in: PuA, S. 15.

35 Benn: Doppelleben, in: PuA, S. 368.

36 Benn: Der Geburtstag, in: PuA, S. 44.

37 Ebd., S. 45.

38 Ebd., S. 46.

39 Ebd., S. 45.

40 Vgl. Benn: Die Insel, in: PuA, S. 54.

41 Benn: Die Eroberung, in: PuA, S. 25.

42 Ebd.

43 Ebd., S. 29.

44 Ebd. S. 27.

45 Wagner-Egelhaaf: Einleitung: Was ist Auto(r)fiktion?, S. 9.

46 Benn: Epilog, in: PuA, S. 252.

47 Benn: Gehirne, in: PuA, S. 19.

48 Benn: Epilog, in: PuA, S. 253.

49 Ebd.

50 Zum Paria-Gefühl bei Benn vgl. Schröder: Gottfried Benn, S. 36ff.

51 Huelsenbeck: Der neue Mensch, in: Anz/Stark: Manifeste und Dokumente, S. 133.

52 Marinetti: Gründung und Manifest des Futurismus, in: Asholt/Fähnders: Manifeste und Proklamationen, S. 5.

53 Vgl. Marinetti: Wie man die Frauen verführt.

54 Valentine de Saint-Point: Manifest der futuristischen Frau. Antwort an F. T. Marinetti, in: Asholt/Fähnders: Manifeste und Proklamationen, S. 22.

55 Benn: Der neue Staat und die Intellektuellen, in: EuR, S. 459.

56 Benn: Etappe, in: SuS, S. 38.

57 Benn: Der Geburtstag, in: PuA, S. 47.

58 Benn: Gehirne, in: PuA, S. 23.

59 Benn: Doppelleben, in: PuA, S. 364.

60 Benn: Der Geburtstag, in: PuA, S. 47.

61 Ebd., S. 48.

62 Ebd.

63 Ebd., S. 49–50.

64 Benn: Querschnitt, in: PuA, S. 84.

65 Benn: Epilog, in: PuA, S. 274.

66 Benn: Probleme der Lyrik, in: EuR, S. 519.

67 Vgl. dazu: Hahn: Assoziation und Autorschaft.

68 Kittler: Aufschreibesysteme, S. 313–314.

69 Ziehen: Psychiatrie für Ärzte, S. 96 f.

70 Benn: Die Eroberung, in: PuA, S. 28.

71 Vgl. Liepmann: Über Ideenflucht.

72 Jaspers: Allgemeine Psychopathologie, S. 176.

73 Benn: Der Vermessungsdirigent, in: SuS, S. 43.

74 Benn: Der Geburtstag, in: PuA, S. 42.

75 Liepmann: Über Ideenflucht, S. 42.

76 Thea Sternheim: Tb. 3. 2. 1917, I, S. 377.

77 Kittler: Aufschreibesysteme, S. 249.

78 Benn: Ithaka, in: SuS, S. 25.

79 Thea Sternheim: Tb. 30. 1. 1917 (CD-Rom).

80 Vgl. Anz: Expressionismus, S. 84 ff.

81 Herzfelde: Die Ethik des Geisteskranken, in: Anz/Stark (Hg.): Expressionismus. Manifeste und Dokumente, S. 183.

82 Ball: Sieben schizophrene Sonette, in: ders.: Gedichte, S. 86.

83 Ball: Brief an Emmy Ball-Hennings, zit. n. Faul, Kommentar, in: Ball: Gedichte,
   S. 235.

84 Kubin: Postkarte an Hedwig Kubin vom 26. 9. 1920, in: Brand-Claussen:
   » ... lassen sich neben den besten Expressionisten sehen«, S. 143.

85 Kubin an Rudolf von Hoerschelmann, 25. 10. 1920, in: Ebd., S. 143.

86 Prinzhorn: Bildnerei der Geisteskranken, S. 345 ff.

87 Vgl. Nordau: Entartung, 2. Bd., S. 554.

88 Schultze-Naumburg: Kunst und Rasse, S. 86–100.

89 Zit. n. Benn: Einleitung, in: Lyrik des expressionistischen Jahrzehnts, in: EuR,
   S. 417.

90 Benn: Bekenntnis zum Expressionismus, in: EuR, S. 217.

91 Ebd., S. 272.

92 Ebd., S. 266.

93 Ebd., S. 272.
94 Benn: Einleitung, in: Lyrik des expressionistischen Jahrzehnts, in: EuR, S. 417.
95 Ebd.
96 Widmung zit. n. Briefwechsel und Aufzeichnungen, S. 123.

Das Leben »geschah« ihm

1 Benn: Diesterweg, in: PuA, S. 69.
2 Die Angaben zur Musterungsepisode sind dem Kommentarband zum »Felix Krull« in der Großen kommentierten Frankfurter Ausgabe der Werke von Thomas Manns Werken entnommen, s. d.: Kommentar: Entstehungsgeschichte, S. 31–32.
3 Ebd., S. 74.
4 Benn: Doppelleben, in: PuA, S. 364.
5 Brief an Waldemar Rösler, zit. n. Hof: Gottfried Benn, S. 161.
6 Dyck: Berliner Affären. Gottfried Benn und die Frauen, in: Der Tagesspiegel, 22. 8. 2010.
7 Benn an Dorothea Hahn, in: Benn: Ausgewählte Briefe, S. 13.
8 Dyck: Berliner Affären. Gottfried Benn und die Frauen, in: Der Tagesspiegel, 22. 8. 2010.
9 Benn an Dorothea Hahn, vor 1921, in: Ausgewählte Briefe, S. 13.
10 Vgl. Benn: SW VII/2, Arbeitshefte, S. 238 (1949).
11 Elinor Büller an Benn, 14. 3. 37, in: Benn: Briefe an Elinor Büller, S. 235.
12 Thea Sternheim: Tb., 25. 5. 1926, II, S. 30.
13 Benn an Dorothea Hahn, 16. 12. 18, in: Benn: Ausgewählte Briefe, S. 14.
14 Thea Sternheim: Tb., 12. 6. 1917 (CD-ROM).
15 Benn: Diesterweg, in: PuA, S. 75.
16 Vgl. Anacker: Aspekte einer Anthropologie der Kunst, S. 184f.
17 Meyer: Probleme der Entwicklung des Geistes, S. 26.
18 Vgl. Kirchdörfer-Boßmann: »Eine Pranke in den Nacken der Erkenntnis«, S. 171.
19 Benn: Diesterweg, in: PuA, S. 76.
20 Thea Sternheim: Tb., 26. 8. 1918 (CD-ROM).
21 Ebd., 25. 10. 1917 I, S. 405.
22 Ebd., 13. 3. 1918, I, S. 420.
23 Ebd., 31. 5. 1918, I, S. 426f.
24 Ebd., 28. 8. 1918, I, S. 433.
25 Ebd., 20. 6. 1918, I, S. 427.
26 Ebd.

27 Ebd., S. 10.11.1918, I, S. 444.

28 Ebd., 12. 11. 1918, I S. 444.

29 Ebd., 22. 11. 1918, I S. 446.

30 Ebd., 31. 12. 1918, I, S. 454.

31 Carl Sternheim an Thea Sternheim, 16. 12. 1918, in: Briefe Bd. II, S. 192.

32 Ebd.

33 Ebd., S. 193.

34 Ebd., S. 192.

35 Thea Sternheim: Tb., 10. 1. 1919, I, S. 455.

36 Ebd., 16. 1. 1919, I, S. 457.

37 Ebd., 17. 1. 1918, I, S. 458.

38 Ebd., 22. 3. 1920, I, S. 504.

39 Ebd., 17. 1. 1919, I, S. 458.

40 Ebd., 16. 12. 1918 (CD-ROM).

41 Ebd., 1. 7. 1916, I, S. 345.

42 Carl Sternheim: Tabula rasa, S. 81.

43 Kessler: Das Tagebuch, Siebter Bd., 6. 2. 1919, S. 125.

44 Vgl. Thea Sternheim: Tb., 16. 2. 19, I, S. 461.

45 Ebd., 18. 1. 19, I, S. 458.

46 Thomas Mann: Von deutscher Republik, S. 141.

47 Ebd.

48 Ebd., S. 137.

49 Benn: Vorwort zu: Das moderne Ich, in: EuR, S. 657.

50 Benn: Das moderne Ich, in: EuR, S. 29.

51 Ebd., S. 33.

52 Ebd., S. 35.

53 Ebd., S. 29.

54 Ebd., S. 33.

55 Ebd., S. 34.

56 Ebd., S. 40.

57 Vgl. ebd., S. 41.

58 Ebd., S. 43.

59 Benn: Vorwort, 1933, in: EuR, S. 657–658.

60 Ebd., S. 658.

61 Benn: Neben dem Schriftstellerberuf (Kunst und Staat), in: PuA, S. 262.

62 Ebd., S. 262.

63 Ebd., S. 263.

64 Ebd., S. 260.

65 Benn an Elinor Büller, 22. 2. 1936, S. 145.

66 Benn an Oelze, 26. 1. 1952, III, S. 127.

»O! schon bin ich wieder
melankolisch!!!!!!!«

1 Thea Sternheim: Tb., 6. 8. 1915 (CD-ROM).

2 Klaus Mann: Der Wendepunkt, S. 171.

3 Thea Sternheim: Tb., 22. 4. 1917 (CD-ROM).

4 Thea Sternheim: Tb., 6. 8. 1915 (CD-ROM).

5 Mopsa Sternheim: Tb., »Aus Mopsas Tagebuch« (Fragmente), N.

6 Mopsa Sternheim: Tb., 30. 12. 1917 und 1. 1. 1918, N.

7 Ebd., 2. 2. 1918, N.

8 Ebd., 2. 2. 18, N.

9 Die im Nachlass befindlichen Tagebuchblätter sind nur in einer von Thea Sternheim angefertigten Abschrift zugänglich. Das Original befindet sich im Besitz
des Germanisten Thomas Ehrsam, der zum Original-Tagebuch schreibt: »Sie
[Mopsa Sternheim] benutzte Hefte verschiedenen Formats, von denen sie
manchmal mehrere gleichzeitig führte und sowohl von hinten wie von vorn beschrieb (oft, aber nicht immer, beginnt sie auf der einen Seite mit Notizen zu
ihrem Roman und auf der anderen Seite mit Tagebuchaufzeichnungen).
Manchmal werden die Seiten auch quer oder über Kopf beschrieben, und
manchmal dient das Tagebuch als Skizzenheft. Die Schrift wechselt – auch das
in striktem Gegensatz zu ihrer Mutter – je nach Verfassung in der Größe und
im Ausdruck; die Datierung ist lückenhaft und wenig zuverlässig. Was sich in
der Abschrift somit als ordentlicher fortlaufender Text zeigt, präsentiert sich
im Original als Chaos ...«.

10 Thea Sternheim: Tb., 5. 4. 1920 (CD-ROM).

11 Mopsa Sternheim: Aufzeichnungen aus dem Jahr 1917, N.

12 Ebd., Tb., 26. 6. 27, N.

13 Ebd., Tb., 5. 6. 1922, N.

14 Ebd., Tb., 21. 10. 1922, N.

15 Ebd., Tb., 26. 6. 1927, N.

16 Ebd., Tb., 15. 10. 1922, N.

17 Ebd., Tb., 22. 3. 1922, N.

18 Thea Sternheim: Tb., 20. 6. 1921, I, S. 545.

19 Ebd.

20 Mopsa Sternheim: Tb., 2. 12. 1921, N.

21 Ebd., Tb., 6. 11. 1921, N.

22 Ebd., Tb., 5. 3. 1922, N.

23 Ebd., Tb., 9. 3. 1922, N.

24 Ebd., Tb., 17. 10. 1922, N.

25 Thea Sternheim: Tb., 6. 12. 1923, I, S. 659.

26 Ernst Schlegel, der Stiefvater von Herbert Binswanger, gründete 1924 die »Gesellschaft von Freunden der Mary-Wigman-Tanzgruppe«.

27 Thea Sternheim: Tb., 6. 12. 1923, I, S. 659.

28 Mopsa Sternheim: Tb., 6. 11. 1921, N.

29 Vgl. Thea Sternheim: Tb., 8. 10. 1920, I, S. 520 ff.

30 Ebd., 28. 9. 1919, I, S. 488.

31 Ebd., 4. 12. 1919, I, S. 495.

32 Thea Sternheim: Erinnerungen, S. 343.

33 Mopsa Sternheim: Tb., 5. 5. 1922, N.

34 Thea Sternheim: Tb., 7. 9. 1920, I, S. 519.

35 Ebd., 8. 10. 1920, I, S. 523.

36 Ebd., 14. 12. 1920, I, S. 530.

37 Mopsa Sternheim: Tb., 14. 7. 1927, N.

38 Ebd., 23. 11. 1918, N.

39 Vgl. Thea Sternheim: Tb., 21. 1. 1921, I, S. 533.

40 Mopsa Sternheim: Tb., 28. 8. 1922, N.

41 Ebd., 10. 9. 1922, N.

42 Ebd., 6. 11. 1921, N.

43 Ebd., wahrscheinlich 2. 1. 1923, N.

44 Ebd., 6. 11. 1921, N.

45 Ebd., N.

46 Ebd., N.

47 Ebd., N.

48 Ebd., N.

49 Ebd., N.

50 Thea Sternheim: Tb., 24. 10. 1921 (CD-ROM).

51 Mopsa Sternheim: Tb., 6. 11. 1921, N.

52 Thea Sternheim: Erinnerungen, S. 331.

53 Thea Sternheim: Tb., 21. 8. 1922, I, S. 590.

54 Ebd., 27. 11. 1922, I, S. 602.

55 Mopsa Sternheim: Tb., 12. 8. 1922, N.

56 Ebd., 13. 7. 1927, N.

57 Ebd., 8. 6. 1954, N.

58 Ebd., 15. 11. 1918, N.

59 Ebd., 15. 10. 1922, N.

60 Thea Sternheim: Tb., 7. 7. 1919, I, S. 476.

61 Mopsa Sternheim: Tb., 15. 10. 1922, N.

62 Benn: Gehirne, in: PuA, S. 21.

63 Benn: Ithaka, in: SuS, S. 25.

64 Mopsa Sternheim: Tb., 21. 10. 1922, N.

1 Benn an Elinor Büller, 27. 6. 1937, S. 235.

2 Benn an Tilly Wedekind, 11. 1. 1938, S. 268.

3 Ebd., Ende April 1930, S. 5.

4 Ebd., 2. 5. 1930, S. 6.

5 Benn an Gertrud Zenzes, Anfang 1922, in: Benn: Ausgewählte Briefe, S. 16f.

6 Benn an Tilly Wedekind, 2. 5. 1930, S. 6.

7 Ebd., 2. 5. 1930, S. 6.

8 Lethen: Der Sound der Väter, S. 38f.

9 Mopsa Sternheim an Thea Sternheim, zit. n. Thea Sternheim: Tb., 30. 12. 1932, II, S. 459.

10 Bourdieu: Die feinen Unterschiede, S. 277, 278.

11 Vgl. Dyck: Benn in Berlin, Kneipen.

12 SW VI, S. 82.

13 Thea Sternheim: Tb., 14. 5. 1956, IV, S. 231.

14 Benn an Gertrud Zenzes, 18. 9. 1922, in: Benn: Ausgewählte Briefe, S. 20f.

15 Ebd., 29. 12. 1921, S. 15–16.

16 Vgl. Dyck: Benn in Berlin, Die Frauen.

17 Benn an Gertrud Zenzes, 1933, dazu: Bürger: Benns Doppelleben, S. 20f.

18 Benn an Gertrud Zenzes, 29. 12. 1921, in: Benn: Ausgewählte Briefe, S. 15.

19 Ebd.

20 Ebd.

21 Ebd., 1922, S. 19.

22 Ebd., 3. 5. 1922, S. 19.

23 Ebd., 29. 12. 1921, S. 16.

24 Benn: Epilog, in: PuA, S. 254.

25 Ebd.

26 Ebd., S. 253.

27 Lethen: Der Sound der Väter, S. 85.

28 Benn: Summa summarum, in: PuA, S. 255–256.

29 Benn an Gertrud Zenzes, 31. 12. 1922, in: Benn: Ausgewählte Briefe, S. 21.

30 Ebd.

31 Benn: »wie lange –«, in: Gedichte, S. 208.

32 Benn: Auf die Platten die Iche, zuerst abgedruckt im Katalog der Galerie Flechtheim 1925 mit Fotografien von Frieda Riess, später in FAZ Nr. 98, 27. 4. 2007.

33 Thea Sternheim: Tb., 22. 11. 1927 (CD-ROM).

34 Ebd., 1. 2. 1938, III, S. 61.

35 Ebd., 31. 1. 1935, II, S. 623.

36 Ebd., 17. 5. 1938 (CD-ROM).

37 Thea Sternheim an Benn, 5. 10. 1953, in: Briefwechsel und Aufzeichnungen, S. 274.

38 Vgl. Thea Sternheim an Benn, 5. 10. 1953, und Thea Sternheim: Tb., 2. 5. 1956, in: Briefwechsel und Aufzeichnungen, S. 274 u. 322.

39 Thea Sternheim: Tb., 2. 5. 1956, IV, S. 227.

40 Marguerite Schlüter an Thea Sternheim, in: Thea Sternheim: Tb., 11. 5. 56, IV, S. 228.

41 Zu diesem Begriff: Hannah Arendt: Vita activa, S. 322.

42 Eva Kalwa schreibt über die Aufnahme Benns: »Das lange Zeit unbeachtet im Deutschen Literaturarchiv Marbach verwahrte Porträt des Schriftstellers entstand 1924 in einem Atelier am Kurfürstendamm.« (Menschen und Masken, Der Tagesspiegel, 8. 6. 2008).

43 Benn an Gertrud Zenzes, 4. 9. 1926, in: Benn: Ausgewählte Briefe, S. 23.

44 Ebd., S. 24.

» ... entgleist zwischen allen Extremen «

1 Jhering zit. n. Naumann (Hg.): Ruhe gibt es nicht, S. 79.

2 Mühsam zit. n. Naumann (Hg.): Ruhe gibt es nicht, S. 79.

3 Klaus Mann: Der Wendepunkt, S. 164.

4 Klaus Mann: Der siebente Engel. Die Theaterstücke, S. 82.

5 Gründgens: Ueber Klaus Mann, zit. n. Naumann (Hg.): Ruhe gibt es nicht, S. 68.

6 Klaus Mann: Mein Vater, in: ders.: Die neuen Eltern, S. 49.

7 Thomas Mann: Unordnung und frühes Leid, S. 493.

8 Ebd., S. 513.

9 Klaus Mann: Unser Verhältnis zur vorigen Generation, in: ders.: Die neuen Eltern, S. 74.

10 Klaus Mann: Die neuen Eltern, S. 86.

11 Ebd., S. 87.

12 Klaus Mann: Heute und Morgen. Zur Situation des jungen geistigen Europas, in: ders.: Die neuen Eltern, S. 139.

13 Klaus Mann: Der Wendepunkt, S. 171.

14 Carl Sternheim an Mopsa Sternheim, 1. 5. 1927, in: Briefe II, S. 335–336.

15 Thea Sternheim: Tb., 30. 6. 1926, II, S. 34f.

16 Ebd., S. 35.

17 Ebd.

18 Mopsa Sternheim: Tb., 25. 5. 1952, N.

19 Thea Sternheim: Tb., 1. 2. 1924, I, S. 666.

20 Ebd.

21 Ebd.

22 Mopsa Sternheim: Tb., 23. 10. 1923, N.

23 Ebd., 4. 1. 1924, N.

24 Zit. n. Thea Sternheim: Tb., 22. 7. 1924, I, S. 692.

25 Thea Sternheim: Tb., 22. 8. 1924, I, S. 695.

26 Ebd., 9. 12. 1924, I, S. 706.

27 Ebd., S. 706 f.

28 Ebd., 29. 7. 1924, I, S. 693.

29 Briefbeilage: Mopsa Sternheim an Thea Sternheim: Tb., 1930, N.

30 Ebd., 28. 2. 1923, I, S. 619.

31 Ebd., 16. 3. 1928, II, S. 153.

32 Fitzgerald: Diesseits vom Paradies, S. 402.

33 Mopsa Sternheim zit. n. Thea Sternheim: Tb., 2. 5. 1932, II, S. 410.

34 Mopsa Sternheim: Tb., 5. 7. 1950, N.

35 Mopsa Sternheim: Tb., 9. 10. 1922, N. – Über Benn schreibt sie später: »30 Jahre abgöttischer Verehrung« (Tb., 11. 5. 1952, N).

36 Mopsa Sternheim: Tb., Montagmorgen, 1 ½ Uhr, 1. Januar 1923, N.

37 Ebd., 16. 11. 1923, N.

38 Thea Sternheim: Tb., 13. 12. 1924, I, S. 707.

39 Brief zit. in Thea Sternheim: Tb., 16. 8. 1926, II, S. 43.

40 Ebd.

41 Ebd., 9. 3. 1926, II, S. 22.

42 Ebd., 16. 8. 1926, II, S. 43.

43 Ebd., 11. 8. 1926 (CD-ROM).

44 Ebd., 8. 11. 1943, III, S. 317.

Tage der Verwirrung

1 Thea Sternheim: Tb., 19. 5. 1926, II, S. 29.

2 Ebd.

3 Ebd.

4 Thea Sternheim: Erinnerungen, S. 433.

5 Thea Sternheim: Tb., 19. 5. 1926, II, S. 29.

6 Ebd.

7 Zit. n. Dyck: Berliner Affären, Der Tagesspiegel.

8 »Frau Thea Sternheim, der hohen Protectorin, mit vielen Grüssen!« – so Benns Widmung an Thea Sternheim in »Spaltung«, zit. n. Briefwechsel und Aufzeichnungen, S. 15.

9 Bourdieu: Die feinen Unterschiede, S. 104.

10 Ebd.

11 Lepenies: Bitte nicht umarmen, Die Welt, 11. 12. 2004.

12 Thea Sternheim: Tb., 21. 5. 1917, I, S. 393.

13 Bourdieu: Die feinen Unterschiede, S. 106.

14 Benn an Thea Sternheim, 12. 8. 1949, in: Briefwechsel und Aufzeichnungen, S. 135.

15 Thea Sternheim: Tb., 3. 2. 1917, I, S. 377.

16 Thea Sternheim: Tb., 9. 7. 1950, III, S. 675.

17 Mopsa Sternheim: Tb., 5. 7. 1950, N.

18 Bürger: Benns Doppelleben, S. 23.

19 Thea Sternheim: Tb., 18. 5. 1926, II, S. 28.

20 Ebd., 10. 5. 1926, II, S. 28.

21 Ebd., 27. 2. 1926, II, S. 18.

22 Ebd.

23 Ebd.

24 Vgl. Mopsa Sternheim: Tb., 27. 6. 1952, N.

25 Benn an Gertrud Zenzes, zit. n. Hof: Gottfried Benn, S. 215.

26 Vgl. Beatrice Wagner: Sex in der Depression kann therapeutisch wirken, in: Medical Tribune public, 2/2008, S. 19.

27 Thea Sternheim: Tb., 1. 3. 1926, II, S. 19.

28 Ebd.

29 Ebd.

30 Ebd., 3. 3. 1926, II, S. 19.

31 Ebd., 8. 3. 1926, II, S. 21.

32 Ebd., 26. 3. 1926, II, S. 23.

33 Ebd., 18. 5. 1926, II, S. 28.

34 Ebd., 21. 5. 1926, II, S. 30.

35 Ebd., 21. 5. 1926, II, S. 29.

36 Ebd., 25. 5. 1926, II, S. 30.

37 Ebd.

38 Ebd.

39 Ebd., 23. 6. 1926, II, S. 33.

40 Ebd.

41 Ebd., 10. 7. 1926, II, S. 35.

42 Ebd., S. 36.

43 Ebd., 13. 7. 1926, II, S. 37.

44 Ebd., 15. 7. 1926, II, S. 37.

45 Ebd.

46 Ebd.

47 Ebd., 11. 8. 1926 (CD-ROM).

48 Mopsa Sternheim: Tb., 7. 8. 1927, N.

49 Ebd., 12. 11. 1930, N., vgl. auch: Briefwechsel und Aufzeichnungen, S. 376.

50 Thea Sternheim: Tb., 11. 8. 1926 (CD-ROM).

51 Thea Sternheim: Erinnerungen, S. 436.

52 Thea Sternheim: Tb., 16. 8. 1926, II, S. 42.

53 Ebd.

54 Carl Sternheim an Mopsa Sternheim, 21. 3. 1925, in: Briefe II, S. 313.

55 Carl Sternheim an Mopsa Sternheim, 10. 2. 1926, in: Briefe II, S. 323.

56 Vgl. Carl Sternheim an Mopsa Sternheim, 20. 9. 1926, in: Briefe II, S. 331.

57 Carl Sternheim: Briefe II, S. 846.

58 Vgl. Carl Sternheim an Mopsa Sternheim, 20. 9. 1926, in: Briefe II, S. 331.

59 Mopsa Sternheim an Thea Sternheim, zit. in: Thea Sternheim: Tb., 4. 9. 1926,
    II, S. 45.

60 Mopsa Sternheim an Thea Sternheim, zit. in: Thea Sternheim: Tb., 10. 1. 1927,
    II, S. 59.

61 Mopsa Sternheim: Tb., 27. 6. 1952, N.

62 Ebd.

63 Freud: Trauer und Melancholie, S. 198.

64 Ebd., S. 205.

65 Ebd., S. 202.

66 Ebd., S. 203.

67 Ebd.

68 Ebd.

69 Ebd., S. 205.

70 Thea Sternheim: Tb., 26. 11. 1931, II, S. 379.

Die große Gereiztheit

1 Benn an Thea Sternheim, 7. 3. 1930, in: Briefwechsel und Aufzeichnungen,
   S. 59./2 Ebd., S. 60.

3 Dichtung an sich. Rundfunkgespräch mit Johannes R. Becher, in: Benn, SW
   VII/1, S. 218.

4 Ebd., S. 219.

5 Ebd., S. 218.

6 Ebd., S. 220.

7 Thea Sternheim: Tb., 6. 3. 1930, II, S. 271.

8 Benn an Thea Sternheim, 7. 3. 1930, in: Briefwechsel und Aufzeichnungen,
   S. 60.

9 Vgl. Anhang, SW VII/1. S. 612 f.

10 Vgl. Hof : Gottfried Benn, S. 242.

11 Die Unterscheidung zwischen Dichter und Schriftsteller hat in Deutschland Tradition, vgl. dazu Lepenies: Die drei Kulturen, S. 265 f.

12 Benn: Zur Problematik des Dichterischen, in: EuR, S. 91.

13 Ebd., S. 84 f.

14 Ebd., S. 89.

15 Ebd., S. 95.

16 Benn: Können Dichter die Welt ändern? Rundfunkdialog, in: SW VII/1, S. 173.

17 Ebd.

18 Ebd., S. 174.

19 Ebd., S. 176.

20 Ebd.

21 Ebd., S. 176.

22 Lepenies: Die drei Kulturen, S. 247.

23 Ebd., S. 263.

24 Ebd., S. 262.

25 Vgl. Benn: Das Unaufhörliche, in: SW VII/1, S. 212.

26 Vgl. Boris Groys: Das Kunstwerk Rasse, S. 25–38.

27 Ebd. S. 34.

28 Benn: Zur Problematik des Dichterischen, in: EuR, S. 95.

29 Ebd.

30 Klaus Mann: Gottfried Benns Prosa, in: ders.: Die neuen Eltern, S. 250–251.

31 Ebd., S. 251.

32 Ebd.

33 Benn: Sehr geehrter Herr Gerhart Pohl, in: PuA, S. 278.

34 Hof: Gottfried Benn, S. 241.

35 Benn: Inquiry among European writers into the spirit of America (1928), in: SuS, S. 166.

36 Ebd.

37 Ebd.

38 Benn: Epilog und Lyrisches Ich, in: PuA, S. 273.

39 Benn: Lebensweg eines Intellektualisten, in: PuA, S. 312.

40 Benn: Eine Geburtstagsrede und die Folgen, in: PuA, S. 286.

41 Benn an Gertrud Zenzes, 23. 9. 1933, in: Bürger: Benns Doppelleben, S. 21.

42 Thea Sternheim: Tb., 13. 5. 1930, II, S. 284.

43 Hof: Gottfried Benn, S. 242.

44 Benn: Zur Problematik des Dichterischen, in: EuR, S. 94.

45 Vgl. Thea Sternheim: Tb., 2. 7. 1950 (CD-ROM).

46 Thea Sternheim: Tb., 11. 12. 1931, II, S. 381.

47 Ebd., 28. 4. 1928, II, S. 162.

48 Ebd., 20. 9. 1919, I, S. 486.

49 Mopsa Sternheim: Tb., 5. 6. 1922, N.

50 Thea Sternheim: Tb., 26. 12. 1927 (CD-ROM).

51 Thea Sternheim: Tb., 17. 10. 1929, II, S. 251.

52 Ebd., 17. 10. 1929, II, S. 251.

53 Ebd., 5. 7. 1928, II, S. 169.

54 Ebd., 17. 10. 1929, II, 251.

55 Ebd., 9. 3. 1929, II, S. 218.

56 Ebd.

57 Ebd.

58 Benn an Gertrud Zenzes, 24. 2. 1929, in: Benn: Ausgewählte Briefe, S. 32.

59 Thea Sternheim: Tb., 9. 3. 1929, II, S. 218.

60 Ebd., 26. 1. 1928, II, S. 138.

61 Thea Sternheim: Tb., 23. 4. 1928, S. 160.

62 Ebd., 20. 11. 1927, II, S. 109.

63 Ebd., 28. 10. 1926, II, S. 50.

64 Ebd., 5. 1. 1927, II, S. 58.

65 Ebd.

66 Gide: Stirb und werde, S. 246.

67 Ebd., S. 58.

68 Thea Sternheim: Tb., 5. 1. 1927, II, S. 58.

69 Ebd., 16. 7. 1927, II, S. 83.

70 Ebd., 4. 11. 1927, II, S. 103.

71 Ebd., 15. 1. 1928, II, S. 134.

72 Ebd., 16. 5. 1930, II, S. 284.

73 Ebd.

74 Ebd., II, S. 285.

75 Ebd., 8. 7. 1931, II, S. 362.

76 Benn Brief, in: Thea Sternheim: Tb., 30. 8. 1931, II, S. 369–370.

77 Benn: Lebensweg eines Intellektualisten, in: PuA, S. 312.

78 Ebd.

79 Ebd., S. 341.

80 Benn: Das Unaufhörliche. Einführende Worte, SW, VII,1, S. 212.

81 Benn zit. n. Thea Sternheim: Tb., 26. 2. 1931, II, S. 331.

82 Ebd., 16. 3. 1928, II, S. 153.

83 Mopsa Sternheim: Tb., 25. 2. 1928, N.

84 Ebd., 13. 7. 1927, N.

85 Ebd., Juni 1929, N.

86 Ebd., 27. 7. 1929, N.

87 Ebd., 23. 7. 1929, N.

88 Klaus Mann: Der Wendepunkt, S. 168.

89 René Crevel: Seid ihr verrückt?, S. 135.

90 Mopsa Sternheim: Tb., 25. 12. 1930, N.

91 Benn: Einführende Worte, in: SW VII, 1, S. 212.

92 Ebd.

93 Ebd., S. 213.

94 Benn an Gertrud Hindemith, 13. 3. 1932, S. 55.

95 Benn: Akademie-Rede, in: EuR, S. 450.

96 Ebd.

97 Ebd.

98 Ebd., S. 454.

99 Ebd.

100 Ricarda Huch zit. n. Hof: Gottfried Benn, S. 257.

Der Denker auf der Bühne

1 Klaus Mann: Mephisto, S. 27.

2 Benn an Elinor Büller, 7. 2. 1937, S. 176–177.

3 Klaus Mann: Mephisto, S. 260–261.

4 Benn an Elinor Büller, 6. 2. 1937, S. 172.

5 Benn an Elinor Büller, 7. 2. 1937, S. 177.

6 Benn an Oelze, 7. 2. 37, I, S. 164.

7 Benn an Elinor Büller, 22. 2. 1937, S. 180.

8 Benn an Thea Sternheim, 28. 9. 1930, in: Briefwechsel und Aufzeichnungen, S. 63.

9 Benn an Tilly Wedekind, vgl. Brief vom 17. 8. 1934, S. 35.

10 Benn an Tilly Wedekind, 14. 11. 1932, S. 27.

11 Benn an Tilly Wedekind, 8. 7. 1930, S. 7.

12 Benn an Tilly Wedekind, 14. 7. 1930, S. 8.

13 Benn an Tilly Wedekind, 18. 7. 1930, S. 8.

14 Benn an Tilly Wedekind, 12. 8. 1930, S. 9.

15 F. W. Oelze: Vorwort, in: Briefe an F. W. Oelze: 1932–1945, I, S. 9.

16 Benn an Tilly Wedekind, 7. 9. 1930, S. 11.

17 Benn: Dorische Welt, in: EuR, S. 285.

18 Benn: Genie und Gesundheit, in: EuR, S. 105.

19 Ebd., S. 108.

20 Vgl. dazu auch Jutta Person: Der pathographische Blick, S. 232.

21 Vgl. Anz: Benns Bekenntnisse zur expressionistischen Moderne, S. 20.

22 Benn: Der Aufbau der Persönlichkeit, in: EuR, S. 112–113.

23 Ebd., S. 116.

24 Ebd.

25 Ebd., S. 117.

26 Lethen: Der Sound der Väter, S. 144.

27 Benn: Der Aufbau der Persönlichkeit, in: EuR, S. 119.

28 Ebd., S. 120.

29 Ebd.

30 Ebd.

31 Vgl. hierzu Lethen: Der Sound der Väter, S. 144.

32 Vgl. zum Verfahren: Benn: SW IV, S. 562 ff.

33 Mopsa Sternheim: Tb., 1952 (Blatt 98), N.

34 Benn: Der Aufbau der Persönlichkeit, in: EuR, S. 123–124.

35 Ebd., S. 124.

36 Hans Magnus Enzensberger: Gottfried Benn, in: Der Spiegel 23/1962, *Spiegel online*.

37 Benn: Der neue Staat und die Intellektuellen, in: EuR, S. 457.

38 Ebd.

39 Ebd., S. 460 f.

40 Benn: Dennoch die Schwerter halten, in: Gedichte, S. 245.

41 Thea Sternheim: Tb., 8. 12. 1930, II, S. 312.

42 Vgl. Conrad: »Im Westen nichts Neues«. Krieg im Kinosaal, in: Der Tagesspiegel, 5. 12. 2010.

43 Thea Sternheim: Tb., 8. 12. 1930, II, S. 311–312.

44 Ebd., S. 312.

45 Ebd., 9. 8. 1930, II, S. 294.

46 Ebd., 19. 9. 1930, II, S. 297.

47 Ebd., 1. 7. 1930, II, S. 292.

48 Ebd.

49 Ebd., 22. 9. 1930, II, S. 298.

50 Ebd., 14. 10. 1930, II, S. 299.

51 Ebd., 3. 12. 1930, II, S. 310.

52 Ebd., 15. 9. 1930, II, S. 296.

53 Ebd., 1. 7. 1930, II, S. 292.

54 Ebd., 6. 7. 1931, II, S. 359.

55 Benn: Die Reise, in: PuA, S. 39.

56 Thea Sternheim: Tb., 2. 9. 1930, II, S. 296.

57 Ebd., 21. 8. 1930 (CD-ROM).

58 Ebd.

59 Ebd., 1. 9. 1930 (CD-ROM).

60 Ebd., 21. 8. 1930 (CD-ROM).

61 Ebd., 4. 4. 1931, II, S. 341.

62 Ebd., 13. 7. 1931, II, S. 362.

63 Ebd., 8. 11. 1931, II, S. 375.

64 Ebd., S. 376.

65 Ebd., 25. 12. 1931, II, S. 384.

66 Ebd., 7. 2. 1932, II, S. 393.

67 Ebd., S. 394.

68 Benn an Thea Sternheim, 28. 12. 1931, in: Briefwechsel und Aufzeichnungen, S. 81.

69 Benn: Goethe und die Naturwissenschaften, in: EuR, S. 203.

70 Benn: Der Nihilismus – und seine Überwindung, in: EuR, S. 207.

71 Ebd., S. 212.

72 Ebd.

73 Thea Sternheim, Tb., 26. 5. 1931 (CD-ROM).

74 Ebd., 10. 12. 1931, II, S. 381.

75 Ebd., 12. 11. 1931, II, S. 376.

76 Ebd., 31. 3. 1932, II, S. 397.

77 Benn an Thea Sternheim, 16. 4. 1932, in: Briefwechsel und Aufzeichnungen, S. 83.

78 Ebd.

79 Ebd.

80 Ebd., S. 84.

81 Ebd.

Berlin – Paris

 1 Thea Sternheim, Tb., 20. 8. 1932, II, S. 422.

 2 Ebd.

 3 Ebd., 23. 8. 1932, II, S. 422.

 4 Ebd.

 5 Harry Graf Kessler: Tagebücher, 26. 8. 1932, S. 725 f.

 6 Ebd., S. 727.

 7 Thea Sternheim, Tb., 31. 8. 1932, II, S. 424.

 8 Ebd., 4. 9. 1932, II, S. 425.

 9 Ebd.

10 Ebd., 25. 5. 1932, II, S. 407.

11 Ebd., 23. 8. 1932, II, S. 422.

12 Ebd., 7. 10. 1932, II, S. 434.

13 Ebd., 19. 7. 1934, II, S. 594.

14 Ebd., 25. 9. 1952, IV, S. 62.

15 Ebd., 15. 10. 1933, II, S. 542.

16 Ebd., 16. 7. 1933, II, S. 522.

17 Ebd., 11. 5. 1933, II, S. 504.

18 Mopsa Sternheim zit. n. Thea Sternheim: Tb., 4. 9. 1932, II, S. 426.

19 Ebd., 14. 2. 1933, II, S. 476.

20 Mopsa Sternheim: Der anticharitative Mensch, Ms. im Nachlass.

21 Mopsa Sternheim an Thea Sternheim, Briefbeilage, Tagebuch 1930–1939, N.

22 Thea Sternheim: Tb., 15. 10. 1932, II, S. 435.

23 Brief von Mopsa Sternheim an Thea Sternheim, zit. in: Thea Sternheim: Tb.,
    14. 12. 1932, II, S. 455.

24 Thea Sternheim: Tb., 26. 10. 1932, II, S. 436.

25 Benn an Thea Sternheim, 19. 11. 1932, in: Briefwechsel und Aufzeichnungen,
    S. 87.

26 Benn: Der Nihilismus – und seine Überwindung, in: EuR, S. 212.

27 Ebd., S. 213.

28 Thea Sternheim: Tb., 23. 11. 1932 (CD-ROM).

29 Ebd.

30 Thea Sternheim: Tb., 23. 11. 1932, II, S. 440.

31 Ebd.

32 Ebd., 30. 1. 1933, II, S. 470.

33 Benn: Friede auf Erden, in: SuS, S. 185.

34 Benn: Die Reise, in: PuA, S. 35.

35 So beschreibt Joachim Fest die Todesenergien und Endzeitvisionen der Natio-
    nalsozialisten bzw. Hitlers. In: Fest: Hitler, Vorwort zur Neuausgabe 2002, S. 24.

36 Elinor Büller an Benn, 14. 3. 1937, S. 237.

37 Benn an Gertrud Zenzes, 24. 2. 1929, in: Benn: Ausgewählte Briefe, S. 32.

38 Thea Sternheim: Tb. 20. 2. 1933, II, S. 479.

39 Benn an Egmont Seyerlen, zit. n. Dyck: Zeitzeuge, S. 84.

40 Benn an Carl Werckshagen, zit. n. Dyck: Einführung, S. 87–88.

41 Benn: Vorwort, in: Der neue Staat und die Intellektuellen, in: EuR, S. 703, s. a.
    SW IV, S. 42.

42 Vgl. Benn: Doppelleben, in: PuA, S. 384 ff.

43 Die Erklärung ist abgedruckt in: Thomas Mann: Tagebücher 1933–1934, An-
    merkungen, S. 608.

44 Thomas Mann: Antwort an Max von Schillings, in: Mann: Tagebücher 1933–
    1934, S. 11.

45 Benn: Der neue Staat und die Intellektuellen, in: EuR, S. 457.

46 Ebd., S. 460.

47 Ebd., S. 460.

48 Ebd., S. 461.

49 Ebd., S. 460 f.

50 Ebd., S. 462.

51 Vgl. ebd., S. 464.

52 Anz: Benns Bekenntnis zur expressionistischen Moderne und zum National-
    sozialismus, in: Reents (Hg.): Gottfried Benns Modernität, S. 23.

53 Thea Sternheim: Tb., 14. 3. 1933, II, S. 488.

54 Ebd., 29. 4. 1933, II, S. 498.

55 Ebd., 29. 4. 1933, II, S. 498.

56 Benn: Wie Miss Cavell erschossen wurde, in: EuR, S. 69.

57 Thea Sternheim: Tb., 4. 7. 1933, II, S. 520.

58 Benn an Käthe von Porada, 12. 7. 1933, in: Benn: Den Traum alleine tragen,
    S. 123.

59 Benn: Bekenntnis zum Expressionismus, in: EuR, S. 261.

60 Hitler: Kein Volk lebt länger als die Dokumente seiner Kultur, 11. Septem-
    ber 1935, in: Hitler: Reden zur Kunst und Kulturpolitik, S. 81.

61 Ebd., S. 84.

62 Benn: Dorische Welt, in: EuR, S. 305.

63 Groys: Das Kunstwerk Rasse, S. 26.

64 Ebd., S. 33.

65 Bürger: Benns Doppelleben, S. 8.

66 Ebd., S. 22.

67 Benn: Züchtung, in: EuR, S. 242.

68 Ebd., S. 242.

69 Benn: Geist und Seele künftiger Geschlechter, in: EuR, S. 255.

70 Ebd., S. 255.

71 Klaus Mann: Tagebücher 1931–1933, S. 134.

72 Vgl. Dyck: Zeitzeuge, S. 104.

73 Ebd.

74 Ebd., S. 107.

75 Ebd., S. 108.

76 Benn: Der Schriftsteller und die Emigration, in: SW, Bd. VII/1, S. 248–249.

77 Klaus Mann an Benn, zit. n. Benn: Doppelleben, in: PuA, S. 400.

78 Ebd., S. 401.

79 Ebd.

80 Benn: Antwort an die literarischen Emigranten, in: AuP, S. 295.

81 Ebd., S. 298.

82 Ebd., S. 300.

1 Benn an Käthe von Porada, 6. 7. 1933, in: Benn: Den Traum alleine tragen, S. 121.

2 Ebd., 9. 8. 1933, S. 132.

3 Käthe von Porada: Meine Begegnung mit Gottfried Benn, in: Benn: Den Traum alleine tragen, S. 116.

4 Ebd., S. 117.

5 Ebd., S. 115.

6 Ebd., S. 117.

7 Benn an Käthe von Porada, 4. 7. 1933, in: Benn: Den Traum alleine tragen, S. 119.

8 Vgl. Kirchdörfer-Boßmann: >Eine Pranke in den Nacken der Erkenntnis<, S. 130.

9 Benn: Gedichte, S. 64.

10 Benn an Käthe von Porada, 4. 7. 1933, in: Benn: Den Traum alleine tragen, S. 119.

11 Ebd., 9. 7. 1933, S. 121.

12 Ebd., 12. 7. 1933, S. 123.

13 Ebd., S. 124.

14 Ebd., 19. 9. 1933, S. 140.

15 Ebd., S. 140.

16 Ebd., 3. 11. 1933, S. 143.

17 Ebd.

18 Ebd.

19 Ebd.

20 Ebd., 21. 7. 1933, S. 127.

21 Benn an Tilly Wedekind, 23. 6. 1933, S. 30.

22 Ebd., 21. 7. 1933, S. 127.

23 Benn an Käthe von Porada, 26. 7. 1933, in: Benn: Den Traum alleine tragen., S. 128.

24 Ebd.

25 Ebd., 26. 7. 1933, S. 129.

26 Ebd., 2. 8. 1933, S. 130.

27 Benn: Totenrede auf Max von Schillings, in: EuR, S. 465.

28 Ebd., S. 466.

29 Ebd., S. 467.

30 Benn an Käthe von Porada, 5. 8. 1933, in: Benn: Den Traum alleine tragen, S. 131.

31 Ebd.

32 Ebd., 26. 7. 1933, S. 129.

33 Ebd., 5. 8. 1933, S. 131.

34 Ebd.

35 Ebd.

36 Ebd., 9. 8. 1933, S. 132.

37 Ebd., 24. 8. 1933, S. 136.

38 Ebd., 7. 9. 1933, S. 137.

39 Ebd., S. 138.

40 Benn: Lebensweg eines Intellektualisten, in: PuA, S. 306.

41 Benn an Käthe von Porada, 21. 10. 1933, in: Benn: Den Traum alleine tragen, S. 142.

42 Benn: Bücher, die lebendig geblieben sind, in: SuS, S. 167.

43 Weininger: Geschlecht und Charakter, S. 414.

44 Ebd., S. 410.

45 Ebd., S. 411.

46 Ebd., S. 412.

47 Ebd., S. 412.

48 Benn an Gertrude Zenzes, 23. 9. 1933, zit. in: Bürger: Benns Doppelleben, S. 21–22.

49 Benn an Elinor Büller, 11. 6. 1935, S. 71.

50 Thea Sternheim: Tb., 28. 7. 1933, II, S. 523.

51 Benn: Bekenntnis zum Expressionismus, in: EuR, S. 261.

52 Vgl. Lethen: Der Sound der Väter, S. 183.

53 Benn: Bekenntnis zum Expressionismus, in: EuR, S. 271.

54 Ebd., S. 270.

55 Ebd., vgl. S. 265–266.

56 Benn an Käthe von Porada, 7. 11. 1933, in: Benn: Den Traum alleine tragen, S. 144.

57 Benn an Oelze, 25. 4. 1934, S. 33.

58 Benn: Bekenntnis zum Expressionismus, in: EuR, Anmerkungen, S. 678.

59 Ebd., S. 272.

60 Ebd., S. 274.

61 Benn an Käthe von Porada, 19. 9. 1933, in: Benn: Den Traum alleine tragen, S. 140.

62 Benn: Gruß an Marinetti, in: EuR, S. 491.

63 Ebd.

64 Ebd., S. 492.

65 Benn: Eine Geburtstagsrede und die Folgen, in: PuA, S. 286.

66 Benn: Gruß an Marinetti, in: EuR, S. 493.

67 Benn an Oelze, 25. 4. 1934, I, S. 33.

68 Ebd.

69 Ebd.

70 Ebd., S. 34.

71 Dazu vgl. Hof: Gottfried Benn, S. 287.
72 Benn an Oelze, 25. 4. 1934, I, S. 35.
73 Benn: Lebensweg eines Intellektualisten, in: PuA, S. 285.
74 Ebd., S. 286.
75 Kretschmer: Körperbau und Charakter, S. 27.
76 Ebd., S. 34.
77 Benn: Lebensweg eines Intellektualisten, in: PuA, S. 309.
78 Ebd., S. 310.
79 Ebd.
80 Chamberlain an Hugo Bruckmann, 13. 11. 1893, zit. n. Martynkewicz: Salon Deutschland, S. 57.
81 Benn: Lebensweg eines Intellektualisten, in: PuA, S. 310.
82 Thea Sternheim: Tb., 9. 11. 1934, II, S. 616.

Die glücklichste Zeit meines Lebens

1 Vgl. Nachwort von Marguerite Valerie Schlüter, in: Gottfried Benn: Briefe an Elinor Büller, S. 336.
2 Benn an Elinor Büller, 11. 7. 1935, S. 80.
3 Benn an Elinor Büller, 13. 4. 1935, S. 37.
4 Benn an Elinor Büller, 14. 4. 1935, S. 39.
5 Benn an Elinor Büller, 7. 6. 1935, S. 68.
6 Benn an Elinor Büller, 3. 5. 1935, S. 48.
7 Benn an Elinor Büller, 3. 10. 1935, S. 104.
8 Benn an Elinor Büller, 1. 7. 1935, S. 77.
9 Benn an Elinor Büller, 30. 9. 35, S. 103.
10 Benn an Tilly Wedekind, 4. 9. 1935, S. 94.
11 Benn an Tilly Wedekind, 27. 7. 1935, S. 79.
12 Benn an Tilly Wedekind, 14. 9. 1935, S. 98.
13 Benn an Tilly Wedekind, 18. 4. 1935, S. 53.
14 Benn an Elinor Büller, 22. 4. 1935, S. 41.
15 Benn an Tilly Wedekind, 26. 12. 1935, S. 147.
16 Ebd.
17 Benn an Tilly Wedekind, 1. 1. 1937, S. 256–257.
18 Benn an Elinor Büller, 10. 1. 1935, S. 157.
19 Ebd.
20 Benn an Elinor Büller, 10. 1. 1937, S. 154.
21 Ebd., S. 156.
22 Elinor Büller an Benn, 14. 3. 1937, S. 235.

23 Ebd., S. 236.

24 Tilly Wedekind: Lulu. Die Rolle meines Lebens, zit. n. Marguerite Valerie
    Schlüter, Nachwort, in: Gottfried Benn: Briefe an Elinor Büller, S. 342.

25 Benn an Oelze, 23. 1. 1938, S. 179.

26 Benn an Erich Reiss, 5. 3. 1949, in: Benn: Ausgewählte Briefe, S. 138.

27 Vgl. Benn an Oelze, 21. 1. 1938 (Heiratsanzeige), I, S. 178.

28 Thea Sternheim: Tb., 1. 2. 1938, III, S. 62.

29 Ebd.

30 Benn an Oelze, 17. 2. 1935, I, S. 45.

31 Benn an Elinor Büller, 2. 10. 1934, S. 17.

32 Benn: Lebensweg eines Intellektualisten, in: PuA, S. 314.

33 Vgl. Benn an Astrid Claes, 30. 7. 1954, S. 31–32.

34 In Benns Werken unter dem Titel »Die Dichtung braucht inneren Spielraum«,
    in: EuR, S. 275.

35 Ebd., S. 276.

36 Thea Sternheim: Tb., 4. 7. 1933, II, S. 520.

37 Benn an Tilly Wedekind, 23. 1. 1934, S. 33.

38 Benn an Oelze, 18. 11. 1934, I, S. 39.

39 Benn an Tilly Wedekind, 2. 5. 1930, S. 6.

40 Benn an Elinor Büller, 24. 4. 1935, S. 42.

41 Benn an Tilly Wedekind, 18. 4. 1935, S. 54.

42 Benn an Oelze, 7. 4. 1935, I, S. 48.

43 Benn an Oelze, 5. 5. 1935, I, S. 51.

44 Vgl. Benn an Oelze, 9. 8. 1936, I, S. 138.

45 Benn an Thea Sternheim, 12. 8. 1949, in: Briefwechsel und Aufzeichnungen,
    S. 131.

Ich habe sie kommen sehen

1 Thea Sternheim: Tb., 13. 1. 1946, III, S. 447.

2 Ebd., 9. 7. 1933, II, S. 521.

3 Ebd., 26. 8. 1933, II, S. 528.

4 Thea Sternheim: Tb., 6. 4. 1938 (CD-ROM), vgl. Briefwechsel und Aufzeichnungen, S. 102.

5 Thea Sternheim: Tb., 9. 7. 1933, II, S. 521.

6 Ebd., 18. 5. 1942, III, S. 261.

7 Ebd., 4. 7. 1933, II, S. 520.

8 Benn: Der neue Staat und die Intellektuellen, in: EuR, S. 463–464.

9 Thea Sternheim, Tb., 18. 5. 1942 (CD-ROM), vgl. Briefwechsel und Aufzeichnungen, S. 107.

10 Thea Sternheim: Tb., 25. 4. 1933, II, S. 498.

11 Ebd., 15. 10. 1933, II, S. 542.

12 Thea Sternheim: Tb., 27. 8. 1944 (CD-ROM), vgl. Briefwechsel und Aufzeichnungen, S. 112.

13 Thea Sternheim: Tb., 15. 5. 1938, III, S. 78.

14 Ebd., 15. 5. 1938, III, S. 78.

15 Ebd.

16 Mopsa Sternheim: Tb., 19. 11. 1934, N.

17 Ebd.

18 Ebd.

19 Ebd., 31. 11. 1937, N, s. a. Thea Sternheim, V, Kommentar, S. 309.

20 Klaus Mann: Der Wendepunkt, S. 310.

21 Mopsa Sternheim: Tb., 8. 2. 1952, N.

22 Thea Sternheim: Tb., 9. 5. 1934, II, S. 580.

23 Ebd., 1. 4. 1935, II, S. 632.

24 Ebd., 24. 12. 1933, II, S. 553.

25 Ebd., 13. 10. 1935, II, S. 659.

26 Ebd., 23. 2. 1936, II, S. 690.

27 Ebd., 3. 10. 1934, II, S. 613.

28 Ebd., 24. 6. 1939, III, S. 135.

29 Ebd., 8. 7. 1935, II, S. 649.

30 Ebd., 24. 2. 1935, II, S. 626.

31 Ebd.

32 Ebd., 2. 4. 1935, II, 632.

33 Ebd.

34 Ebd., 9. 5. 1934, II, S. 580.

35 Ebd.

36 Mopsa Sternheim: Tb., kumulative Eintragung, August 1935, N.

37 Ebd., 22. 5. 1935, II, S. 643.

38 Ebd., 24. 6. 1935, II, S. 645.

39 Ebd., 22. 10. 1936, II, S. 737.

40 Ebd., 17. 11. 1936, II, S. 744.

41 Ebd., 23. 9. 1936, II, S. 733.

42 Ebd., 2. 1. 1937, III, S. 14.

43 Ebd., 3. 12. 1939, III, S. 162–163.

44 Ebd., 4. 12. 1939, III, S. 163.

45 Ebd., 8. 12. 1940, III, S. 216.

46 Ebd., 11. 5. 1941, III, S. 223.

47 Ebd., 6. 2. 1940, III, S. 168.

48 Vgl. Klaus Mann: Der Wendepunkt, S. 498.

49 Mopsa Sternheim: Tb., 23. 6. 1952, N., s. a. Thea Sternheim: Tb., V, Kommentar, S. 398.

50 Thea Sternheim: Tb., 8. 5. 1944, III, S. 354, im Ms. »Gottried«.

Hoppla, wir leben! – leben wir?

1 Thea Sternheim: Tb., 9. 1. 1945, III, S. 405.

2 Ebd., 10. 1. 1945, S. 405–406.

3 Mopsa Sternheim an Thea Sternheim, 28. 4. 1945, in: Thea Sternheim: Tb., V, Kommentar, S. 400.

4 Mopsa Sternheim: Tb., 8. 12. 1945, N.

5 Thea Sternheim: Tb., 22. 6. 1945, III, S. 431–432.

6 Ebd., 26. 6. 1945, III, S. 433.

7 Ebd., 16. 2. 1945, III, S. 409.

8 Ebd., 25. 5. 1946, III, S. 469.

9 Ebd.

10 Thea Sternheim: Tb., 9. 5. 1944 (CD-ROM), vgl. Briefwechsel und Aufzeichnungen, S. 111.

11 Thea Sternheim: Tb., 25. 5. 1949, III, S. 623.

12 Ebd., 12. 8. 1949, III, S. 634.

13 Ebd., 30. 5. 1949, III, S. 625.

14 Thea Sternheim: Tb., 12. 7. 1949 (CD-ROM).

15 Thea Sternheim: Tb., 21. 4. 1950, III, S. 667.

16 Freud: Triebe und Triebschicksale, S. 101–102.

17 Vgl. Petersdorff: Benn in der Bundesrepublik, S. 33.

18 Benn: Berliner Brief, in: PuA, S. 351.

19 Benn an Thea Sternheim, 30. 7. 1949, in: Briefwechsel und Aufzeichnungen, S. 122.

20 Ebd.

21 Thea Sternheim: Tb., 6. 8. 1949, III, S. 633.

22 Ebd.

23 Thea Sternheim: Tb., 13. 8. 1949 (CD-ROM), vgl. Briefwechsel und Aufzeichnungen, S. 136.

24 Mopsa Sternheim: Tb., 10. 8. 1949, vgl. Briefwechsel und Aufzeichnungen, S. 129.

25 Benn an Thea Sternheim, 12. 8. 1949, in: Briefwechsel und Aufzeichnungen, S. 130.

26 Ebd., S. 133.

27 Thea Sternheim an Benn, 17. 8. 1949, in: Briefwechsel und Aufzeichnungen, S. 138.

28 Vgl. Thea Sternheim: Tb., 27. 11. 1946, III, S. 495; Thea Sternheim kopiert in der Eintragung einen kritischen Artikel von Oskar Reck über Jünger, den sie für »vorzüglich« hält.

29 Benn: Doppelleben, in: PuA, S. 466.

30 Ebd., S. 470.

31 Benn: Phase II. Rundfunkgespräch mit Thilo Koch, S. 234, in: SW VII/1 S. 234./32 Ebd.

33 Ebd., S. 236.

34 Ebd., S. 235.

35 Benn: Doppelleben, in: PuA, S. 399.

36 Ebd.

37 Benn: Der Schriftsteller und die Emigration, in: SW VII/1, S. 245.

38 Ebd., S. 250.

39 Ebd., S. 249.

40 Thilo Kochs Erinnerungen, zit. n.: Benn: SW Bd. VII/1, Anhang, S. 643.

41 Vgl. Bürger: Benns Doppelleben, S. 8, 22.

42 Benn an Thea Sternheim, 7. 3. 1950, in: Briefwechsel und Aufzeichnungen, S. 159.

43 Thea Sternheim: Tb., 2. 7. 1950, III, S. 673.

44 Ebd., 9. 7. 1950, III, 675.

45 Mopsa Sternheim: Tb., 5. 7. 1950, N., vgl. Briefwechsel und Aufzeichnungen, S. 170–171.

46 Ebd.

47 Ebd., 11. 1. 1951 N., vgl. Briefwechsel und Aufzeichnungen, S. 191.

48 Ebd., 8. 6. 1954, N.

49 Ebd., 11. 5. 1952, N., s. a. Briefwechsel und Aufzeichnungen, S. 216.

50 Mopsa Sternheim an Thea Sternheim, 30. 12. 1932, zit. n. Thea Sternheim: Tb., II, S. 459.

51 Mopsa Sternheim an Rosalie George, September 1952, zit. n. Briefwechsel und Aufzeichnungen, S. 440.

52 Thea Sternheim an Benn, 9. 7. 1950, in: Briefwechsel und Aufzeichnungen, S. 177.

53 Ebd.

54 Benn an Oelze, 26. 1. 1952, III, S. 127.

55 Ebd.

56 Ebd.

57 Benn an Ilse Benn, zit. n. Bürger: Benns Doppelleben, S. 127.

58 Benn an Oelze, 23. 9. 1952, III, S. 152.

59 Briefwechsel und Aufzeichnungen, S. 461.

60 Thea Sternheim: Tb., 21. 4. 1971, IV, S. 703.

LITERATURVERZEICHNIS

Anacker, Regine: Aspekte einer Anthropologie der Kunst in Gottfried Benns Werk. Würzburg 2004.

Anz, Thomas: Benns Bekenntnisse zur expressionistischen Moderne und zum Nationalsozialismus. In: Gottfried Benns Modernität. Hg. v. Friederike Reents. Göttingen 2007, S. 11–23.

Anz, Thomas: Literatur des Expressionismus. 2. aktualisierte u. erweiterte Aufl. Stuttgart, Weimar 2010.

Anz, Thomas/Stark, Michael (Hg.): Expressionismus. Manifeste und Dokumente zur deutschen Literatur 1910–1920. Stuttgart 1982.

Arendt, Hannah: Vita activa oder Vom tätigen Leben. München 2002.

Arndt, Rudolf: Lehrbuch der Psychiatrie für Ärzte und Studierende. Wien, Leipzig 1883.

Arnold, Heinz Ludwig (Hg.): Gottfried Benn (Text + Kritik 44). München 2006.

Asholt Wolfgang/Fähnders, Walter (Hg.): Manifeste und Proklamationen der europäischen Avantgarde (1910–1938). Stuttgart, Weimar 1995.

Ball, Hugo: Eröffnungs-Manifest. 1. Dada-Abend, Zürich, 14. Juli 1916. In: Wolfgang Asholt/Walter Fähnders (Hg.): Manifeste und Proklamationen. Stuttgart, Weimar 1995, S. 121.

Ball, Hugo: Gedichte. Sämtliche Werke und Briefe. Bd. 1. Hg. von Eckhard Faul. Göttingen 2007.

Bauschinger, Sigrid: Else Lasker-Schüler. Eine Biographie. Göttingen 2004.

Benn, Gottfried: Essays und Reden in der Fassung der Erstdrucke. Mit einer Einführung hg. von Bruno Hillebrand. Frankfurt/M. 1989. [EuR]

Benn, Gottfried: Szenen und Schriften in der Fassung der Erstdrucke. Hg. von Bruno Hillebrand. Frankfurt/M. 1990. [SuS]

Benn, Gottfried: Prosa und Autobiographie in der Fassung der Erstdrucke. Mit einer Einführung hg. von Bruno Hillebrand. Frankfurt/M. 2006. [PuA]

Benn, Gottfried: Gedichte in der Fassung der Erstdrucke. Mit einer Einführung herausgegeben von Bruno Hillebrand. Frankfurt/M. 2006.

Benn, Gottfried: Sämtliche Werke. Stuttgarter Ausgabe. Bd. VII/1 und
Bd. VII/2. Hg. v. Holger Hof. Stuttgart 2003/2004.

Benn, Gottfried: Ausgewählte Briefe. Nachwort v. Max Rychner. Wiesbaden 1957.

Benn, Gottfried: Den Traum alleine tragen. Neue Texte, Briefe, Dokumente. Hg. von Paul Raabe u. Max Niedermayer. Wiesbaden 1966.

Benn, Gottfried: Briefe an F. W. Oelze. 1932–1956. 3 Bde. Hg. von Harald
Steinhagen u. Jürgen Schröder. Vorwort von F. W. Oelze. Wiesbaden,
München 1978.

Benn, Gottfried: Briefwechsel mit Paul Hindemith. Hg. v. Ann Clark Fehn.
Wiesbaden, München 1978.

Benn, Gottfried: Briefe an Tilly Wedekind. 1930–1955. Hg. u. Nachwort
von Marguerite Valerie Schlüter. Stuttgart 1986.

Benn, Gottfried: Briefe an Elinor Büller. 1930–1937. Hg. u. Nachwort
v. Marguerite Valerie Schlüter. Stuttgart 1992.

Benn, Gottfried: Hernach. Briefe an Ursula Ziebarth. Mit Nachschriften
zu diesen Briefen v. Ursula Ziebarth u. einem Kommentar v. Jochen
Meyer. Göttingen 2001.

Benn, Gottfried: Briefe an Astrid Claes. 1951–1956. Hg. v. Bernd Witte.
Stuttgart 2002.

Benn, Gottfried/Sternheim, Thea: Briefwechsel und Aufzeichnungen. Mit
Briefen und Tagebuchauszügen Mopsa Sternheims. Hg. von Thomas
Ehrsam. Göttingen 2004. [Briefwechsel und Aufzeichnungen]

Benn, Gottfried: Limes Verlag. Briefwechsel. 1948–1956. Hg. v. Marguerite Valerie Schlüter u. Holger Hof. Stuttgart 2006.

Benn, Ilse: Mein Mann Gottfried Benn. In: Zangenmeister, Wolfgang
H. u. a. (Hg.): Gottfried Benns absolute Prosa und seine Deutung des
>Phänotyps dieser Stunde<. Anmerkungen zu seinem 110. Geburtstag.
Würzburg 1999, S. 67–74.

Blei, Franz: Carl Sternheim – Der Schauspieler. In: ders.: Erzählung eines
Lebens. Mit einem Nachwort von Ursula Pia Jauch. Wien 2004, S. 399
bis 408.

Bloom, Harold: Einflußangst. Eine Theorie der Dichtung. Aus dem amerikanischen Englisch von Angelika Schweikhart. Frankfurt/M. 1995.

Böhme, Hartmut: Kritik der Melancholie und Melancholie der Kritik. In:
ders.: Natur und Subjekt. Frankfurt/M. 1988, 256–273.

Bohrer, Karl Heinz: Die Ästhetik des Schreckens. Die pessimistische Ro-
mantik und Ernst Jüngers Frühwerk. München, Wien 1978.

Bourdieu, Pierre: Die feinen Unterschiede. Kritik der gesellschaftlichen Urteilskraft. Übersetzt von Bernd Schwibs und Achim Russer. Frankfurt/M. 1982.

Brand-Claussen, Bettina: >... lassen sich neben den besten Expressionisten sehen<. In: Thomas Röske/Herwig Guratsch (Hg.): Expressionismus und Wahnsinn. München 2003, S. 136–155.

Bürger, Jan: Benns Doppelleben oder Wie man sich selbst zusammensetzt. Marbacher Magazin 113: Deutsche Schillergesellschaft. Marbach am Neckar 2006.

Conrad, Andreas: >Im Westen nichts Neues<. Krieg im Kinosaal. In: Der Tagesspiegel, 5.12.2010.

Crevel, René: Seid ihr verrückt? Aus dem Französischen übersetzt und mit einem Nachwort versehen von Una Pfau. Frankfurt/M. 1991.

De Man, Paul: Autobiographie als Maskenspiel. In: ders.: Die Ideologie des Ästhetischen. Hg. von Christoph Menke. Frankfurt/M. 1993, S. 131 bis 145.

Decker, Gunnar: Gottfried Benn. Genie und Barbar. Berlin 2006.

Döring, Jörg/Schütz, Erhard: Benn als Reporter: >Wie Miss Cavell erschossen wurde<. Siegen 2007.

Dyck, Joachim: Der Zeitzeuge. Gottfried Benn 1929–1949. Göttingen 2006.

Dyck, Joachim: Gottfried Benn: Einführung in Leben und Werk. Berlin 2009.

Dyck, Joachim: Benn in Berlin. Berlin 2010.

Dyck, Joachim: Berliner Affären. Gottfried Benn und die Frauen. In: Der Tagesspiegel, 22. 8. 2010.

Ehrsam, Thomas (Hg.): Gottfried Benn/Thea Sternheim: Briefwechsel und Aufzeichnungen. Mit Briefen und Tagebuchauszügen Mopsa Sternheims. Göttingen 2004.

Ehrsam, Thomas/Wyss, Regula (Hg.): >Keiner wage, mir zu sagen: Du sollst!<: Thea Sternheim und ihre Welt. Göttingen 2015.

Einstein, Carl: Der Snob. In: Werke Bd. 1: 1908–1918. Hg. von Rolf-Peter Baacke unter Mitarbeit von Jens Kwasny. Berlin 1980, S. 23–27.

Elias, Norbert: Studien über die Deutschen. Machtkämpfe und Habitusentwicklung im 19. und 20. Jahrhundert. Hg. von Michael Schröter. Frankfurt/M. 1989.

Expressionismus. Literatur und Kunst: 1910–1923. Eine Ausstellung des Deutschen Literaturarchivs im Schiller-Nationalmuseum Marbach am Neckar vom 8. Mai bis 31. Oktober 1960. München 1960.

Fest, Joachim: Hitler. Eine Biographie. Mit einem Nachwort von Georg Bönisch. Neuausgabe. Berlin 2002.

Fitzgerald, F. Scott: Diesseits vom Paradies. Aus dem Amerikanischen von Martina Tichy u. Bettina Blumenberg. Mit einem Nachwort von Manfred Papst. Zürich 2007.

Flake, Otto: Es wird Abend. Bericht aus einem langen Leben. Frankfurt/M. 1980.

Flake, Otto: In Brüssel. In: Die Neue Rundschau, 1916, Bd. 2, S. 1381 bis 1405.

Fleckner, Uwe: Carl Einstein und sein Jahrhundert: Fragmente einer intellektuellen Biographie. Berlin 2006.

Freud, Sigmund: Drei Abhandlungen zur Sexualtheorie und verwandte Schriften. Auswahl und Nachwort von Alexander Mitscherlich. Frankfurt/M. 1979.

Freud, Sigmund: Der Dichter und das Phantasieren. In: ders.: Der Moses des Michelangelo. Schriften über Kunst und Künstler. Einleitung von Peter Gay. Frankfurt/M. 1993, S. 31–40.

Freud, Sigmund: Traum und Melancholie. In: ders.: Psychologie des Unbewußten. Studienausgabe, Bd. III. Hg. von Alexander Mitscherlich u. a. Frankfurt/M. 1975, S. 197–212.

Freud, Sigmund: Triebe und Triebschicksale. In: ders.: Psychologie des Unbewußten. Studienausgabe, Bd. III. Hg. v. Alexander Mitscherlich u. a. Frankfurt/M. 1975, S. 75–102.

Freund, Winfried: Der Bürger auf Probe – Sternheims Komödie »Der Snob«. In: Deutsche Komödien vom Barock bis zur Gegenwart. Hg. von W. Freund. München 1988, S. 196–208.

Gide, André: Stirb und Werde. Übersetzt von Johanna Borek. München 2001.

Gide, André: Tagebuch 1923–1939. Hg. von Peter Schnyder. Aus dem Französischen übertragen von Maria Schäfer-Rümelin. Gesammelte Werke III. Autobiographisches. 3. Band. Stuttgart 1991.

Gide, André: Tagebuch 1939–1949. Et nunc manet in te. So sei es oder Die Würfel sind gefallen. Kurze autobiographische Texte. Hg. von Raimund Theis. Aus dem Französischen übertragen von Maria Schäfer-Rümelin und Wilhelm Maria Lüsberg. Gesammelte Werke IV. Autobiographisches. 4. Band. Stuttgart 1990.

Grosz, George: Ein kleines Ja und ein großes Nein. Sein Leben von ihm selbst erzählt. Mit siebzehn Tafel- und fünfundvierzig Textabbildungen. Hamburg 1955.

Groys, Boris: Das Kunstwerk Rasse (Einführung). In: Adolf Hitler: Reden zur Kunst und Kulturpolitik. 1933–1939. Hg. und kommentiert von Robert Eikmeyer. Frankfurt/M. 2004, S. 25–38.

Hahn, Marcus: Assoziation und Autorschaft: Gottfried Benns Rönne- und Pameelen-Texte und die Psychologien Theodor Ziehens und Semi Meyers. In: Deutsche Vierteljahresschrift 80, H. 2, Juni 2006, S. 245–316.

Hausenstein, Wilhelm: Brüssel. In: ders.: Europäische Hauptstädte. Erlenbach, Zürich u. Leipzig 1932.

Herzfelde, Wieland: Die Ethik des Geisteskranken (1914). In: Anz/Stark (Hg.): Expressionismus. Manifeste und Dokumente, S. 183–186.

Hiller, Kurt: Zur neuen Lyrik (1913). In: Paul Raabe (Hg.): Expressionismus. Der Kampf um eine literarische Bewegung. München 1965, S. 25–34.

Hof, Holger: >Zur Liebe kann man niemanden zwingen<. Zu den Briefen Gottfried Benns an Astrid Claes. In: Gottfried Benns Modernität. Hg. von Friederike Reents. Göttingen 2007, S. 172–190.

Hof, Holger: Ich bin in Eile. Ich muss in den Krieg. In: taz, 3. 7. 2010.

Hof, Holger: Gottfried Benn. Der Mann ohne Gedächtnis. Eine Biographie. Stuttgart 2011.

Huelsenbeck, Richard: En avant Dada. Eine Geschichte des Dadaismus. Hannover u. a. 1920.

Kalwa, Eva: Menschen und Masken. Wiederentdeckung: Eine Ausstellung feiert Frieda Riess, die große Porträtfotografin der Weimarer Republik. In: Der Tagesspiegel, 8. 6. 2008.

Kesten, Hermann: Herold Hitlers. Kritisches Nachwort zum 75. Geburtstag von Gottfried Benn. In: Vorwärts, 10. 5. 1961.

Kessler, Harry Graf: Das Tagebuch. Bd. 4: 1906–1914. Hg. von Jörg Schuster. Unter Mitarbeit von Janna Brechmacher, Christoph Hilse, Angela Reinthal u. Günter Riederer. Stuttgart 2005.

Kessler, Harry Graf: Das Tagebuch. Bd. 7: 1919–1923. Hg. von Angela Reinthal. Unter Mitarbeit von Janna Brechmacher und Christoph Hilse. Stuttgart 2007.

Kessler, Harry Graf: Das Tagebuch. Bd. 9: 1926–1937. Hg. von Sabine Gruber u. Ulrich Ott. Unter Mitarbeit von Christoph Hilse u. Nadin Weiß. Stuttgart 2010.

Kirchdörfer-Boßmann, Ursula: >Eine Pranke in den Nacken der Erkenntnis<. Zur Beziehung von Dichtung und Naturwissenschaft im Frühwerk Gottfried Benns. St. Ingbert 2003.

Kittler, Friedrich A.: Aufschreibesysteme: 1800/1900. 2. erw. u. korr. Aufl. München 1987.

Klaue, Magnus: Vom Cherubin zur Vogelscheuche. Figurationen des Vagabundentums im Werk von Else Lasker-Schüler. In: Hans Richard Brittnacher/Magnus Klaue (Hg.): Unterwegs. Zur Poetik des Vagabundentums im 20. Jahrhundert. Köln, Weimar, Wien 2008, S. 89 bis 108.

Korte, Hermann: Ein >wirklicher Tiger< im literarischen Feld? Resonanzen auf Benn 1912 bis 1920. In: Benn Forum. Beiträge zur literarischen Moderne. Hg. von Joachim Dyck, Hermann Korte und Nadine Jessica Schmidt. Bd. 3, 2012/2013. Berlin/Boston 2013, S. 69–92.

Kretschmer, Ernst: Körperbau und Charakter. Untersuchungen zum Konstitutionsproblem und zur Lehre von den Temperamenten. 9. u. 10. Aufl. Berlin 1931.

Lamping, Dieter: Benn, Marinetti, Auden – Eine Konstellation der Moderne. In: Gottfried Benns Modernität. Hg. von Friederike Reents. Göttingen 2007, S. 38–54.

Lasker-Schüler, Else: Die Gedichte. 1902–1943. Hg. von Friedhelm Kemp. Frankfurt/M. 1997.

Lepenies, Wolf: Die drei Kulturen. Soziologie zwischen Literatur und Wissenschaft. Frankfurt/M. 2006.

Lepenies, Wolf: Bitte nicht umarmen. Was Gottfried Benn an Mutter und Tochter Sternheim und an die Herausgeber des »Merkur« schrieb. In: Die Welt, 11. 12. 2004.

Lethen, Helmut: Der Sound der Väter. Gottfried Benn und seine Zeit. Berlin 2006.

Lethen, Helmut: Blinde Mobilmachung. Drei Avantgardisten wandern ins Unvorhergesehene. In: Klinger, Cornelia (Hg.): Blindheit und Hellsichtigkeit. Künstlerkritik an Politik und Gesellschaft der Gegenwart. Berlin 2014, S. 189–210.

Linke, Manfred: Carl Sternheim in Selbstzeugnissen und Bilddokumenten. Reinbek b. Hamburg 1979.

Mann, Klaus: Der Wendepunkt. Ein Lebensbericht. Mit einem Nachwort von Frido Mann. Reinbek b. Hamburg 1984.

Mann, Klaus: Der siebente Engel. Die Theaterstücke. Hg. von Uwe Naumann und Michael Töteberg. Reinbek b. Hamburg 1989.

Mann, Klaus: Tagebücher 1931–1949. 6 Bände. Hg. von Joachim Heimannsberg, Peter Laemmle, Wilfried F. Schoeller. Neubearbeitung des

Anhangs unter Mitarbeit von Fredric Kroll und Roger Perret. Reinbek b. Hamburg 1995.

Mann, Thomas: Unordnung und frühes Leid. In: ders.: Sämtliche Erzählungen. Frankfurt/M. 1963, S. 493–524.

Mann, Thomas: Von deutscher Republik. In: ders.: Essays. Bd. 2: Für das neue Deutschland 1919–1925. Hg. von Hermann Kurzke u. Stephan Stachorski. Frankfurt/M. 1993, S. 126–166.

Mann, Thomas: Bekenntnisse des Hochstaplers Felix Krull. Kommentar. Hg. von Thomas Sprecher u. Monica Bussmann. Thomas Mann Werkausgabe – Große kommentierte Frankfurter Ausgabe. Frankfurt/M. 2012, Kommentar, Entstehungsgeschichte.

Mann, Thomas: Tagebücher 1933–1934. Hg. von Peter de Mendelssohn. Frankfurt/M. 1977.

Marc, Franz: Im Fegefeuer des Krieges. In: ders.: Schriften. Hg. von Klaus Lankheit. Köln 1978, S. 157–162.

Marinetti, Filippo Tammaso: Gründung und Manifest des Futurismus. In: Asholt/Fähnders: Manifeste und Proklamationen, S. 3–7.

Marinetti, Filippo Tommaso: Wie man die Frauen verführt. Übersetzung aus dem Italienischen von Stefanie Golisch. Berlin 2015.

Martynkewicz, Wolfgang: Salon Deutschland. Geist und Macht 1900–1945. Berlin 2009.

Matthias, L. L.: Erinnerungen an Gottfried Benn. In: Merkur, Mai 1962, 16. Jg., H. 171, S. 435–446.

Melchert, Monika: Abschied im Adlon. Die Geschichte von Thea und Carl Sternheim. Brandenburg 2013.

Mendelssohn, Peter de: Der Geist der Despotie. Versuche über die Möglichkeiten des Intellektuellen in der totalitären Gesellschaft. Frankfurt/M. 1987.

Meyer, Alfred Richard: die maer von der musa expressionistica. zugleich eine kleine quasi-literaturgeschichte mit über 130 praktischen beispielen. Düsseldorf 1948.

Meyer, Richard M.: Die deutsche Literatur des 19. Jahrhunderts. Berlin 1912, S. 642.

Meyer, Semi: Probleme der Entwicklung des Geistes. Die Geistformen. Leipzig 1913.

Müller-Funk, Wolfgang: Gottfried Benn – Eine preußische Parallelaktion oder Die Kunst des Glasblasens. In: ders.: Erfahrung und Experiment. Studien zu Theorie und Geschichte des Essayismus. Berlin 1995, S. 207 bis 240.

Naumann, Uwe (Hg.): »Ruhe gibt es nicht, bis zum Schluß«. Klaus Mann (1906–1949). Bilder und Dokumente. Reinbek b. Hamburg 1999.

Nordau, Max: Entartung. 2. Bd., 3. Aufl. Berlin 1896.

Person, Jutta: Der pathographische Blick. Physiognomik, Atavismustheorien und Kulturkritik 1870–1930. Würzburg 2005.

Petersdorff, Dirk von: Benn in der Bundesrepublik. Zum späten Werk. In: Gottfried Benns Modernität. Hg. von Friederike Reents. Göttingen 2007, S. 24–37.

Pophanken, Andrea: Auf den ersten Kennerblick hin. Die Sammlung Carl und Thea Sternheim in München. In: Die Moderne und ihre Sammler. Französische Kunst in deutschem Privatbesitz vom Kaiserreich zur Weimarer Republik. Hg. von Andrea Pophanken u. Felix Billeter. Berlin 2001, S. 251–266.

Raabe, Paul (Hg.): Ich schneide die Zeit aus. Expressionismus und Politik in Franz Pfemferts >Aktion< 1911–1918. München 1964.

Raddatz, Fritz J.: Das Kunstwerk ist Sache der Willkür. Ein Portrait des Dichters und Kunsthistorikers Carl Einstein. In: Die Zeit, 11. Dezember 1992.

Reents, Friederike (Hg.): Gottfried Benns Modernität. Göttingen 2007.

Ridley, Hugh: Gottfried Benn. Ein Schriftsteller zwischen Erneuerung und Reaktion. Opladen 1990.

Rieder, Ines: Mopsa Sternheim: Ein Leben am Abgrund. Wien 2016.

Rilla, Walther: Der Bürger. In: Anz/Stark (Hg.): Expressionismus. Manifeste und Dokumente, S. 172–179.

Roland, Hubert: Die deutsche literarische >Kriegskolonie< in Belgien 1914–1918. Ein Beitrag zur Geschichte der deutsch-belgischen Literaturbeziehungen 1900–1920. Bern u. a. 1999.

Roland, Hubert/Beyen, Marnix/Draye, Greet (Hg.): Deutschlandbilder in Belgien 1830–1940. Münster u. a. 2011.

Rübe, Werner: Provoziertes Leben. Gottfried Benn. Stuttgart 1993.

Rubiner, Ludwig: Die Erneuerung (1919). In: ders.: Der Dichter greift in die Politik. Leipzig 1976, S. 311–317.

Scheler, Max: Der Genius des Krieges und der Deutsche Krieg. 3. Aufl. Leipzig 1917.

Schmidt, Jochen: Die Geschichte des Genie-Gedankens in der deutschen Literatur, Philosophie und Politik 1750–1945. Bd. 2. Darmstadt 1985.

Schmitz, Rainer: Wilder Ekel – geiles Grauen. Vor 100 Jahren erschien der

Gedichtzyklus >Morgue< von Gottfried Benn. Deutschlandfunk, Bü-
chermarkt, 20. 5. 2012.

Schröder, Jürgen: Gottfried Benn. Poesie und Sozialisation. Stuttgart u. a.
1978.

Schultze-Naumburg, Paul: Kunst und Rasse. München 1928.

Sprengel, Peter: Literatur im Kaiserreich. Studien zur Moderne. Berlin
1993.

Sprengel, Peter: Geschichte der deutschsprachigen Literatur 1900–1918.
Von der Jahrhundertwende bis zum Ende des Ersten Weltkriegs. München 2004.

Sternheim, Carl: Chronik. Von des zwanzigsten Jahrhunderts Beginn.
Erster und Zweiter Band. Leipzig 1918.

Sternheim, Carl: Ulrike. In: ders.: Chronik. Von des zwanzigsten Jahrhunderts Beginn. 1. Bd. Leipzig 1918, S. 160–195.

Sternheim, Carl: 1913. Schauspiel in drei Aufzügen. München 1920.

Sternheim, Carl: Morgenröte. In: Gesamtwerk, Bd. 6: Zeitkritik. Hg. von
Wilhelm Emrich, unter Mitarbeit von Manfred Linke. Neuwied u. Darmstadt 1966.

Sternheim, Carl: Tabula Rasa. Ein Schauspiel. Leipzig 1916.

Sternheim, Carl: Vorkriegseuropa im Gleichnis meines Lebens. In: ders.:
Gesamtwerk, Bd. 10/1: Spätwerk, Nachträge. Hg. von Wilhelm Emrich,
unter Mitarbeit von Manfred Linke. Stuttgart 1976, S. 169–330.

Sternheim, Carl: Briefe I: Briefwechsel mit Thea Sternheim 1904–1906.
Briefe II: Briefwechsel mit Thea Sternheim, Dorothea und Klaus Sternheim 1906–1942. Hg. von Wolfgang Wendler. 2 Bde. Darmstadt 1988.

Sternheim, Mopsa: Tagebücher. Abschrift von Thea Sternheim. Nachlass
im Deutschen Literaturarchiv Marbach am Neckar.

[Sternheim, Mopsa] Crevel, René : Lettres à Mopsa. Textes établis et pré-
sentés par Michel Carassou. Paris 1997.

Sternheim, Thea: Anna. In: Sternheim, Carl: Chronik. Von des zwanzigsten Jahrhunderts Beginn. Leipzig 1918, 1. Bd., S. 94–159.

Sternheim, Thea: Tolstoi. In: Das Aktionsbuch. Hg. von Franz Pfemfert.
Berlin 1917, S. 67–71.

Sternheim, Thea: Sackgassen. Roman. Wiesbaden 1952.

[Sternheim, Thea] Gide, André – Thea Sternheim: Correspondance 1927
bis 1950. Edition établie, présentée par Claude Foucart. Lyon 1986.

Sternheim, Thea : Erinnerungen. Hg. von Helmtrud Mauser in Verbindung
mit Traute Hensch. Freiburg i. Br. 1995.

Sternheim, Thea: Tagebücher 1903–1971. Hg. u. ausgewählt von Thomas
Ehrsam und Regula Wyss im Auftrag der Heinrich Enrique Beck-Stif-

tung. 5 Bde. Gesamttext auf CD-ROM. 2. durchgesehene Aufl. Göttingen 2011.

Theweleit, Klaus: Buch der Könige. Band 1: Orpheus (und) Eurydike. Frankfurt/M. 1988.

Theweleit, Klaus: Buch der Könige. Band 2x: Orpheus am Machtpol. Zweiter Versuch im Schreiben ungebetener Biographien, Kriminalroman, Fallbericht und Aufmerksamkeit. Frankfurt/M. 1994.

Tolstoi, Leo Graf: Was ist Kunst? Übersetzt von Michael Feosanoff. Leipzig 1902.

Wagner, Beatrice: Sex in der Depression kann therapeutisch wirken. In: Medical Tribune public, 2/2008, S. 19.

Wagner-Egelhaaf, Martina: Einleitung: Was ist Auto(r)fiktion? In: dies. (Hg.): Auto(r)fiktion. Literarische Verfahren der Selbstkonstruktion. Bielefeld 2013, S. 7–21.

Wallmoden, Thedell von: >Wie Miss Cavell erschossen wurde<. Zeitgeschichte im Werk von Gottfried Benn. In: Deutsche Geschichte des 20. Jahrhunderts im Spiegel der deutschsprachigen Literatur. Hg. von Moshe Zuckermann. Göttingen 2003, S. 36–50.

Weininger, Otto: Geschlecht und Charakter. Eine prinzipielle Untersuchung. München 1980.

Wilske, Katharina: Wahnsinnige Bürger – Die Verwirklichung der >eigenen Nuance< in Carl Sternheims >Chronik von des zwanzigsten Jahrhunderts Beginn<. In: Bogen, Helene von u. a. (Hg.): Literatur und Wahnsinn. Berlin 2015, S. 23–34.

Winter, Michael: Die Zerstörung einer Frau. In: Die Zeit, 9. Oktober 1992.

Wolff, Kurt: Briefwechsel eines Verlegers. 1911–1963. Hg. von Bernhard Zeller u. Ellen Otten. Frankfurt/M. 1980.

DANK

Bei den Arbeiten zu diesem Buch habe ich vielerlei Hilfe und Unterstützung erfahren, für die ich zu danken habe. Eine wichtige Anlaufstelle für meine Recherchen war das Deutsche Literaturarchiv in Marbach am Neckar. Vor allem danke ich den Mitarbeitern der Handschriftenabteilung für die Bereitstellung von Dokumenten und Materialien aus dem Nachlass von Gottfried Benn sowie von Thea und Dorothea (Mopsa) Sternheim. Für Unterstützung bei der Recherche bedanke ich mich ferner bei der Bayerischen Staatsbibliothek in München und bei der Universitätsbibliothek in Göttingen.

Für Hinweise, Anmerkungen und sachliche Hilfe danke ich Dr. Stephan Stachorski und Martin Blum.

Zu danken habe ich Franziska Günther, die mich zu diesem Buch inspiriert und ermuntert hat. Krista Maria Schädlich danke ich für die genaue Durchsicht des Manuskripts. Für Hilfe bei der Bildbeschaffung bedanke ich mich bei Lotti Mischke.

Meine Frau Monika war, wie immer, die kritische Begleiterin des Projekts. Ihr gilt mein besonderer Dank.

Personenregister

Chaplin, Charlie 249
Claes, Astrid 44 f., 58
Clair, René 249 ff., 254
Colette (eigtl. Sidonie-Gabrielle Clau-
    dine Colette) 159
Crevel, René 226 ff., 324, 327 f.
Cunsel, Herman-Lucien de 219, 247,
    251, 255, 351
Curtius, Ernst Robert 319, 336
Cyrus der Große 151

Dacqué, Edgar 238
Daumier, Honoré 75
Däubler, Theodor 295
Degouve de Nuncques, Juliette 79
Degouve de Nuncques, William 79
Dehmel, Richard 82
Denis, Maurice 75
Denner, Charles 7
Dix, Otto 188
Döblin, Alfred 129, 231, 236, 246, 269,
    344
Dos Passos, John 23
Dreyfus, Alfred 249
Driesch, Hans 238
Dyck, Joachim 43, 276

Ebert, Friedrich 125, 127
Edschmid, Kasimir 37, 58
Ehrenburg, Ilja 327 f.
Ehrenstein, Carl 37, 58
Einstein, Albert 159
Einstein, Carl 12, 64, 90, 92, 102, 120,
    143, 296
Eisenlohr, Friedrich 91
Eisenstein, Sergei Michailowitsch 183
Eisner, Kurt 120
Elias, Norbert 12
Elliot, Paul 283

Eluard, Paul 283
Ensor, James 93
Enzensberger, Hans Magnus 244
Erzberger, Matthias 155

Feiks, Alfred 75
Feiks, Annemarie 75
Feuchtwanger, Lion 183, 176
Fiori, Ernesto de 75
Fischer, Samuel 198
Flake, Otto 78, 90, 95, 97
Flaubert, Gustave 80, 87, 131, 177
Flechtheim, Alfred 90 ff., 143, 159, 246,
    319
Flechtheim, Betty 319
Frank, Leonhard 265
Franziskus von Assisi 140, 177
Freud, Sigmund 15, 36, 41, 63, 119, 145,
    199 f., 213, 238, 243, 304, 338
Frick, Wilhelm 247
Friedlaender, Salomon 58, 116
Friedrich II. 96, 343
Fulda, Ludwig 265

Gallimard, Gaston 216
Galsworthy, John 313
Gauguin, Paul 75
Georg V. 47
Géricault, Théodore 75
Gide, André 159, 162, 216 f., 218–222,
    231, 247, 249, 251, 254, 314, 326 bis
    331, 336, 339
Gidon, Blanche 337
Giono, Jean 346
Gobineau, Arthur de 304
Goebbels, Joseph 246, 297 f.
Goethe, Johann Wolfgang von 75, 202,
    252, 254 f., 296,
Gogh, Vincent van 75, 92, 177

Mussolini, Benito 21, 159, 162, 263, 300, 329

Niedermayer, Max 85, 311, 344
Nielsen, Asta 159
Nietzsche, Friedrich 202, 262 f., 296, 321
Nolde, Emil 298
Nordau, Max 111

Oelze, Friedrich Wilhelm 10, 26, 95 ff., 130, 232, 235, 239, 295, 300 f., 311 f., 315 ff., 349 f.
Oswald, Richard 249
Overgaard, Ellen 158 f.

Pabst, Wilhelm 249
Pallenberg, Max 143
Pannwitz, Rudolf 265, 269
Papen, Franz von 258
Pfemfert, Franz 34, 81, 89, 91, 102, 125, 142 f., 153, 161, 201, 203, 209, 213, 248, 250, 330, 336
Pilartz, Theodor Caspar 176, 180 ff., 191, 196
Planck, Max 82
Porada, Edith 282
Porada, Hildegard 282
Porada, Käthe von (eigtl. Käthe Anna Rapoport Edle von Porada, geb. Magnus) 8, 280–294, 296, 299
Préjan, Albert 250
Pringsheim, Klaus 166
Prinzhorn, Hans 110

Raabe, Paul 62 f., 311
Rappaport, Alfred, Edler von Porada 282
Rathenau, Walther 75, 155

Reinhardt, Max 51, 75, 82, 176, 181
Reiss, Erich 146, 311
Remarque, Erich Maria 245
Renoir, Auguste 75
Riess (de Belsine), Frieda Gertrud 159–164, 319 f.
Riklin, Franz 106
Rilke, Rainer Maria 79, 82, 140
Rilla, Walther 18
Ripper, Carl Rudolf von 225 f., 228 f., 323 f., 332
Roché, Henri Pierre 143
Roda Roda, Alexander 34
Rolland, Romain 329
Roosevelt, Franklin D. 295, 334
Rops, Félicien 93
Rosenberg, Alfred 304, 314
Roth, Joseph 337
Rowohlt, Ernst 37
Rubakin, Nikolai 139
Rubiner, Ludwig 18, 102
Rühle, Grete 145
Rühle, Otto 145 f.
Rühle-Gerstel, Alice 145

Sackville-West, Vita 159
Saint-Point, Valentine de 103
Scheerbart, Paul 34
Scheidemann, Philipp 120, 246
Schickele, René 34, 58, 78, 125, 136, 265, 269, 276
Schiff, Gert 350
Schillings, Max von 265, 269, 288 f.
Schlegel, Ernst 136
Schlegel, Marie Louise 136
Schlieffen, Alfred Graf 299
Schlüter, Marguerite Valerie 163
Schmeling, Max 159
Schmidt-Rottluff, Karl 298

405

BILDNACHWEIS

Deutsches Literaturarchiv Marbach S. 31, 98, 99, 153, 160, 173, 178, 232, 238, 349

Heinrich Enrique Beck-Stiftung, Basel S. 76 (Foto: Ernesto de Fiori), 133, 174, 180 (Foto: Thea Sternheim), 187, 201 (Foto: Franz Pfemfert), 222 (Foto: Thea Sternheim), 225. 226, 227, 228 (Foto: Thea Sternheim)

Ullstein Bild S. 161

Benn-Gesellschaft S. 163 (Foto: Erhard Hürsch)

»Ruhe gibt es nicht, bis zum Schluss«. Klaus Mann (1906–1949). Bilder und Dokumente. Hg. Uwe Naumann S. 168

Städel Museum S. 281 (Foto: U. Edelmann/Artothek)

Bayerische Staatsgemäldesammlungen/Max Beckmann Archiv S. 282

Ernst Kretschmer: Körperbau und Charakter S. 303

Bildarchiv Austria S. 321

Wolfgang Martynkewicz
Salon Deutschland
Geist und Macht 1900–1945
617 Seiten
ISBN 978-3-7466-7091-1

Ein Salon schreibt Geschichte

Über vierzig Jahre, von 1898 bis 1941, war das Haus des Münchner Verlegerehepaars Hugo und Elsa Bruckmann ein Treffpunkt der großen Geister, der Künstler, Literaten, Musiker und Gelehrten. Mit dem Auftritt Adolf Hitlers wurde der Salon zum Schauplatz, an dem das Unvereinbare zusammenkam: eine hochgeistige und kunstsinnige Elite und die radikale Rechte.

Gestützt auf zahllose Dokumente erzählt Wolfgang Martynkewicz ein provokantes Kapitel deutscher Geschichte, das geradewegs in die Abgründe und Katastrophen des 20. Jahrhunderts führt und zu dem Experimentierfeld zurückkehrt, das die Moderne zuallererst war.

»Es ist die Fülle atemberaubender Monstrositäten und Querverbindungen, die ›Salon Deutschland‹ zu einer erhellenden Lektüre machen, zu einem Lehrstück über die Verfügbarkeit der Intellektuellen.« Die Rheinpfalz

»Die schiere Fülle der Belege, die Martynkewicz ausbreitet, lässt einen erschrecken.« TAZ

Regelmäßige Informationen erhalten Sie über unseren Newsletter. Jetzt anmelden unter: www.aufbau-verlag.de/newsletter

Wolfgang Martynkewicz
Das Zeitalter der Erschöpfung
Die Überforderung des Menschen
durch die Moderne
427 Seiten
ISBN 978-3-351-03547-1
Auch als E-Book erhältlich

Die Schattenseite der Moderne

Um 1900 entsteht ein neues Leitbild: die vitale Persönlichkeit. Es ist der Anfang einer radikalen Mobilmachung, welche die ganze Gesellschaft erfasst. Rilke unterzieht sich einer Kräftigungstherapie: gymnastische Übungen, kalte Bäder, Waldlauf; sogar Holzhacken steht auf dem Programm. Auch Kafka sieht sich unter Zugzwang. In der Naturheilanstalt »Jungborn« klettert er auf Bäume, pflückt Kirschen und nimmt – zu seinem Entsetzen – nackt auf einer Wiese Luftbäder. Thomas Mann bekämpft derweil seine Trägheit im Züricher Sanatorium Bircher-Benner. Und selbst Bismarck, der ein »großartiger Fresser und Säufer« (Kafka) war, versucht es zur Abwechslung mal mit Obst und frischer Luft.

Auf der Grundlage zahlreicher, teilweise bislang unbekannter Dokumente entwirft Wolfgang Martynkewicz ein provokantes Epochenbild, das Einblick in die Innenwelt einer von Überforderung und Erschöpfung geprägten Moderne gibt.

»Bei aller Skepsis, die ein kulturhistorischer Vergleich gebietet, zeigt Martynkewicz' Buch doch ungeahnte Parallelen auf. Erschöpfung ist mehr als nur eine Metapher für eigene Unzulänglichkeit.«
SÜDDEUTSCHE ZEITUNG

Regelmäßige Informationen erhalten Sie über unseren Newsletter. Jetzt anmelden unter: www.aufbau-verlag.de/newsletter

Uwe-Karsten Heye
Die Benjamins
Eine deutsche Familie
359 Seiten
ISBN 978-3-7466-3177-6
Auch als E-Book erhältlich

»Ein höchst wichtiges Stück Geschichte« Das Magazin

Fünf Menschen, fünf dramatische Schicksale -- Walter Benjamin, der Philosoph und Autor. Hilde Benjamin, als „rote Guillotine" verschrien, aber auch deren Mann Georg Benjamin, Kommunist und Arzt, ermordet im KZ Mauthausen. Schwester Dora, Sozialwissenschaftlerin, die als Jüdin ebenfalls ins Exil getrieben wurde. Und schließlich Hildes Sohn Michael, Rechtsprofessor in Moskau und Ost-Berlin, der zeit seines Lebens mit der Familiengeschichte rang.
Auf der Grundlage von bislang unbekanntem Archivmaterial sowie Gesprächen mit Zeitzeugen entwickelt Heye das spannende Psychogramm einer deutschen Familie und rückt ganz nebenbei so manches Zerrbild aus den Zeiten des Kalten Krieges zurecht.

»Ein spannendes Psychogramm einer deutschen Familie.«
Bayerischer Rundfunk

Regelmäßige Informationen erhalten Sie über unseren Newsletter. Jetzt anmelden unter: www.aufbau-verlag.de/newsletter

Gunna Wendt
Die Bechsteins
Eine Familiengeschichte
301 Seiten
ISBN 978-3-351-03613-3
Auch als E-Book erhältlich

Eine schillernde Dynastie in den Wirren ihrer Zeit

Als Carl Bechstein Mitte des 19. Jahrhunderts ein Liszt-Klavierkonzert besucht, wird er Zeuge, wie der Furor des Pianisten den Flügel nach und nach in seine Einzelteile zerlegt. Von da an ist es das Ziel des jungen Klavierbauers, Instrumente zu erschaffen, die das gesamte Spektrum von lyrischen bis dramatischen Tonfolgen bewältigen. Es wird der Beginn eines märchenhaften Aufstiegs. Doch es folgt auch ein dunkles Kapitel: Eine Schwiegertochter Carls, Helene, ist eine frühe Verehrerin Adolf Hitlers. Sie führt ihn in ihren einflussreichen Berliner Salon ein und fördert seinen Aufstieg in der Reichshauptstadt entscheidend. Die wechselvollen Geschicke dieser bedeutenden Familie erschließen zugleich anschaulich ein zuweilen provokantes Kapitel deutscher Geschichte.

» Das Buch ist eine Familiensaga.« MDR Thüringen

Regelmäßige Informationen erhalten Sie über unseren Newsletter. Jetzt anmelden unter: www.aufbau-verlag.de/newsletter

Lorenz S. Beckhardt
Der Jude mit dem Hakenkreuz
Meine deutsche Familie
480 Seiten
ISBN 978-3-7466-3203-2
Auch als E-Book erhältlich

Erschütternd und provokant

Die Geschichte einer ungewöhnlichen deutsch-jüdischen Familie – von
aufstrebenden Kaufleuten im 19. Jahrhundert über den Großvater Fritz
Beckhardt, den glühenden Patrioten und mutigen Piloten im Ersten
Weltkrieg, bis zur Generation, die nach 1945 einen Neuanfang im Land
der Täter wagt.

Bewegend schildert Lorenz Beckhardt die Schicksale seiner Verwandten
und die eigene Selbstfindung, die Folgen von Schweigen, Verdrängen,
den schweren Neubeginn in der alten Heimat, die alltäglichen Demüti-
gungen durch Nachbarn und den zermürbenden Streit um die Rück-
erstattung des Eigentums.

»Eine jüdische Familiengeschichte, facettenreich ausgeleuchtet.«
Tilman Jens, Hessischer Rundfunk

**Regelmäßige Informationen erhalten Sie über unseren Newsletter. Jetzt anmelden
unter: www.aufbau-verlag.de/newsletter**

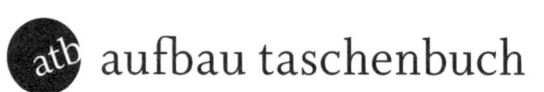

Paul Glaser
Die Tänzerin von Auschwitz
Aus dem Niederländischen
von Barbara Heller und Eva Schweikart
286 Seiten
ISBN 978-3-7466-3248-3
Auch als E-Book erhältlich

Die Geschichte einer unbeugsamen Frau

Während eines Besuchs im Vernichtungslager Auschwitz entdeckt Paul Glaser einen Koffer – beschriftet mit seinem Familiennamen.
Es beginnt die zaghafte Entdeckung der verdrängten jüdischen Wurzeln seiner Familie und der unglaublichen Überlebensgeschichte seiner Tante Rosie, einer temperamentvollen und emanzipierten Tanzlehrerin aus Amsterdam, die ihren Lebensmut gegen den nationalsozialistischen Terror verteidigt.
Aus Rosies Tagebüchern und Briefen setzt Glaser ihre Biographie zusammen – ein authentischer und emotionaler Überlebensbericht, der zugleich vom Kampf zwischen Erinnern und Vergessen in einer Familie erzählt.

»Eines der außergewöhnlichsten Leben des 20. Jahrhunderts.«
THE WASHINGTON TIMES.

Regelmäßige Informationen erhalten Sie über unseren Newsletter. Jetzt anmelden unter: www.aufbau-verlag.de/newsletter